Python *e* Django

FRANCISCO MARCELO DE BARROS MACIEL

Python e Django

DESENVOLVIMENTO WEB MODERNO E ÁGIL

ALTA BOOKS
EDITORA
Rio de Janeiro, 2020

Python e Django: Desenvolvimento Web Moderno e Ágil
Copyright © 2020 da Starlin Alta Editora e Consultoria Eireli. ISBN: 978-85-508-1364-6

Todos os direitos estão reservados e protegidos por Lei. Nenhuma parte deste livro, sem autorização prévia por escrito da editora, poderá ser reproduzida ou transmitida. A violação dos Direitos Autorais é crime estabelecido na Lei nº 9.610/98 e com punição de acordo com o artigo 184 do Código Penal.

A editora não se responsabiliza pelo conteúdo da obra, formulada exclusivamente pelo(s) autor(es).

Marcas Registradas: Todos os termos mencionados e reconhecidos como Marca Registrada e/ou Comercial são de responsabilidade de seus proprietários. A editora informa não estar associada a nenhum produto e/ou fornecedor apresentado no livro.

Impresso no Brasil — 1ª Edição, 2020 — Edição revisada conforme o Acordo Ortográfico da Língua Portuguesa de 2009.

Produção Editorial
Editora Alta Books

Gerência Editorial
Anderson Vieira

Gerência Comercial
Daniele Fonseca

Equipe Editorial
Adriano Barros
Keyciane Botelho
Leandro Lacerda
Maria de Lourdes Borges

Revisão Gramatical
Antonio Rudolf
Thaís Pol

Produtor Editorial
Illysabelle Trajano
Juliana de Oliveira
Thiê Alves

Assistente Editorial
Laryssa Gomes

Raquel Porto
Rodrigo Dutra
Thales Silva

Layout e Diagramação
Luisa Maria Gomes

Marketing Editorial
Livia Carvalho
marketing@altabooks.com.br

Coordenação de Eventos
Viviane Paiva
eventos@altabooks.com.br

Equipe de Design
Ana Carla Fernandes
Larissa Lima
Paulo Gomes
Thais Dumit
Thauan Gomes

Capa
Joyce Matos

Editor de Aquisição
José Rugeri
j.rugeri@altabooks.com.br

Publique seu livro com a Alta Books. Para mais informações envie um e-mail para autoria@altabooks.com.br
Obra disponível para venda corporativa e/ou personalizada. Para mais informações, fale com projetos@altabooks.com.br

Erratas e arquivos de apoio: No site da editora relatamos, com a devida correção, qualquer erro encontrado em nossos livros, bem como disponibilizamos arquivos de apoio se aplicáveis à obra em questão.

Acesse o site **www.altabooks.com.br** e procure pelo título do livro desejado para ter acesso às erratas, aos arquivos de apoio e/ou a outros conteúdos aplicáveis à obra.

Suporte Técnico: A obra é comercializada na forma em que está, sem direito a suporte técnico ou orientação pessoal/exclusiva ao leitor.

A editora não se responsabiliza pela manutenção, atualização e idioma dos sites referidos pelos autores nesta obra.

Ouvidoria: ouvidoria@altabooks.com.br

Dados Internacionais de Catalogação na Publicação (CIP) de acordo com ISBD

M152p   Maciel, Francisco Marcelo de Barros

       Python e Django: desenvolvimento Web Moderno e Ágil / Francisco Marcelo de Barros Maciel. - Rio de Janeiro : Alta Books, 2020.
       448 p. : il. ; 17cm x 24cm.

       Inclui bibliografia, índice e apêndice.
       ISBN: 978-85-508-1364-6

       1. Python. 2. Web. 3. Django. 4. Dados. I. Título.

2020-276   CDD 005.13
                                           CDU 004.62

Elaborado por Vagner Rodolfo da Silva - CRB-8/9410

Rua Viúva Cláudio, 291 — Bairro Industrial do Jacaré
CEP: 20.970-031 — Rio de Janeiro (RJ)
Tels.: (21) 3278-8069 / 3278-8419
www.altabooks.com.br — altabooks@altabooks.com.br
www.facebook.com/altabooks — www.instagram.com/altabooks

ASSOCIADO

SUMÁRIO

1. Conceitos Básicos 1
2. Variáveis e Tipos de Dados 33
3. Estruturas Condicionais 57
4. Estruturas de Repetição 65
5. Funções Matemáticas 75
6. Funções que Operam sobre Strings 87
7. Trabalhando com Coleções 101
8. Tipos Temporais 133
9. Funções Personalizadas 143
10. Lendo e Gravando Arquivos de Texto 175
11. Programação Orientada a Objetos em Python 193
12. Quando as Coisas Dão Errado 253
13. Projetando uma Aplicação com AMDD E XP 263
14. O Django Framework 279
15. Modelos 309
16. Formulários e Templates 337
17. Criando Telas de Cadastro com o Django Admin 371
18. Concluindo a Aplicação de Loja Virtual com o Django 377
Apêndice 1: Instalando as Ferramentas no Windows 425
Apêndice 2: Instalando as Ferramentas no Linux 430

REFERÊNCIAS BIBLIOGRÁFICAS 433
ÍNDICE 435

CONCEITOS BÁSICOS

ESTE CAPÍTULO SERVIRÁ PARA que aqueles que nunca tiveram contato com a linguagem Python, ou mesmo nunca programaram antes (se esse for o seu caso, parabéns pelo bom gosto, Python é uma ótima escolha para a primeira linguagem de programação), possam conhecer seus fundamentos. Se já estiver confortável com essa linguagem de programação, fique à vontade para pular. Mas, mesmo que esse seja o seu caso, não custa nada fazer uma leitura dinâmica do capítulo — nunca se sabe quando pode ter esquecido de estudar algum tópico enquanto aprendia a programar com uma linguagem diferente, não é verdade?

As principais características de Python são:

- **Alto nível** — é uma linguagem de alto nível, ou seja, sua sintaxe é, conceitualmente, mais próxima da linguagem natural que da linguagem de máquina.
- **Interpretada** — O código-fonte é rodado por outro programa, o interpretador. De fato, primeiro o código é convertido para um formato intermediário, denominado bytecode (tecnicamente, o código é *compilado* para esse formato). Os arquivos no formato bytecode têm extensão .pyc. Esse código intermediário é então convertido pelo interpretador, que é específico para cada sistema operacional, em chamadas nativas ao S.O. da máquina na qual o programa está sendo executado. Esse processo tem vantagens e "desvantagens". A principal vantagem é a **portabilidade de código** — código convertido para bytecode de uma determinada arquitetura deve executar em qualquer interpretador que implemente a mesma arquitetura. Coloquei a palavra desvantagens entre aspas porque, de fato, o maior problema dessa abordagem, quando ela surgiu, era o tempo que a máquina perdia no processo de tradução e execução, porém, atualmente os computadores são tão rápidos que esse tempo é, quase sempre, irrelevante (com exceção de sistemas para os quais o tempo de execução é crítico, mas esses costumam ser desenvolvidos com outras linguagens).

- **De script** — Pode ser utilizada para escrever pequenos programas (scripts), esse é um ponto muito forte de Python. É possível automatizar facilmente diversas tarefas com pouca codificação.
- **Multiparadigma** — Python não se enquadra em um único paradigma de linguagem de programação, sendo considerada, ao mesmo tempo, imperativa[1] e funcional. Dentro do paradigma imperativo pode ser classificada, simultaneamente, como procedural e orientada a objetos.
- **Tipagem forte** — Uma linguagem de programação é dita **fortemente tipada** se os tipos de dados são verificados em todas as operações, seja em tempo de compilação ou de execução. Ficou confuso? Veja um exemplo:

Em JavaScript, se declarar:

'2' + 3   // resultado: '23'
5 + True // resultado: 5True

Pois o interpretador não restringe os tipos permitidos, então você consegue somar uma string com um número ou um número com um booleano; em Python, tais somas resultariam em erros de compilação.

- **Tipagem dinâmica** — Uma linguagem possui **tipagem dinâmica** se ela infere o tipo de dados que uma variável armazena com base no valor recebido, sem a necessidade de o programador declará-lo explicitamente. Nas linguagens *estaticamente tipadas*, como é o caso de C e Pascal, por exemplo, o programador deve especificar o tipo da variável. Além disso, em uma linguagem dinamicamente tipada, a variável pode mudar o seu tipo de dado em tempo de execução. Não entenda isso como uma limitação, há tarefas para as quais uma determinada linguagem é mais indicada que outra.
- ***Case sensitive*** — Uma linguagem é *case sensitive* quando faz distinção entre maiúsculas e minúsculas. Assim, dois identificadores (nomes), *Something*1 e *something*1 são coisas diferentes para o interpretador Python.

AVISO

Se você nunca programou e não entendeu coisa alguma desta seção, não se preocupe. No Capítulo 2, quando falarei sobre variáveis e tipos de dados, isso ficará mais claro.

---

[1] Não há, ainda, consenso entre os teóricos da área sobre se a orientação a objetos é um novo paradigma de linguagem computacional ou apenas uma subdivisão do paradigma imperativo. Tal definição é, para os propósitos deste livro, desnecessária.

Histórico da linguagem Python

A linguagem Python se tornou bastante "famosa" de uns tempos para cá (ao menos entre programadores), o que faz parecer que se trata de uma linguagem recente, mas basta um pouco de pesquisa para verificar que ela surgiu há um bom tempo.

Python foi criada no final dos anos 1980, embora sua concepção tenha acontecido ainda mais no passado: suas raízes estão no time de desenvolvimento de outra linguagem, denominada ABC. O ano era 1982, e seu idealizador, Guido Van Rossum, trabalhava, na época, no CWI (*Centrum Wiskunde & Informatica* — Centro de Matemática e Ciência da Computação — onde também surgiu a linguagem *Algol 68*), em Amsterdã, na Holanda.

Em 1987, a linguagem ABC foi abortada; Guido foi transferido para o grupo de trabalho Amoeba, cujo intuito era desenvolver um novo sistema operacional. Lá ele percebeu a necessidade de uma linguagem que tomasse menos tempo que a C para apresentar resultados e que, ao mesmo tempo, não sofresse as limitações da linguagem de comandos shell script utilizada por eles.

Em 1989, começou, de fato, o desenvolvimento do Python; no final de 1990, a popularidade da nova linguagem tinha aumentado tanto no CWI que já era mais utilizada que a própria ABC.

A partir de 2000, houve um período de "reinado" de Java, que se tornou, talvez, a linguagem de programação mais utilizada em todo o mundo. Por outro lado, a "prolixidade" tradicionalmente associada a Java levou muitos desenvolvedores a buscarem outra linguagem, ou, pelo menos, linguagens que rodem sobre a *Java Virtual Machine* (lembro-me de ouvir, certa feita, em uma palestra: "Java está morto, mas a JVM está bem viva"). Muitos de nós (inclusive eu) programaram e continuam programando em Java até hoje! Não se trata de ter uma "linguagem favorita" e sim de utilizar "a ferramenta certa para cada tipo de trabalho".

Por conta das características positivas de Python, a década seguinte viu um crescimento cada vez maior do número de adeptos. Pessoalmente, programo em ambas as linguagens e gosto das duas.

Além de ser muito útil para automatizar tarefas, Python tem ganhado grande visibilidade nas áreas de desenvolvimento online e machine learning, pois sua sintaxe concisa permite fazer muito com menos código e suas regras de formatação rígida para o código-fonte favorecem a legibilidade dos programas. De acordo com um estudo publicado no final de 2018 pela empresa de análise de mercado Redmonk, direcionada aos desenvolvedores de software, Python está entre as cinco linguagens mais populares da atualidade.

Uma curiosidade é a origem do nome da linguagem: uma homenagem ao grupo de comédia britânico Monty Python Flying Circus. Como existe uma cobra com o mesmo nome (em português, Píton ou Pitão), vários produtos relacionados à linguagem costumam adotar uma cobra como símbolo.

Por que Python é tão popular atualmente

Discutir a popularidade de qualquer coisa é um assunto traiçoeiro, sempre se esbarra em preferências pessoais. Porém, pode-se dizer que, entre as diversas justificativas para a linguagem Python ser muito utilizada, destacam-se:

- **Eficiência** — Você pode realizar muita coisa em Python com poucas linhas de código. Às vezes, com uma biblioteca adequada, poupará horas ou até mesmo dias de trabalho. Essa característica faz da linguagem uma grande escolha para automação de tarefas.
- **Comunidade ativa** — A comunidade em torno da linguagem é bastante presente e cresce a cada dia. Se procurar no Python Package Index (PyPI), encontrará ferramentas para todas as suas necessidades, é uma verdadeira "superloja de ferramentas" para o desenvolvedor.
- **Simplicidade** —Python tem uma curva de aprendizado muito mais suave que outras linguagens tradicionais, como Java ou C++. É uma ótima escolha como primeira linguagem de programação.
- **Forte presença na academia** — Hoje, vários cursos de graduação na área de informática incluem programação em Python em seus currículos. Em particular, na área de pesquisa em "machine learning" (aprendizado de máquina), Python tem uma de suas mais difundidas utilizações.
- **Tendência** — Várias ferramentas para áreas "quentes" em computação foram desenvolvidas em Python. Tome como exemplo a área de **inteligência artificial**: vários guias de profissões e análises de mercado citam "cientista de dados" como a melhor profissão da América, e inteligência artificial como a área mais promissora para o futuro (e não se trata de um futuro distante, se você já usou um smartphone ou um videogame com câmera que detecta movimentos, saiba que ambos usam algoritmos que já estão publicamente disponíveis). Python está ganhando rapidamente a preferência nesse nicho. As bibliotecas NumPy, Pandas, Scikit-learn, Tensorflow, todas escritas em Python, só para citar alguns exemplos, são as preferidas por esses profissionais.

PEP: Python Enhancement Proposal

PEP, Python Enhancement Proposal ou "Proposta de Aperfeiçoamento do Python", de acordo com o arquivo oficial, é um documento cujo objetivo é fornecer à comunidade informações sobre a linguagem ou descrever novas características sobre a linguagem, seu processo ou ambiente. A mais conhecida é a PEP8, que descreve o "Guia de Estilo para o Código Python".

Se quer ser um programador Python, você **DEVE** ler a PEP8. Ao menos, se quer criar códigos verdadeiramente elegantes.

DICA

Regras de Formatação do Código Python
No site Python Brasil, Pedro Werneck fez a enorme gentileza de traduzir para português do Brasil **todo o conteúdo** da PEP8. O texto está disponível em https://wiki.python.org.br/GuiaDeEstilo. Não copiarei as normas aqui pois sei o quanto os leitores se irritam com "enchimento de linguiça" em livros técnicos (eu, pelo menos, não fico feliz).

Conhecendo o IDLE

OK. Chega de teoria. Vamos colocar a "mão na massa"! Se você não tem o Python instalado, siga as instruções do Apêndice I e depois retorne a este ponto.

Qualquer editor de texto voltado para programação pode ser usado para escrever código Python. Na seção "Algumas palavras sobre IDEs", ainda neste capítulo, discutirei o uso de IDEs (Integrated Development Enviroments). Se está começando e não quer perder tempo com muitos recursos, o Python vem com uma ferramenta muito simples: o IDLE (Integrated Development and Learning Enviroment). Para propósitos educacionais, o IDLE fornece o mínimo necessário caso você não tenha acesso ou não queira usar um IDE profissional.

Para acessar o IDLE no Windows:

Execute o atalho com o título IDLE (Python *versão*, sendo *versão* o número da versão do Python instalada). Dependendo da versão do Windows que você utilizar, precisará digitar "python" na caixa de busca (search) para versões a partir do Windows 8 ou localizá-lo no menu Iniciar para as demais versões. Em ambos os casos, será mostrada a tela da figura:

FIGURA 1.1: Shell do Python sendo executado no Windows

No Ubuntu Linux, abra um novo terminal e digite:

```
idle3
```

O resultado deverá ser o mesmo — o IDLE abrirá.

Você aprenderá alguns recursos daquele editor na seção "Um 'clássico' da programação: escrevendo 'Hello, World' em Python", na qual mostrarei o primeiro programa nessa linguagem.

DICA

Um recurso bastante útil do IDLE é o *autocomplete* — trata-se da capacidade de completar automaticamente o código, à medida que ele vai sendo digitado. Para utilizá-lo, simplesmente comece a digitar um comando qualquer do Python e tecle *tab*- o restante do comando será completado para você.

Se você quiser aproveitar código de linhas anteriores em um script que esteja digitando no IDLE (recurso muito útil quando se está escrevendo código repetitivo), use as combinações de teclas *alt + P* e *alt + N* para repetir, respectivamente, a linha anterior (**P**rior) e a próxima (**N**ext).

Python "interativo": o shell do Python

A janela inicial do IDLE, mostrada na Figura 1.1, permite rodar comandos do Python interativamente, via linha de comando, como no prompt de comando do Windows ou no terminal do Linux; diz-se, nesse caso, que você está interagindo com o shell do Python. Se quiser usar o shell fora do IDLE (por exemplo, para um teste rápido do resultado de alguma instrução):

1. No Windows:
   Abra um novo prompt de comando.
   Digite:
   ```
   python
   ```

2. No Linux:
   Abra um novo terminal.
   Digite:
   ```
   python
   ```

Pronto. Você está no shell do Python. Observe que o ***prompt*** mudará para um sinal de >>>.

Sempre que digitar comandos nesse local, eles serão executados no mesmo momento, assim que teclar **<enter>**.

Experimente digitar alguma operação matemática simples, como 2 + 2, e teclar <enter>. O resultado será mostrado na tela.

O shell é um grande auxiliar para os iniciantes, pois permite testar seus códigos sem a necessidade de escrever programas de fato. Mesmo programadores profissionais recorrem a ele, de tempos em tempos, para testar trechos rápidos de código antes de inseri-los em seus programas.

Para sair do shell, simplesmente digite: `exit()`

Conceitos Básicos   7

AVISO

Shell do Python e IDLE
Como você deve ter percebido, quando abre o IDLE, o título da janela mostra "Python **versão** shell". De fato, o IDLE usa o shell para executar suas tarefas.

Um "clássico" da programação: escrevendo "Hello, World" em Python

Como já é tradição em livros de programação, testarei os recursos do IDLE criando um programa que escreve "Hello, World!" ("Alô, Mundo!") na tela. Para tal, abra o IDLE e clique no menu File — comando New File ou tecle <ctrl> + N. Será exibida uma tela de edição em branco. De fato, podemos dizer que o IDLE é composto de shell + editor. Na janela do editor, digite o seguinte código:

```
# O famoso "Hello, World"
print("Hello, World!")
```

LISTAGEM 1.1: Hello, World! (hello.py)

A primeira linha é apenas um comentário. Qualquer coisa em um código Python após o símbolo # é considerada como tal e ignorada pelo interpretador.

A linha seguinte realiza uma chamada à função[2] print(), que, grosso modo, escreve na tela tudo o que for colocado entre seus parênteses – os chamados ***argumentos*** ou ***parâmetros*** da função.

DICA

Para alguns iniciantes, pode parecer estranho um trecho de programa que não será executado nunca. Explico melhor: a finalidade de um comentário no código é melhorar a **documentação** dos softwares que você desenvolverá. Use com sabedoria: um comentário bem escrito servirá para ajudá-lo a relembrar o que queria dizer ao escrever determinado trecho de código e, anos depois, quando precisar revisá-lo, será uma preciosa ajuda. Por outro lado, não comente apenas por comentar, seu comentário deve ter um **propósito**. Do contrário, servirá apenas para poluir o programa. Um bom uso, por exemplo, é explicar o que certo trecho do programa faz, **quando não for óbvio para quem lê**.

Um uso muito comum dos comentários, mesmo entre programadores profissionais, é para fazer o programa ignorar códigos "obsoletos", mas que você deseja que fiquem como um "lembrete" na listagem. Considero essa uma **má prática de programação**. Um software de controle de versões pode evitar esse vício.

---

[2] Uma ***função*** em Python, grosso modo, é um trecho de programa que é executado separadamente e pode ou não retornar um valor para o código que o chamou. Esse assunto será detalhado no Capítulo 9, "Funções personalizadas".

8 Python e Django: Desenvolvimento Web Moderno e Ágil

Na excelente obra *Código Limpo*,[3] publicada pela Alta Books, Robert C. Martin ensina:

"Uma das motivações mais comuns para criar comentários é um código ruim.(...) Códigos claros e expressivos com poucos comentários são de longe superiores a um amontoado e complexo com muitos comentários."

Observe que ele não proíbe seu uso — apenas recomenda que seja usado **somente quando realmente fizer sentido**.

É possível notar que, à medida que você digita, o IDLE destaca a sintaxe de seu código com cores diferentes, usando uma cor para o comando `print()` e outra para a string[4] Hello, World!

Clique em File — Save ou digite **<ctrl> + S**.

Surgirá uma caixa de diálogo pedindo um nome e local para salvar o arquivo. Selecione uma pasta do seu agrado e salve-o com o nome de *hello*. Será adicionada, automaticamente, a extensão .py ao nome do arquivo.

Para conferir se o arquivo foi realmente salvo, feche o editor e, novamente na janela do IDLE, escolha File — Open ou **<ctrl> + O**.

Seu código será carregado.

Para executar o arquivo, **com o código já carregado no editor**, clique no menu Run — comando Run Module ou tecle **<F5>**. O arquivo será executado, mostrando uma resposta semelhante à da figura:

```
Python 3.6.8 Shell
File Edit Shell Debug Options Window Help
Python 3.6.8 (default, Oct  7 2019, 12:59:55)
[GCC 8.3.0] on linux
Type "help", "copyright", "credits" or "license()" for more information.
>>>
 RESTART: /home/francisco/███████████████████████/hello.py
Hello, World
>>>
```

FIGURA 1.2: Resultado da execução do Hello, world

Você também pode executar seu código fora do IDLE, acessando por linha de comando a pasta onde o arquivo foi salvo e digitando:

```
python <nome do arquivo>
```

No exemplo atual:

```
python hello.py
```

---

[3] Não se trata de propaganda na obra, esse livro realmente vale a compra. Acredito que todo desenvolvedor deveria lê-lo, independentemente da linguagem que utiliza.

[4] Cadeia de caracteres — se essa é a primeira vez que vê esse termo, não se preocupe, ele será explicado novamente quando eu falar acerca de tipos de dados, no capítulo seguinte.

DICA

Sempre que se aprende uma nova linguagem de programação, há uma certa "barreira cognitiva" há ser transposta — novos conceitos, técnicas e ferramentas precisam ser absorvidos e cada pessoa tem o seu ritmo para esse processo. Forneci no site da editora Alta Books o código-fonte de todos os exemplos do livro, separados por capítulo; porém, minha sugestão a você, leitor, se está começando a programar agora, é que **digite o programa** e use o código do site apenas para conferir, caso algo não funcione como esperado. Em minha experiência, tendemos a aprender mais **fazendo** que olhando algo que os outros fizeram. Trata-se apenas de uma sugestão e fica a seu critério segui-la.

Aqueles que já leram outros livros de programação, muitas vezes, ao se depararem com um programa "Hello, World", têm aquela sensação de *déja-vu* e até mesmo de aborrecimento ("Hello, World"?! De novo?! Fala sério!). Defendo o seu uso como um modo simples de começar uma nova linguagem, interagindo com as capacidades de escrita na tela e, ainda, aprendendo as regras mais básicas sobre estrutura de um programa na nova tecnologia.

Se você não leu o PEP8, recomendo fazê-lo. Vários padrões de formatação de código estão descritos lá. Uma convenção que não faz parte dele, mas é bastante enfatizada pela comunidade ao nomear arquivos, é a chamada snake_case ou lower_case_with_underscores: simplesmente dê nome aos seus arquivos usando letras **minúsculas** e separe cada palavra da outra com um símbolo de underscore (_).

Algumas palavras sobre IDEs

Em várias linguagens de programação, e Python não é exceção, se tornou comum o uso de IDEs (Integrated Development Enviroments — "Ambientes de Desenvolvimento Integrado"). Essas ferramentas, em geral, são recheadas de recursos que ajudam a desenvolver software em uma ou mais linguagens.

Em geral, seu uso traz aumento de produtividade, embora aquelas também possuam a sua própria curva de aprendizado.

Há vários "sabores" de IDEs disponíveis para Python: PyCharm, Eclipse (com o plugin "PyDev"), Spyder... e a lista continua a aumentar.

Outra opção é utilizar um bom editor de textos voltado para programação, em conjunto com as ferramentas de linha de comando. Nessa categoria, posso citar: Brackets (gratuito e de código aberto), Sublime Text, UltraEdit, entre outros.

Minha sugestão: se está começando, use um editor de textos free para se familiarizar com as técnicas sem a complexidade extra de uma IDE. À medida que for ganhando experiência, teste IDEs gratuitas ou não (as que são pagas costumam ter versões de avaliação) e escolha o que lhe dá mais produtividade. Se sua escolha recair sobre um produto pago, pondere em quanto o aumento de produtividade lhe permitirá melhorar seus prazos de entrega e, portanto, seus ganhos. Por outro lado, se sua escolha for por uma ferramenta gratuita, tenha em mente que você deverá acompanhar, periodicamente, as atualizações e notícias sobre a mesma, para continuar com seu código existente funcionando.

Variáveis: uma definição informal

Em Python, uma variável é um nome que se atribui a uma posição da memória do computador para que se possa armazenar e manipular informações. Pense nelas como o conceito de variável que você aprendeu com seu professor/sua professora de matemática do ensino fundamental: um nome que representa um valor, a princípio, desconhecido. O tópico será explicado melhor no Capítulo 2, na seção "Declarando variáveis". Por ora, para compreender os exemplos deste capítulo, basta saber que, em Python, variáveis são criadas no momento em que você lhes atribui um valor; isso é feito por meio da sintaxe:

```
nome_da_variável = valor
```

Em que:

- `nome_da_variável` — Um nome que identificará unicamente a variável durante todo o seu ciclo de vida. Esse nome deve **OBRIGATORIAMENTE** começar por uma letra ou underscore (_) e pode ser seguido por zero, letras, underscores ou números, em maiúsculas ou minúsculas.
- `Valor` — O valor que a variável conterá inicialmente (a operação de atribuir um valor a uma variável é conhecida como *inicialização*).
O *tipo de dados* de uma variável pode ser numérico, string (que contém texto), booleano (que só aceita valores **True** ou **False**), lista (que, como o nome indica, contém uma lista de itens), tupla (parecida com uma lista — também armazena grupos de informações, porém, tem algumas particularidades) e dicionário (armazena pares do tipo-chave: valor). Não se preocupe em entender o que cada tipo faz nesse momento. Eles serão apresentados em detalhes no Capítulo 2, "Variáveis e Tipos de Dados". Por ora, entenda apenas que cada variável armazena um valor e ele pode ser acessado pelo seu nome. Por convenção, variáveis também são nomeadas usando o padrão *snake_case*.

AVISO

Também não são permitidos nomes de variáveis que sejam palavras reservadas da linguagem Python. Tais palavras são:
**and, as, assert, break, class, continue, def, del, elif, else, except,
exec, finally, for, from, global, if, import, in, is, lambda, not, or,
pass, print, raise, return, try, while, with, yield**

No código da seção seguinte, serão vistos alguns exemplos de inicialização de variáveis.

Debugando código Python

A tarefa de "caçar" erros em programação é denominada *debugging* (ou, como alguns autores adotam, "depuração"). Em geral, *debugar* um programa exige uma ferramenta que permita examinar o valor de estruturas de dados, variáveis, objetos etc. Nessa tarefa, o uso de uma IDE é **fortemente recomendado**, embora não seja indispensável.

Na maioria dos IDEs, existem recursos para visualizar o conteúdo de estruturas de dados; rodar o código linha por linha, o que pode ser de grande ajuda para encontrar erros; e definir breakpoints, que são locais do código em que o IDE pausará a execução sempre que o fluxo do programa chegar àquele ponto, permitindo examinar os dados que estão na memória.

Se você não dispuser de uma ferramenta desse tipo, pode usar simplesmente comandos print() no meio do seu código para exibir as informações que deseja conferir.

Para ilustrar o processo, mostrarei como debugar um pequeno programa, usando o IDLE. Vou inserir um erro de sintaxe proposital no código para que possa ilustrar o processo de *debugging*.

Execute o IDLE, conforme visto na seção "Conhecendo o IDLE".

Clique em *File — New File* e, na janela que surgirá, digite o script seguinte:

```
#Python e Django: Desenvolvimento Web Moderno e ágil.
print('Usuário: Francisco Maciel')
print('Aniversário: 04 de outubro')
idade=42
serie="Game of Thrones"
livro="Odisseia"
print('Idade:', idade, ' anos')
print('Série favorita: ', serie)
print('Livro favorito: ', livro)
```

LISTAGEM 1.2: Teste de debugging (debug.py)

Seu script deverá ficar como na Figura 1.3.

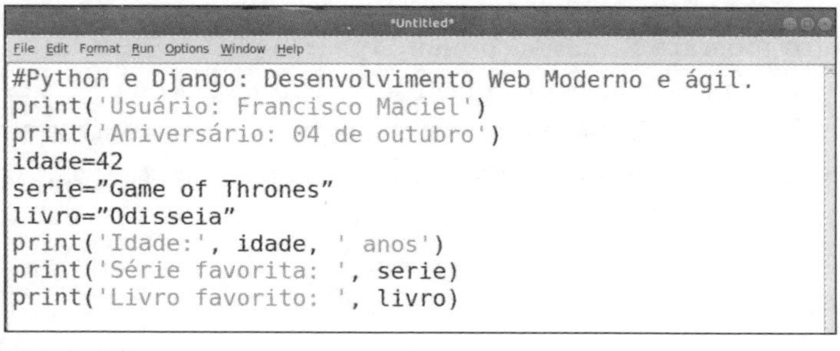

FIGURA 1.3: Código antes do erro

3. Clique no menu *Run* — *Run Module* ou tecle **F5**. Será mostrada uma caixa de diálogo avisando que o código deverá ser salvo antes e pedindo a confirmação. Clique em OK, forneça um nome ao script e salve-o em uma pasta qualquer.

O código será executado e exibirá a janela da Figura 1.4.

```
Usuário: Francisco Maciel
Aniversário: 04 de outubro
Idade: 42 anos
Série favorita:  Game of Thrones
Livro favorito:  Odisseia
>>>
```

FIGURA 1.4: Resultado da impressão

Agora, altere a última linha do script, modificando a palavra "livro" para "livros" e execute-o novamente. Surgirá uma mensagem de erro semelhante a:

```
Traceback (most recent call last):
  File "/home/francisco/Alta Books/código/cap01/debug.py", line 9, in <module>
    print('Livro favorito: ', livros)
NameError: name 'livros' is not defined
```

A mensagem identifica a linha do erro (linha 9) e o tipo de erro que ocorreu (*NameError: name 'livros' is not defined*). No caso, o erro indica que uma variável denominada "livros" não foi definida antes de ser usada (lembre-se: Python é **fortemente tipado**).

Esse é o tipo de erro mais fácil de identificar e corrigir — um **erro de sintaxe**. Erros dessa natureza são identificados pelo próprio interpretador.

Corrija o código, salve-o e execute-o novamente para ter certeza de que está tudo funcionando.

Um outro recurso muito útil, que qualquer debugger minimamente aceitável possui, é o de inspecionar trechos de código em tempo de execução para conferir os valores utilizados.

Vou escrever um outro programa, um pouco mais "intelectualizado". Utilizarei aqui dois operadores do Python aos quais você ainda não foi apresentado: * e **. Eles serão explicados, brevemente, nos comentários do próprio programa. Mais adiante, na seção "Operadores aritméticos", eles serão retomados mais detalhadamente. Feche o script atual e crie um novo (<ctrl> + N). Digite o código a seguir:

```
altura = 1.5
largura = 5.0
comprimento = 6.0
area_base = largura * comprimento# * é o operador de multiplicação
volume = altura * area_base # Volume em m3
print('O volume em m3 é ', volume)
```

LISTAGEM 1.3: Cálculo de volume (volume.py)

DICA

Para melhorar seu aprendizado
Sempre que aprendo uma nova linguagem de programação, gosto de evitar o ato de "copiar e colar" o código — mesmo que seja da página online do livro que está lendo. Recomendo digitar todo o conteúdo e usar o código fornecido com a obra para conferir o resultado. Assim, os princípios ficam "gravados em pedra". Essa é a forma que funciona melhor para mim. Experimente fazer o mesmo e use o método que achar mais apropriado para você.

Execute o programa. Você deverá obter o resultado da figura:

```
O volume em m3 é   45.0
>>>
```

FIGURA 1.5: Resultado do cálculo de volume

Agora, revelarei um tipo de erro mais traiçoeiro — na lógica do programa. Esse tipo de falha não é identificada pelo interpretador, que pensa que está tudo certo, afinal, o código foi escrito de forma que pode ser executado.

Imagine que digitou, por descuido (sim, isso acontece até com programadores profissionais!), dois asteriscos em vez de um na linha que calcula a área da base, deixando-a assim:

```
area_base = largura ** comprimento
```

Como existe um operador ** no Python, o interpretador não "reclama" de nada — o programa é válido. Porém, o resultado de x * y (produto de x por y) tem um significado completamente diferente de x ** y (x elevado a y), e será obtido um resultado (errado), cuja origem é mais fácil de identificar com um debugger.

Salve o código com o nome de volume_com_erro.py

Se você rodar o programa da forma como está agora, obterá um resultado estranho:

```
O volume em m3 é   23437.5
>>>
```

FIGURA 1.6: Resultado do volume com erro

Vou detalhar, então, como debugar um programa usando o IDLE.

A primeira coisa a fazer é criar um breakpoint (literalmente, "ponto de ruptura"): uma linha de código em que, uma vez que o fluxo de execução a atinja, o programa para e o IDE devolve o controle ao programador para que esse possa inspecionar valores e testar hipóteses sobre o código em execução e o ambiente em que o programa está rodando. Na prática, um breakpoint é um marcador que informa ao debugger que ele deve executar o código até aquele ponto e, então, devolver o controle ao programador. Você pode definir múltiplos breakpoints. De fato, é muito comum existirem vários durante o desenvolvimento de um sistema complexo.

Python e Django: Desenvolvimento Web Moderno e Ágil

Coloque um breakpoint no código assim: no menu Debug, clique no comando Debugger. Surgirá a caixa de diálogo *Debug Control* e o Python Shell passa a mostrar a mensagem [**DEBUG ON**].

FIGURA 1.7: Caixa de diálogo Debug Control

Agora, posicione o cursor na janela do editor do código, na linha em que você quer definir um breakpoint. No caso presente, a linha área base = largura ** comprimento.

Escolhi essa linha, pois, a partir dela, os cálculos começam a ser efetuados. Clique na linha com o botão direito do mouse e escolha Set Breakpoint no menu de contexto. Observe que a linha ficará destacada em uma cor diferente. No IDLE, breakpoints não são salvos ao final da sessão de depuração; cada vez que usar o debugger, precisará redefini-los.

```
File Edit Format Run Options Window Help
altura = 1.5
largura = 5.0
comprimento = 6.0
area_base = largura * comprimento    # * é o operador de mul
volume = altura * area_base          # Volume em m3
print('O volume em m3 é ', volume)
```

FIGURA 1.8: Definindo um breakpoint

Agora, execute novamente (F5) o programa.

O programa começará a rodar e vai parar na primeira linha de código **efetivamente executável** dele, ou seja, vai ignorar comentários que, porventura, existam no começo do seu código. Nesse momento, será exibida a janela Debug Control novamente.

Agora você pode:

- Executar o código normalmente, até que um breakpoint seja encontrado; para isso, basta clicar em Go. Esse recurso é usado quando se quer identificar a origem de um erro em um código por meio de várias paradas na execução, nos trechos em que algum dado é alterado. A cada interrupção, o debugger mostrará os valores efetivamente armazenados nas variáveis, além de outras informações úteis. Geralmente, quando se programa um sistema grande, com vários arquivos de código, costuma colocar diversos breakpoints nos lugares em que se "suspeita" que um erro possa ter começado.
- Executar o programa sequencialmente, linha por linha; para isso, clique no botão Step na caixa de diálogo Debug Control. Ao fazê-lo, apenas uma linha do programa será executada e o painel Locals do Debug Control mostrará que você está agora na linha 2 e o código em execução é: `largura = 5.0`.

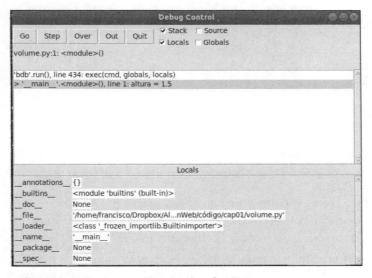

FIGURA 1.9: Programa atingiu um breakpoint

- "Pular uma linha" na execução, clicando em Over — geralmente, isso é feito ao atingir uma linha que se sabe ser irrelevante para a localização do erro. Se houver uma chamada de função no local, esta será executada por completo, sem exibir detalhes de sua execução ou variáveis internas e, em seguida, o controle retorna ao debugger. Por exemplo, eu poderia tê-lo feito em qualquer das três primeiras linhas do script, pois elas apenas inicializam variáveis e seus valores podem ser facilmente conferidos no painel Locals.
- Retornar ao programa chamador clicando em Out. Sempre que estiver em um código que foi chamado a partir de outro, por exemplo, em uma função,

clicar em Out executará o restante do código chamado e devolverá o controle ao programa chamador. Esses trechos de código chamados a partir de outros são também conhecidos como sub-rotinas.
- Encerrar a execução, clicando em Quit. Prossiga, clicando em Go. O programa vai rodar e parar no breakpoint que foi definido, na linha 4. Nesse momento, observe os valores das variáveis no painel Locals:

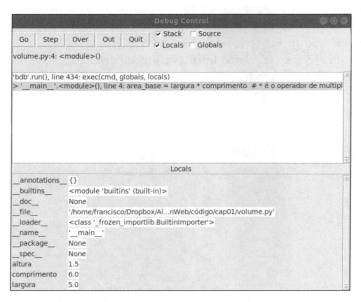

FIGURA 1.10: Inspecionando as variáveis com o Debugger

Todos os valores estão corretos, como esperado. Clique agora em Step. Nesse momento, aparecerá na lista uma nova variável, `area_base`, com valor 15625.0, que está claramente errado (o correto seria base x altura x comprimento = 1,5 x 5,0 x 6,0 = 45,0).

A linha causadora do erro foi encontrada. Uma observação atenta e é possível perceber o operador ** no lugar de *. Apagando o * extra e rodando o programa outra vez, vê-se que o erro não acontece mais.

Esse exemplo ilustra o processo de localizar e corrigir bugs em aplicações. Você pode usar outras ferramentas (recomendo um IDE para essa tarefa — eles costumam ter debuggers bem mais fáceis de usar), porém, o procedimento básico é o mesmo. No Capítulo 12, "Quando as Coisas Dão Errado", serão demonstradas outras técnicas para prevenir e detectar erros.

Escrevendo na saída padrão: a função `print()`

Nesta seção, examinarei mais de perto a função `print()`. Nos programas anteriores, eu a utilizei para escrever na tela. Como a tela é o dispositivo de saída padrão na maioria dos equipamentos, diz-se que essa função "escreve na saída padrão".

Abra o IDLE e digite:

```
print("Aprendendo Python")
```

A mensagem será exibida na tela, conforme esperado. Agora, experimente digitar:

```
print("Aprendendo Python", " a partir de um livro")
```

Será impresso na tela:

```
Aprendendo Python a partir de um livro
```

Esse exemplo serviu apenas para demonstrar que, se passar uma lista de textos[5] separados por vírgula para a função `print()`, eles serão mostrados em sequência na mesma linha. Isso pode ser útil quando você tiver um texto longo a imprimir na tela — quebre-o em mais de uma linha e seu programa ficará mais legível.

Agora, lembra de quando, na última seção, escrevi uma linha de código como a seguinte?

```
print('O volume em m3 é ', volume)
```

Quando você passar uma variável como parâmetro para a função `print()`, será mostrado o valor armazenado nela (a menos que a delimite com aspas — nesse caso, será mostrado o nome da variável).

Do mesmo modo, é possível imprimir números:

```
print('O valor aproximado de pi é ', 3.141592)
```

AVISO

Cuidado ao digitar o exemplo anterior! O separador de decimais do Python é um **ponto** e não uma **vírgula**, como escrevemos em português.

Se passar uma **expressão matemática**, aparecerá o resultado da conta:

```
print('2 + 2 = ', 2 + 2)
```

Será exibido:

```
2 + 2 = 4
```

Note que o primeiro argumento passado à função ("2 + 2 =") é um **texto**, pois está delimitado por aspas (tanto faz se você usar aspas simples ou duplas). Os textos, em lin-

---

[5] De fato, Python tem ótimos recursos para processamento de listas de dados — característica muito utilizada para implementar scripts de automação de tarefas.

guagens de programação são denominados **strings** ou ***cadeias de caracteres***). O segundo argumento é uma **expressão numérica**. Nesse caso, o interpretador, ao verificar que há uma expressão como parâmetro, a avalia e imprime seu resultado. De modo geral:

- Números e outros valores literais não precisam de aspas para serem impressos.
- Textos **devem** vir delimitados por aspas, sendo excetuando quando se tratar de variáveis.

Agora, imagine que você queira imprimir um texto que contém quebras de linhas. A forma mais simples e direta de fazê-lo é usar várias chamadas à função `print()`:

```
print("Ser ou não ser")
print("Eis a questão")
```

Porém, em alguns casos, você desejará colocar todo o texto em uma só linha e incluir "quebras de linha" na expressão. Isso é feito por meio de um caractere especial: **\n**. Ele representa uma quebra de linha. Assim, as duas instruções anteriores poderiam ser reescritas como:

```
print("Ser ou não ser\nEis a questão")
```

Neste ponto, você pode estar pensando: "Mas por que toda essa complicação apenas para escrever duas linhas de texto na tela? Vou usar duas chamadas `print()` e pronto! Problema resolvido!" Calma. Mais que ensinando a usar uma função, estou dissecando um recurso da linguagem.

Utilizei um exemplo simples para facilitar o entendimento, porém, no dia a dia como programador, você se deparará com situações em que será mais conveniente usar duas ou mais chamadas à função e outras em que o conhecimento do caractere de quebra de linha será muito útil.

O caractere especial \

Em Python, o caractere \ ("barra invertida" ou "contrabarra"), quando utilizado dentro de uma string, é denominado "caractere de escape" e tem um significado especial: em conjunto com algumas letras, representa códigos especiais dentro do texto. Os caracteres de escape são:

- \n (*new line*) — Produz uma quebra de linha, como visto na seção anterior.
- \t (*tab*) — Emite uma tabulação (semelhante a teclar *tab*).
- \r (*return*) — O mesmo que pressionar *enter*.
- Além disso, se você precisar imprimir um caractere de formatação usado pela função `print()` (por exemplo, uma aspa simples ou dupla), basta **precedê-lo com uma **. Ex:

```
print("Visite o restaurante Fulano\'s")
```

Finalmente, se você precisar imprimir o próprio caractere de barra invertida, é só duplicá-la assim:

```
print("Isto é uma contrabarra: \\")
```

DICA

Um uso interessante do `print()` é "limpar a tela" do shell do Python. A linguagem permite criar strings compostas pela repetição de outras com uma sintaxe bem simples: **"string_que_será_repetida" * quantidade_de_repetições**. Usando esse conhecimento, podemos "limpar a tela" do shell digitando:

```
print("\n" * 100)
```

O que imprimirá 100 linhas em branco.

Operador de formatação de strings

Em uma sintaxe "herdada" da linguagem C, Python também se permite *interpolar* valores dentro de uma string, ou seja, colocar "marcadores de posição" no texto a ser impresso e passar uma lista de valores que devem substituir tais marcadores. Todo marcador começa com um % e é seguido por uma letra que especifica o tipo:

- **d** — Inteiro com sinal (também pode ser usado **i** no lugar de **d**).
- **f** — Número de ponto flutuante (decimal).
- **o** — Valor na base octal, converte números para octal.
- **x** — Valor na base hexadecimal, converte números para hexadecimal.
- **s** (string) — Imprime um texto literal na posição.
- **%%** — Exibe um sinal de porcentagem na posição. Muito útil para exibir percentuais em resultados.
- **.Quantidade_de_decimais** — Imprime um número decimal com quantidade de casas decimais fornecidas

Para usar esses caracteres, você deve passar a string a ser formatada, seguida do símbolo de % e os dados a serem formatados, logo a seguir. Exemplos:

```
print('Hoje é dia %d' % 15)
print('12 em octal é %o' % 12)
print('255 em hexadecimal é %x' % 255)
print('pi com duas casas decimais é aproximadamente %.2f' % 3.1415926)
print('pi com tres casas decimais é aproximadamente %.3f' % 3.1415926)
nome = 'Francisco'
print('Meu nome é %s' % nome)
```

LISTAGEM 1.4: Formatação de strings (formatacao_strings.py)

A saída desses comandos será:

```
Hoje e dia 15
12 em octal e 14
255 em hexadecimal e ff
pi com duas casas decimais e aproximadamente 3.14
pi com tres casas decimais e aproximadamente 3.142
Meu nome e Francisco
```

FIGURA 1.11: Saída da função `print()`

Uma última observação: se você precisar imprimir, na mesma string, mais de uma variável do mesmo tipo de dados, deverá passá-las entre parênteses e separar por vírgula.[6] Por exemplo:

```
print("Constantes - pi: %.2f, e: %.2f" % (3.1415926,2.718281))
```

Imprimirá:

```
Constantes - pi: 3.14, e: 2.72
```

Outro meio de formatar strings

A partir da versão 3.6 do Python (lançada em 23/12/2016), foi introduzida uma nova maneira de formatar strings, denominada *Formatted String Literals* ou "strings literais formatadas", que permite *interpolar* expressões em Python em constantes do tipo string. Isso é feito com a sintaxe:

```
f'String {expressão}'
```

Em que:

`string` é uma cadeia de caracteres qualquer, podendo, inclusive ser a cadeia vazia, ou seja, uma string de comprimento zero.

`Expressão` é uma expressão válida em Python, podendo até mesmo incluir expressões aritméticas que serão avaliadas antes de impressas. Observe que ela **deve** ser delimitada por chaves.

Veja alguns exemplos:

```
>>> nome = 'Francisco'
>>> f'Nome do usuário: {nome}'
'Nome do usuário: Francisco'
>>> print(f'Nome do usuário: {nome}')
Nome do usuário: Francisco
>>>
```

FIGURA 1.12: Formatação de strings

---

[6] De fato, essa representação é um tipo de dado de Python, denominado "tupla". Ele será abordado no Capítulo 2.

Pode-se usar essa técnica até mesmo para mostrar o resultado de cálculos como:
```
print(f'A média aritmética simples entre 2 e 7 é {(2 + 7) / 2}')
```
Que imprimirá:
```
A media aritmetica simples entre 2 e 7 e 4.5
```

AVISO

Observe que ao digitar:
```
nome = 'Francisco'
f'Nome do usuario: {nome}'
```
Eu estava apenas inicializando uma variável e avaliando uma expressão. Em um programa, o valor seria impresso apenas quando você usasse a função `print()` em:
print(f'Nome do usuario: {nome}')

DICA

Se você salvar somente as duas linhas mostradas como um script e tentar executá-lo, nada será exibido. Faço essa ressalva para que você perceba que, executando o código diretamente no shell, poderá parecer que a função `print()` é redundante, mas esse comportamento de exibir o conteúdo de uma expressão imediatamente é exclusivo do shell.

É bastante prático imprimir valores com print(f'{**expressão**}), aplicando-lhes formatação, por exemplo, limitando o número de casas decimais a dois. Isso pode ser realizado adicionando dois pontos (:) e o código de formatação antes de fechar as chaves que delimitam a expressão. Por exemplo:

print(f'O quociente é {expressao_quociente:.2f}')

Imprimirá:

"O quociente é", seguido do valor da variável expressão quociente com duas casas decimais.

Imprimindo tudo em uma só linha

Algumas vezes, você precisará realizar várias chamadas à função `print()`, mas com os resultados todos na mesma linha (sem a quebra de linha automática ao final da impressão). Isso pode ser feito passando um parâmetro opcional chamado end. Por exemplo:
```
print('Ser ou não ser, ', end='')
print('eis a questão. ')
```
Imprimirá:
```
Ser ou não ser, eis a questão.
```

Se você passar algum caractere como parâmetro, ele será impresso ao final dos dados do primeiro argumento, ou seja:

```
print('Ser ou não ser, ', end='****')
```

Imprimirá:

```
Ser ou não ser, ****
```

O parâmetro sep

Uma última observação sobre a função `print()` é que ela recebe um parâmetro opcional, sep. Se declarado, esse parâmetro serve para especificar um caractere que será utilizado para separar os valores de uma lista, sempre uma que for passada à função `print()`. Por exemplo:

```
print("um", "dois", "três", 4, sep="*")
```

Imprimirá:

```
um*dois*três*4
```

Um uso interessante desse parâmetro pode ser visto quando se quer, em uma mesma chamada a `print()`, imprimir uma lista de valores em linhas diferentes, usando o caractere \n para tal. Experimente digitar:

```
print("um", "\n", "dois", "\n", "três", "\n")
```

O resultado será exibido como na Figura 1.13:

```
Python 3.6.8 (default, Oct  7 2019, 12:59:55)
[GCC 8.3.0] on linux
Type "help", "copyright", "credits" or "license()" for more information.
>>> print("um", "\n", "dois", "\n", "três", "\n")
um
 dois
 três

>>>
```

FIGURA 1.13: Resultado da execução

DICA

Eliminando o espaço extra

Observe que, no exemplo da Figura 1.13, foram inseridos espaços em branco antes de todas as saídas, exceto a primeira. Isso se deve ao modo como o Python imprime listas — considerando o espaço em branco como o separador padrão para listas; se

você não desejar esse comportamento, use o parâmetro **sep** para especificar outro separador (ou mesmo nenhum, passando sep=""). No caso presente, a formatação poderia ser ajustada fazendo o código ficar assim:
print("um", "\n", "dois", "\n", "três", "\n", sep="\n")

Operadores aritméticos

Assim como na matemática, toda operação em Python possui **operadores** (que identificam a operação a ser realizada) e **operandos** (os argumentos sobre os quais será feita a operação, por exemplo: você deve ter aprendido há muito tempo e, a menos que sua memória seja privilegiada, esquecido depois que, na subtração, os operandos são chamados de *minuendo* e *subtraendo* e o operador, de *sinal de menos*).

Uma expressão aritmética, na maioria das linguagens de programação, costuma ser usada em conjunto com uma **atribuição**, ou seja, o resultado da conta, normalmente, é guardado em uma variável para ser usado posteriormente. Veja um exemplo:

```
x = 2
y = 2
resultado = x + y
print("o resultado é ", resultado)
```

Tudo bem, parece trabalho demais apenas para somar dois mais dois, mas o objetivo é mostrar que você pode fazer qualquer operação matemática para a qual a linguagem forneça suporte, usando esse mesmo padrão.

Você também pode usar operandos de *precisão* diferente. Por exemplo, ao somar um **número inteiro** com outro de **ponto flutuante** (o que, em matemática, seu professor chamava de *número real*), obterá outro valor de ponto flutuante:

```
x = 2.8
y = 2
resultado = x + y
print("o resultado é ", resultado)
```

Se você digitar esse trecho no shell, deverá obter como resposta:

```
o resultado é 4.8
```

Quando se somam dois valores de precisões diferentes, em geral, o resultado é convertido para o tipo de maior precisão (na verdade, para o Python, você somará dois **tipos de dados** diferentes, mas esse assunto será retomado na seção "Tipos de dados em Python", no Capítulo 2).

A tabela a seguir lista os operadores aritméticos do Python.

TABELA 1.1: Operadores aritméticos do Python

Operador	Descrição
+	Adição: soma seus operandos.
-	Subtração: subtrai seus operandos.
*	Multiplicação: multiplica seus operandos.
/	Divisão real: divide seus operandos, retornando um número de ponto flutuante (número real) como resultado.
%	Resto (inteiro) da divisão dos operandos — essa operação é denominada *módulo*.
**	Potenciação ou exponenciação: eleva o operando à esquerda (base) à potência do operador à direita (expoente).
//	Divisão inteira: divide seus operandos, retornando um número inteiro como resultado.

Parafraseando um dos melhores professores cujas aulas assisti: "[...]O aluno perspicaz notará que o resultado da divisão real de dois números é sempre outro número real; enquanto o resultado da divisão inteira será, obviamente, um número inteiro." Ou seja:

```
4 / 2 = 2.0# Resultado de ponto flutuante
4 // 3 = 1 # Resultado inteiro, arredondado para baixo
4 / 3 = 1.333...# Resultado real - dízima periódica
4 // 2 = 2 # Resultado inteiro exato
7 % 3 = 1  # Resultado inteiro, 7 / 3 = 2 e sobra 1 (resto)
```

Experimente acessar o shell do Python e digitar essas e outras expressões matemáticas para se familiarizar com o "jeito Python" de realizar operações aritméticas.

Neste ponto, gostaria de dar uma palavra àqueles que têm "alergia a matemática": este é um livro sobre <u>desenvolvimento de software</u> e não é necessário conhecimento avançado dessa matéria para aprender os tópicos envolvidos, porém, onde for requerido, tornarei a teoria matemática necessária o mais simples possível.

DICA

Há, ainda, uma sintaxe alternativa para operações de atribuição em Python, que é semelhante à utilizada na linguagem C. Para declarar:

variável = variável operador valor

Você pode escrever:

variável operador = valor

Por exemplo:

```
x = x + 1
y = y - b
z = z * c
a = a / 7
```

Você pode escrever:
```
x += 1
y -= b
z *= c
a /= 7
```
No entanto, esses atalhos não são muito populares entre programadores Python, pois são menos legíveis que seus equivalentes extensos.

Precedência dos operadores matemáticos

Precedência é a ordem que um operador tem em relação aos demais, na hora de resolver expressões matemáticas. A ordem seguida pela linguagem Python é a mesma que você aprendeu na escola:

1. Primeiro resolvem-se os **parênteses**, dos mais internos para os mais externos. Não há colchetes ou chaves nas expressões matemáticas do Python — esses símbolos são utilizados para outras finalidades, conforme será discutido quando eu falar de tuplas e dicionários, no Capítulo 2. Se for necessário, aninham-se vários parênteses um dentro do outro e aplica-se a mesma regra: eliminar primeiro os mais internos.
2. Em seguida, são resolvidas as operações de **exponenciação**.
3. A próxima prioridade é das operações de **divisão** e **multiplicação**, na ordem em que aparecerem.
4. Finalmente, são avaliadas as operações de **adição** e **subtração**, também na ordem em que aparecerem.

Por exemplo, na expressão:
```
5 + 4 * 3
```

Primeiro será realizada a multiplicação (`4 * 3 = 12`) e, em seguida, a soma (`12 + 5 = 17`). Se for necessário alterar essa ordem, lança-se mão de parênteses:
```
(5 + 4) * 3
```

Que dará como resultado 27.

Lembra do exemplo que utilizei na seção "Debugando código Python"?

Quando digitei incorretamente `area_base = largura ** comprimento`, estava instruindo o interpretador a armazenar, na variável `area_base`, o valor da variável `largura` **elevada** ao valor da variável `comprimento`, o que estava, obviamente, incorreto.

Associatividade do operador de potenciação

Quando uma expressão tem múltiplos operadores de mesma precedência, é utilizada a regra da **associatividade**: a regra é que a expressão será avaliada da esquerda para a direita. Há, porém, uma exceção: o operador de potenciação (**), que tem associatividade da direita para a esquerda. Por exemplo:

```
print(10 * 4 // 6)# Imprime: 6
print(10 * (4 // 6))    # Imprime: 0
```

No primeiro caso, primeiramente é calculado o valor de 10 * 4 (40), depois é calculado o resultado da divisão inteira de 40 por 6 (aproximadamente 6,7, a parte inteira é 6).

O segundo exemplo usa parênteses para alterar a precedência: primeiro é calculada a divisão inteira de 4 por 6, resultando em 0; em seguida, esse valor é multiplicado por 10, obtendo como resultado 0.

O operador de **potenciação**, por sua vez, tem associatividade da direita para a esquerda. Assim:

```
print(2 ** 2 ** 3)# Imprime: 256 (2 ⁸)
print((2 ** 2) ** 3)    # Imprime: 64 (4 ³)
```

DICA

Algumas pessoas gostam de decorar um acrônimo para lembrar dessa ordem: **PPMDAS** (**P**arênteses, **P**otenciação, **M**ultiplicação, **D**ivisão, **A**dição, **S**ubtração). Se achar mais fácil assim, faça-o. Também vale a pena criar frases para lembrar dessa sigla ("**Pa**Pai **M**andará **D**inheiro **A** **S**eguir", por exemplo — estudos mostram que, se criar uma frase própria, lembrará melhor). Use o que funcionar melhor para você.

Operadores de igualdade e desigualdade

Esses operadores, tecnicamente, fazem parte dos operadores de **comparação**, que serão vistos mais adiante neste mesmo capítulo, na seção apropriada. Porém, achei por bem apresentá-los antes, pois é necessário ao bom entendimento dos exemplos da próxima seção, "Operadores lógicos".

O operador de comparação de igualdade é representado pelo símbolo de "duplo igual" (==), e serve para testar se o operando à esquerda do mesmo é igual ao operando à direita; se isso for verdade, o resultado da comparação será True; se não, False. Por exemplo:

```
1 == 2# False
1 == 1# True
"avião" == "avião"    # True
"avião" == "Avião"    # False
2 + 2 == 4 # True
15 == 15.0# True
```

Note a última linha do código anterior: ela compara um número inteiro com outro real. Em muitas linguagens de programação, tal comparação retornaria False, porém, Python converte os operandos para o mesmo tipo e permite essa verificação.

AVISO

Um erro comum entre iniciantes é digitar apenas um sinal de igualdade no lugar do operador de comparação ==. Quando isso ocorre, em geral, o interpretador consegue identificar e lança um erro de sintaxe.

Do mesmo modo que existe o comparador de **igualdade**, há o de **desigualdade**: !=

Sua semântica é idêntica ao <> da álgebra. Pode-se dizer que ele é o inverso do operador de igualdade; algumas pessoas o leem no código como "diferente de" ou "não igual a". Nos exemplos anteriores:

```
1 != 2# True
1 != 1# False
"avião" != "avião"   # False
"avião" != "Avião"   # True
2 + 2 != 4 # False
15 != 15.0 # False
```

Operadores lógicos

Os **operadores lógicos**, como o nome indica, testam condições lógicas em seu código. O resultado de operações desse tipo sempre será True (quando o resultado do teste for verdadeiro) ou False (quando o resultado for falso).

AVISO

Como Python é **case sensitive**, True e False devem ser grafados dessa forma; se você digitá-los em minúsculas, por exemplo, provocará um erro de compilação.

Existem apenas três operadores lógicos em Python:

1. **and** — Retorna True se ambos os seus argumentos forem True. É conhecido como *E lógico*.
2. **or** — Retorna True se ao menos um dos seus argumentos for True. É conhecido como *OU lógico*.
3. **not** — Inverte o resultado de seu operando: se receber True, retorna False; se receber False, retorna True. Às vezes referido como *operador de NEGAÇÃO*.

A tabela a seguir resume o uso desses operadores; muito comuns em lógica matemática, essas tabelas são chamadas de *Tabelas-verdade*.

TABELA 1.2: Tabela-verdade dos operadores lógicos do Python

x	y	x and y	x or y	not x
True	True	True	True	False
True	False	False	True	False
False	True	False	True	True
False	False	False	False	True

AVISO

Quando você tiver mais fluência com a linguagem, começará a consultar códigos escritos por outras pessoas, seja na internet, seja de colegas de trabalho; nessas ocasiões, você poderá se deparar com trechos de programas como este:
`resultado = (a == valor1) and ((b == valor2) or (c==x))`
Que pode ser traduzido como: "A variável resultado contém True se a variável a contiver valor1. E, ao mesmo tempo, a variável b contiver valor2 ou a variável c contiver o valor da variável x."
Normalmente esse código é seguido, em algum ponto, por um retorno do valor armazenado em resultado para alguma rotina que chamou a linha anterior.
Em geral, essa é considerada uma **MÁ PRÁTICA** em engenharia de software, pois o código final é difícil de entender à primeira vista. O pior é que esse tipo de programa não costuma ser obra de iniciantes (é preciso alguma experiência para entender e produzir uma linha daquelas) e ele pode ser substituído por estruturas condicionais (serão explicadas no Capítulo 3) bem mais legíveis. Aconselho você a evitar escrever códigos assim. Não é uma prática muito "pytônica".[7]

Operadores de comparação

Estes operadores servem para comparar números entre si, estabelecendo uma relação de ordem. Para ser específico, eles funcionam exatamente como os símbolos de >, <, >= e <= da matemática. A tabela seguinte lista todos eles:

---

[7] "Pytônico" é um neologismo que significa, grosso modo, "Python idiomático" — é uma forma de dizer que seu código é elegante. Se tiver curiosidade sobre dicas para escrever código "Pytônico", leia a seção "O Zen do Python", após os exercícios propostos, no final deste capítulo.

TABELA 1.3: Operadores de comparação do Python

Operador	Descrição	Exemplos
>	Maior que: retorna True se o argumento à esquerda for maior que o argumento à direita do operador.	1 > 2 # False 3 > 1 # True 1 > 1 # False
<	Menor que: retorna True se o argumento à esquerda for menor que o argumento à direita do operador.	1 < 2 # True 3 < 1 # False 1 < 1 # False
>=	Maior ou igual: retorna True se o argumento à esquerda for maior ou igual ao argumento à direita do operador.	1 >= 2 # False 3 >= 1 # True 1 >= 1 # True
<=	Menor ou igual: retorna True se o argumento à esquerda for menor ou igual ao argumento à direita do operador.	1 <= 2 # True 3 <= 1 # False 1 <= 1 # True

Os operadores de comparação podem ser agrupados, por exemplo, em: x < y < z.

Os **operadores de comparação** e o **operador de atribuição** (=) **NÃO** são associativos. Por exemplo:

x < y < z **NÃO** significa (x < y) < z **NEM** x < (y < z)

Na realidade, x < y < z é equivalente a:

```
x < y and y < z
```

E é avaliado da esquerda para a direita.

AVISO

Em algumas linguagens de programação tanto faz escrever >= ou =>, assim como <= e =< são intercambiáveis. Esse **NÃO** é o caso de Python. Os operadores devem ser digitados conforme foi mostrado ou haverá erro de sintaxe.

Exercícios resolvidos

1. Uma forma de arte que ficou popular por algum tempo quando os computadores começaram a aparecer no dia a dia das pessoas foi a chamada ASCII Art. ASCII (pronuncia-se "asquí") é a sigla de *American Standard Code for Information Interchange* — uma das primeiras codificações de caracteres usadas. Aquele tipo de arte era feito até mesmo em máquinas de escrever e consistia em figuras compostas apenas por caracteres disponíveis na tabela de página de código dos computadores. Escreva um programa para gerar uma imagem simplificada ASCII Art de uma árvore de Natal.

Solução:
```
print('####+####')
print('###+++###')
print('##+++++##')
print('#+++++++#')
print('#0#||#0##')
print('###||####')
print('###||####')
print('=========')
```

Comentário: Apesar de "bobinho", este exercício servirá para aqueles que nunca programaram ganharem familiaridade com o IDLE e o modo de executar programas.

2. Elabore um programa em que você lançará a cotação do dólar do dia e um determinado valor em real e será impresso, ao final, quantos dólares correspondem àquele valor.

Solução:
```
cotacao_dolar_hoje = 3.766
valor_reais = 1000
valor_convertido = valor_reais / cotacao_dolar_hoje
print('\nR$', valor_reais, 'correspondem a US$', valor_convertido, 'hoje')
```

Comentário: Para ser realmente útil, esse exemplo deveria pedir a cotação do dia e a quantidade de reais ao usuário (ou mesmo buscar a cotação em algum web service). Porém, retornarei a ele nos exercícios resolvidos do Capítulo 2, no qual mostrarei como ler entradas do usuário a partir do teclado.

3. Altere o programa anterior para que o valor convertido seja impresso com duas casas decimais.

Solução:
```
cotacao_dolar_hoje = 3.766
valor_reais = 1000
valor_convertido = valor_reais / cotacao_dolar_hoje
print("\nR$ %.2f correspondem a US$ %.2f hoje" % (valor_reais, valor_convertido))
```

Exercícios propostos

1. Lembrando da época do "jardim de infância", imagine que um garoto chamado Joãozinho fez alguma travessura e, como castigo, a professora mandou-o escrever dez vezes no quadro "Não vou mais atrapalhar a aula". Como os tempos mudaram, crie um programa que imprima a referida frase dez vezes para ajudar o Joãozinho.

2. Crie um programa em que serão fornecidas a altura, largura e profundidade de uma caixa d'água em forma de paralelepípedo retângulo em metros, e será impressa na tela a capacidade em litros do referido recipiente (dica: volume = altura x largura x profundidade e $1m^3$ = 1.000 litros).
3. Altere o programa do item 2 para que o volume seja formatado com 2 casas decimais.
4. Hora de "se libertar" um pouco do IDLE! Salve o programa do item anterior como ex_01_3.py. Agora execute-o fora do IDLE. Para isso, vá até o prompt de comando do Windows ou o terminal do Linux, acesse a pasta na qual salvou o arquivo e digite:

```
python ex_01_3.py
```

Observe que o programa roda normalmente, sem alterações. Como foi comentado na seção "Algumas palavras sobre IDEs", recomendo que você utilize um editor de textos free no começo e, depois, escolha um IDE ou continue com o editor.

Curiosidade: o "Zen do Python"

Um dos maiores contribuidores para a linguagem Python ser o que é hoje e uma das vozes mais respeitadas nessa comunidade de desenvolvedores é **Tim Peters**, engenheiro de software que escreveu uma lista de 19 princípios que influenciaram o projeto da linguagem. Esses princípios são conhecidos como "O Zen do Python". Você pode conferi-los, em inglês, acessando o shell do Python e digitando:

```
import this
```

```
Python 3.6.8 Shell
File Edit Shell Debug Options Window Help
Python 3.6.8 (default, Oct  7 2019, 12:59:55)
[GCC 8.3.0] on linux
Type "help", "copyright", "credits" or "license()" for more information.
>>> import this
The Zen of Python, by Tim Peters

Beautiful is better than ugly.
Explicit is better than implicit.
Simple is better than complex.
Complex is better than complicated.
Flat is better than nested.
Sparse is better than dense.
Readability counts.
Special cases aren't special enough to break the rules.
Although practicality beats purity.
Errors should never pass silently.
Unless explicitly silenced.
In the face of ambiguity, refuse the temptation to guess.
There should be one-- and preferably only one --obvious way to do it.
Although that way may not be obvious at first unless you're Dutch.
Now is better than never.
Although never is often better than *right* now.
If the implementation is hard to explain, it's a bad idea.
If the implementation is easy to explain, it may be a good idea.
Namespaces are one honking great idea -- let's do more of those!
>>>
                                                          Ln: 26 Col: 4
```

FIGURA 1.14: Resultado de import this

Essa linha de código tem uma finalidade a mais: como será visto ao longo do livro, as palavras-chave import e this têm significados especiais em Python. Logo, o atalho "import this" ("importe isto") é meio que um "trocadilho nerd" na linguagem. Vários softwares têm recursos ocultos como esse, colocados meio como uma brincadeira pela equipe de desenvolvimento. Eles são denominados "Easter Eggs" ("Ovos de Páscoa").

Finalmente, apenas para o caso de você estar curioso(a) e não ser exatamente um fã do idioma de Shakespeare, coloco uma tradução do texto:

Lindo é melhor que feio.
Explícito é melhor que implícito.
Simples é melhor que complexo.
Complexo é melhor que complicado.
Plano é melhor que aninhado.
Esparso é melhor que denso.
Legibilidade importa.
Casos especiais não são especiais o bastante para quebrar as regras.
Embora a simplicidade supere o purismo.
Erros nunca deveriam passar silenciosamente.
A menos que explicitamente silenciados.
Ao encarar a ambiguidade, recuse a tentação de adivinhar.
Deveria haver uma — e preferencialmente apenas uma — maneira óbvia
de se fazer algo.
Embora aquela maneira possa não ser óbvia à primeira vista se
você não for holandês.
Agora é melhor que nunca.
Embora nunca seja muitas vezes melhor que exatamente agora.
Se a implementação é difícil de explicar, é uma má ideia.
Se a implementação é fácil de explicar, pode ser uma boa ideia.
Namespaces são uma ideia fenomenal — vamos fazer mais deles!

VARIÁVEIS E TIPOS DE DADOS

NESTE CAPÍTULO será aprofundado o seu conhecimento sobre esses tópicos importantíssimos em qualquer linguagem de programação. Qualquer programador, seja na linguagem que for, deve conhecer variáveis e como utilizá-las.

OK, se você já trabalhou com linguagens puramente funcionais[1] — um tipo de linguagem de programação de um *paradigma* diferente — sabe que é até possível escrever programas sem variáveis, porém, eles só serão úteis em contextos **bem específicos**.

No "mundo real", variáveis são a área em que você armazenará seus dados, enquanto estiverem em tempo de execução. Em grande parte dos programas que você desenvolver, será necessário receber uma entrada de dados, seja pelo teclado, algum arquivo ou pela rede e, em seguida, armazenar essas informações em algum lugar para que sejam processadas; tipicamente, esse lugar será alguma variável.

Toda variável tem um *identificador*, ou seja, um nome pelo qual ela é referenciada e um *tipo de dados*, que nos diz que tipo de informação contém (por exemplo: um número, uma string, um objeto complexo, uma lista etc.). Como descrito no Capítulo 1, na seção "Variáveis: uma definição informal", em Python, costuma-se nomear variáveis de acordo com o padrão *snake_case*.

Tipagem dinâmica

Outra ideia do Capítulo 1 que será revista e aprofundada agora é a definição de linguagem *dinamicamente tipada*.

Uma linguagem é dita *dinamicamente tipada* se o tipo de dados de uma variável é inferido automaticamente por ela, ou seja, o programador não precisa **explicitamente** dizer que tipo de dados será armazenado na variável. Apenas a título de comparação, mostro a seguir um trecho de código em linguagem C:

---

[1] Python também tem características de linguagens funcionais, porém, como citado no Capítulo 1, é uma linguagem *multiparadigma*.

```
int x = 10;
int y = 15;
char resposta = 'S';
```

Em Python, o mesmo código poderia ser escrito assim:

```
x = 10
y = 15
resposta = 'S'
```

Com a facilidade de processamento de listas da linguagem, seria possível até mesmo simplificá-lo para:

```
x, y, resposta = 10, 15, 'S'
```

AVISO

Apesar de mais conciso, o exemplo anterior não deve ser usado na prática, **exceto se houver uma razão muito boa para tal**, pois, ele é menos legível e de entendimento mais complicado que o primeiro. Lembre-se do "Zen do Python": *legibilidade importa* e *simples é melhor do que complexo*.

Observe que, assim, o desenvolvedor fica livre de precisar definir ***antecipadamente*** o tipo de suas variáveis: ele deixa o interpretador cuidar desse detalhe e pode focar outros aspectos do seu software. Pode parecer uma bobagem para um iniciante, mas aqueles que já programaram em várias outras linguagens sabem que, às vezes, a escolha do tipo errado de dados pode resultar em código extra apenas para realizar conversões — o que não deveria ser o foco do desenvolvedor.

Há também a questão do desempenho: nas linguagens *estaticamente tipadas* (o contrário de Python — todos os tipos das variáveis **devem** ser declarados antes do uso), há um ganho de desempenho, pois o compilador ou o interpretador não precisará determinar o tipo da variável a cada uso, o que economiza várias chamadas de baixo nível. Entretanto, os computadores atuais são extremamente rápidos quando comparados àqueles em que se executavam programas na época em que linguagens estaticamente tipadas eram regra. E, a menos que esteja escrevendo software básico (um sistema operacional, um driver de dispositivo etc.), em geral, uma linguagem dinamicamente tipada se mostrará mais versátil. Ou seja, vale o bom senso: use a ferramenta certa para cada trabalho.

Tipagem forte

Também citei no capítulo anterior que Python é uma linguagem *fortemente tipada*.

Tipagem forte significa que a linguagem não realiza coerções automáticas entre tipos incompatíveis. Veja um fragmento de código para explicar melhor:

```
codigo = 13
nome_usuario = "Francisco"
hash_usuario = codigo + nome_usuario
```

Ao executá-lo, você receberá o erro da Figura 2.1:

```
Python 3.6.8 (default, Oct  7 2019, 12:59:55)
[GCC 8.3.0] on linux
Type "help", "copyright", "credits" or "license()" for more information.
>>> codigo = 13
>>> nome_usuario = "Francisco"
>>> hash_usuario = codigo + nome_usuario
Traceback (most recent call last):
  File "<pyshell#2>", line 1, in <module>
    hash_usuario = codigo + nome_usuario
TypeError: unsupported operand type(s) for +: 'int' and 'str'
>>>
```

FIGURA 2.1: Erro de tipo de dados

Isso acontece porque tentei realizar uma soma de uma string com um número e essa operação não faz sentido para a linguagem.

Neste ponto, você pode estar pensando: "É lógico que deu erro! Mas, por que alguém tentaria algo tão esdrúxulo como somar uma palavra e um número?" Existem situações em que isso poderia ser perfeitamente válido: por exemplo, no código anterior, simulei um programa em que o desenvolvedor queria gerar um hashcode para o usuário — uma espécie de código que é muito usado para criptografar informações.[2]

Voltando ao código, mais adiante, na seção "*Typecast*: convertendo tipos de dados", mostrarei como seria possível realizar essa operação sem erros, mas, o mais importante a destacar, neste momento, é que, por ser uma linguagem com **tipagem forte**, Python não realiza tais conversões automaticamente. Se o mesmo código fosse escrito em JavaScript, por exemplo, ele compilaria e executaria sem erros (e a variável hash_usuario conteria "13Francisco").

E por que eu preciso saber disso?

Conhecer esses conceitos pode parecer, a princípio, mera perda de tempo ou "enchimento de linguiça", como se diz popularmente.

Na realidade, saber tais diferenças nos ajuda a compreender a origem de erros estranhos em nossos programas, principalmente quando trabalhamos com mais de uma linguagem simultaneamente. Na Parte 3 deste livro, quando desenvolveremos uma aplicação online, precisaremos de um pouco de JavaScript para melhorar a interatividade do sistema e, nesse momento, ao lidar com duas linguagens no mesmo projeto, poderíamos nos confundir.

Declarando variáveis

No Capítulo 1, vimos na seção "Variáveis: uma definição informal" que, para declarar variáveis em Python, basta inicializá-las com um valor. Por exemplo, no código:

---

[2] Este é apenas um exemplo didático: em um programa real, o processo não seria, nem de longe, tão óbvio, e há vários algoritmos padronizados para essa tarefa.

```
codigo_usuario = 13
nome_usuario = "Francisco"
idade_usuario = 42
```

Você criou três variáveis, codigo_usuario, nome_usuario e idade_usuario e armazenou os valores anteriores nelas. Essa operação, consequentemente, alocou[3] memória no computador para armazenar tais valores. Durante a execução do seu programa, sempre que precisar acessar os valores guardados nessas posições da memória, é só referenciá-los pelos nomes atribuídos às variáveis.

Um outro estilo que pode ser usado para inicializar variáveis é colocá-las todas como uma lista e igualar a lista à outra com os valores. Por exemplo, a declaração anterior poderia ser feita assim:

```
codigo_usuario, nome_usuario, idade_usuario = 13, "Francisco", 42
```

O resultado seria o mesmo, porém, esse estilo não é muito "pytônico", por isso vamos evitá-lo. Teste essas inicializações no shell e use a função `print()` para conferir o resultado. Você deverá obter uma saída parecida com a da Figura 2.2:

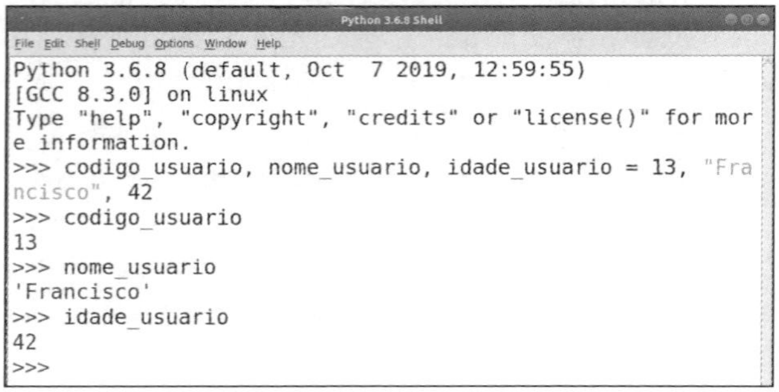

FIGURA 2.2: Inicializando múltiplas variáveis

Como vimos no Capítulo 1, na seção "Variáveis: uma definição informal", o tipo de dados de uma variável é definido pelo valor que ela contém. Vou agora detalhar mais os tipos de dados disponíveis em Python.

Tipos de dados em Python

A linguagem Python possui diversos tipos de dados que podemos usar para declarar variáveis. Vamos conhecer cada um deles:

Tipos strings

Os tipos string armazenam **cadeias de caracteres**, ou seja, textos (que podem conter letras, números e caracteres especiais, como pontuação e espaços em branco, por exemplo). As strings em Python são zero-based, ou seja, o primeiro caractere delas

---

[3] "Alocar" significa "reservar espaço".

é, por definição, o de índice 0. Algumas linguagens consideram o primeiro caractere com índice 1. Agora, imagino que você possa pensar: "E daí? Por que tenho que saber se o primeiro caractere tem índice 0 ou 1?"

A resposta é que, em muitos programas, você precisará obter o n-ésimo caractere de uma string e, com esse conhecimento, já saberá que ele estará no índice n-1.

Mas como isso funciona no código? Vejamos um exemplo:

```
Python 3.6.8 (default, Oct  7 2019, 12:59:55)
[GCC 8.3.0] on linux
Type "help", "copyright", "credits" or "license()" for more information.
>>> codigo_usuario, nome_usuario, idade_usuario = 13, "Francisco", 42
>>> codigo_usuario
13
>>> nome_usuario
'Francisco'
>>> idade_usuario
42
>>> saudacao = "Hello, World!"
>>> print(saudacao[0])
H
>>> print(saudacao[7])
W
>>>
```

FIGURA 2.3: Acessando caracteres individuais em uma string

Se você é iniciante em programação, poderá achar esta seção um pouco nebulosa. Afinal, qual a utilidade de percorrer uma string caractere por caractere? Na verdade, essa é uma tarefa bastante comum em programação: usamos essa técnica sempre que precisamos processar partes de sequências de caracteres, por exemplo, ao conferirmos se o dígito verificador de um CPF é válido ou ao criptografar um texto.

Substrings

Uma ***substring*** é um pedaço de uma outra *string*. Já vimos como obter caracteres de uma string individualmente (Figura 2.3). A sintaxe para selecionar uma substring é semelhante à de intervalos da matemática, ou seja: [**início** : **fim**]. Porém, é preciso observar que o intervalo em questão não inclui o último caractere, ou seja, se string for s = "palavra", para selecionar a última sílaba ("vra"), deveremos declarar: **s[4:7]** e não **s[4:6]**, como pode parecer de início. Por exemplo, no código da Figura 2.4 vemos esse recurso sendo usado para imprimir as duas palavras que compõem uma string maior:

```
Python 3.6.8 (default, Oct  7 2019, 12:59:55)
[GCC 8.3.0] on linux
Type "help", "copyright", "credits" or "license()" for more information.
>>> saudacao = "Alô, mundo!"
>>> print(saudacao[0:3])
Alô
>>> print(saudacao[5:10])
mundo
>>>
```

FIGURA 2.4: Selecionando substrings

Concatenação de strings

A palavra *concatenação* parece algo muito complexo para quem nunca a viu, porém, trata-se, simplesmente, da junção de duas ou mais strings. Essa operação é realizada por meio do sinal de adição (+). Por exemplo:

```
print("Brasil" + "eiro")
```

Imprimirá:

```
Brasileiro
```

Tipos numéricos

Python também nos provê tipos especiais para dados numéricos. Embora o tipo string também possa armazenar números, quando inicializamos uma variável apenas com números, sem delimitá-los por aspas, estamos criando uma variável **numérica**. A diferença mais fundamental entre esse tipo e o string, visto anteriormente, é que podemos usar os valores de variáveis numéricas para efetuar cálculos. Existem três tipos de variáveis numéricas em Python:

1. int: Armazena números *inteiros*.
2. float: Armazena números de *ponto flutuante*, ou seja, números *reais*.
3. complex: Armazena números *complexos*.

Ao contrário de muitas linguagens, Python possui poucos tipos para representar números. Isso tem, como na maioria das escolhas, vantagens e desvantagens. A principal vantagem é simplificar programas que realizam cálculos (o que é um dos motivos da popularidade da linguagem entre cientistas e pesquisadores); como desvantagem, poderíamos citar que o código, eventualmente, usa mais memória do que o estritamente necessário se tivéssemos tipos para representar, por exemplo, inteiros de 8, 16, 32 e 64 bits.

O tipo int, como o nome sugere, pode armazenar apenas números inteiros, que podem ser negativos, nulos (zero) ou positivos. Ele é indicado para representar, por exemplo, quantidade de itens em um estoque, número de pessoas em uma turma, quantidade de elementos em um conjunto etc. Se o número em questão for negativo, basta precedê-lo do sinal de menos (-).

O tipo float, por sua vez, é usado para armazenar números *reais* (observe que, assim como na matemática, o conjunto dos números inteiros está contido no conjunto dos números reais, logo, todo número inteiro é também real, mas nem todo real é inteiro). Em termos práticos, todo número que contiver um ponto decimal será considerado como de *ponto flutuante* pelo Python.

Finalmente, *números complexos* servem para representar... números complexos! Não há nenhuma surpresa aqui: novamente, o Python aproveita os conceitos da matemática. Se você não se recorda, não tem problema. Vamos a uma revisão-relâmpago dos números complexos:

Variáveis e Tipos de Dados 39

Números complexos são compostos de uma parte ***real*** e outra ***imaginária*** — a unidade imaginária **i** corresponde a $\sqrt{-1}$. Em Python, a unidade imaginária é denotada por j.[4]

Vejamos alguns exemplos de variáveis numéricas e seus tipos:

```
quantidade_ingressos = 1000         # int
pi = 3,1415926                      # float
c1 = (-3 + 10j)                     # complexo
c2 = (7 - 2j)                       # complexo
c3 = (1 + 0j)                       # complexo
```

Em particular, os números complexos podem ser criados com uma sintaxe alternativa. Por exemplo, c1, c2 e c3, do código anterior, poderiam ser criados da seguinte forma:

```
c1 = complex(-3, 10)        # c1 = -3 + 10j
c2 = complex(7, -2)         # c2 = 7 - 2j
c3 = complex(1, 0)          # c3 = 1 + 0j
```

Há ainda, em Python, funções que operam número complexo sobre o próprio tipo de dados:

- ***real***: Retorna a parte real de um número complexo. Por exemplo, tomemos c1, c2 e c3, definidos anteriormente:

```
Python 3.6.8 (default, Oct  7 2019, 12:59:55)
[GCC 8.3.0] on linux
Type "help", "copyright", "credits" or "license()" for more information.
>>> c1 = (-3 + 10j)
>>> c2 = (7 -2j)
>>> c3 = (1 + 0j)
>>> c1.real # Retorna a parte real de c1
-3.0
>>> c2.imag # Retorna a parte imaginária de c2
-2.0
>>> c3.conjugate() # Retorna o conjugado de c3
(1-0j)
>>>
```

FIGURA 2.5: Operando com números complexos

DICA

Se você tiver interesse em se aprofundar sobre este tópico, leia no manual da API do Python, a seção sobre o cmath — módulo de funções matemáticas para números complexos. Disponível em: <https://docs.python.org/3/library/cmath.html#module-cmath>.

---

[4] Se você está se perguntando por que j, em vez de i, a origem dessa convenção está na engenharia eletrônica, em que a maioria dos materiais reserva a letra i para representar a intensidade de corrente.

Tipo booleano

Este tipo de dados é muito simples: pode conter apenas dois valores — *True* e *False* —, constantes que representam, respectivamente **verdadeiro** e **falso**. Costuma ser usado em operações lógicas de comparação. Ao longo do livro, você verá vários exemplos com esse tipo. Apenas uma recomendação: lembre-se de que Python é *case sensitive*! Por isso, sempre que usar essas constantes, escreva-as com a primeira letra maiúscula e o restante, minúscula.

Operações matemáticas

Vimos na seção "Operadores aritméticos", no Capítulo 1, que, como regra geral, ao realizar operações matemáticas entre tipos diferentes, Python tentará converter o resultado para o tipo de maior precisão entre os operadores. Por exemplo:

```
Python 3.6.8 Shell
File Edit Shell Debug Options Window Help
Python 3.6.8 (default, Oct  7 2019, 12:59:55)
[GCC 8.3.0] on linux
Type "help", "copyright", "credits" or "license()" for more information.
>>> pi = 3.1415926
>>> r = 5
>>> area_circulo = pi * (r ^ 2)
>>> print(f'Pi = {pi}, r = {r}, área = {area_circulo}')
Pi = 3.1415926, r = 5, área = 21.9911482
>>>
```

FIGURA 2.6: Operações matemáticas entre tipos de precisões diferentes

Note que, no código da Figura 2.6, *pi* é uma variável do tipo *float* e *r* é uma variável **inteira**; como consequência, as operações entre elas geram um resultado no tipo de maior precisão — *float* —, que é exatamente o tipo da variável *area_círculo*.

Listas, tuplas, conjuntos e dicionários

Até agora, só trabalhamos com tipos de dados que armazenam apenas um valor por variável, porém, a maioria das linguagens de programação nos permite trabalhar com diversos valores em uma mesma variável (conhecidos como *coleções*), acessíveis a partir de um *índice numérico* ou uma *chave string*.

Python possui quatro tipos de dados predefinidos para lidar com coleções — com a prática, você verá que sempre será possível estender esses tipos para criar outros para suas necessidades específicas. Porém, também com a prática, você perceberá que os quatro tipos predefinidos atendem a quase todas as suas necessidades ao tratar coleções.

Os tipos disponíveis são listas, tuplas, conjuntos e dicionários. Neste capítulo, faremos apenas uma breve introdução desses tipos e eles serão descritos em mais detalhes no Capítulo 7.

Listas

O primeiro tipo do qual falaremos será a *lista*. Como o nome indica, uma lista é um conjunto de dados, porém com uma propriedade especial: seus elementos têm uma **ordem** entre si — o primeiro tem índice 0; o segundo, 1; e assim por diante...

Para declararmos uma variável do tipo lista, basta igualar seu *identificador* (nome) aos dados contidos na lista, separados por vírgula e delimitados por colchetes:

```
identificador = [elemento 0, ..., elemento n-1]
```

Para ficar mais claro, vejamos um exemplo em que também serão mostradas algumas operações possíveis com listas:

```
Python 3.6.8 (default, Oct  7 2019, 12:59:55)
[GCC 8.3.0] on linux
Type "help", "copyright", "credits" or "license()" for more information.
>>> lista_frutas = ['laranja', 'mamão', 'abacaxi', 'melão']
>>> lista_frutas[0]
'laranja'
>>> lista_frutas[3]
'melão'
>>> lista_frutas[4]
Traceback (most recent call last):
  File "<pyshell#3>", line 1, in <module>
    lista_frutas[4]
IndexError: list index out of range
>>> print(lista_frutas)
['laranja', 'mamão', 'abacaxi', 'melão']
>>>
```

FIGURA 2.7: Operações com listas

No código da Figura 2.7 criamos uma lista contendo dados do tipo string, chamada *lista_frutas*. Em seguida, examinamos o conteúdo dos elementos nas posições 0 e 3 da lista.

Na memória do computador, nossas listas estariam organizadas de modo parecido com a tabela seguinte:

TABELA 2.1: Conteúdo da lista

índice	0	1	2	3
lista_frutas	'laranja'	'mamão'	'abacaxi'	'melão'

Quando tentamos acessar uma posição inválida (4), recebemos uma mensagem de erro, pois nossa lista contém apenas quatro elementos até o momento (lembre-se: as listas são **baseadas em zero**, ou seja, esse é o índice do primeiro elemento).

Finalmente, quando mandamos imprimir o conteúdo da variável *lista_frutas*, a lista é exibida, **na ordem em que os elementos foram armazenados**.

Se você já programou em linguagens que possuem o tipo de dados *array*, pense nas listas de Python como "*arrays* vitaminados". Na realidade, as listas parecem com *arrays dinâmicos*, pois, podem receber novos elementos após sua criação e os elementos existentes podem ser removidos **durante a execução** do programa (esse tipo de operação será mostrado mais adiante, no Capítulo 7).

Um detalhe a ser observado é que uma lista pode conter informações de **mais de um tipo de dados**, ou seja, podemos criar uma lista que contenha strings, números, booleanos etc. Podemos até mesmo **armazenar uma lista como um elemento de outra**. Como citado na nota de rodapé 5 do Capítulo 1, Python tem excelentes recursos para processamento de listas. Você pode até mesmo escrever:

```
lista_verduras = ['alface', 'tomate','cebola']
```

E depois:

```
lista_compras = [lista_frutas, lista_verduras]
```

Se imprimir o valor de lista_compras, deverá obter um resultado como o da Figura 2.8:

```
Python 3.6.8 (default, Oct  7 2019, 12:59:55)
[GCC 8.3.0] on linux
Type "help", "copyright", "credits" or "license()" for more information.
>>> lista_verduras = ['alface', 'tomate', 'cebola']
>>> lista_frutas = ['laranja', 'mamão', 'abacaxi', 'melão']
>>> lista_compras = [lista_frutas, lista_verduras]
>>> print(lista_compras)
[['laranja', 'mamão', 'abacaxi', 'melão'], ['alface', 'tomate', 'cebola']]
>>>
```

FIGURA 2.8: Uma lista de listas

Observe que cada lista foi armazenada como um elemento da lista maior, lista_compras. De fato, há uma forte analogia com a Teoria dos Conjuntos — a única diferença é que, como já dito, listas possuem uma ordem entre seus elementos.

Quando criamos lista_compras, na realidade, definimos uma estrutura de dados *bidimensional*, ou seja, que pode ser acessada por duas dimensões — seus índices. Por exemplo, experimente digitar as instruções da Figura 2.9.

```
Python 3.6.8 (default, Oct  7 2019, 12:59:55)
[GCC 8.3.0] on linux
Type "help", "copyright", "credits" or "license()" for more information.
>>> lista_verduras = ['alface', 'tomate', 'cebola']
>>> lista_frutas = ['laranja', 'mamão', 'abacaxi', 'melão']
>>> lista_compras = [lista_frutas, lista_verduras]
>>> print(lista_compras)
[['laranja', 'mamão', 'abacaxi', 'melão'], ['alface', 'tomate', 'cebola']]
>>> lista_compras
[['laranja', 'mamão', 'abacaxi', 'melão'], ['alface', 'tomate', 'cebola']]
>>> lista_compras[0]
['laranja', 'mamão', 'abacaxi', 'melão']
>>> lista_compras[0][1]
'mamão'
>>>
```

FIGURA 2.9: Manipulando listas de duas dimensões

Variáveis e Tipos de Dados 43

Na linha lista_compras[0], estávamos avaliando o valor do primeiro item (o de índice 0) da lista lista_compras. Esse item, como mostrado na figura, é outra lista que contém quatro elementos. Para acessarmos um item dela individualmente, devemos passar um segundo índice (ou dimensão). Desse modo, lista_compras[0][1] retornará o elemento na posição 1 da lista apontada pela posição 0 de lista_compras, que é "mamão". Observe a tabela:

TABELA 2.2: Lista bidimensional

lista_compras	índices
0	[0]='laranja', [1]='mamão', [2]='abacaxi', [3]='melão'
1	[0]='alface', [1]='tomate', [2]='cebola'

Uma lista é um tipo de dados **variável**, ou seja, que permite que alteremos seus elementos após a sua criação. Dessa maneira, se quiséssemos substituir o elemento de índice 1 de lista_frutas, poderíamos escrever:

```
lista_frutas[1] = 'goiaba'
```

E o segundo elemento da lista seria alterado. Observe a Figura 2.10.

```
>>> lista_frutas
['laranja', 'mamão', 'abacaxi', 'melão']
>>> lista_frutas[1] = 'goiaba'
>>> lista_frutas
['laranja', 'goiaba', 'abacaxi', 'melão']
>>>
```

FIGURA 2.10: Alterando um elemento da lista

Tuplas

Tuplas são muito parecidas com listas. Sua declaração é realizada por meio de parênteses, em vez de colchetes, porém, elas são estruturas de dados **invariáveis**. Ou seja, uma vez criada uma tupla, seus elementos não podem ser removidos, nem é possível adicionar novos elementos. Vejamos o que acontece se tentarmos alterar dados de uma tupla:

```
                        Python 3.6.8 Shell
File Edit Shell Debug Options Window Help
Python 3.6.8 (default, Oct  7 2019, 12:59:55)
[GCC 8.3.0] on linux
Type "help", "copyright", "credits" or "license()" for mor
e information.
>>> tupla_frutas = ('laranja', 'mamão', 'abacaxi', 'melão'
)
>>> tupla_frutas
('laranja', 'mamão', 'abacaxi', 'melão')
>>> tupla_frutas[1]='goiaba'
Traceback (most recent call last):
  File "<pyshell#2>", line 1, in <module>
    tupla_frutas[1]='goiaba'
TypeError: 'tuple' object does not support item assignment
>>>
```

FIGURA 2.11: Tentando alterar dados de uma tupla

Como pode ser visto na Figura 2.11, uma tentativa de alterar um elemento de uma tupla resulta em um erro em tempo de execução; porém, ainda é possível **trocar a tupla inteira por outra**. Observe o código da Figura 2.12:

```
Python 3.6.8 (default, Oct  7 2019, 12:59:55)
[GCC 8.3.0] on linux
Type "help", "copyright", "credits" or "license()" for mor
e information.
>>> tupla_frutas = ('laranja', 'mamão', 'abacaxi', 'melão'
)
>>> tupla_frutas
('laranja', 'mamão', 'abacaxi', 'melão')
>>> tupla_frutas[1]='goiaba'
Traceback (most recent call last):
  File "<pyshell#2>", line 1, in <module>
    tupla_frutas[1]='goiaba'
TypeError: 'tuple' object does not support item assignment
>>> tupla_frutas = ('laranja', 'goiaba', 'abacaxi', 'melão
')
>>> tupla_frutas
('laranja', 'goiaba', 'abacaxi', 'melão')
>>>
```

FIGURA 2.12: Fazendo uma variável apontar para uma nova tupla

"Nos bastidores", o que fizemos foi **trocar o conteúdo apontado pela variável**; lembre-se de que uma variável é apenas um identificador para um endereço na memória do computador. Quando atribuímos uma tupla completamente nova à mesma variável na linha:

```
tupla_frutas = ('laranja','goiaba','abacaxi','melao')
```

de fato, fizemos a variável apontar para outro endereço, que contém a nova tupla; a antiga será descartada,[5] pois nenhuma variável a referencia mais. O Exercício proposto 2 deste capítulo mostra um uso interessante dessa técnica.

Você ainda pode **excluir** a tupla inteira, por meio da instrução **del**. Se necessário, simplesmente coloque em seu código:

```
del nome_da_tupla
```

DICA

Listas e Tuplas são tipos de dados **ordenados** — ou seja, que definem uma ordem total entre seus elementos e que diferem quanto ao fato de serem variáveis ou não. Eles são úteis para armazenar dados em que a **ordem** entre eles é importante — por exemplo, a lista dos aprovados em um vestibular.

Há situações em que a ordem dos elementos na coleção não é relevante — por exemplo, em uma lista de filmes em exibição, não importa qual o primeiro ou o último, apenas o conjunto. Para essas situações, existem os tipos *Set* e *Dicionário* em Python.

---

[5] Esse processo de remover dados que não são mais utilizados é chamado de *garbage collection* ("coleta de lixo") e é muito utilizado em várias linguagens. Um exemplo "famoso" de linguagem que o utiliza é Java.

Conjuntos

O tipo de dados Set corresponde **exatamente** ao funcionamento de um conjunto da matemática, ou seja, é uma coleção de dados sem relação de ordem entre seus elementos (ou seja, não existe o elemento de índice 1, 2... etc.) e que não permite elementos duplicados. Eles possuem as operações de união, interseção, diferença e diferença simétrica. Um conjunto pode ser criado por meio de uma chamada à função `set()` ou declarando seus elementos entre chaves (como na matemática).

Um detalhe importante é que conjuntos não podem armazenar outras coleções **variáveis**. Ou seja, você pode armazenar uma tupla como elemento de um conjunto, mas **não** uma lista.

Outra restrição é que um conjunto não pode, ele próprio, ser um elemento de outro conjunto, ou seja: {1, {2, 3}, 4}, apesar de válido na matemática, não o é em Python.

Para criar um conjunto em Python, simplesmente declare seus elementos entre chaves — como na matemática. Por exemplo:

```
A = {1, 2, 3}
B = {3, 1, 2, 3}
```

No exemplo anterior, observe que A e B possuem os mesmos elementos, ordenados de modo diferente e com uma repetição no caso de B. Experimente digitar no shell do Python o seguinte código:

```
A = {1, 2, 3}
B = {3, 1, 2, 3}
A == B
```

O resultado será True. Você poderá pensar: "Mas os conjuntos não têm quantidades diferentes de elementos?" Na verdade, não. Lembre-se de que conjuntos não permitem **duplicidade de elementos**; portanto, o conjunto B contém, de fato, {3, 1, 2} e, como conjuntos não possuem relação de ordem, {3, 1, 2} e {1, 2, 3} são, como na matemática, **o mesmo conjunto**.

Você pode testar relações de pertinência (*pertence* e *não pertence*) entre elementos e conjuntos, usando um operador especial: ***in***. Seu uso é bastante simples — para testar se um elemento pertence a um conjunto, faça:

```
elemento in {conjunto}
```

Exemplo:

```
x = 1
x in {2, 3, 4}    # retorna False
```

Do mesmo modo, para testar se um elemento **não pertence** a um conjunto, use **not in**:

```
resposta = 4 not in {1, 2, 3}# retorna True
```

Operações com conjuntos

Python nos permite realizar todas as operações com conjuntos que aprendemos na matemática básica:

TABELA 2.3: Operadores de conjuntos da linguagem Python

Representação	Significado
A | B ou A.*union*(B)	Retorna o conjunto união de A com B sem alterar seus valores.
A |= B ou A.*update*(B)	Realiza a união de A com B e atribui o resultado a A (altera o conteúdo de A).
A & B ou A.*intersection*(B)	Retorna o conjunto interseção de A com B sem alterar seus valores.
A&=B ou A.*intersection_update*(B)	Realiza a interseção de A com B e atribui o resultado a A (altera o conteúdo de A).
A - B ou A.*difference*(B)	Retorna a diferença entre A e B (elementos que estão contidos em A mas não em B).
A-=B ou A.*difference_update*(B)	Retorna a diferença entre A e B (elementos que estão contidos em A mas não em B) e armazena o resultado em A; na prática, remove de A todos os elementos que também fizerem parte de B.
A ^ B ou A.*symmetric_difference*(B)	Retorna a diferença simétrica entre A e B (elementos contidos em A ou em B, mas não em ambos simultaneamente).
A ^= B ou A.*symmetric_difference_update*(B)	Armazena a diferença simétrica entre A e B em A.
A <= B ou A.*issubset*(B)	Retorna True se A for subconjunto de B; e False, caso contrário. Ou seja, corresponde a A *está contido* em B.
A >= B ou A.*issuperset*(B)	Retorna True se A for superconjunto de B; e False, caso contrário. Ou seja, corresponde a A *contém* B.
A < B	Equivalente a A <= B e A != B, ou seja, corresponde a A *está contido propriamente* em B.
A>B	Equivalente a A >= B e A != B, ou seja, corresponde a A *contém propriamente* B.

AVISO

Quando precisar criar um conjunto vazio, use a função `set()`:
```
conjunto_vazio = set()
```
`set()` também pode ser usada para converter outros tipos de coleção para um conjunto. Falaremos a esse respeito ainda neste capítulo, na seção "*Typecast*: convertendo tipos de dados".

Se você fizer **conjunto_vazio = {}**, a variável conjunto_vazio apontará, na realidade, para um ***dicionário*** (explicado na próxima seção).

Dicionários

Um *dicionário* em Python é um tipo de dados que agrega elementos e lhes atribui "etiquetas" (labels) no lugar de índices, em oposição às listas. Pense em tais labels como chaves de acesso para os dados. A sintaxe para declarar um dicionário é:

```
nome_do_dicionário = {"chave_1" : "valor1", "chave_2":
valor2,..., "chave_n" : valor_n}
```

Na maioria dos casos, as chaves serão strings, logo, precisarão estar delimitadas por aspas (nada impede que você crie chaves de tipos numéricos ou booleanos, por exemplo, mas, em geral, tais tipos não costumam ser usados como chaves para dicionários); os valores, por sua vez, podem ser de qualquer tipo e só precisam ser delimitados por aspas se também forem strings. Por exemplo, poderíamos representar um contato de uma agenda com um dicionário da seguinte forma:

```
Python 3.6.8 (default, Oct  7 2019, 12:59:55)
[GCC 8.3.0] on linux
Type "help", "copyright", "credits" or "license()" for more information.
>>> contato = {"id": 10, "nome": "Francisco", "fone": "(99)99999-9999"}
>>> contato["nome"]
'Francisco'
>>> contato["fone"]
'(99)99999-9999'
>>>
```

FIGURA 2.13: Usando um dicionário para armazenar dados de um contato

Note que a chave *id* aponta para um dado **numérico**, por isso não o delimitamos por aspas. Nós acessamos os elementos de um dicionário por suas **chaves**, do mesmo modo que acessamos os elementos de uma lista por seus **índices**. Dicionários, assim como as listas, são **variáveis**, ou seja, podem ser alterados em tempo de execução.

AVISO

Uma variável do tipo dicionário não pode conter chaves repetidas. Se tentar fazer isso, como, por exemplo:
teste = {'a':1, 'a': 2}
O valor declarado por último sobrescreverá o(s) anterior(es). No exemplo citado, se você inspecionar a variável teste, verá que ela contém apenas:
{'a': 2}

Typecast: convertendo tipos de dados

A operação de converter um tipo de dados em outro, em programação, é conhecida como *typecast* e é uma das tarefas mais comuns em programas reais. Afinal, muitas vezes não podemos garantir que os dados nos serão fornecidos nos tipos de que precisamos para nossas operações. Felizmente, Python possui um rico conjunto de funções para essa tarefa.

A função `int()`

A primeira função desse tipo que conheceremos será `int()`. Ela recebe um valor e converte-o para um número inteiro, **se possível**. Observe a figura:

```
Python 3.6.8 Shell
File Edit Shell Debug Options Window Help
Python 3.6.8 (default, Oct  7 2019, 12:59:55)
[GCC 8.3.0] on linux
Type "help", "copyright", "credits" or "license()" for mor
e information.
>>> a = '1'
>>> x = int(a)
>>> x
1
>>> pi = 3.1415926
>>> parte_inteira_de_pi = int(pi)
>>> parte_inteira_de_pi
3
>>> int(True)
1
>>> int(False)
0
>>> int('A')
Traceback (most recent call last):
  File "<pyshell#8>", line 1, in <module>
    int('A')
ValueError: invalid literal for int() with base 10: 'A'
```

FIGURA 2.14: Exemplos da função `int()`.

Note que valores booleanos (True e False) são convertidos em inteiros sem problemas, com 1 representando True e 0 representando False.

Se você passar um número de ponto flutuante como parâmetro para `int()` (como pi, no exemplo), ele não será arredondado — apenas sua parte fracionária será desprezada.

E se tentar converter uma string que não contém um número (como 'A', no exemplo), obterá uma mensagem de erro.

A função `float()`

Do mesmo modo que existe uma função que converte seu argumento em inteiro, há outra, chamada `float()`, que recebe um parâmetro e converte-o para um número de ponto flutuante. Assim como no caso de `int()`, se passarmos um parâmetro que não contenha números, ocorrerá um erro. A Figura 2.15 exemplifica essas operações:

Variáveis e Tipos de Dados 49

```
Python 3.6.8 (default, Oct  7 2019, 12:59:55)
[GCC 8.3.0] on linux
Type "help", "copyright", "credits" or "license()" for mor
e information.
>>> y = 20
>>> z = float(y)
>>> z
20.0
>>> k = float('A10')
Traceback (most recent call last):
  File "<pyshell#3>", line 1, in <module>
    k = float('A10')
ValueError: could not convert string to float: 'A10'
>>> k = float('10')
>>> k
10.0
>>> y * k
200.0
>>>
```

FIGURA 2.15: Exemplos da função `float()`

Como é possível observar, primeiro a variável y recebe um valor inteiro, 20. Em seguida, a variável z é inicializada com o mesmo valor, convertido para ponto flutuante; logo depois, o valor de z é inspecionado para conferir se a conversão foi realizada corretamente.

Na linha seguinte é feita uma tentativa de converter um valor inválido (uma string que contém a letra A) para float. Como era de se esperar, a operação resulta em um erro.

O erro é, então, corrigido, fazendo com que k receba 10.0.

Finalmente, na última linha, é realizado o teste do resultado do produto de y por k. A multiplicação de um inteiro por um número de ponto flutuante sempre resultará em um número de ponto flutuante.

A função `complex()`

Há ainda a função `complex()`, que, como você já deve ter adivinhado, converte seu argumento em um número complexo. Vale para ela as mesmas recomendações anteriores — não use caracteres não numéricos como parâmetro para `complex()`.

AVISO

Ao converter um tipo real ou inteiro para complexo, a parte imaginária do número complexo será sempre 0 (zero) — esse comportamento já seria esperado, devido à matemática que opera com tais números.

A função `str()`

Como já seria de se esperar, a função `str()` converte seu argumento para string. Essa é uma característica importante de uma boa linguagem de programação — regularidade — o formato de suas instruções é semelhante, diminuindo a curva de aprendizado para os novatos. O código incorreto da Figura 2.15 poderia ser alterado para:

```
codigo = 13
nome_usuario = "Francisco"
hash_usuario = str(codigo) + nome_usuario
```

Que funciona sem problemas!

Convertendo coleções em conjuntos com `set()`

A função `set()` pode ser usada para converter listas ou tuplas em conjuntos, bastando passar tais coleções como parâmetro. Por exemplo:

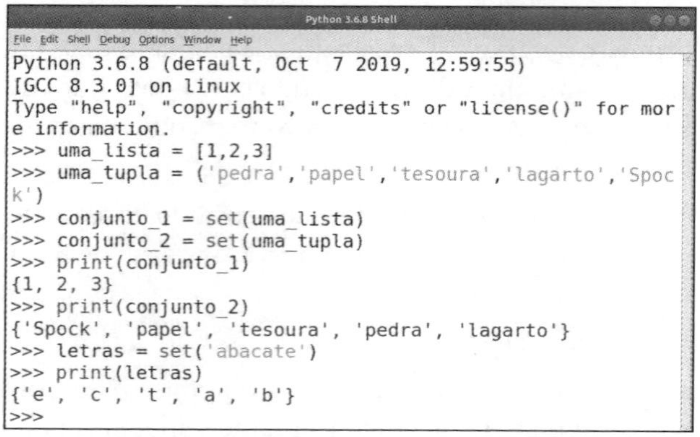
Python 3.6.8 Shell
File Edit Shell Debug Options Window Help
Python 3.6.8 (default, Oct 7 2019, 12:59:55)
[GCC 8.3.0] on linux
Type "help", "copyright", "credits" or "license()" for mor
e information.
>>> uma_lista = [1,2,3]
>>> uma_tupla = ('pedra','papel','tesoura','lagarto','Spoc
k')
>>> conjunto_1 = set(uma_lista)
>>> conjunto_2 = set(uma_tupla)
>>> print(conjunto_1)
{1, 2, 3}
>>> print(conjunto_2)
{'Spock', 'papel', 'tesoura', 'pedra', 'lagarto'}
>>> letras = set('abacate')
>>> print(letras)
{'e', 'c', 't', 'a', 'b'}
>>>

FIGURA 2.16: Convertendo dados para conjuntos

Observe que, no último exemplo da figura, uma string ("abacate") foi convertida em um conjunto que contém as letras da palavra sem repetição.

Convertendo tipos em booleano

A linguagem Python possui, na biblioteca padrão, uma função denominada `bool()`, que converte ***qualquer valor*** para True ou False. A Tabela 2.4 resume os possíveis retornos de `bool()`.

TABELA 2.4: Possíveis retornos da função `bool()`

Formato	Comentário	Retorno
bool(0)	Todo valor avaliado como zero é convertido para False por `bool()`.	False
bool(0.0)		
bool([ ])	Toda coleção vazia é convertida para False.	
bool({})		
bool('')	Uma string vazia é convertida para False.	
bool(None)	O valor `None`[6] é convertido para False.	
bool(1)	Qualquer número diferente de zero é avaliado como True por `bool()`. Atenção aqui, pois algumas linguagens representam o valor True como -1. Isso **NÃO** ocorre com Python!	True
bool(-1)		
bool(300)		
bool('Teste')	Qualquer string **não vazia** é avaliada como True.	
bool([0,2,4])	Toda coleção **não vazia** é avaliada como True.	
bool((1,2,3))		
bool({'x':0})		
Bool({1,2,3})		

Lendo dados a partir do teclado

Em boa parte dos programas que você desenvolverá, espera-se que o usuário interaja com seu código por meio do teclado. A função que permite isso se chama `input()`. Sua sintaxe é:

```
input(mensagem)
```

Em que **mensagem** é um texto que será exibido para o usuário até que ele digite algo e tecle **enter**. Tudo que o usuário digitar será armazenado em uma string e devolvido pela função. Em geral, seu uso será realizado desta forma:

```
variável = input("Alguma mensagem")
```

Você se recorda do exemplo da seção "Debugando código Python", no capítulo anterior? Tratava-se de um programa que recebia as dimensões de um recipiente em forma de paralelepípedo (uma caixa d'água, por exemplo) e calculava seu volume em metros cúbicos.

Posso, agora, aperfeiçoá-lo, fazendo com que receba as dimensões por linha de comando:

```
print('Cálculo de Volume')
comprimento = float(input('Entre com o comprimento em metros da caixa d\'água: '))
```

---

[6] None é um valor especial utilizado para indicar que não há valor algum, na realidade. Ele será explicado no Capítulo 9, na seção "Chamando funções".

```
largura = float(input('Entre com a largura em metros da caixa
d\'água: '))
profundidade = float(input('Entre com a profundidade em metros
da caixa d\'água: '))
volume_em_m3 = comprimento * largura * profundidade
volume_em_litros = volume_em_m3 * 1000
print('A caixa d\'agua comporta %.2f litros.' % volume_em_litros)
```

LISTAGEM 2.1: Cálculo de volume corrigido (volume_aperfeicoado.py).

Observe o uso da função `float()` para converter os dados retornados por `input()` de string para float.

AVISO

Em uma aplicação robusta deveria haver algum tratamento para impedir dados espúrios — por exemplo, nada impede que seu usuário digite palavras no lugar de números ao executar o código da Listagem 2.1, o que provocaria um erro no programa. Preferi manter o código simples para facilitar seu aprendizado, porém, esteja atento para que, em uma aplicação comercial, a entrada de dados seja checada para valores potencialmente prejudiciais.

Escrevendo um script Python

Até este ponto do livro, você trabalhou com instruções "soltas" em sua maioria, cujo objetivo era demonstrar um ou outro conceito. Ao longo do livro, criaremos várias *funções* em Python. Essas funções implementam um conceito que existe há muito tempo em computação: o conceito de sub-rotina.

Uma **sub-rotina** é um trecho reaproveitável de programa que pode ser chamado a partir de outros códigos. Quando você cria um script usando o paradigma imperativo, as instruções costumam ser executadas sequencialmente, ou com poucos desvios que, em alguns casos, são chamados de sub-rotinas. No Capítulo 11 será mostrado como programar em Python usando orientação a objetos. Nesse outro paradigma, haverá eventos e ações que poderão chamar seu código, que estará contido em módulos, classes e métodos. Não se preocupe em entender agora essa terminologia — ela será detalhada no momento certo.

De modo geral, escrever um script como esse compreende:

1. Receber os dados necessários para o problema.
2. Processá-los.
3. Exibir as respostas pedidas pelo usuário.

Todos os programas criados até agora podem ser considerados scripts.

Obviamente, essa é uma (imensa) simplificação. No Capítulo 9 aprofundaremos o assunto, quando mostrarei como criar funções personalizadas. Não falei, até aqui, sobre as etapas de desenvolvimento de um projeto de software real. Para manter as coisas fáceis para você, aprofundarei o material aos poucos.

Exercícios resolvidos

1. Agora que já sabe utilizar coleções para armazenar dados, crie um programa que solicita ao usuário cinco nomes de alunos e suas respectivas notas, e imprime a média do grupo usando uma lista para armazenar os nomes e outra para guardar as notas dos estudantes. (Este exercício será refeito e melhorado no Capítulo 4.)

    Solução:

    ```
    nomes = ['','','','','']
    notas = [0.0, 0.0, 0.0, 0.0, 0.0]
    nome = input('Entre com o nome do aluno 1: ')
    nota = float(input('Entre com a nota do aluno 1: '))
    # Lembre-se: listas são baseadas em *zero*!
    nomes[0] = nome
    notas[0] = nota
    nome = input('Entre com o nome do aluno 2: ')
    nota = float(input('Entre com a nota do aluno 2: '))
    nomes[1] = nome
    notas[1] = nota
    nome = input('Entre com o nome do aluno 3: ')
    nota = float(input('Entre com a nota do aluno 3: '))
    nomes[2] = nome
    notas[2] = nota
    nome = input('Entre com o nome do aluno 4: ')
    nota = float(input('Entre com a nota do aluno 4: '))
    nomes[3] = nome
    notas[3] = nota
    nome = input('Entre com o nome do aluno 5: ')
    nota = float(input('Entre com a nota do aluno 5: '))
    nomes[4] = nome
    notas[4] = nota
    media = (notas[0] + notas[1] + notas[2] + notas[3] + notas[4])/5
    print(f'A média da turma é {media}')
    ```

    Comentário: Mais uma vez, lanço mão de um exemplo simples com objetivos didáticos. Ele será refeito com mais recursos no momento adequado.

2. Altere o código do exemplo anterior para armazenar os dados em uma tupla em vez de uma lista e execute-o. Você deverá obter um erro. Por que isso ocorre? Alguma ideia de como corrigir o erro e continuar usando a tupla?

Solução:

Prosseguirei por etapas. Primeiro, para trocar a estrutura de dados de armazenamento de lista para tupla, altere as duas primeiras linhas para:

```
nomes = ('','','','','')
notas = (0.0, 0.0, 0.0, 0.0, 0.0)
```

Tente executar o código. Você deverá obter uma mensagem de erro *"TypeError: 'tuple' object does not support item assignment"*, que informa que o tipo de dados **Tupla** não suporta atribuição de valores — pois, ele é **imutável**, como já visto.

Para utilizar tuplas, você pode usar um A.T.N.D. (*Artifício Técnico Não Documentado*), vulgarmente conhecido como "jeitinho" ou "gambiarra":

Comece usando listas, porém, como uma lista pode armazenar valores de outros tipos, também pode conter tuplas!

Altere o programa para:

```
nomes = (['','','','',''])
notas = ([0.0, 0.0, 0.0, 0.0, 0.0])
nome = input('Entre com o nome do aluno 1: ')
nota = float(input('Entre com a nota do aluno 1: '))
nomes = ([nome,'','','',''])
notas = ([nota,0.0, 0.0, 0.0, 0.0])
nome = input('Entre com o nome do aluno 2: ')
nota = float(input('Entre com a nota do aluno 2: '))
nomes = ([nomes[0],nome,'','',''])
notas = ([notas[0],nota, 0.0, 0.0, 0.0])
nome = input('Entre com o nome do aluno 3: ')
nota = float(input('Entre com a nota do aluno 3: '))
nomes = ([nomes[0],nomes[1],nome,'',''])
notas = ([notas[0],notas[1],nota, 0.0, 0.0])
nome = input('Entre com o nome do aluno 4: ')
nota = float(input('Entre com a nota do aluno 4: '))
nomes = ([nomes[0],nomes[1],nomes[2],nome,''])
notas = ([notas[0],notas[1],notas[2],nota, 0.0])
nome = input('Entre com o nome do aluno 5: ')
nota = float(input('Entre com a nota do aluno 5: '))
nomes = ([nomes[0],nomes[1],nomes[2],nomes[3],nome])
notas = ([notas[0],notas[1],notas[2],notas[3],nota])
media = (notas[0] + notas[1] + notas[2] + notas[3] + notas[4])/5
print(f'A média da turma é {media}')
```

Agora, *nomes* é uma tupla cujo único elemento é uma lista, e o mesmo acontece com *notas*. Como o tipo *List* é **variável**, você pode alterar seu conteúdo. A cada atribuição, troquei as tuplas apontadas por *nomes* e *notas*, permitindo, assim, que estas fossem acessadas como se fossem tipos **variáveis**.

AVISO

 Observe que a **tupla** continua sendo **invariável**, porém, nada a impede de conter informações de tipos **variáveis**. Essa distinção deve ficar mais clara para você quando eu começar a introduzir a programação orientada a objetos, no Capítulo 11.

Exercícios propostos

1. Crie um programa que receba cinco números inteiros e os imprima na ordem inversa em que foram digitados. Dica: armazene os números em uma lista.
2. Escreva um programa que solicita as dimensões (largura e comprimento) de uma sala em metros, o tamanho da aresta de uma peça quadrada de cerâmica em cm e o preço do metro quadrado da referida cerâmica; imprima quantos metros quadrados devem ser adquiridos para pavimentar a referida sala e descubra quanto custará a cerâmica a ser usada.
3. No Exercício resolvido 2 do Capítulo 1, mostrei como criar um programa bastante simplificado que converte valores de dólares para reais. Com seus novos conhecimentos sobre como ler dados a partir da entrada padrão (teclado), crie uma nova versão daquele código, que pedirá a cotação do dólar do dia, uma quantidade de reais e exibirá o valor convertido para dólares. Aproveite para formatar os dados com os símbolos de R$ e US$ e colocar duas casas decimais no resultado.

ESTRUTURAS CONDICIONAIS

PRATICAMENTE TODOS OS PROGRAMAS que você escreverá no "mundo real" precisarão testar uma ou outra condição. Essa é uma das funções mais básicas de qualquer linguagem de programação (ao menos, de todas as que estudei até hoje).

Neste capítulo, mostrarei como realizar testes de condições em Python.

Estruturas condicionais permitem que você verifique condições em seus programas e faça seu código reagir de acordo com os resultados dessas condições. Diz-se que elas controlam o *fluxo do programa*.

Este capítulo, apesar de curto, mostra um dos mais importantes recursos usados na atividade de programação.

Suítes de código

Antes de "entrar de cabeça" na primeira estrutura condicional, é preciso conhecer a definição de **suítes de código**,[1] que nada mais são do que trechos de código que, em outras linguagens costumam ser chamados de **blocos de código**. Se já programou em alguma outra linguagem, deve estar habituado a delimitar blocos de código com chaves ou palavras reservadas como *begin* e *end*.

DICA

Você deve estar pensando: "por que devo me importar se os trechos de código são chamados de blocos ou suítes?" De fato, a definição não tem impacto sobre o código que será escrito — chamando de *blocos* ou de *suítes*, o importante é que ele faça o que foi pedido; entretanto, recomendo que você compreenda os jargões para que não fique confuso ao ler materiais em lugares diversos.

---

[1] **Suíte**, neste caso, é uma palavra masculina.

O modo como Python delimita seus *suítes* é bastante simples: um suíte deve ser indentado no código em relação às instruções que não o compõem e, sempre que um suíte seguir uma instrução condicional, haverá um símbolo de dois-pontos (:) introduzindo-o.

if

A primeira estrutura condicional que você conhecerá é a instrução **if**. Sua forma mais simples é:

```
if condição:
    suíte
```

Se *condição* for avaliada como *True*, ou seja, se a condição for verdadeira, o *suíte* será executado.

Observe o uso de *indentação* para delimitar o suíte. Essa é uma característica marcante da linguagem Python — como suítes são delimitados dessa forma, o código costuma ser muito mais legível que nas linguagens tradicionais.

DICA

A recomendação da PEP8 é utilizar quatro espaços para indentação e não caracteres de tabulação (tab). Você pode configurar alguns editores de texto de programação para substituir tabulações por espaços. A razão provável da recomendação é que diferentes editores de texto não interpretam o caractere de tabulação do mesmo modo e, se você editar um pedaço do seu código em um determinado editor e um trecho diferente em outro, poderá acabar com um erro esquisito no seu programa.

Entretanto, isso traz uma responsabilidade extra ao programador — é preciso verificar, **com cuidado**, a formatação do código para não provocar erros. Observe o seguinte trecho:

```
idade = int(input('Qual a sua idade?'))
tem_titulo = input('Possui título de eleitor? [S/N]')
if (idade >= 16) and (tem_titulo=='S'):
    print('Você pode votar.')
if (idade >= 18):
    print('Você é maior de idade.')
    print('Você pode comprar bebida alcoolica.')
```

LISTAGEM 3.1: Teste da função `if` (testa_if.py)

Suponha que, por engano, você esqueça de indentar a última linha e, ao executá-la, entre com a idade de 13 anos. Observe o resultado na Figura 3.1. Você consegue perceber a razão da falha?

Estruturas Condicionais 59

```
idade = int(input("Qual a sua idade?"))
tem_titulo = input("Possui titulo de eleitor? [S/N]")
if (idade >= 16) and (tem_titulo=='S'):
    print("Voce pode votar.")
if (idade >= 18):
    print("Você é maior de idade.")
print("Você pode comprar bebida alcoolica.")
```

```
Python 3.6.8 (default, Oct  7 2019, 12:59:55)
[GCC 8.3.0] on linux
Type "help", "copyright", "credits" or "license()" for mor
e information.
>>>
 RESTART: /home/francisco/Dropbox/Alta Books/PythonWeb/cód
igo/cap03/testa_if.py
Qual a sua idade?16
Possui titulo de eleitor? [S/N]N
Você pode comprar bebida alcoolica.
>>>
```

FIGURA 3.1: Erro causado por má indentação

Como a última chamada à função `print()` foi colocada sem indentação, ela ficou fora do suíte e, como consequência, será executada independentemente da condição testada pelo if ser verdadeira ou não. Assim, informará que um menor de idade pode comprar bebida alcoólica, o que é uma falha do programa. Indente a linha novamente e o erro desaparecerá.

AVISO

Um erro comum entre iniciantes em Python, principalmente os que vêm de outras linguagens, é esquecer de digitar os dois pontos (:) após a condição do if. Lembre-se disso! Eles são tão essenciais quanto a condição.

DICA

Em Python, **sempre** que houver dois pontos no fim de uma **instrução** (ou seja, a regra não é válida para dicionários, que não são instruções, mas sim estruturas de dados), eles iniciarão um novo **suíte de código**. Por exemplo, ao longo deste livro você também conhecerá as instruções for e while e, em ambas, os dois pontos iniciarão suítes.

if...elif...else

Uma variação da instrução if é:

```
if condição1:
    suíte1
```

```
        elif condição2:
            suíte2
        (outros elifs...)
        elif condição_n:
            suíte_n
        else:
            suíte_do_else
```

Essa forma de condicional permite realizar vários testes na mesma instrução e **é uma das construções mais comuns em programas no dia a dia**. Basicamente, ela significa: teste a condição 1, se ela for verdadeira, execute o código do suíte1; se não, teste a condição2 e, caso **essa condição seja verdadeira**, execute o código do suíte2 etc... Prosseguindo para todas condições. **Se nenhuma for atendida**, execute o *suíte_do_else*. Essa última cláusula (else — suíte) é **OPCIONAL**!

elif é a contração de *else if*.

A Listagem 3.2 testa o comportamento de if com várias cláusulas de teste:

```
a = 1
mensagem = 'Nenhuma condiçao foi executada ainda'
if a==2:
    mensagem = 'Entrei no primeiro suite - a vale 2'
elif a==3:
    mensagem = 'Entrei no segundo suite - a vale 3'
elif a==4:
    mensagem = 'Entrei no terceiro suite - a vale 4'
else:
    mensagem = 'Entrei no suite do else. O valor de a e %d' % a
print(mensagem)
```

LISTAGEM 3.2: Múltiplos ifs (multiplos_ifs.py)

A Figura 3.2 mostra o resultado da execução desse código.

```
Entrei no suite do else. O valor de a e 1
>>>
```

FIGURA 3.2: Resultado da execução de múltiplos ifs

Observe que, como esperado, nenhuma condição da lista foi satisfeita, fazendo com que o código do suíte do else fosse executado. Experimente alterar o valor da variável a e verificar qual suíte é executado em cada caso.

AVISO

Nunca é demais reforçar: **atenção com o indentamento dos seus ifs!** As cláusulas *if*, *elif* e *else* **não devem ser indentadas** em relação ao código que as contém — apenas os *suítes* devem sofrer indentamento.

Veja agora um exemplo que mostra um erro que costuma atormentar os iniciantes. Vou criar um trecho de código que pede uma nota de 0 a 10 ao usuário e converte-a em conceito A, B ou C — de 8 a 10, A; 5 a 8, B; e de 0 a 5, C.

```
nota = float(input('Digite a nota do aluno:'))
if (nota>=8.0):
    conceito = 'A'
if (nota>=5.0):
    conceito = 'B'
else:
    conceito = 'C'
print('Conceito do aluno: %s' % conceito)
```

LISTAGEM 3.3: Convertendo nota em conceito (conceito.py)

O programa primeiro verifica se a nota é maior ou igual a 8.0 e, em caso positivo, armazena o conceito "A" na variável correspondente. Logo em seguida, testa se a nota é maior que 5.0 para atribuir um conceito "B", porém, o que passou despercebido pelo programador é que, se nota é maior ou igual a 8.0, ela também é maior ou igual a 5.0; logo, o programa sempre atribuirá o conceito "B" a qualquer nota maior ou igual a 5.0, mesmo que seja, também, maior ou igual a 8.0. Para corrigir o erro, troque o segundo if por um elif, o que fará com que o teste "nota >= 5.0" só seja efetuado caso a nota **não seja** maior ou igual a 8.0. Seu código corrigido ficará como na Listagem 3.4.

```
nota = float(input('Digite a nota do aluno:'))
if (nota>=8.0):
    conceito = 'A'
elif (nota>=5.0):          # Linha alterada
    conceito = 'B'
else:
    conceito = 'C'
print('Conceito do aluno: %s' % conceito)
```

LISTAGEM 3.4: Convertendo nota em conceito — corrigido (conceito_corrigido.py)

ifs encadeados

Outra forma de usar a instrução if é *encadear* ou *aninhar* vários ifs em sequência, ou seja, colocar um if dentro de outro, e este dentro de mais um etc. Por exemplo, suponha que você escreva um programa que testará o percentual de imposto de renda de pessoa física que o usuário deverá pagar de acordo com sua renda mensal. O código que faz esse teste seria semelhante a:

```
#Cálculo do IRPF
rendimento_anual = float(input('Qual o valor do seu rendimento
bruto anual?'))
if rendimento_anual < 22847.77:
    aliquota = 0
```

```
    elif (rendimento_anual >= 22847.77) and (rendimento_anual < 33919.81):
        aliquota = 7.5
    elif (rendimento_anual >= 33919.81) and (rendimento_anual < 45012.61):
        aliquota = 15.0
    elif (rendimento_anual >= 45012.61) and (rendimento_anual < 55976.16):
        aliquota = 22.5
    elif (rendimento_anual >= 55976.16):
        aliquota = 27.5
    imposto_a_pagar = rendimento_anual * (aliquota / 100)
    print('Sua aliquota e de %.2f%% e seu imposto a pagar, R$ %.2f' %
    (aliquota, imposto_a_pagar))
```

LISTAGEM 3.5: Cálculo de IRPF (irpf_01.py)

AVISO

Os percentuais de alíquotas e faixas mostrados no exemplo servem apenas para demonstrar o recurso de ifs encadeados, não devendo ser encarados como dados reais.

Dependendo do seu estilo de codificação, você poderia reescrever o código da Listagem 3.5 usando ifs encadeados. Observe o resultado na Listagem 3.6. Devo alertá-lo(a), porém, que este estilo pode parecer confuso quando usado sem moderação. Examine cada caso, tendo em mente as regras do "Zen do Python", citadas no final do Capítulo 1.

```
    #Cálculo do IRPF
    rendimento_anual = float(input('Qual o valor do seu rendimento
    bruto anual?'))
    if rendimento_anual < 22847.77:
        aliquota = 0
    elif (rendimento_anual >= 22847.77):
        if (rendimento_anual < 33919.81):
            aliquota = 7.5
        elif (rendimento_anual >= 33919.81):
            if (rendimento_anual < 45012.61):
                aliquota = 15.0
            elif (rendimento_anual >= 45012.61):
                if (rendimento_anual < 55976.16):
                    aliquota = 22.5
                elif (rendimento_anual >= 55976.16):
                    aliquota = 27.5
    imposto_a_pagar = rendimento_anual * (aliquota / 100)
    print('Sua aliquota e de %.2f%% e seu imposto a pagar, R$ %.2f' %
    (aliquota, imposto_a_pagar))
```

LISTAGEM 3.6: Cálculo de IRPF usando ifs encadeados(irpf_02.py)

Operador ternário

Uma outra ferramenta que Python nos oferece para testar condições é o chamado *operador ternário*. Trata-se, simplesmente, de uma instrução if condensada em uma só linha:

```
expressão1 if condição else expressão2
```

Que pode ser entendida como: "Se a condição for avaliada como True, retorne expressão1; se não, retorne expressão2." Esse tipo de construção é mais comum em linguagens semelhantes a C. Mesmo tendo sido criticado pelo criador da linguagem por não ser muito "pytônico", o recurso terminou incluído no Python depois da PEP 308.

Vejamos um exemplo do seu uso:

```
idade = 20
print('menor de idade' if idade < 18 else 'maior de idade')
```

Se você digitar esse código no IDLE, obterá como saída:

```
maior de idade
```

AVISO

O operador ternário deve ser utilizado com bastante cautela, pois favorece um estilo de programação um tanto quanto "obscuro". Mais uma vez, citando o "Zen do Python", "explícito é melhor que implícito", logo:
if idade < 18:
    print('menor de idade')
Else:
    print('maior de idade')
É uma forma mais legível que aquela usando o operador ternário.

Exercícios resolvidos

1. Faça um programa que solicite dois números inteiros ao usuário e imprima o maior deles.

   Solução:

   ```
   numero1 = int(input('Digite um número: '))
   numero2 = int(input('Digite outro número: '))
   if numero1 > numero2:
       print(f'O maior deles é {numero1}')
   elif numero1 < numero2:
       print(f'O maior deles é {numero2}')
   else:
       print('Os números são iguais!')
   ```

Comentário: Esta questão é mais para "aquecer o cérebro" no uso do `if()`. Um detalhe que às vezes passa despercebido aos iniciantes é que eles devem considerar que os números possam ser iguais.

2. Agora, escreva um trecho de código que pergunta ao usuário se deseja sair do sistema, com opções "S" e "N". Caso ele responda "S", imprima "Você saiu do sistema"; se responder "N", imprima "Você continua no sistema" e, em qualquer outro valor, "Opção inválida".

Solução:

```
opcao = input('Deseja realmente sair do sistema [S/N]?')
if(opcao=='S'):
    print('Você saiu do sistema.')
elif(opcao=='N'):
    print('Você continua no sistema.')
else:
    print('Opção inválida!')
```

Comentário: No dia a dia como programador você verá, muitas vezes, trechos de código parecidos com esse. Em um programa de verdade, em vez de mostrar as mensagens citadas, o programa redirecionaria o usuário para algum lugar do sistema ou sairia dele. Mais uma vez, mostrarei primeiro, com passos pequenos, como progredir. Esse código exercitou, ainda, o fato de que é possível fazer comparações com `if()` usando também strings e não apenas números.

Exercícios propostos

1. Em estatística, uma ***mediana*** é um valor que divide uma amostra ao meio, com os elementos menores que a mediana à esquerda desta; e os maiores, à direita. Faça um programa que solicita três números inteiros ao usuário e imprime a média aritmética simples e a mediana dos três. A mediana, em muitos casos, é uma medida de tendência central mais adequada que a média, pois é menos influenciada por valores extremos.
2. Crie um programa que solicitará ao usuário as medidas de três lados de um triângulo e informará como saída se os valores formam um triângulo retângulo. Os lados devem ser fornecidos em qualquer ordem (ou seja, não "vale" escrever "digite o tamanho da hipotenusa", "digite o tamanho do cateto 1" etc.). Dica: use o Teorema de Pitágoras ("O quadrado da hipotenusa é igual à soma dos quadrados dos catetos").

ESTRUTURAS DE REPETIÇÃO

JUNTO COM AS ESTRUTURAS condicionais, vistas no capítulo anterior, as ***estruturas de repetição*** são, talvez, as instruções mais utilizadas em programação. Também chamadas de ***laços*** ou ***loops***, essas instruções servem para repetir trechos de programas de acordo com certas condições.

Loop while

O primeiro tipo de *loop* do qual falarei será o ***while***. O loop while serve para repetir um determinado suíte de código, **enquanto** ("*while*") uma certa condição for satisfeita. **Se a condição for falsa, logo na primeira execução** o código dentro do loop **não** será executado. A forma mais simples dessa estrutura é:

```
while condição:
    suíte
```

Em que condição é um valor booleano, podendo ser uma constante (true ou false), uma variável ou uma função/método que devolva um valor desse tipo. Por exemplo, o programa a seguir imprime os n primeiros números da "Sequência de Fibonacci":[1]

```
n = int(input('Quantos números da sequência de Fibonacci você quer ver?'))
contador = 0
x1 = 1
x2 = 1
fib_n = 0
while(contador <= n):
    contador = contador + 1
    fib_n = x1 + x2
    print(f'{x1}')
    x1 = x2
    x2 = fib_n
```

LISTAGEM 4.1: Fibonacci.py

---

[1] A Sequência de Fibonacci é uma série matemática famosa, curiosamente muito encontrada em fenômenos naturais. Sua lei de formação é f(n) = f(n-1) + f(n-2). F(0) = 1 e f(1) = 1 (por definição).

DICA

O código da Listagem 4.1 mostra uma versão *iterativa* do processo para listar os números de Fibonacci (pois cada passagem do loop é denominada *iteração*). Existe uma versão diferente desse código, denominada de *recursiva*, que será discutida no Capítulo 9, no qual falaremos de **funções**.

Observe ainda na Listagem 4.1 a variável denominada *contador*. Contadores são muito usados em programação. É uma prática extremamente comum lançar mão de um contador para controlar até quando um loop será executado. Outra maneira bastante usada é declarar uma variável booleana cujo valor começa com True e é mudado para False quando a condição de parada do loop é satisfeita.

Um uso muito comum de loops é permitir a repetição de uma tarefa em um trecho do programa até que um certo evento ocorra. No Capítulo 1, o primeiro exercício resolvido calculava a média das notas de um grupo de alunos; porém, em uma situação real, aquele código não serviria para muita coisa, pois a quantidade de pessoas no grupo era fixa. Conforme prometido, mostrarei, nos exercícios resolvidos deste capítulo, uma versão nova e (muito) melhorada dessa questão.

AVISO

Uma das causas **mais comuns** de erros de lógica em códigos que contêm loops é não verificar adequadamente suas condições de parada para **valores limites**. **Sempre** examine seu código quando criar um loop e pergunte se a iteração deve terminar quando a variável de controle assumir algum valor limite. Os "suspeitos de sempre" costumam ser 0, 1, o total de elementos sobre os quais seu código iterará e esse total menos 1. Até mesmo competidores de maratonas de programação, às vezes, se atrapalham com a escolha do valor limite.

Nada impede que você crie "loops infinitos", ou seja, é perfeitamente válido um trecho de código como:

```
while (True):
    # Faça alguma coisa
```

Ou até mesmo:

```
x = 1
while (x > 0):
    # Faça algo
```

No último caso, o código executado poderia decrementar, a cada iteração, o valor de x. Tenha sempre em mente que o valor limite deve ser verificado com cuidado!

DICA

Se você, acidentalmente, criar algum código que entre em *loop infinito*, use a combinação de teclas **ctrl + C** para interromper a execução do programa.

Uma variação do loop while permite incluir uma cláusula else, semelhante à que mostrei no capítulo passado para condicionais:

```
while condição :
    suíte_1
else:
    suíte_2
```

Que significa: quando **condição** for **True**, execute **suíte_1**; quando condição retornar **False**, execute **suíte_2**.

Essa forma parece mais prolixa, porém explicita melhor o que deve acontecer após a **condição de parada**. Lembrando novamente do "Zen do Python": "Explícito é melhor que implícito."

Loop for

Este é um outro tipo de loop muito usado. Em várias linguagens de programação, o loop for é uma versão reduzida do while. Em Python, loops for podem ser usados para iterar sobre coleções (como listas, tuplas etc.), strings e vários outros tipos de dados um número fixo de vezes, executando uma suíte repetidas vezes a cada passada.

Como o for pode ter mais de um formato, em vez de mostrar uma sintaxe padronizada, vou listar exemplos dos seus três usos mais comuns.

Para iterar sobre uma coleção

Você pode usar essa instrução para iterar sobre uma coleção (lista, tupla etc.). Por exemplo:

```
alunos = ['Alice','Bob','Carl','Daniele']
for aluno_atual in alunos:
    print('O/A aluno(a) atualmente examinado(a) é %s' % aluno_atual)
```

LISTAGEM 4.2: Iterando sobre uma lista(loop_for.py)

Quando executado, o código da Listagem 4.2 produzirá a saída da Figura 4.1.

```
O/A aluno(a) atualmente examinado(a) é Alice
O/A aluno(a) atualmente examinado(a) é Bob
O/A aluno(a) atualmente examinado(a) é Carl
O/A aluno(a) atualmente examinado(a) é Daniele
>>>
```

FIGURA 4.1: Iterando sobre uma lista com o loop for

Para iterar um número predeterminado de vezes

Se quiser repetir um suíte um número específico de vezes, combine um loop **for** com a função `range()`. Essa função, como for, possui mais de um formato, sendo o mais básico range(**tamanho**), que gera uma sequência de números inteiros com o tamanho passado como parâmetro. Ou seja, de **0** a **tamanho – 1**. Por exemplo, para imprimir 20 vezes uma frase, você poderia usar o script da Listagem 4.3:

```
for x in range(20):
    print('Aprendendo Python do jeito simples.')
```

LISTAGEM 4.3: Iterando um número fixo de vezes(loop_for_2.py)

Que mostrará a saída da Figura 4.2.

```
Aprendendo Python do jeito simples.
Aprendendo Python do jeito simples.
Aprendendo Python do jeito simples.
Aprendendo Python do jeito simples.
Aprendendo Python do jeito simples.
Aprendendo Python do jeito simples.
Aprendendo Python do jeito simples.
Aprendendo Python do jeito simples.
Aprendendo Python do jeito simples.
Aprendendo Python do jeito simples.
Aprendendo Python do jeito simples.
Aprendendo Python do jeito simples.
Aprendendo Python do jeito simples.
Aprendendo Python do jeito simples.
Aprendendo Python do jeito simples.
Aprendendo Python do jeito simples.
Aprendendo Python do jeito simples.
Aprendendo Python do jeito simples.
Aprendendo Python do jeito simples.
Aprendendo Python do jeito simples.
>>>
```

FIGURA 4.2: Resultado da execução da Listagem 4.3

Você pode, ainda, usar o conteúdo da variável de controle no seu suíte. A Listagem 4.4 mostra várias maneiras de fazê-lo.

```
print('Imprimindo os numeros de 0 a 9:')
for x in range(10):
    print(x, end=' ')
print('\nImprimindo os numeros de 1 a 10:')
for x in range(1,11):
    print(x, end=' ')
print('\nImprimindo os numeros IMPARES de 1 a 10:')
for x in range(1,11,2):
    print(x, end=' ')
print('\nImprimindo os numeros PARES de 0 a 10:')
for x in range(0,11,2):
    print(x, end=' ')
print('\nContagem regressiva de 10 a 0:')
for x in range(10,-1,-1):
    print(x, end=' ')
```

LISTAGEM 4.4: Vários exemplos de uso do loop for(loop_for_3.py)

Observe o uso da função `range()`. Ela retorna uma sequência de números inteiros e possui vários formatos:

TABELA 4.1: Formatos da função `range()`

Formato	Definição
range(n)	Retorna uma sequência de n inteiros iniciados em zero, ou seja, os inteiros de 0 a n-1.
range(a, b)	Retorna os inteiros entre a(inclusive) e b(exclusive). Exemplo: range(1,10) retornará os inteiros de 1 a 9.
range(a, b, s)	Retorna os inteiros entre a e b, saltando s a cada incremento. Exemplo: range(1,10,2) retornará os inteiros de 1 a 9, saltando de 2 em 2, ou seja, os ímpares de 1 a 9.
range(a, b, -s)	Retorna os inteiros entre a e b, regressivamente, saltando -s a cada incremento. Nesse caso, necessariamente, a deve ser maior que b. Se essa condição não for satisfeita, nada será retornado. Exemplo: range(10,-1,-1) retornará os inteiros de 10 a 0, em ordem decrescente.

Para obter informações de coleções relacionadas

Por meio da função `enumerate()`, você pode obter os dados de uma coleção com o índice atual da iteração. Nesse caso, é necessário usar:

```
for índice, variável in enumerate(coleção):
```

Em que:

- **Índice**: Conterá o valor atual do índice da informação iterada pelo loop.
- **Variável**: Conterá o **dado real** na posição apontada pelo índice no loop.
- **Coleção**: Coleção de dados que fornecerá os resultados.

A Listagem 4.5 traz um exemplo desse tipo de utilização do loop for.

```
alunos = ['Alice','Bob','Carl','Daniele']
notas = [9.5, 8.0, 9.5, 8.0]
for indice, aluno in enumerate(alunos):
    print(f'Nome: {aluno} - Nota: {notas[indice]}')
```

LISTAGEM 4.5: Vários exemplos de uso do loop for(loop_for_4.py)

A Figura 4.3 mostra o resultado da execução desse código.

```
Nome: Alice - Nota: 9.5
Nome: Bob - Nota: 8.0
Nome: Carl - Nota: 9.5
Nome: Daniele - Nota: 8.0
>>>
```

FIGURA 4.3: Resultado da execução da Listagem 4.5

AVISO

Em um programa do "mundo real", os dados não seriam declarados explicitamente em uma lista, como na Listagem 4.5. Provavelmente eles estariam em um banco de dados e seriam carregados para a lista por algum outro trecho do programa. É uma prática válida, para algumas aplicações, carregar os dados mais frequentemente utilizados em memória para aumentar a velocidade da aplicação — técnica denominada de *caching* — porém, o gerenciamento desses dados (inclusão, exclusão, alteração, etc.) não deve, e nem precisa, ser implementado manualmente. Como se diz popularmente: "Não reinvente a roda!"

Para iterar sobre uma string

O loop for também permite iterar sobre os caracteres de uma string. Por exemplo:

```
frase = 'Conhecendo o Python'
for c in frase:
    print(c)
```

LISTAGEM 4.6: Iterando sobre os caracteres de uma string(loop_for_5.py)

Imprimirá letra por letra o conteúdo da string armazenada na variável *frase*. O resultado da execução desse código é exibido na Figura 4.4.

```
C
o
n
h
e
c
e
n
d
o

o

P
y
t
h
o
n
>>>
```

FIGURA 4.4: Resultado da iteração sobre uma string.jpg

DICA

Apesar de parecer algo "bobo", iterar sobre os caracteres de uma string é uma tarefa muito mais comum do que aparenta a princípio. Em vários programas com os quais me deparei em minha carreira tive que escrever código para ler partes de uma string "caractere por caractere". Tenha essa técnica na sua "caixa de ferramentas"!
Em geral, usam-se loops for quando já se sabe, antecipadamente, a quantidade de iterações que seu programa fará. Quando esse valor for desconhecido, à priori, a prática é usar loops while. Essa não é uma regra "escrita na pedra" — cada caso deve ser julgado pelo bom senso do programador.

Implementando um do...while com o loop while

Algumas linguagens de programação possuem uma estrutura de repetição denominada *do...while*. Sua estrutura costuma ser semelhante a:

```
do
    <corpo do loop>
while <condição>
```

E seu funcionamento, em linhas gerais, é: enquanto **condição** for verdadeira, execute o **corpo do loop**.

Você pode pensar agora: "Mas isso não faz a mesma coisa que um while do Python?"

A rigor, não. A diferença é que em do... while, o corpo do loop é executado pelo menos uma vez antes do teste da condição. Isso pode ser útil em algumas situações, porém, a filosofia do Python reforça a **simplicidade**. Não é necessário um novo tipo de loop na linguagem, quando seu comportamento pode ser perfeitamente simulado com um loop while comum e uma variável de controle. No exemplo da Listagem 4.7, uso esse recurso para solicitar o preço de vários produtos em uma lista e, no final, mostrar o somatório desses preços.

```
continua = 'S'
somatorio = 0.0
quantidade = 0
while(continua == 'S'):
    preco = float(input('Entre com o preço do próximo produto:'))
    somatorio = somatorio + preco
    continua = input('Acrescentar produtos? (S/N)')
print('O valor total dos produtos é R$ %.2f'%somatorio)
```

LISTAGEM 4.7: Simulando um loop do...while(do_while.py)

Loops aninhados

Uma situação muito comum quando se programa é precisar colocar um ou mais loops dentro de outros. Diz-se, nesse caso, que os loops estão *aninhados*.

Você pode aninhar loops do mesmo tipo ou de tipos diferentes.

Um caso muito comum de utilização é quando precisar testar todas as combinações possíveis entre duas variáveis numéricas. Por exemplo, na Listagem 4.8, faço uso desse recurso para mostrar todas as possibilidades de combinação entre três camisetas e dois shorts de cores diversas.

```
camisetas = ['azul','vermelha','amarela']
shorts = ['branco','preto']
x = 0
y = 0
for x in range(3):
    for y in range(2):
        print(f'Voce pode combinar uma camiseta {camisetas[x]} com um short {shorts[y]}')
```

LISTAGEM 4.8: Usando loops aninhados(loops_aninhados.py)

A Figura 4.5 mostra o resultado da execução do código.

```
Voce pode combinar uma camiseta azul com um short branco
Voce pode combinar uma camiseta azul com um short preto
Voce pode combinar uma camiseta vermelha com um short branco
Voce pode combinar uma camiseta vermelha com um short preto
Voce pode combinar uma camiseta amarela com um short branco
Voce pode combinar uma camiseta amarela com um short preto
>>>
```

FIGURA 4.5: Resultado dos loops aninhados.jpg

É possível, ainda, reescrever o código da Listagem 4.9 como na Listagem 4.10. O resultado seria o mesmo, porém, o código ficaria mais legível.

```python
camisetas = ['azul','vermelha','amarela']
shorts = ['branco','preto']
x = 0
y = 0
for cor_camiseta in camisetas:
    for cor_short in shorts:
        print(f'Voce pode combinar uma camiseta {cor_camiseta} com um short {cor_short}')
```

LISTAGEM 4.9: Loops aninhados(loops_aninhados_2.py)

Instruções break e continue

As instruções *break* e *continue* são usadas para alterar o comportamento de um loop **durante sua execução**.

Quando o interpretador Python estiver executando um loop e chegar a uma instrução break, o loop será encerrado imediatamente e o programa continuará na primeira instrução após o suíte do loop em execução (se não houver mais nenhuma instrução, o programa será encerrado). O programa da Listagem 4.10 usa um contador que deveria ir de 1 a 10 e imprimir os valores dessa variável, porém, inseri propositalmente um teste com if em que, quando o contador atinge o valor 5, encerra o loop por meio de um break antes mesmo de imprimir o resultado, mostrando, ao final, apenas os números de 1 a 4.

```python
x = 0
while(x < 10):
    x = x + 1
    if(x==5):
        break
    print(f'x = {x}')
print('O programa terminou!')
```

LISTAGEM 4.10: Exemplo de uso da instrução break(exemplo_break.py)

O exemplo anterior foi, intencionalmente, sem muita utilidade, para fins didáticos. Porém, não pense que a instrução break é apenas "para enfeitar": ela é muito comum para sair de loops quando não se sabe, com antecedência, o número total de iterações. Por exemplo, a Listagem 4.7 poderia ser reescrita como na Listagem 4.11.

```python
continua = 'S'
somatorio = 0.0
```

Estruturas de Repetição

```
quantidade = 0
while(True):
    preco = float(input('Entre com o preço do próximo produto:'))
    somatorio = somatorio + preco
    continua = input('Acrescentar mais produtos? (S/N)')
    if(continua != 'S'):
        break
print('O valor total dos produtos é R$ %.2f'%somatorio)
```
LISTAGEM 4.11: Simulando um loop do...while com break(do_while_com_break.py)

AVISO

Talvez o exemplo da Listagem 4.11 tenha parecido "muito trabalho para pouco resultado", porém, ele ilustra uma outra técnica bastante usual — ler uma entrada de dados até que um determinado caractere (no caso, um S maiúsculo) seja fornecido. Esse procedimento é bastante usado para carregar arquivos com informações que serão processadas em lote. No Capítulo 10 será mostrado como ler arquivos de texto.

A instrução *continue*, por sua vez, serve para ignorar a iteração atual na execução de um loop e voltar para o trecho do código em que sua condição de parada é definida. É como se o programa estivesse dizendo ao interpretador: "**continue** na próxima iteração".

Por exemplo, se você estivesse lendo letras do teclado e não quisesse nenhum caractere 'X' nessa entrada de dados, poderia escrever algo como na Listagem 4.12.

```
while(True):
    letra = input('Digite alguma letra diferente de X (Q para sair)')
    if(letra == 'X'):
        continue
    elif(letra == 'Q'):
        break
    else:
        print(f'Você digitou {letra}')
print('Programa encerrado!')
```
LISTAGEM 4.12: Usando continue para ignorar caracteres (exemplo_continue.py)

A Figura 4.6 mostra o resultado da execução do código com algumas entradas aleatórias.

```
Digite alguma letra diferente de X (Q para sair)a
Você digitou a
Digite alguma letra diferente de X (Q para sair)A
Você digitou A
Digite alguma letra diferente de X (Q para sair)V
Você digitou V
Digite alguma letra diferente de X (Q para sair)S
Você digitou S
Digite alguma letra diferente de X (Q para sair)X
Digite alguma letra diferente de X (Q para sair)X
Digite alguma letra diferente de X (Q para sair)X
Digite alguma letra diferente de X (Q para sair)Q
Programa encerrado!
>>>
```
FIGURA 4.6: Ignorando caracteres da entrada com continue.jpg

Exercícios resolvidos

1. Conforme prometido no Capítulo 2, vou agora melhorar os exercícios apresentados (de fato, ainda aperfeiçoarei esses exercícios mais uma vez, no Capítulo 7, para usar qualquer quantidade de alunos).

   Crie um programa que solicita ao usuário cinco nomes de alunos e suas respectivas notas e imprime a média do grupo, usando uma lista para armazenar os nomes e outra para guardar as notas dos estudantes.
   Solução:

```
nomes = ['','','','','']
notas = [0.0, 0.0, 0.0, 0.0, 0.0]
for contador in range(5):
    print(f'Entre com o nome do aluno {contador + 1}: ')
    nomes[contador] = input()
    print(f'Entre com a nota do aluno {nomes[contador]}: ')
    notas[contador] = float(input())
media = (notas[0] + notas[1] + notas[2] + notas[3] + notas[4])/5
print(f'A media da turma e {media}')
```

2. Escreva um programa que lista todos os números entre 1.000 e 5.000 (incluindo os dois extremos) que são divisíveis por 5 e 3 ao mesmo tempo. Ao final, imprima a quantidade de números que satisfazem essas condições.

   Solução:

```
contador = 0
for x in range(1000,5001):
    if (x % 3 == 0) and (x % 5 == 0):
        print(f'{x} é divisível, simultaneamente, por 3 e 5')
        contador = contador + 1
print(f'Há {contador} números divisiveis por 3 e 5 entre 1000 e 5000')
```

Exercícios propostos

1. Refaça o Exercício resolvido 1, porém, agora imprima a listagem **ordenada da maior para a menor nota**. Para facilitar, se dois alunos tiverem a mesma média, imprima-os em qualquer ordem.
2. Escreva um programa que conta os números pares e divisíveis por 4 e 3 entre 1.000 e 9.000 (Dica: um número x é par se é divisível por 2, ou seja, – **x%2 == 0**).

FUNÇÕES MATEMÁTICAS 5

UMA DAS ÁREAS em que Python é mais utilizado é em **análise de dados**, e, em grande medida, esse sucesso se deve ao poder das suas funções matemáticas. De fato, a quantidade de funções matemáticas disponíveis na linguagem é tão grande que seria possível escrever um livro inteiro sobre elas! Neste capítulo, mostrarei como trabalhar apenas com as mais comumente usadas.

Se você é daqueles que têm calafrios só de ouvir a palavra "matemática", não se preocupe: Python torna as coisas bem mais simples (lembre-se do "Zen do Python": "Simples é melhor que complexo").

Caso sinta vontade de explorar as demais funções matemáticas da linguagem, acesse a documentação em https://docs.python.org/3/library/math.html. Neste site existem funções para lidar com potenciação, logaritmos, trigonometria, teoria dos números, estatística, entre outros temas.

Antes de qualquer outra coisa: bibliotecas ou módulos

Antes de começar a desmembrar as funções matemáticas de Python, é necessário apresentar mais um conceito para os novatos em programação: o conceito de *bibliotecas*.

No mundo real, uma biblioteca é um lugar onde você procura conhecimento, seja na forma de livros, revistas etc. (ao menos no meu tempo, íamos bastante a esses lugares, antes de surgirem as ferramentas de busca online).

Em Python, uma biblioteca é um conjunto de funções que você pode reutilizar em seus programas. Elas também podem ser denominadas *módulos* (de fato, esse termo é mais usado que "bibliotecas").

Ao programar em Python, você já tem acesso a um monte de funções prontas, na chamada "biblioteca padrão", que já estão automaticamente disponíveis para uso (por exemplo, funções como `int()`, `input()` e `print()` são todas parte da biblioteca padrão).

É comum em linguagens de programação a existência de ***mecanismos de extensão***, ou seja, formas de estender as capacidades da linguagem por meio de códigos escritos por terceiros, ou mesmo pelo criador da linguagem.

Em Python, para importar uma ou mais funções de um módulo, você precisa escrever:

```
from nome_do_módulo import função_1, função_2... função_n
```

Em que:

- **nome_do_módulo**: É o identificador do módulo a ser importado.
- **função_1, função_2... função_n**: São os nomes das funções do módulo que você usará.

Objetos

Em programação, o termo *objeto* tem um significado específico. De modo rudimentar, pense em um objeto como um trecho de código com variáveis internas (chamadas de *atributos* ou *propriedades*) e funções que usam essas variáveis e dados que elas recebem como parâmetros (denominadas de *métodos*). Em Python, tudo — variáveis, funções, listas etc. — é um objeto. Falarei sobre isso com mais detalhes no Capítulo 11, "Programação Orientada a Objetos em Python".

Namespaces

Um *namespace* (ou "espaço de nomes", como alguns autores preferem) é um modo de diferenciar os nomes em um programa, garantindo que sejam únicos.

Devido ao mecanismo de extensão da linguagem, você pode reaproveitar o código proveniente de várias origens e, quando usar um módulo desenvolvido por terceiros, existe a possibilidade de conflito de nomes entre algum código que você escreveu e o que importou, criado por outra pessoa.

Para resolver esses conflitos, entram em cena os namespaces. Eles são implementados como dicionários e permitem uma correspondência biunívoca entre nomes e os objetos em seu programa. Diferentes namespaces podem atribuir o mesmo nome a objetos distintos, ou seja: dependendo do namespace em que o seu código se localizar, você poderá acessar objetos diferentes pelo mesmo nome. Alguns exemplos de namespaces:

- **Namespace local:** Inclui identificadores locais dentro de uma função. Ele é criado quando a função é chamada e só dura até que sua execução termine. Se a função receber um parâmetro ou definir uma variável com um nome qualquer, esse nome terá prioridade sobre identificadores em outros namespaces. Dessa forma, se a função importar um módulo que define uma variável, digamos, x, e dentro da função for definida uma outra variável x, esta será usada no lugar daquela do módulo importado, pois está no *namespace local*.
- **Namespace global:** Inclui nomes de vários módulos importados que você está usando em um programa. Ele é criado quando o módulo é incluído no script,

e dura até o programa terminar. Se houver em seu programa uma referência a um identificador de variável, função etc. que não foi localizada no namespace local, ela será procurada no *namespace global*.

- **Namespace interno (chamado também de *built-in* namespace):** Inclui funções internas e nomes de exceções internas, ou seja, usadas na implementação do próprio Python. Se o nome não for encontrado em nenhum desses namespaces, será gerada uma exceção (erro) *NameError*.

Quando você importa uma função declarando explicitamente seu nome e módulo (from **módulo** import **função**), ela passa a fazer parte do namespace do seu programa, ou seja, você pode chamá-la como se ela tivesse sido declarada no módulo atual. Assim, se um dado módulo chamado matemática possuir uma função calcula_discriminante_delta(a, b, c), você poderia usar essa função sem recorrer à importação, com uma chamada semelhante a:

```
a = 1, b = 2, c=2
delta = Matematica.calcula_discriminante_delta(a, b, c)
```

Se, por outro lado, você colocar em seu código:

```
from Matematica import calcula_discriminante_delta
a = 1, b = 2, c=2
delta = calcula_discriminante_delta(a, b, c)
```

AVISO

O código anterior, mesmo sendo mais sucinto, necessita de atenção a um detalhe: com essa sintaxe, para cada função que você quiser usar do módulo em questão, será necessária uma nova linha com outro ***from...import***.

Se quiser, também é possível importar um módulo inteiro de uma só vez.
Isso pode ser feito com:
from **módulo** import * (**NÃO recomendado**)
Ou:
import **módulo** (**Forma recomendada**)
Caso opte pela forma recomendada, você deverá preceder todas as chamadas ao código importado pelo nome do módulo. Por exemplo, para chamar a função pow do módulo math, você precisará escrever um código semelhante a:

```
import math            # Esta linha só precisa aparecer
                       # uma vez no seu programa!
x = math.pow(2,3)      # x contém 2 ao cubo.
```

DICA

Apenas importe todo o conteúdo de um módulo se for **realmente** usar a maioria do código dele. Na maior parte das vezes será mais indicado importar apenas um ou dois itens. Por exemplo:

```
from math import cos, pi
x = cos(pi)
```

Pode ser mais recomendável do que importar todas as funções do módulo math, apenas para usar a constante pi e a função `cos()`.

Você verá em muitos códigos de terceiros (e até em livros) linhas como esta:

```
from math import *
```

Caso se recorde da PEP8,[1] existe lá uma recomendação de evitar usar o import com o caractere coringa, *, pois ele não deixa claro quais os nomes disponíveis em um determinado trecho de código — mais uma vez, citando o "Zen do *Python*": "explícito é melhor que implícito".

Há uma razão a mais para tal recomendação: até agora você só utilizou funções da biblioteca padrão do Python; mais adiante, no Capítulo 9, você aprenderá a criar suas próprias funções e, durante esse processo, muitas vezes declarará variáveis em tais funções que são apenas para uso **interno**, não devendo ser expostas ao código que chama suas funções. Por convenção, dados desse tipo (ditos *privados*) são declarados com um underscore inicial (_) e, por conseguinte, não devem ser exportados para fora do local em que foram definidos. Por isso Python não permite que o "import genérico" **from módulo import** * seja usado para importar identificadores (nomes) que comecem por underscore.

Por exemplo, imagine que você tivesse um módulo chamado *funcoes.py*, que declarasse duas funções personalizadas, `func_publica()` e `_func_privada()` e escrevesse um script como o da Listagem 5.1.

```
from funcoes import *

func_publica()
_func_privada()
```

LISTAGEM 5.1: Testando a execução de um import genérico

O resultado seria a importação e execução da primeira função normalmente, enquanto a segunda provocaria um erro:

```
Traceback (most recent call last):
  File "/home/francisco/tmp/teste.py", line 5, in <module>
    _func_privada()
NameError: name '_func_privada' is not defined
```

Pois a função _ func _ privada() não foi importada pela primeira linha do script na Listagem 5.1.

Esse problema poderia ser corrigido modificando o código da Listagem 5.1 para que fique como na Listagem 5.2.

---

[1] Você leu a PEP8, não leu? Se não, volte ao Capítulo 1, na seção "PEP: *Python Enhancement Proposal*" e visite o endereço mostrado para conhecer seu conteúdo — o conhecimento dessa PEP **é altamente recomendável**.

```
import funcoes

funcoes.func_publica()
funcoes._func_privada()
```
LISTAGEM 5.2: Forma recomendada de usar o import genérico

AVISO

Cuidado: se você importar dois ou mais módulos que declararem funções de mesma **assinatura** (nome, ordem e tipos dos parâmetros), o mais recentemente importado sobrescreverá aquele preexistente.

Para usar a função que foi sobrescrita será necessário qualificar as chamadas a ela (ou seja, precedê-la do nome do módulo ao qual ela pertence, seguido de um ponto). Por exemplo, existe um módulo denominado *cmath*, cujas funções operam sobre números complexos. Nele, vários nomes de funções são idênticos àqueles do módulo math, que mostrarei ao longo deste capítulo. Então, se você simplesmente usar um import genérico, poderá se deparar com a situação da Figura 5.1.

```
Python 3.6.8 (default, Oct  7 2019, 12:59:55)
[GCC 8.3.0] on linux
Type "help", "copyright", "credits" or "license()" for more information.
>>> from math import log10
>>> print(log10(100))
2.0
>>> from cmath import log10
>>> print(log10(100))
(2+0j)
>>> import math
>>> print(math.log10(100))
2.0
>>>
```

FIGURA 5.1: Conflito de nomes de funções

Na primeira linha, importei a função log10() do módulo math, cuja finalidade é calcular o logaritmo decimal de seu argumento,[2] e utilizei-a, logo em seguida, para calcular o *log 100*, que resultou em 2.0, um número real.

Após essa operação, importei a função log10() do módulo cmath, que, como explicado, trabalha com números complexos. Ao imprimir o resultado do mesmo cálculo usando essa nova versão de log10(), recebi em resposta (2 + 0j), que é exatamente igual a 2.0, porém na notação de números complexos.

Na sequência, importei todo o conteúdo do módulo math, sobrescrevendo, mais uma vez, log10(), com a versão que retorna números reais.

---

[2] Se você não lembra (ou **não quer nem pensar em lembrar**) do que é o logaritmo decimal de um número, vou simplificar: log10(100) = 2, pois $10^2 = 100$

Em um programa grande isso provavelmente seria problemático, pois os usuários esperam **consistência** dos resultados fornecidos — não é aceitável que o programa em um momento retorne uma resposta em reais e, em outro, em complexos. Porém, se o programador importou as duas versões dos módulos, provavelmente acredita que necessitará de várias funções de ambos. A solução é utilizar um ***namespace*** para qualificar as chamadas. Assim, quando quiser chamar o módulo cmath, coloque seu prefixo antes do nome da função a ser chamada; proceda do mesmo modo para chamar as funções de math.

A função `abs()`

A primeira função matemática que mostrarei é bastante simples (de fato, ela faz parte da biblioteca padrão do Python): `abs()` recebe como parâmetro um número e devolve seu ***módulo*** ou ***valor absoluto***. Para ser mais específico: essa função devolve o próprio número, ignorando seu sinal (positivo ou negativo). Observe apenas que o argumento passado deve ser **numérico** (uma constante ou uma variável, mas **nunca** uma string!). Se você fornecer um parâmetro do tipo booleano, que só retorna True ou False, será realizado um typecast (conversão de tipo) automático para *int*, resultando em 1 (True) ou 0 (False). A Figura 5.2 mostra o shell do Python exibindo o resultado de algumas chamadas à função `abs()`.

```
Python 3.6.8 Shell
File Edit Shell Debug Options Window Help
Python 3.6.8 (default, Oct  7 2019, 12:59:55)
[GCC 8.3.0] on linux
Type "help", "copyright", "credits" or "license()" for more information.
>>> abs(500)
500
>>> abs(-500)
500
>>> abs(True)
1
>>> abs(False)
0
>>> abs('1')
Traceback (most recent call last):
  File "<pyshell#4>", line 1, in <module>
    abs('1')
TypeError: bad operand type for abs(): 'str'
>>>
```

FIGURA 5.2: Exemplos de uso da função `abs()`

Observe que a passagem de um tipo que não pode ser convertido para numérico, como a string '1' no exemplo, provoca um erro, mesmo que a referida string contenha apenas números.

DICA

Pode parecer irrelevante salientar que uma string que contém um número **continua sendo uma string**, porém, em algumas linguagens de programação **fracamente tipadas**, essa operação seria perfeitamente válida e abs('1') poderia retornar, sim, o valor numérico 1.

Funções para arredondamento (ceil e floor)

Essas são as primeiras funções que mostrarei que fazem parte da biblioteca math. Elas não têm equivalente na biblioteca de matemática para números complexos do Python, a cmath.

A função *ceil* (às vezes referida em matemática como "Função Teto") retorna o primeiro inteiro **maior** que o seu argumento. Se for fornecido um valor inteiro, ela o devolve. Pense nela como a função "arredonda para cima".

A função *floor* (que também tem um "apelido": "Função Piso") retorna o primeiro inteiro **menor** que o seu argumento. Assim, como no caso de ceil, se receber um inteiro como parâmetro, ela retorna o próprio inteiro. Recorde dela como "arredonda para baixo".

A Figura 5.3 mostra o shell do Python com exemplos de uso de ambas as funções.

```
>>> import math
>>> math.ceil(5.2646464)
6
>>> math.floor(5.2646464)
5
>>> math.ceil(5)
5
>>> math.floor(6)
6
>>>
```

FIGURA 5.3: Exemplos das funções de arredondamento

A função `pow()`

Também conhecida como "Função Potência", possui dois formatos com semânticas parecidas:

1. Com dois argumentos: math.pow(**x, y**) — retorna o valor de x elevado a y.
2. Com três parâmetros: math.pow(**x, y, z**) — retorna o valor de x elevado a y, módulo z, ou seja, o resto da divisão de x^y por z. Esse tipo de operação é comum quando queremos limitar os resultados a uma determinada faixa de valores, pois o resto da divisão de um número a por outro b será sempre menor que b, ou seja, o resultado irá de 0 a b.

DICA

math.pow(**x, y**) é semelhante a x**y, visto no Capítulo 1, na seção "Operadores aritméticos", porém, **math.pow()** converte seus argumentos para o tipo *float*, enquanto o operador ** trabalha com números **inteiros**. Observe que tanto a forma math.pow(x, y) como x**y podem ser combinadas para calcular raízes enésimas de seus argumentos. Basta lembrar que $\sqrt[n]{x^y} = x^{y/n}$
Por exemplo: $\sqrt[3]{5^2}$ pode ser calculada como: **pow(5, 2/3)**.

Funções randômicas

Apesar de não fazerem parte do módulo math, essas funções têm estreita relação com cálculos matemáticos, sobretudo na área de estatística. Para utilizá-las, você deve importar o módulo **random**. Logo, antes de chamar quaisquer dessas funções, deve existir em seu código uma linha:

```
import random
```

A função `choice()`

"*Choice*" pode ser traduzida como "escolha", e é justamente isso que ela faz: recebe como parâmetro uma sequência de valores (pode ser uma lista, tupla ou uma string) e retorna, aleatoriamente, um dos elementos dessa sequência. Lembre-se de que os valores devem estar **delimitados**. A Listagem 5.3 mostra alguns exemplos de uso e a Figura 5.4, o resultado da execução desse código.

```
import random
string = 'abacate laranja tomate'
print(random.choice(string))
lista = ['abacate','laranja','tomate']
print(random.choice(lista))
tupla = ('abacate','laranja','tomate')
print(random.choice(tupla))
```

LISTAGEM 5.3: Exemplos de uso da função `choice(choice.py)`

```
a
tomate
laranja
>>>
```

FIGURA 5.4: Resultado da execução

Observe que, ao passar como parâmetro uma string, a função selecionará apenas um caractere dessa string e não uma palavra inteira, como alguém poderia imaginar. Para escolher uma palavra, ela deverá fazer parte de uma lista ou tupla, como o exemplo demonstra. Experimente reescrever esse código com números e teste o resultado. Você deverá observar o mesmo comportamento.

A função `randrange()`

Uma tarefa muito comum em programas que usam simulações (programas de estatísticas, jogos, inteligência artificial etc.) é gerar números aleatórios. Também, não raro, esses números precisam ser ajustados a um dado intervalo (muitas linguagens adotam a abordagem de gerar valores de ponto flutuante entre 0 e 1 e realizar transformações matemáticas para estender essa faixa). Python simplifica essa solução, fornecendo a função `randrange()`. Sua sintaxe é: randrange(**início, fim, salto**). Em que:

- início: Valor inicial do intervalo no qual a sequência será sorteada.
- fim: Valor final do intervalo no qual a sequência será sorteada.
- salto: Valor do incremento para construção do intervalo.

`randrange()` equivale a uma chamada `choice(range(início, fim[, salto])`. O parâmetro *salto* é **opcional**. Por exemplo: `randrange(1, 50, 3)` produziria os números de 3 em 3 entre 1 e 50 e, desse conjunto, sortearia um número.

DICA

Se você não se recorda de como usar a função `range()`, dê uma olhada na seção "Loop for", subitem "Para iterar sobre uma coleção", no Capítulo 4.

AVISO

A função `randrange` aceita apenas números ***inteiros*** como argumentos e, além disso, o parâmetro ***início*** deve ser, obrigatoriamente, menor que o parâmetro ***fim***, enquanto ***salto***, se especificado, deve ser diferente de zero.

Uma situação real, com a qual me deparei várias vezes com o uso de números randômicos em minha vida profissional, foi com sistemas de distribuição de processos, amplamente usados em órgãos públicos em geral. Nesses sistemas, costuma haver um módulo que distribui processos de aleatoriamente entre membros de determinados grupos. Por exemplo, o sistema pode verificar o código do assunto de um determinado documento, buscar todas as pessoas que atuam sobre esse assunto e colocá-las em uma lista. Em seguida, selecionar de forma aleatória qual dessas pessoas receberá o documento. Essa descrição, claro, foi bastante simplificada — normalmente, existem regras bastante complexas que regem esse procedimento e variam de um órgão para outro — porém, sempre haverá, no núcleo da solução, algum código com a funcionalidade descrita.

A função `shuffle()`

A finalidade da função `shuffle()` é reordenar, de maneira aleatória, os elementos recebidos como parâmetro. A Listagem 5.4 traz um exemplo do seu uso.

```
import random
nomes = ['Alice', 'Bob', 'Carl', 'Daniele', 'Edgard']
for n in range(5):
```

```
            random.shuffle(nomes)
            print(f'Na passagem de número {n + 1} a lista estava assim:
    {nomes}')
```

LISTAGEM 5.4: Exemplo da função `shuffle` (shuffle.py)

A Figura 5.5 traz o resultado da execução desse código. Observe que, a cada nova iteração do loop, a lista é alterada.

```
Na passagem de número 1 a lista estava assim: ['Daniele', 'Bob', 'Edgard', 'Carl', 'Alice']
Na passagem de número 2 a lista estava assim: ['Edgard', 'Alice', 'Daniele', 'Carl', 'Bob']
Na passagem de número 3 a lista estava assim: ['Daniele', 'Edgard', 'Alice', 'Carl', 'Bob']
Na passagem de número 4 a lista estava assim: ['Carl', 'Bob', 'Edgard', 'Daniele', 'Alice']
Na passagem de número 5 a lista estava assim: ['Carl', 'Edgard', 'Alice', 'Bob', 'Daniele']
>>>
```

FIGURA 5.5: Embaralhando os elementos de uma lista (shuffle.py)

AVISO

A função `shuffle()` só opera sobre sequências **variáveis**. Para permutar sequências *imutáveis* (como uma tupla, por exemplo), use a função ***sample***, descrita na próxima seção.

A função `sample()`

Se você necessitar reordenar uma sequência **imutável** (como uma ***tupla***, por exemplo), poderá fazê-lo por meio da função `sample()`. Na realidade, essa função foi pensada para obter uma amostra aleatória de uma população de dados — tarefa bastante comum em estatística. Sua sintaxe é sample(**elementos**, **k**). Em que: **elementos** são os dados que serão reordenados e **k** é a quantidade de elementos da população que serão devolvidos pela função (ou o ***tamanho da amostra***, como se diz em estatística). É bastante comum seu uso em conjunto com a função `len(elementos)`, que devolve o número de elementos em seu argumento. Assim, o código da Listagem 5.4 poderia ser reescrito como na Listagem 5.5 para usar tuplas no lugar de listas.

```
    import random
    nomes = ('Alice', 'Bob', 'Carl', 'Daniele', 'Edgard')
    for n in range(5):
        nomes = random.sample(nomes, k = len(nomes))
        print(f'Na passagem de número {n + 1} a tupla estava assim:
    {nomes}')
```

LISTAGEM 5.5: Exemplo da função `sample` (sample.py)

AVISO

Preste atenção à linha destacada em negrito na Listagem 5.5. Observe que foi realizada uma **atribuição**. Isso se fez necessário pois tuplas são imutáveis, logo, não podemos simplesmente reordená-las; é preciso substituir o objeto que contém a tupla por uma nova versão, em uma ordem diferente. Essa técnica é parecida com a que usei no Exercício resolvido 2 do Capítulo 2.

Exercícios resolvidos

1. Crie um programa que solicitará ao usuário a medida de três segmentos de reta e informará se eles podem formar um triângulo retângulo. Dica: use o Teorema de Pitágoras — "O quadrado da medida do lado maior (hipotenusa) é igual à soma dos quadrados das medidas dos lados menores (catetos)".

   Solução:

   ```
   import math
   lado1 = float(input('Entre com o tamanho do primeiro segmento: '))
   lado2 = float(input('Entre com o tamanho do segundo segmento: '))
   lado3 = float(input('Entre com o tamanho do terceiro segmento: '))
   forma_triangulo = False
   if (lado1 > lado2) and (lado1 > lado3) and (lado1 < (lado2 + lado3)):
       hipotenusa = lado1
       cateto1 = lado2
       cateto2 = lado3
       forma_triangulo = True
   elif (lado2 > lado1) and (lado2 > lado3) and (lado2 < (lado1 + lado3)):
       hipotenusa = lado2
       cateto1 = lado1
       cateto2 = lado3
       forma_triangulo = True
   elif (lado3 > lado2) and (lado3 > lado1) and (lado3 < (lado1 + lado2)):
       hipotenusa = lado3
       cateto1 = lado1
       cateto2 = lado2
       forma_triangulo = True
   if forma_triangulo:
       if ((hipotenusa**2) == (cateto1**2) + (cateto2**2)):
           print(f'Os segmentos formam um triangulo retangulo, de hipotenusa {hipotenusa} e catetos {cateto1} e {cateto2}.')
       else:
           print('Os segmentos NAO formam um triangulo retangulo.')
   else:
       print('Os segmentos nao formam triangulo algum.')
   ```

2. Crie um programa que solicitará ao usuário o resultado do último exercício contábil em uma empresa (ou seja, quanto foi o lucro ou prejuízo). Se o valor for positivo, imprima "houve lucro de R$ <valor fornecido>", se não, mostre "houve prejuízo de R$ <valor fornecido>". Lembre-se de que o valor não pode ser negativo (não imprima "o prejuízo foi de R$1.000", pois isso daria a ideia de que, na verdade, houve lucro nesse valor).

   Solução:

   ```
   resultado_exercicio = float(input('Entre com o valor do resultado do exercicio contabil anterior: '))
   if (resultado_exercicio >= 0):
   ```

```
        print(f'Houve lucro de R$ %.2f'%resultado_exercicio)
else:
    resultado_exercicio = abs(resultado_exercicio)
    print(f'Houve prejuizo de R$ %.2f'%resultado_exercicio)
```

Comentário: O exercício parece simplório, porém, serve para demonstrar um uso da função `abs()`. Você encontrará, em sua vida profissional, situações em que obterá um valor que pode ser negativo ou positivo como retorno de algum cálculo, porém, apenas o módulo interessará. Nesses casos, o código se parecerá com o fragmento mostrado nesta questão.

Exercícios propostos

1. Crie um programa que solicitará ao usuário as coordenadas (x, y, z) de três pontos no espaço em três dimensões e mostrará na saída se esses pontos formam ou não um triângulo. Use a função `pow()` para calcular os valores elevados ao quadrado. Dicas:

   Fórmula da distância entre dois pontos:

   $$D(A,B) = \sqrt{(x_b - x_a)^2 + (y_b - y_a)^2 + (z_b - z_a)^2}$$

   Condição de existência de um triângulo: em todo triângulo, a medida de qualquer lado é sempre **menor** que a soma das medidas dos outros dois.

2. Escreva um programa que solicita as dimensões (largura e comprimento) de uma sala em metros, o tamanho da aresta de uma peça quadrada de cerâmica em cm e imprima **quantas peças** devem ser adquiridas para pavimentar a referida sala. Este exercício é parecido com o item 2 dos Exercícios propostos do Capítulo 2, porém, com uma importante diferença: aqui se deseja saber **a quantidade de peças de cerâmica** que serão necessárias, e não o custo. Observe que o número deve ser inteiro — se você obtiver um valor fracionário para a resposta, arredonde-o para o inteiro imediatamente superior.

3. Crie um jogo de sorteio eletrônico, em que o usuário apostará em um número de 1 a 100 e o computador sorteará um número inteiro. Se corresponder ao que o usuário digitou, ele imprimirá "Você venceu", se não, mostrará "A banca sempre ganha!".

4. Elabore um programa de "Jogo de Dados": dois usuários devem fornecer seus nomes e o programa sorteará números entre 1 e 6 (inclusive) para cada jogador, informando, a seguir, o resultado (quem venceu e qual o placar).

FUNÇÕES QUE OPERAM SOBRE STRINGS

NESTE CAPÍTULO, você conhecerá outro importante conjunto de funções da linguagem Python: as ***funções de processamento de strings***. Qualquer linguagem de programação reserva um importante papel para essa tarefa e, como no caso das funções matemáticas, vistas no capítulo anterior, mostrarei apenas as funções mais utilizadas. Elas devem cumprir bem a finalidade de introduzir você ao processamento de cadeias de caracteres,[1] conforme o *Princípio de Pareto*.[2] Você perceberá que as funções apresentadas neste capítulo são bastante simples, bem de acordo com a filosofia da linguagem Python.

AVISO

Neste momento, para não sacrificar o rigor, precisarei adiantar uma informação que será detalhada no Capítulo 11: estritamente falando, as funções apresentadas neste capítulo são, na realidade, ***métodos da classe string***. Lembra que no Capítulo 5 foi explicado que, em Python, tudo é um objeto? Pois bem, pense em uma classe como uma "família de objetos" ou um "molde para criar objetos parecidos". Um método de classe, por sua vez, é uma função que opera sobre os objetos criados a partir dessa classe.

Há, basicamente, dois formatos para chamar as funções mostradas neste capítulo:

1. Chamando-as ***a partir da classe string***. Basta preceder a chamada pelo prefixo **str**. Ao fazer isso, você instruirá o Python a tratar o método como um

---

[1] A expressão "cadeias de caracteres" é sinônimo de "strings".

[2] O "Princípio de Pareto" afirma que 20% das causas são responsáveis por 80% das consequências — é uma afirmação que serve a muitas áreas do conhecimento. No caso presente, 20% das funções que operam sobre strings são responsáveis por 80% das soluções empregadas nos problemas relacionados. Obviamente, não se trata de um valor exato: entenda como "[...]um pequeno grupo de funções resolve a maioria dos problemas de manipulação de strings".

método de classe, ou seja, ele não precisa de um objeto concreto para realizar sua funcionalidade. Por exemplo, a função `lower()`, mostrada na próxima seção, poderia ser chamada com este formato assim:

```
str.lower('Alguma string')
```

2. Chamando-as *a partir de um objeto string*. Ou seja, você chamará a função a partir de um exemplo de string qualquer — a rigor, é comum dizer que executará *um método de uma instância concreta da classe string*. Não se assuste com essa expressão, você a entenderá melhor ao final do Capítulo 11. A mesma chamada do item 1 pode ser reescrita da seguinte maneira:

```
'Alguma String'.Lower()
```

Os resultados serão os mesmos.

AVISO

Se você preferir a primeira forma mostrada — chamar a função a partir da classe string, deverá **obrigatoriamente** fornecer o parâmetro com a string a ser tratada. Se não o fizer, receberá uma mensagem de erro **TypeError: descriptor 'lower' of 'str' object needs an argument**.

As funções `lower()` e `upper()`

As primeiras funções sobre as quais falarei são `lower()` e `upper()`. Elas recebem uma string e a convertem, respectivamente, para minúsculas e maiúsculas. Um uso relativamente comum dessas funções é normalizar a caixa de alguma entrada, por exemplo, para verificar o login de um usuário.

É prática comum que a senha seja sensível à caixa — diferenciando maiúsculas de minúsculas, enquanto o login, na maioria das vezes, pode ser digitado com qualquer combinação de caixa alta ou caixa baixa. Assim, não estranhe se encontrar, em funções que verificam senhas, algo parecido com:

```
login = login.lower() # Converte o login para minúsculas para
                      # simplificar a comparação.
```

A Listagem 6.1 mostra alguns exemplos de uso das funções `upper()` e `lower()`.

```
# Exemplos de uso de lower() e upper()
print('Chamando a partir da própria classe:')
print('str.lower(\'AEIOU\') = %s' % str.lower('AEIOU'))
print('str.lower(\'aEiOu\') = %s' % str.lower('aEiOu'))
print('str.lower(\'AeIoU\') = %s' % str.lower('AeIoU'))
print('str.upper(\'aeiou\') = %s' % str.upper('aeiou'))
print('str.upper(\'aEiOu\') = %s' % str.upper('aEiOu'))
print('str.upper(\'AeIoU\') = %s' % str.upper('AeIoU'))
print('Chamando a partir de uma instância da classe:')
```

```
print('\'AEIOU\'.lower() = %s' % 'AEIOU'.lower())
print('\'aEiOu\'.lower() = %s' % 'aEiOu'.lower())
print('\'AeIoU\'.lower() = %s' % 'AeIoU'.lower())
print('\'aeiou\'.upper() = %s' % 'aeiou'.upper())
print('\'aEiOu\'.upper() = %s' % 'aEiOu'.upper())
print('\'AeIoU\'.upper() = %s' % 'AeIoU'.upper())
```

LISTAGEM 6.1: Exemplos de uso de `upper()` e `lower()` (lower_upper.py)

A Figura 6.1 exibe o resultado da execução daquele código.

```
Chamando a partir da própria classe:
str.lower('AEIOU') = aeiou
str.lower('aEiOu') = aeiou
str.lower('AeIoU') = aeiou
str.upper('aeiou') = AEIOU
str.upper('aEiOu') = AEIOU
str.upper('AeIoU') = AEIOU
Chamando a partir de uma instância da classe:
'AEIOU'.lower() = aeiou
'aEiOu'.lower() = aeiou
'AeIoU'.lower() = aeiou
'aeiou'.upper() = AEIOU
'aEiOu'.upper() = AEIOU
'AeIoU'.upper() = AEIOU
>>>
```

FIGURA 6.1: Resultado da execução de `lower()` e `upper()`

As funções `islower()` e `isupper()`

Se existem funções para converter strings para minúsculas e maiúsculas, era de se esperar que existissem funções para verificar se uma dada string está grafada toda em minúsculas ou em maiúsculas. Essas funções são, respectivamente, `islower()`, que verifica se seu argumento está todo em **minúsculas**; e `isupper()`, que, como já seria de esperar, confere se o seu parâmetro está grafado em **maiúsculas**. Seu uso é demonstrado na Listagem 6.2, com os resultados da execução sendo exibidos na Figura 6.2.

```
# Exemplos de uso de islower() e isupper()
print('Chamando a partir da propria classe:')
print('str.islower(\'AEIOU\') = %s' % str.islower('AEIOU'))
print('str.islower(\'aEiOu\') = %s' % str.islower('aEiOu'))
print('str.islower(\'AeIoU\') = %s' % str.islower('AeIoU'))
print('str.islower(\'aeiou\') = %s' % str.islower('aeiou'))
print('str.isupper(\'AEIOU\') = %s' % str.isupper('AEIOU'))
print('str.isupper(\'aEiOu\') = %s' % str.isupper('aEiOu'))
print('str.isupper(\'AeIoU\') = %s' % str.isupper('AeIoU'))
print('str.isupper(\'aeiou\') = %s' % str.isupper('aeiou'))
print('Chamando a partir de uma instância da classe:')
print('\'AEIOU\'.islower() = %s' % 'AEIOU'.islower())
```

```
print('\'aEiOu\'.islower() = %s' % 'aEiOu'.islower())
print('\'AeIoU\'.islower() = %s' % 'AeIoU'.islower())
print('\'aeiou\'.islower() = %s' % 'aeiou'.islower())
print('\'AEIOU\'.islower() = %s' % 'AEIOU'.isupper())
print('\'aEiOu\'.islower() = %s' % 'aEiOu'.isupper())
print('\'AeIoU\'.islower() = %s' % 'AeIoU'.isupper())
print('\'aeiou\'.islower() = %s' % 'aeiou'.isupper())
```

LISTAGEM 6.2: Exemplos de uso de `islower()` e `isupper()` (islower_isupper.py)

```
Chamando a partir da propria classe:
str.islower('AEIOU') = False
str.islower('aEiOu') = False
str.islower('AeIoU') = False
str.islower('aeiou') = True
str.isupper('AEIOU') = True
str.isupper('aEiOu') = False
str.isupper('AeIoU') = False
str.isupper('aeiou') = False
Chamando a partir de uma instância da classe:
'AEIOU'.islower() = False
'aEiOu'.islower() = False
'AeIoU'.islower() = False
'aeiou'.islower() = True
'AEIOU'.islower() = True
'aEiOu'.islower() = False
'AeIoU'.islower() = False
'aeiou'.islower() = False
>>>
```

FIGURA 6.2: Resultado da execução de `islower()` e `isupper()`

A função `capitalize()`

Você talvez já tenha ouvido falar da expressão "letra capitular", trata-se da primeira letra de um capítulo, que, nos livros antigos, costumava ser destacada. A Figura 6.3 mostra um exemplo.

> *L*orem ipsum dolor sit amet, consectetur adipiscing elit. Vestibulum cursus imperdiet malesuada. Morbi ac semper leo. Mauris feugiat ligula quis eros sodales, id aliquam velit pellentesque. Maecenas tempor velit non metus aliquet vulputate. Nam interdum purus at mi suscipit, vitae facilisis velit gravida. Pellentesque egestas, nunc ac feugiat viverra, leo tellus accumsan dui, in commodo diam odio sit amet massa. Sed elit dolor, pharetra sit amet aliquam eu, sollicitudin at mi. Suspendisse potenti

FIGURA 6.3: Exemplo de letra capitular

A função `capitalize()` recebe uma string e formata-a de modo que a primeira letra fique maiúscula e **todas as demais**, minúsculas. Seu uso segue o mesmo formato das outras funções já vistas.

A Figura 6.4 mostra alguns exemplos de uso de `capitalize()`.

```
>>> print(str.capitalize('AeIoU'))
Aeiou
>>> print('aEiOu'.capitalize())
Aeiou
>>>
```

FIGURA 6.4: Exemplos de uso de `capitalize()`

Na primeira linha, a chamada foi realizada a partir do nome da classe (str); na segunda, diretamente a partir de um objeto dessa classe, no caso, uma string. Os resultados são idênticos.

DICA

À primeira vista, aprender a usar o método `capitalize()` pode parecer muito trabalho para um resultado simples, mas, quando você começar a trabalhar de fato com programação, poderá se surpreender com a quantidade de vezes em que esse método, aparentemente banal, será útil! Lembre-se de que uma das áreas em que Python é mais forte é na automação de tarefas e, para tal, o processamento de strings costuma ser uma ferramenta importantíssima.

Neste ponto do livro, você já deve ter percebido que os módulos da biblioteca padrão do Python não só agrupam funções com funcionalidades parecidas, mas o formato das instruções da linguagem é muito semelhante: para chamadas às funções matemáticas, use `math.alguma_coisa()`, para strings, `str.outra_coisa()` etc. Essa característica é denominada de **regularidade** e, além de facilitar o projeto da linguagem para os seus criadores, suaviza sua curva de aprendizagem.

A função `center()`

Esta função tem por finalidade *centralizar uma string dentro de outra*. Mais precisamente, ela concatena a string com um determinado caractere de preenchimento à esquerda e à direita, até completar um tamanho especificado, gerando uma nova string que contém a original centralizada entre caracteres de preenchimento. Veja exemplos na Listagem 6.3.

```
string_original = 'Ser ou não ser, eis a questão.'
print('A string original é %s' % string_original)
print('Acessando a função como um método da classe string:')
print('Centralizada em 40 colunas: %s' % str.center(string_
original, 40))
print('Centralizada em 40 colunas entre *: %s' % str.
center(string_original, 40, '*'))
print('Acessando a função a partir do próprio objeto:')
print('Centralizada em 40 colunas: %s' % string_original.
center(40))
print('Centralizada em 40 colunas entre *: %s' % string_original.
center(40, '*'))
```

LISTAGEM 6.3: Exemplos de uso da função `center` (center.py)

Como nos demais exemplos deste capítulo, a Figura 6.5 mostra o resultado da execução daquele código.

```
A string original é Ser ou não ser, eis a questão.
Acessando a funçao como um metodo da classe string:
Centralizada em 40 colunas:         Ser ou não ser, eis a questão.
Centralizada em 40 colunas entre *: *****Ser ou não ser, eis a questão.*****
Acessando a funçao a partir do proprio objeto:
Centralizada em 40 colunas:         Ser ou não ser, eis a questão.
Centralizada em 40 colunas entre *: *****Ser ou não ser, eis a questão.*****
>>>
```

FIGURA 6.5: Exemplos de uso de center

A função `count()`

Eis uma função que será usada, provavelmente, **MUITAS** vezes. Pode parecer exagero, porém, você se surpreenderá, quando começar a programar "como gente grande", com quantas vezes recorrerá a esta simples função. Sua finalidade é contar o número de vezes em que uma substring aparece dentro de outra string. Isso é bastante utilizado quando se está buscando padrões em um texto (por exemplo, em um programa que verifica dados importados de um sistema externo). A sintaxe dessa função é mostrada na Listagem 6.4, bem como o resultado da sua execução, na Figura 6.6. Observe que ela também pode ser usada com substrings, como demonstrado no código.

```
palavra = 'Assessoria de Assuntos Aleatórios'
print('A string original é %s' % palavra)
print('%s tem %d substrings \'ss\'' % (palavra, palavra.count('ss')))
print('%s tem %d substrings \'ss\' ate a posiçao 10' % (palavra, palavra.count('ss', 0, 10)))
print('Usando o método da classe string:')
print('%s tem %d substrings \'ss\'' % (palavra, str.count(palavra,'ss')))
print('%s tem %d substrings \'ss\' ate a posiçao 10' % (palavra,str.count(palavra,'ss', 0, 10)))
```

LISTAGEM 6.4: Exemplos de uso da função `count` (count.py)

O primeiro uso demonstrado na listagem, `(palavra, palavra.count('ss'))`, pode ser lido como "conte quantas ocorrências da substring **ss** existem na string *palavra*".

Na chamada `(palavra, palavra.count('ss', 0, 10))`, o interpretador contará quantas ocorrências de **ss** acontecem na substring delimitada pelas posições 0 e 10 (lembre-se de que, em Python, os intervalos são fechados à esquerda e abertos à direita — se precisar "refrescar a memória", leia a seção "Substrings", no Capítulo 2).

A Figura 6.6 mostra o resultado da execução do código na Listagem 6.4.

```
A string original é Assessoria de Assuntos Aleatorios
Assessoria de Assuntos Aleatorios tem 3 substrings 'ss'
Assessoria de Assuntos Aleatorios tem 2 substrings 'ss' ate a posiçao 10
Usando o metodo da classe string:
Assessoria de Assuntos Aleatorios tem 3 substrings 'ss'
Assessoria de Assuntos Aleatorios tem 2 substrings 'ss' ate a posiçao 10
>>>
```

FIGURA 6.6: Resultado da execução de `count`

A função `find()`

Esta função permite que você localize o índice de uma string dentro de outra, ou seja, é como se ela perguntasse: "Python, em qual posição da string A está a substring B, se ela estiver presente?"; se nada for encontrado, será retornado –1. Observe o código da Listagem 6.5.

```
frase = 'Ser ou não ser, eis a questão'
print('Usando o método da classe:')
print('Procurando pela substring \'algo\' dentro da frase %s...' % 
frase)
substring = 'algo'
posicao = str.find(frase, substring)
if (posicao != -1):
    print(f'Encontrada na posição {posicao}!')
else:
    print('Substring não encontrada!')
print('Procurando pela substring \'ser\' dentro da frase %s...' % 
frase)
substring = 'ser'
posicao = str.find(frase, substring)
if (posicao != -1):
    print(f'Encontrada na posição {posicao}!')
else:
    print('Substring nao encontrada!')
print('Usando um objeto:')
print('Procurando pela substring \'algo\' dentro da frase %s...' % 
frase)
substring = 'algo'
posicao = frase.find(substring)
if (posicao != -1):
    print(f'Encontrada na posiçao {posicao}!')
else:
    print('Substring nao encontrada!')
print('Procurando pela substring \'ser\' dentro da frase %s...' % 
frase)
substring = 'ser'
posicao = frase.find(substring)
if (posicao != -1):
    print(f'Encontrada na posição {posicao}!')
```

```
        else:
            print('Substring não encontrada!')
```

LISTAGEM 6.5: Exemplos de uso da função `find` (find.py)

```
Usando o método da classe:
Procurando pela substring 'algo' dentro da frase Ser ou não ser, eis a questão...
Substring nao encontrada!
Procurando pela substring 'ser' dentro da frase Ser ou não ser, eis a questão...
Encontrada na posiçao 11!
Usando um objeto:
Procurando pela substring 'algo' dentro da frase Ser ou não ser, eis a questão...
Substring nao encontrada!
Procurando pela substring 'ser' dentro da frase Ser ou não ser, eis a questão...
Encontrada na posiçao 11!
>>>
```

FIGURA 6.7: Resultado da execução de `find`

Se você acompanhou os exemplos deste capítulo até aqui, talvez comece a achar monótonos códigos como o da Listagem 6.5, entretanto é preciso enfatizar que a repetição ajuda na fixação (afinal, você está seguindo meu conselho do Capítulo 1, dica "Para melhorar seu aprendizado", e digitando os códigos, **sem copiar e colar**, não está?).

Além disso, aproveitei esse exemplo para usar diferentes formatos da instrução `print()`; relembrar que os **índices em Python são baseados em zero** (pois, se você contar as letras da frase até a substring ser encontrada, verá que o primeiro caractere tem índice zero); e, como em todos os exemplos deste capítulo, mostrar os dois formatos de chamada das funções de manipulação de strings usadas na linguagem.

A função `isalpha()`

A finalidade de `isalpha()` é retornar True ou False se o seu argumento for composto apenas por caracteres alfabéticos ou não. O exemplo da Listagem 6.6 mostra seu uso.

```
texto = 'TinhaUmaPedraNoMeioDoCaminho'
if texto.isalpha():
    print('O texto %s contém apenas letras' % texto)
else:
    print('O texto %s contém caracteres não alfabéticos' % texto)
texto = 'Tinha 2 pedras no meio do caminho'
if str.isalpha(texto):
    print('O texto %s contém apenas letras' % texto)
else:
    print('O texto %s contém caracteres não alfabéticos' % texto)
```

LISTAGEM 6.6: Exemplos de uso da função `isalpha` (isalpha.py)

```
O texto TinhaUmaPedraNoMeioDoCaminho contem apenas letras
O texto Tinha 2 pedras no meio do caminho contém caracteres não alfabéticos
>>>
```

FIGURA 6.8: Resultado da execução de `isalpha`

Note que **qualquer caractere diferente de uma letra do alfabeto** fará `isalpha()` retornar False, mesmo um espaço — por isso o primeiro texto da Listagem 6.6 está agrupado sem espaços. O segundo foi espaçado para melhorar a legibilidade, mas, mesmo que não tivesse espaços, também retornaria False, pois o texto contém um numeral 2.

A função `isdigit()`

Você já deve ter adivinhado, pelo nome da função, que `isdigit()` retorna True se receber um número como parâmetro, e False, em caso contrário.

AVISO

Algum leitor pode estar pensando em usar as funções exibidas até aqui para filtrar os dados que receberão em alguma aplicação.

Em geral, não é recomendável verificar um padrão complexo de entrada de dados com combinações de `isalpha()` e `isdigit()` — para essa tarefa, existem as **expressões regulares**, acessíveis por meio do módulo *re* em Python, entretanto, cada caso deve ser analisado. Se for um código muito simples ou algum teste rápido, você poderá concluir que usar expressões regulares adicionaria uma complexidade indesejável.

A função `join()`

Esta função recebe como entrada um delimitador e uma coleção de strings e retorna uma string com os itens dessa coleção, concatenados e delimitados pelo caractere fornecido como parâmetro (atenção a este detalhe: se sua coleção contiver algum dado de outro tipo qualquer, ocorrerá um erro). A descrição lhe pareceu confusa? O código da Listagem 6.9 deve esclarecer melhor o assunto.

```
lista = ['A_lista', 'B_lista', 'C_lista']
tupla = ('A_tupla', 'B_tupla', 'C_tupla')
dicionario = {'A_dicionario':'1', 'B_dicionario':'2',
'C_dicionario':'3'}
separador = '*'
print('Lista:', lista)
print('Tupla:', tupla)
print('Dicionario:', dicionario)
print('Agora, apos o join:')
print('Lista:', separador.join(lista))
```

```
print('Tupla:', separador.join(tupla))
print('Dicionario:', separador.join(dicionario))
```

LISTAGEM 6.7: Exemplos de uso da função `join` (join.py)

Primeiramente fiz o computador mostrar o conteúdo de cada uma das estruturas criadas no programa (lista, tupla e dicionário); em seguida, foi impresso o resultado da concatenação dos itens, separados pelo delimitador escolhido que, no caso da Listagem 6.7, foi o asterisco. A Figura 6.9 mostra o resultado da execução do seu código.

```
Lista: ['A_lista', 'B_lista', 'C_lista']
Tupla: ('A_tupla', 'B_tupla', 'C_tupla')
Dicionario: {'A_dicionario': '1', 'B_dicionario': '2', 'C_dicionario': '3'}
Chamando o metodo join a partir de um objeto string:
Lista: A_lista*B_lista*C_lista
Tupla: A_tupla*B_tupla*C_tupla
Dicionario: A_dicionario*B_dicionario*C_dicionario
Chamando o metodo join a partir da classe string:
Lista: A_lista*B_lista*C_lista
Tupla: A_tupla*B_tupla*C_tupla
Dicionario: A_dicionario*B_dicionario*C_dicionario
>>>
```

FIGURA 6.9: Exemplos de uso da função `join`

A função `len()`

Preste atenção: você usará esta função **muitas vezes** no dia a dia. Quando `len()` recebe uma string como parâmetro, retorna a quantidade de caracteres dessa string. Mas também pode ser usada para obter a quantidade de itens em uma coleção. A Listagem 6.8 demonstra vários usos da função.

```
lista = ['A_lista', 'B_lista', 'C_lista']
tupla = ('A_tupla', 'B_tupla', 'C_tupla')
dicionario = {'A_dicionario':'1', 'B_dicionario':'2',
'C_dicionario':'3'}
string = 'Duas uvas'
print('Lista: ', lista, 'tamanho: ', len(lista))
print('Tupla:', tupla, 'tamanho: ', len(tupla))
print('Dicionario:', dicionario, 'tamanho: ', len(dicionario))
print('String:', string, 'tamanho: ', len(string))
```

LISTAGEM 6.8: Exemplos de uso da função `len` (len.py)

A Figura 6.10 exibe o resultado da execução do código na Listagem 6.8.

```
Lista:  ['A_lista', 'B_lista', 'C_lista'] tamanho:  3
Tupla: ('A_tupla', 'B_tupla', 'C_tupla') tamanho:  3
Dicionario: {'A_dicionario': '1', 'B_dicionario': '2', 'C_dicionario': '3'} tamanho:  3
String: Duas uvas tamanho:  9
>>>
```

FIGURA 6.10: Exemplos de uso da função `len`

Observe que, quando a função recebe uma coleção como parâmetro, ela devolve a quantidade de itens efetivamente armazenados nessa coleção; quando recebe uma string, retorna o tamanho (quantidade de caracteres) dessa string.

A função `split()`

Uma tarefa bastante frequente em análise de dados é ler uma grande quantidade de informações a partir de um arquivo delimitado por algum caractere — por exemplo, um arquivo em que cada linha corresponde a um registro de um banco de dados e os campos são separados por vírgulas. Para facilitar operações semelhantes, a biblioteca padrão de Python nos fornece a função `split()`, que recebe uma string e um delimitador e converte a string em uma lista em que os elementos são obtidos particionando-a sempre que o delimitador for encontrado. A Listagem 6.9 mostra um exemplo de uso.

```
# A linha seguinte poderia ter sido lida a partir de um arquivo:
linha = '7.0,3.2,4.7,1.4,versicolor'
dados = linha.split(',')
print('Linha original: ', linha)
print('Dados extraidos com split:', dados)
```

LISTAGEM 6.9: Exemplo de uso da função `split` (split.py)

O resultado da execução desse código está na Figura 6.11. Uma curiosidade: essa linha de texto foi extraída do conjunto de dados "iris flowers", um dos mais utilizados no aprendizado de machine learning — não por coincidência —, uma das áreas em que Python é amplamente empregado.

```
Linha original:  7.0,3.2,4.7,1.4,versicolor
Dados extraidos com split: ['7.0', '3.2', '4.7', '1.4', 'versicolor']
>>>
```

FIGURA 6.11: Exemplo de uso da função `split`

Exercícios resolvidos

1. Crie um programa que solicita ao usuário que digite o seu login e, em seguida, verifica se esse login está de acordo com as seguintes regras:
   - Inicia com uma letra maiúscula.
   - Tem, no mínimo, seis caracteres.
   - Possui, pelo menos, dois caracteres numéricos.
   - Possui, pelo menos, três letras.
   - Possui tamanho de até dez caracteres.

   Solução:

   ```
   login_ok = True
   numeros = 0
   ```

```
letras = 0
login = input('Digite o novo login:')
padrao = login.capitalize()
if login != padrao:
    login_ok = False
    print('O login deve iniciar com uma letra maiúscula.')
if len(login) < 6:
    login_ok = False
    print('O login deve possuir, no mínimo, 6 caracteres.')
for letra in login:
    if letra.isdigit():
        numeros = numeros + 1
    if letra.isalpha():
        letras = letras + 1
if letras < 3:
    login_ok = False
    print('O login deve possuir, no mínimo, 3 letras.')
if numeros < 2:
    login_ok = False
  print('O login deve possuir, no mínimo, 2 caracteres numéricos.')
if len(login) > 10:
    login_ok = False
    print('O login deve possuir, no máximo, 10 caracteres.')
if login_ok:
    print(f'O login escolhido, {login}, é valido.')
else:
    print(f'Login invalido!')
```

2. Crie um novo script com o conteúdo a seguir:

```
poema = 'Soneto de Fidelidade\n\n'
poema += 'De tudo ao meu amor serei atento antes\n'
poema += 'E com tal zelo, e sempre, e tanto\n'
poema += 'Que mesmo em face do maior encanto\n'
poema += 'Dele se encante mais meu pensamento\n\n'
poema += 'Quero vivê-lo em cada vão momento\n'
poema += 'E em seu louvor hei de espalhar meu canto\n'
poema += 'E rir meu riso e derramar meu pranto \n'
poema += 'Ao seu pesar ou seu contentamento \n\n'
poema += 'E assim quando mais tarde me procure \n'
poema += 'Quem sabe a morte, angústia de quem vive \n'
poema += 'Quem sabe a solidão, fim de quem ama \n\n'
poema += 'Eu possa me dizer do amor (que tive): \n'
poema += 'Que não seja imortal, posto que é chama \n'
poema += 'Mas que seja infinito enquanto dure. \n\n'
poema += 'Vinicius de Moraes'
print(poema)
```

Agora, faça um loop iterando sobre todo o texto e imprima cada novo caractere visitado junto com sua posição (linha e coluna) no texto. Sempre que uma letra maiúscula for encontrada, imprima "Maiúscula" ao lado dela.

Solução:

```
poema = 'Soneto de Fidelidade\n\n'
poema += 'De tudo ao meu amor serei atento antes\n'
poema += 'E com tal zelo, e sempre, e tanto\n'
poema += 'Que mesmo em face do maior encanto\n'
poema += 'Dele se encante mais meu pensamento\n\n'
poema += 'Quero vivê-lo em cada vão momento\n'
poema += 'E em seu louvor hei de espalhar meu canto\n'
poema += 'E rir meu riso e derramar meu pranto \n'
poema += 'Ao seu pesar ou seu contentamento \n\n'
poema += 'E assim quando mais tarde me procure \n'
poema += 'Quem sabe a morte, angústia de quem vive \n'
poema += 'Quem sabe a solidão, fim de quem ama \n\n'
poema += 'Eu possa me dizer do amor (que tive): \n'
poema += 'Que não seja imortal, posto que é chama \n'
poema += 'Mas que seja infinito enquanto dure. \n\n'
poema += 'Vinicius de Moraes'
print('\n'*100)
print(poema)
linha = 0
coluna = 0
for letra in poema:
    coluna = coluna + 1
    if letra == '\n':
        coluna = 0
        linha = linha + 1
    if (str.isupper(letra)):
        print('linha: ', linha, 'coluna: ', coluna, 'letra: ', letra, 'Maiuscula')
    else:
        print('linha: ', linha, 'coluna: ', coluna, 'letra: ', letra)
```

Exercícios propostos

1. Refaça a questão 1 dos Exercícios resolvidos, desta vez para múltiplos usuários. Após ler cada login, pergunte se o usuário deseja incluir outro e, se sim, valide um novo usuário. Quando todos os usuários tiverem sido validados, exiba uma listagem dos logins aceitos e reprovados junto com o motivo para a não aceitação dos últimos. **Dica:** armazene as mensagens em uma string, concatenando cada nova entrada junto com um separador (#, por exemplo). Ao final, use split() para obter cada linha de mensagem.
2. Crie um programa de "Jogo de Forca". O usuário deverá digitar uma palavra, que será a resposta, em seguida, informe ao usuário o tamanho da palavra e peça para adivinhar a primeira letra, a segunda etc. até descobrir a palavra ou errar seis vezes. O jogo acaba quando uma dessas condições for satisfeita. Não é necessário desenhar o "bonequinho" e a forca.

TRABALHANDO COM COLEÇÕES

AO LONGO DESTE CAPÍTULO, aprofundarei um pouco mais o seu conhecimento acerca das coleções que mostrei no decorrer dos capítulos anteriores. Você revisará o que já sabe sobre essas estruturas de dados e aprenderá novos "truques" para criá-las, acessá-las e alterar seus conteúdos. Falarei ainda sobre o tipo Set, que representa conjuntos.

O tipo lista

Até agora, você trabalhou com listas nos capítulos anteriores, mas elas não lhe mostraram toda a sua "musculatura" — é possível realizar muito mais com esse tipo de coleção. De fato, até o momento, você tem acessado as listas do modo conhecido em muitas linguagens de programação como um *array estático*: uma coleção de dados que é endereçada por um índice e cujo tamanho e conteúdo é determinado previamente. Mostrei as listas dessa maneira, até agora, para facilitar seu entendimento. A partir deste capítulo, você aumentará sua compreensão sobre essa estrutura ao mesmo tempo simples e poderosa.

Para começar, nos capítulos anteriores, sempre que uma lista foi citada, ela foi declarada com todos os seus elementos. Entretanto, é possível criar uma lista vazia e incluir elementos à medida que forem necessários. Isso é muito útil, pois enfatiza o aspecto **dinâmico** desse tipo de coleção: você pode criar a lista vazia; incluir itens quando for preciso; excluí-los, se necessário; e iterar sobre eles, sem precisar conhecer previamente seus índices.

AVISO

Você aprendeu, no Capítulo 2, que a lista é um tipo de dados **variável**. Não se trata de uma simples definição do tipo que se lê, repete em uma prova e depois esquece. Dizer que a lista é variável significa que podemos alterar seus elementos em tempo de execução, modificando o conteúdo da lista em si.

Tenha isso em mente para poder "usar a ferramenta certa para o trabalho certo": você não usa um martelo para fixar um parafuso, nem uma chave de fenda para prender um prego.

Na maioria das linguagens de programação, arrays tendem a ser **homogêneos**, ou seja, armazenam apenas elementos do mesmo tipo de dados: um array de inteiros só guarda inteiros, um array de strings, apenas strings, e assim por diante... Python é mais flexível sobre esse assunto — o que é um dos motivos da linguagem ser tão apreciada para análise de dados.

Uma lista em Python pode conter qualquer tipo de dados: o primeiro elemento pode ser um inteiro; o segundo, uma string; o terceiro, um booleano; o quarto, um objeto... Isso traz grande flexibilidade ao seu código, porém, você acaba também tendo que ser mais organizado para não se confundir.

Inicializando uma lista

De fato, uma lista é uma estrutura extremamente flexível: você pode criar uma lista vazia e, quando necessário, adicionar elementos a ela; pode remover itens da lista, criá-la já com todos os seus elementos e usá-la para armazenar informações das mais heterogêneas possíveis.

Para começar, é possível criar uma lista vazia simplesmente declarando:

```
nome da lista = [ ]
```

Por exemplo:

```
lista_frutas = []
```

Nos capítulos anteriores, criei listas inicializando seus valores, como, por exemplo, no código da Figura 2.7, no qual declarei:

lista_frutas = ['laranja', 'mamao', 'abacaxi', 'melao']

Esta é a forma direta de criação de uma lista: fornecendo de antemão seus elementos. Diz-se que ela foi declarada como um **literal**. No entanto, em uma aplicação real, raramente se sabe com antecedência quais os dados que serão recebidos. Em geral, eles são fornecidos pelo usuário, por uma aplicação externa, por um arquivo importado ou por qualquer outra fonte disponível. Por isso, mostrarei agora como aumentar **dinamicamente** o tamanho de uma lista.

Criando uma lista dinâmica

Para usar o objeto lista dinamicamente, aumentando e reduzindo seu tamanho conforme suas necessidades, comece criando uma lista vazia e, em seguida, adicione novos itens chamando o ***método* `append()` *da classe List*.** Por ora, pense nele como uma função que recebe um valor de qualquer tipo e acrescente à lista a partir da qual o método está sendo chamado.

```
lista_usuarios = []
lista_usuarios.append('francisco')
lista_usuarios.append('fulana')
lista_usuarios.append('cicrana')
lista_usuarios.append('beltrano')
```

LISTAGEM 7.1: Criando uma lista dinâmica (lista_dinamica.py)

Digite o código acima no editor do Python e, em seguida, visualize o conteúdo da sua lista. A esta altura do livro, já se espera que você saiba realizar essa operação por si mesmo, mas, se esqueceu, basta digitar:

```
print(lista_usuarios)
```

O resultado será semelhante ao exibido na Figura 7.1.

```
>>> lista_usuarios = []
>>> lista_usuarios.append('francisco')
>>> lista_usuarios.append('fulana')
>>> lista_usuarios.append('cicrana')
>>> lista_usuarios.append('beltrano')
>>> print(lista_usuarios)
['francisco', 'fulana', 'cicrana', 'beltrano']
>>>
```

FIGURA 7.1: Resultado da criação de uma lista dinâmica

Verificando relações de pertinência

Uma necessidade frequente, no que se refere às listas, é verificar se um elemento está contido ou não em uma determinada lista. Isso é feito por meio do operador **in**. Por exemplo, no código da Listagem 7.1, acrescentei quatro strings a uma lista vazia. Para verificar se uma determinada string está na lista, você precisaria escrever:

```
if 'maria' in lista_usuarios:
    # mais código...
```

Ou seja, se existir, no objeto *lista_usuarios* um objeto contendo a string "maria", execute o código do suíte.

AVISO

Lembrando mais uma vez: em Python, **tudo é um objeto**, logo, strings também o são e, como listas armazenam objetos (pois são **coleções de dados**), você poderia guardar qualquer outro tipo de objeto nelas. E mais outro lembrete: as listas são coleções **variáveis**, por isso você consegue incluir elementos nelas depois de criadas. O mesmo não pode ser feito com tuplas, por exemplo, que são **imutáveis**.

Do mesmo modo, você pode testar se um objeto **não pertence** à lista com ***not in***:

```
um_login = input('entre com o login: ')
if um_login not in lista_usuarios:
    print('Usuário não encontrado!')
```

AVISO

O exemplo anterior é apenas conceitual — só para ilustrar os operadores in e not in; em um código real, seus usuários até poderiam ser recuperados de alguma origem de dados e guardados temporariamente em uma lista, para acesso rápido, mas **jamais** estariam, como se diz, *hard-coded*, ou seja, digitados literalmente no código.

Removendo um item de uma lista

A próxima operação que será explicada é a remoção de um item da lista, que pode ser realizada de duas maneiras: por meio do método remove() e usando o método pop().

A primeira forma necessita da passagem do valor que será removido (observe que **NÃO** se trata do índice desse valor, mas sim do próprio objeto). Se não existir o objeto passado como parâmetro na lista, será retornado um erro *ValueError*.

Por exemplo, na coleção da Listagem 7.1, se desejássemos retirar a string "cicrana" da lista, bastaria fazer como demonstrado na Figura 7.2.

```
>>> lista_usuarios
['francisco', 'fulana', 'cicrana', 'beltrano']
>>> lista_usuarios.remove('cicrana')
>>> print(lista_usuarios)
['francisco', 'fulana', 'beltrano']
>>> lista_usuarios.remove('cicrana')
Traceback (most recent call last):
  File "<pyshell#9>", line 1, in <module>
    lista_usuarios.remove('cicrana')
ValueError: list.remove(x): x not in list
>>>
```

FIGURA 7.2: Removendo um item de uma lista

Observe que, na segunda linha de código, removi a string "cicrana" da lista, por meio de uma chamada a remove(). Mais adiante repeti a operação, produzindo um erro já esperado, pois houve uma tentativa de remover um objeto que não existia na lista.

A outra maneira de remover um objeto de uma lista é por meio do método pop(). Esse método recebe, como parâmetro **opcional**, o índice do objeto que será excluído da lista e retorna esse mesmo objeto para o código chamador; se nenhum parâmetro for fornecido, será retirado o último objeto incluído na lista. A Listagem 7.2 mostra um exemplo do seu uso.

```
lista_usuarios = []
lista_usuarios.append('francisco')
lista_usuarios.append('fulana')
lista_usuarios.append('cicrana')
lista_usuarios.append('beltrano')
print('Conteudo inicial da lista:')
print(lista_usuarios)
print('Removendo o último elemento:')
lista_usuarios.pop()
print(lista_usuarios)
print('Removendo o elemento de indice 1:')
print(lista_usuarios.pop(1), ' foi removido(a) da lista:')
print(lista_usuarios)
```

LISTAGEM 7.2: Exemplo de uso do método `pop()` (pop.py)

Quando `pop()` é chamado sem nenhum argumento, o último elemento da lista é removido, como mostrado na Figura 7.3. O método retorna, como resultado, o elemento que foi retirado da lista.

```
Conteudo inicial da lista:
['francisco', 'fulana', 'cicrana', 'beltrano']
Removendo o ultimo elemento:
['francisco', 'fulana', 'cicrana']
Removendo o elemento de indice 1:
fulana  foi removido(a) da lista:
['francisco', 'cicrana']
>>>
```

FIGURA 7.3: Resultado da execução da Listagem 7.2

No exemplo da Listagem 7.2, na primeira chamada a `pop()` foi removida a string "beltrano" e, na segunda, "fulana". Note que, apesar de o método devolver o valor removido, é decisão do programador usar ou não esse valor. No código citado, na primeira chamada, não fiz nada com o valor excluído; enquanto, na segunda, usei a instrução `print()` para exibi-lo.

O motivo para a chamada a `pop()` sem argumentos remover o último elemento e não o primeiro, por exemplo, é que a classe List de Python, de fato, implementa um *Tipo Abstrato de Dados*[1] conhecido como "lista duplamente encadeada". E o método `pop()` é definido para esse tipo nos livros clássicos de Algoritmos e Estruturas de Dados com esse comportamento.

---

[1] *Tipo Abstrato de Dados* nada mais é do que um conjunto de dados e operações que podem ser realizadas sobre eles.

> **DICA**
>
>
>
> Na verdade, a estrutura de dados lista pode ser acessada de diferentes maneiras (diz-se que há "disciplinas diferentes" para manipulá-la).
>
> Quando o primeiro elemento que entra é sempre o primeiro a sair, essa estrutura é denominada de **Fila** ou **Queue** (do mesmo modo que a fila do banco, por exemplo) e ela é comumente referida como uma estrutura do tipo *FIFO (First In, First Out)*, ou seja, o primeiro a entrar é o primeiro a sair.
>
> Quando o primeiro elemento a entrar é o último a sair (*FILO – First In, Last Out*), essa estrutura é chamada de **Pilha** ou **Stack** (a analogia é com uma pilha de pratos, por exemplo), e já se tornou uma convenção clássica que as pilhas possuam uma operação `pop()` que retira o primeiro elemento da pilha e uma operação `push()` que coloca um novo elemento no topo da pilha. Observe, na Figura 7.3, que o elemento retirado da pilha é devolvido para o código que chamou `pop()`.
>
> A linguagem Python usa o método `append()` para realizar o push. Nos exercícios resolvidos deste capítulo você verá exemplos de filas e pilhas.

Obtendo o tamanho da lista

Uma operação muito comum no dia a dia de um programador é verificar o tamanho de uma coleção. Em Python, isso é realizado pela função predefinida `len()`. Ela já foi discutida no Capítulo 6, na seção "A função `len()`". O código da Listagem 7.3, na próxima seção, mostra mais um exemplo do seu uso.

Unindo duas listas

Outra operação possível com listas é a ***extensão*** de uma lista, acrescentando os elementos de uma segunda. Pense nessa capacidade como na união de dois conjuntos, porém permitindo a existência de elementos ***duplicados***. Isso é feito com o **método `extend()`** da classe **List**. Na prática, para unir duas listas basta chamar o método `extend()` da primeira, passando a segunda como parâmetro, da mesma forma que na Listagem 7.3.

```
turma = []
lista_alunos = ['Adriano','Bruno','Carlos']
lista_alunas = ['Daniele', 'Elisa','Fernanda']
print('Turma vazia: ', turma)
print('Lista dos alunos: ', lista_alunos)
print('Lista das alunas: ', lista_alunas)
print('Juntando todo mundo... primeiro as damas!')
turma.extend(lista_alunas)
print(turma)
print('Agora os cavalheiros:')
turma.extend(lista_alunos)
print(turma)
```

LISTAGEM 7.3: Exemplo de uso do método `extend()` (extend.py)

Trabalhando com Coleções 107

AVISO

Como já citado no Capítulo 2, a linguagem dispõe de um tipo específico para representar conjuntos, que é diferente das listas, pois não permite duplicidade de elementos. Entretanto, a capacidade de unir dois grupos de dados para formar outro maior é interessante o suficiente para que fosse incluída também na classe List.

A Figura 7.4 mostra o resultado da execução do código da Listagem 7.3.

```
Python 3.6.8 (default, Oct  7 2019, 12:59:55)
[GCC 8.3.0] on linux
Type "help", "copyright", "credits" or "license()" for more infor
mation.
>>>
 RESTART: /home/francisco/Dropbox/Alta Books/PythonWeb/código/cap
07/extend.py
Turma vazia:    []
Lista dos alunos:  ['Adriano', 'Bruno', 'Carlos']
Lista das alunas:  ['Daniele', 'Elisa', 'Fernanda']
Juntando todo mundo... primeiro as damas!
['Daniele', 'Elisa', 'Fernanda']
Agora os cavalheiros:
['Daniele', 'Elisa', 'Fernanda', 'Adriano', 'Bruno', 'Carlos']
>>>
```

FIGURA 7.4: Resultado da execução da Listagem 7.3

Inserindo um elemento em uma lista

Você já aprendeu a inserir elementos ao final de uma lista de duas maneiras diferentes: adicionando os elementos ou mesmo outras listas com `append()` e estendendo a lista por meio de `extend()`. Porém, não raro, surge a necessidade de inserir um ou mais elementos **em uma posição específica**. Para tal, usa-se a função `insert()`. Sua sintaxe é:

```
lista.insert(índice, valor)
```

Em que:

- **índice**: Posição na lista em que os novos elementos serão inseridos. Os elementos que porventura existirem nessa posição serão deslocados para as posições seguintes (operação, às vezes, denominada *shift right* ("deslocamento à direita").
- **valor**: Objeto (item, ou mesmo uma lista inteira) que será inserido na posição.

Observe o código da Listagem 7.4.

```
# Primeiro, crio uma lista com algumas marcas de veículos:
marcas_automoveis = ['Chevrolet','Fiat','Ford', 'Volkswagen']
print('Lista inicial de fabricantes: ', marcas_automoveis)
# Agora, adiciono mais duas, de forma a manter a ordem alfabética:
marcas_automoveis.insert(3, 'Hyundai')
print('A Hyundai abriu uma fábrica: ', marcas_automoveis)
```

```
marcas_automoveis.insert(4, 'Peugeot')
print('A Peugeot abriu uma fábrica: ', marcas_automoveis)
```

LISTAGEM 7.4: Inserindo elementos em uma lista (insert.py)

A Figura 7.5 exibe o resultado da execução. Perceba que os elementos são incluídos **no lugar** daqueles que estavam a partir do índice fornecido e "empurram" os elementos preexistentes para a frente.

```
Lista inicial de fabricantes:   ['Chevrolet', 'Fiat', 'Ford', 'Volkswagen']
A Hyundai abriu uma fábrica:    ['Chevrolet', 'Fiat', 'Ford', 'Hyundai', 'Volkswagen']
A Peugeot abriu uma fábrica:    ['Chevrolet', 'Fiat', 'Ford', 'Hyundai', 'Peugeot', 'Volkswagen']
>>>
```

FIGURA 7.5: Inserindo elementos em uma lista

Iterando sobre uma lista

Na maioria das linguagens de programação, iterar (ou seja, fazer um loop) sobre uma coleção é um processo que envolve:

1. Obter o tamanho da coleção.
2. Definir uma variável para controlar a posição do elemento atualmente acessado na coleção (em geral, essa variável é do tipo inteiro ou algum outro semelhante, a depender da implementação da linguagem).
3. Criar uma variável de um tipo compatível com o dos objetos contidos na coleção para obter o valor atualmente examinado na iteração.
4. Executar uma iteração começando no menor índice possível para a coleção (na maioria das linguagens, esse índice é 0, mas isso pode variar de acordo com a implementação) e indo até o último elemento, geralmente definido por: *tamanho da coleção – 1*.

Python permite que você acesse os elementos de uma coleção dessa maneira, mas fornece também um "atalho" que considero mais elegante, usando o operador *in* (lembre-se de que a **negação** de **in** é **not in**):

```
for variável in coleção:
    suíte
```

Em que:

- **variável**: É uma variável que receberá o valor atualmente apontado pelo loop.
- **coleção**: A coleção que será percorrida pelo loop.
- **suíte**: Suíte que será executado a cada iteração. O suíte terá acesso à variável da iteração como se fosse declarada dentro dele.

Por exemplo, suponha que, em um trecho de programa, você precise filtrar a entrada de dados para permitir apenas vogais. Isso poderia ser feito com um código como o da Listagem 7.5.

```
vogais = ['a','e','i','o','u','A','E','I','O','U']
outros = []
entrada = input('Digite a palavra a ser filtrada: ')
for letra in entrada:
    if letra not in vogais:
        outros.append(letra)
if len(outros) > 0:
    print(f'A palavra {entrada} possui {len(outros)} caracteres que nao sao vogais!')
else:
    print(f'A palavra {entrada} possui apenas vogais.')
```

LISTAGEM 7.5: Permitindo apenas vogais na entrada de dados (vogais.py)

O mesmo código poderia ser reescrito da maneira como outras linguagens implementam essa iteração, ficando como na Listagem 7.6. Definitivamente, não é a maneira "pytônica" de escrever esse tipo de programa, mas coloquei-o aqui para que você possa conhecer esse outro método.

```
vogais = ['a','e','i','o','u','A','E','I','O','U']
outros = []
indice = 0
entrada = input('Digite a palavra a ser filtrada: ')
while indice < len(entrada):
    letra = entrada[indice]
    indice = indice + 1
    if letra not in vogais:
        outros.append(letra)
if len(outros) > 0:
    print(f'A palavra {entrada} possui {len(outros)} caracteres que nao sao vogais!')
else:
    print(f'A palavra {entrada} possui apenas vogais.')
```

LISTAGEM 7.6: Outra forma de filtrar vogais na entrada de dados (vogais2.py)

É possível iterar sobre coleções dos mais diversos tipos de dados, e não necessariamente letra por letra. Por exemplo, poderíamos encontrar um trecho de código parecido com este:

```
lista_usuarios = get_usuarios_from_web_service()
for usuario in lista_usuarios:
    print(usuario)
```

Nesse código, você obteria uma lista de usuários por meio da função `get_usuarios_from_web_service()` e imprimiria cada um deles na saída padrão.

> **AVISO**
>
>
>
> Não existe uma função `get_usuarios_from_web_service()` na biblioteca padrão de Python. Esse código pressupõe que uma função com esse nome foi criada pelo programador. No Capítulo 9, "Funções Personalizadas", você verá como criar e usar suas próprias funções, estendendo, assim, as capacidades da biblioteca padrão, com a qual você tem trabalhado até aqui.

Delimitando "fatias" de listas

Lembra do Capítulo 4, quando você aprendeu a iterar com o loop for, usando a função `range()` para controlar a quantidade de passos? Pois bem: as listas aceitam uma sintaxe parecida para definir "pedaços" delas (chamados de *slices* — "fatias"). Observe que todos os parâmetros são **OPCIONAIS**!

```
lista [ início_da_fatia : fim_da_fatia : salto ]
```

Em que:

- **início_da_fatia**: Índice do primeiro elemento que será incluído na fatia. Se omitido, assume-se o valor 0 (zero, o primeiro elemento da lista).
- **fim_da_fatia**: Índice do primeiro elemento que **NÃO** será incluído na fatia. Lembre-se de como os intervalos são especificados em Python: o índice final determina a primeira posição **APÓS** os dados que serão incluídos no intervalo. Se omitido, assume-se o índice do último elemento.
- **salto**: Se especificado, determina de quantas em quantas posições os elementos devem ser "pulados" para gerar a fatia. Se omitido, assume-se o valor 1, ou seja, nenhum elemento será deixado de fora.

A Listagem 7.7 exibe vários exemplos de fatiamento de listas.

```
# Primeiro, crio uma lista de alunos:
turma = ['Alice', 'Bob', 'Carl', 'Daniele', 'Eduard', 'Felicia']
print('Lista original: turma =', turma)
print('\"Fatiando\" os quatro primeiros de dois em dois: turma[0:4:2] = ', turma[0:4:2])
print('Ignorando os dois primeiros: turma[2:] = ', turma[2:])
print('Pegando até o quinto elemento: turma[:5] = ', turma[:5])
print('Retornando todo mundo de dois em dois a partir do início (índices pares): turma[::2] = ', turma[::2])
print('Retornando todo mundo de dois em dois a partir do segundo (índices ímpares): turma[1::2] = ', turma[1::2])
```

LISTAGEM 7.7: Fatiando listas (fatiamento.py)

O resultado da execução desse código é mostrado na Figura 7.6.

Trabalhando com Coleções 111

```
Lista original: turma = ['Alice', 'Bob', 'Carl', 'Daniele', 'Eduard', 'Felicia']
"Fatiando" os quatro primeiros de dois em dois: turma[0:4:2] = ['Alice', 'Carl']
Ignorando os dois primeiros: turma[2:] = ['Carl', 'Daniele', 'Eduard', 'Felicia']
Pegando até o quinto elemento: turma[:5] = ['Alice', 'Bob', 'Carl', 'Daniele', 'Eduard']
Retornando todo mundo de dois em dois a partir do início (índices pares): turma[::2] = ['Alice
', 'Carl', 'Eduard']
Retornando todo mundo de dois em dois a partir do segundo (índices ímpares): turma[1::2] = ['B
ob', 'Daniele', 'Felicia']
>>>
```

FIGURA 7.6: "Fatiando" uma lista

Observe as diversas maneiras de "fatiar" uma lista mostradas no código.

Na linha

```
print('\"Fatiando\" os quatro primeiros de dois em dois: turma[0:4:2]
= ', turma[0:4:2])
```

usei a fatia turma[0:4:2], ou seja, retorne os elementos de 0 a 3 (o intervalo, como de costume, ignora o último elemento) "pulando" de dois em dois.

Para ignorar os dois primeiros elementos, a linha:

```
turma[2:]
```

"diz" ao interpretador para retornar, da lista turma, os elementos a partir da posição 2 (lembrando, mais uma vez, que Python inicia suas listas em zero), ou seja, ignorando os elementos de índices 0 e 1.

A linha seguinte,

```
print('Pegando até o quinto elemento: turma[:5] = ', turma[:5])
```

obtém os elementos de 0 a 4, ignorando do sexto (que possui índice 5) em diante.

As duas linhas restantes usam o parâmetro salto em conjunto com o início_da_fatia, para retornarem os elementos "pulando de dois em dois"; primeiro iniciando pelo índice 0, depois, pelo índice 1.

Percorrendo uma lista com for e range

Agora que você conhece um pouco mais sobre o fatiamento de listas, pode usar esse conhecimento para iterar sobre elas de modos ainda mais flexíveis, combinando as fatias com o loop for e a função range(), vistos no Capítulo 4, na seção "Para iterar um número predeterminado de vezes".

Por exemplo, o código da Listagem 7.7 poderia ser reescrito como na Listagem 7.8, com vantagens: ao iterar sobre a lista, você tem a possibilidade de, efetivamente, manipular os seus dados, realizando cálculos sobre eles e até mesmo alterando seus valores, em vez de simplesmente imprimi-los (é preciso salientar que isso também poderia ser feito sem o loop, em alguns casos). A Figura 7.7 exibe o resultado da execução do código.

```python
# Primeiro, crio uma lista de alunos:
turma = ['Alice', 'Bob', 'Carl', 'Daniele', 'Eduard', 'Felicia']
print('Lista original:')
for aluno in turma:
    print(aluno, end=' ')
print('\n"Fatiando" os quatro primeiros de dois em dois:')
for indice in range(0, 4, 2):
    print(turma[indice], end=' ')
print('\nIgnorando os dois primeiros:')
for indice in range(2, len(turma)):
    print(turma[indice], end=' ')
print('\nPegando até o quinto elemento: ')
for indice in range(0, 5):
    print(turma[indice], end=' ')
print('\nRetornando todo mundo de dois em dois a partir do início (índices pares):')
for indice in range(0, len(turma), 2):
    print(turma[indice], end=' ')
print('\nRetornando todo mundo de dois em dois a partir do segundo (índices ímpares):')
for indice in range(1, len(turma), 2):
    print(turma[indice], end=' ')
```

LISTAGEM 7.8: Iterando com fatiamento (fatiamento2.py)

```
Lista original:
Alice Bob Carl Daniele Eduard Felicia
"Fatiando" os quatro primeiros de dois em dois:
Alice Carl
Ignorando os dois primeiros:
Carl Daniele Eduard Felicia
Pegando até o quinto elemento:
Alice Bob Carl Daniele Eduard
Retornando todo mundo de dois em dois a partir do início (índices pares):
Alice Carl Eduard
Retornando todo mundo de dois em dois a partir do segundo (índices ímpares):
Bob Daniele Felicia
>>>
```

FIGURA 7.7: Resultado da execução

Iterando de trás para a frente

O programa da Listagem 7.8 poderia ser reescrito como na Listagem 7.9 para imprimir os elementos em ordem inversa.

```python
# Primeiro, crio uma lista de alunos:
turma = ['Alice', 'Bob', 'Carl', 'Daniele', 'Eduard', 'Felicia']
print('Lista original:')
for aluno in turma:
    print(aluno, end=' ')
print('\n"Fatiando" os quatro primeiros de dois em dois, na ordem inversa:')
for indice in range(3, 0, -2):
```

```
            print(turma[indice], end=' ')
print('\nIgnorando os dois primeiros, na ordem inversa:')
for indice in range(len(turma)-1, 1, -1):
    print(turma[indice], end=' ')
print('\nPegando os cinco ultimos elementos, na ordem inversa: ')
for indice in range(5, 0, -1):
    print(turma[indice], end=' ')
print('\nRetornando todo mundo de dois em dois a partir do fim
(índices pares):')
for indice in range(len(turma)-2, -1, -2):
    print(turma[indice], end=' ')
print('\nRetornando todo mundo de dois em dois a partir do fim
(índices ímpares):')
for indice in range(len(turma)-1, -1, -2):
    print(turma[indice], end=' ')
```

LISTAGEM 7.9: Iterando com fatiamento na ordem inversa (fatiamento3.py)

A Figura 7.8 mostra o resultado da execução desse script.

```
Lista original:
Alice Bob Carl Daniele Eduard Felicia
"Fatiando" os quatro primeiros de dois em dois, na ordem inversa:
Daniele Bob
Ignorando os dois primeiros, na ordem inversa:
Felicia Eduard Daniele Carl
Pegando os cinco ultimos elementos, na ordem inversa::
Felicia Eduard Daniele Carl Bob
Retornando todo mundo de dois em dois a partir do fim (índices pares):
Eduard Carl Alice
Retornando todo mundo de dois em dois a partir do fim (índices ímpares):
Felicia Daniele Bob
>>>
```

FIGURA 7.8: Iterando com fatiamento na ordem inversa

Quando a iteração é realizada na ordem inversa, uma outra forma de endereçar os elementos é usar números negativos. Desse modo, o último elemento da lista recebe o índice -1; o penúltimo, -2; e assim por diante...

O código da Listagem 7.10 mostra um exemplo simples, usando strings, desta vez para ilustrar que elas também podem ser acessadas da mesma maneira.

```
texto = 'Ser ou não ser, eis a questão'
print('texto: ', texto)
print('Fatiando o texto diretamente:')
print('texto [0:3] = ', texto[0:3])
print('Omitindo o indice inicial:')
print('texto [:3] = ', texto[:3])
print('Fatiando o texto com indices negativos:')
print('texto [-7:] = ', texto[-7:])
print('Fatiando o texto no meio:')
print('texto [7:14] = ', texto[7:14])
```

LISTAGEM 7.10: Fatiando strings (fatiamento_strings.py)

O resultado da execução é exibido na Figura 7.9.

```
texto:  Ser ou não ser, eis a questão
Fatiando o texto diretamente:
texto [0:3] =  Ser
Omitindo o indice inicial:
texto [:3] =  Ser
Fatiando o texto com indices negativos:
texto [-7:] =  questão
Fatiando o texto no meio:
texto [7:14] =  não ser
>>>
```

FIGURA 7.9: Fatiando strings

Para esclarecer melhor esse tópico sobre endereçamento dentro de strings e listas, observe a Figura 7.10.

0	1	2	3	4	5	6	7	8	9	10	11	12	13	14	15	16	17	18	19	20	21	22	23	24	25	26	27	28
S	e	r		o	u		n	ã	o		s	e	r	,		e	i	s		a		q	u	e	s	t	ã	o
-29	-28	-27	-26	-25	-24	-23	-22	-21	-20	-19	-18	-17	-16	-15	-14	-13	-12	-11	-10	-9	-8	-7	-6	-5	-4	-3	-2	-1

FIGURA 7.10: Exemplo de endereçamento dentro de uma string

AVISO

Perceba que, da esquerda para a direita (ordem direta), os índices começam em zero e vão até **tamanho da string −1** (ou, se preferir, **len(string) −1**).

Da direita para a esquerda (ordem inversa), os índices começam em -1 e vão decrescendo até *-len(string)*.

Copiando listas (ou qualquer outro tipo do Python)

Uma necessidade esporádica do programar em qualquer linguagem é copiar os dados de uma variável para outra. Os iniciantes em Python tendem a tentar fazer isso por meio de uma atribuição simples. Por exemplo, suponha que você tenha uma variável do tipo lista denominada lista_documentos e precise copiá-la para uma outra variável chamada lista_tmp. Se escrever um código deste modo:

```
lista_tmp = lista_documentos
```

A priori, parecerá que tudo está funcionando bem. Você poderá acessar os elementos de lista_tmp e eles serão os mesmos de lista_documentos. Porém, no momento em que começar a realizar operações potencialmente destrutivas com os dados de lista_tmp — por exemplo, excluir um item ou mesmo alterar seu conteúdo, escrevendo sobre o valor anterior — virá a desagradável surpresa. A alteração/exclusão também se reflete na lista original, lista_documentos. Isso ocorre porque, ao realizar a atribuição de uma lista a outra, você não está, de fato, copiando seus dados; e sim, realizando uma *referência* à lista original. A nova variável, lista_tmp, apenas aponta para o *endereço de memória* de lista_documentos, e qualquer alteração em uma provocará uma alteração na outra.

Para evitar esse problema, as listas possuem um método, denominado copy(), que devolve uma nova lista com todos os elementos da lista copiada. No nosso exemplo, a cópia da lista deveria ter sido realizada desta maneira:

```
lista_tmp = lista_documentos.copy()
```

A Listagem 7.11 exemplifica esse recurso.

```
print('Criando uma lista...')
lista_documentos = ['doc1', 'doc2', 'doc3', 'doc4' ]
print('Copiando da forma errada...')
lista_tmp = lista_documentos
print(f'lista_documentos = {lista_documentos}')
print(f'lista_tmp        = {lista_tmp}')
print('Alterando um elemento de lista_documentos e verificando novamente...')
lista_documentos[2]='doc10'
print(f'lista_documentos = {lista_documentos}')
print(f'lista_tmp        = {lista_tmp}')
print('As variaveis estao apontando para a mesma lista!')
print('Corrigindo o problema...')
lista_tmp = lista_documentos.copy()
print('Alterando um elemento de lista_documentos e verificando mais uma vez...')
lista_documentos[2]='doc3'
print(f'lista_documentos = {lista_documentos}')
print(f'lista_tmp        = {lista_tmp}')
```

LISTAGEM 7.11: Copiando listas (copy.py)

O resultado da execução pode ser visto na Figura 7.11.

```
Criando uma lista...
Copiando da forma errada...
lista_documentos = ['doc1', 'doc2', 'doc3', 'doc4']
lista_tmp        = ['doc1', 'doc2', 'doc3', 'doc4']
Alterando um elemento de lista_documentos e verificando novamente...
lista_documentos = ['doc1', 'doc2', 'doc10', 'doc4']
lista_tmp        = ['doc1', 'doc2', 'doc10', 'doc4']
As variaveis estao apontando para a mesma lista!
Corrigindo o problema...
Alterando um elemento de lista_documentos e verificando mais uma vez...
lista_documentos = ['doc1', 'doc2', 'doc3', 'doc4']
lista_tmp        = ['doc1', 'doc2', 'doc10', 'doc4']
>>>
```

FIGURA 7.11: Copiando uma lista

As funções `min()` e `max()`

Essas duas funções são bastante úteis ao trabalhar com coleções de todo tipo. Como você já deve ter adivinhado pelos seus nomes, elas retornam, respectivamente, o menor e o maior valor da coleção. Na Listagem 7.12, são exibidos alguns exemplos do seu uso.

```
lista_strings = ['AbC', 'dEf', '123', '456']
lista_ints = [5, 2, 3, 4, 1]
lista_floats = [6.2, 5.0, 7.1, 3.7, 20.5]
tupla_strings = ('casa', 'pato', 'abacaxi', 'ganso', 'caçador')
tupla_ints = (15, 12, 13, 14, 11)
tupla_floats = (62.2, 52.0, 72.1, 32.7, 202.5)
lista_diversos = ['AbC','123', 3, 4, 7.0, 3.5]
print(f'Na lista {lista_strings}, o maior valor é {max
(lista_strings)} e o menor, {min(lista_strings)}')
print(f'Na lista {lista_ints}, o maior valor é {max(lista_ints)}
e o menor, {min(lista_ints)}')
print(f'Na lista {lista_floats}, o maior valor é {max
(lista_floats)} e o menor, {min(lista_floats)}')
print(f'Na tupla {tupla_strings}, o maior valor é {max
(tupla_strings)} e o menor, {min(tupla_strings)}')
print(f'Na tupla {tupla_ints}, o maior valor é {max(tupla_ints)}
e o menor, {min(tupla_ints)}')
print(f'Na tupla {tupla_floats}, o maior valor é {max
(tupla_floats)} e o menor, {min(tupla_floats)}')
print(f'Na lista {lista_diversos}, o maior valor é {max(lista_
diversos)} e o menor, {min(lista_diversos)}')
```

LISTAGEM 7.12: Obtendo os maiores e os menores itens da coleção (max_min.py)

Observe que podem ser comparados elementos de qualquer tipo para os quais possa ser definida uma relação de ordem:

- Se forem comparadas duas strings, será usada a ordem alfabética.
- Se forem fornecidos dois números, sejam eles inteiros, sejam de ponto flutuante (*floats*), a comparação será realizada matematicamente.
- Finalmente, coloquei, propositalmente, na Listagem 7.12, uma comparação entre tipos diferentes, pedindo o maior e menor elementos de uma lista que misturava strings e números. Como seria de esperar, tal comparação resulta em um erro de tipos, pois não se pode comparar elementos de tipos diferentes.

A Figura 7.12 mostra o resultado da execução daquele código.

```
Na lista ['AbC', 'dEf', '123', '456'], o maior valor é dEf e o menor, 123
Na lista [5, 2, 3, 4, 1], o maior valor é 5 e o menor, 1
Na lista [6.2, 5.0, 7.1, 3.7, 20.5], o maior valor é 20.5 e o menor, 3.7
Na tupla ('casa', 'pato', 'abacaxi', 'ganso', 'caçador'), o maior valor é pato e o menor, abaca
xi
Na tupla (15, 12, 13, 14, 11), o maior valor é 15 e o menor, 11
Na tupla (62.2, 52.0, 72.1, 32.7, 202.5), o maior valor é 202.5 e o menor, 32.7
Traceback (most recent call last):
  File "/home/francisco/Dropbox/Alta Books/PythonWeb/código/cap07/max_min.py", line 14, in <mod
ule>
    print(f'Na lista {lista_diversos}, o maior valor é {max(lista_diversos)} e o menor, {min(li
sta_diversos)}')
TypeError: '>' not supported between instances of 'int' and 'str'
>>>
```

FIGURA 7.12: Obtendo os maiores e os menores elementos de uma coleção

O tipo tupla

O tipo de dados tupla foi introduzido, inicialmente, no Capítulo 2 e, de fato, há pouco a acrescentar aqui sobre ele. Como já foi dito, tuplas são estruturas ***imutáveis***, ou seja, uma vez criadas, elas não podem mais ser alteradas.

DICA

Você pode, se necessário, converter uma lista em tupla por meio de um simples typecast. Por exemplo:
```
lista_animais = ['Cachorro','Gato','Papagaio']
tupla_animais = tuple(lista_animais)
```

AVISO

Faltou apenas alertar para uma "armadilha" das tuplas: se você declarar uma variável do tipo tupla, que contenha uma única string, precisará acrescentar uma **vírgula** após a string; do contrário, o interpretador Python reconhecerá essa variável como uma variável do tipo string e não uma tupla que contenha um valor desse tipo. Por exemplo, em vez de declarar:

```
tupla = ('Python rules!')
```

Use:
```
tupla = ('Python rules!',)
```

O tipo conjunto

A linguagem Python tem forte inspiração matemática — o que talvez explique sua grande influência na área de Data Science. Por causa dessa "vocação", é natural que ela dê suporte à Teoria dos Conjuntos.

Antes de mais nada, é preciso enfatizar que *conjuntos são coleções de dados que não possuem relação de ordem e não admitem duplicidade de elementos*, o que permite realizar operações como remover valores duplicados de uma lista de forma bastante eficiente.

Inicializando conjuntos

Você aprendeu, no Capítulo 2, que pode declarar um conjunto enumerando seus elementos, como na matemática. Por exemplo:

```
s = {1, 3, 5, 7, 9}
```

Ou, ainda, pode partir de um conjunto vazio usando a função `set()`:[2]

```
s = set()
```

Ou até mesmo passar uma coleção de elementos como parâmetro para `set()`, o que representaria, na realidade, uma conversão do tipo da coleção para o tipo set. Por exemplo:

```
s1 = set([1, 3, 5, 7, 9])      # Convertendo uma lista em conjunto
s2 = set((0, 2, 4, 6, 8))      # Convertendo uma tupla em conjunto
```

Se você digitar as linhas anteriores no shell do Python e examinar o conteúdo de s1 e s2 logo após, verá que as variáveis apontam para conjuntos, conforme mostra a Figura 7.13.

```
>>> s1 = set([1, 3, 5, 7, 9])    # Convertendo uma lista em conjunto
>>> s2 = set((0, 2, 4, 6, 8))    # Convertendo uma tupla em conjunto
>>> s1
{1, 3, 5, 7, 9}
>>> s2
{0, 2, 4, 6, 8}
```

FIGURA 7.13: Convertendo coleções em conjuntos

Uma operação bastante interessante usando conjuntos é a remoção de elementos duplicados em uma lista. Observe um exemplo na Listagem 7.13.

```
lista_duplicados = ['Alice', 'Bob', 'Carl', 'Bob', 'Alice', 'Carl']
print(f'Conteúdo inicial da lista: {lista_duplicados}')
print('Convertendo a lista em conjunto para eliminar
duplicidades...')
s1 = set(lista_duplicados)
```

---

[2] Estritamente falando, `set()` é um *método construtor* da classe de mesmo nome: quando invocado, ele devolve uma nova instância, a que se denomina "objeto", da referida classe. Mas não se apavore com essa descrição. Isso ficará mais claro quando você ler o Capítulo 11, "Programação Orientada a Objetos em Python".

```
print('Convertendo o conjunto em uma lista sem duplicações...')
lista1 = list(s1)
print(f'Conteúdo da lista sem valores duplicados: {lista1}')
```
LISTAGEM 7.13: Removendo duplicidades em uma lista (remover_duplicados.py)

AVISO

Ao executar o código, você perceberá um detalhe: como mostrado na Figura 7.14, a nova lista não mantém a ordem entre seus elementos. Isso se deve ao fato de que, como já citado, **conjuntos não possuem relação de ordem**. Há formas de contornar esse problema, que vão desde a reordenação da lista obtida à utilização de outro tipo de coleção para receber os valores, por exemplo.

```
Conteúdo inicial da lista: ['Alice', 'Bob', 'Carl', 'Bob', 'Alice', 'Carl']
Convertendo a lista em conjunto para eliminar duplicidades...
Convertendo o conjunto em uma lista sem duplicações...
Conteúdo da lista sem valores duplicados: ['Carl', 'Alice', 'Bob']
>>>
```
FIGURA 7.14: Removendo duplicidades

O tipo dicionário

No Capítulo 2, você foi apresentado ao tipo dicionário; agora, o assunto será aprofundado.

Você já sabe que dicionários apresentam uma forma parecida com:

```
nome_do_dicionário = {"chave_1" : "valor1", "chave_2": valor2,..., "chave_n" : valor_n}
```

Em resumo, um dicionário:

- Armazena pares chave/valor, para os quais cada chave é **exclusiva**, ou seja, não podem existir, em um mesmo dicionário, duas chaves idênticas.
- Toda chave tem um **valor** associado — não são permitidas chaves vazias.
- Outros nomes pelos quais você pode ouvir falar de dicionários: *hash*, *array associativo* ou *mapa*.
- Apesar de as chaves poderem ser criadas com **qualquer tipo imutável**, em geral utilizam-se strings para defini-las.
- Os valores podem ser de qualquer tipo de dados.
- Uma analogia útil para os dicionários é pensar neles como registros de um banco de dados: cada chave corresponderia a um campo e, cada valor, à informação armazenada naquele campo. Por exemplo, a Listagem 7.14 mostra uma implementação de dicionário para representar um automóvel, bem como algumas operações possíveis sobre essa estrutura de dados.

```
print('Criando um dicionario para armazenar os dados de um carro...')
carro = {
    'marca' : 'Hyundai',
    'modelo' : 'HB20',
    'ano': 2015,
    'motorizacao': 1.6,
    'cambio': 'automático',
    'acessorios':[],
}
print('Dicionario criado!', carro)
carro['ano']=2018
carro['modelo']='HB20 R-Spec'
print('Troquei de carro - comprei um mais novo!', carro)
print('Colocando acessorios no carro:')
carro['acessorios'] = ['alarme']
print('Instalei um alarme novo:', carro)
carro['acessorios'].append('som')
print('Coloquei um novo som:', carro)
carro['acessorios'][1] = 'som diferente'
print('Troquei o modelo do som:', carro)
```

LISTAGEM 7.14: Dicionário que armazena informações sobre um veículo (dict_carro.py)

DICA

Você pode formatar seu dicionário de várias maneiras. Por exemplo, alguém poderia escrever o conteúdo do dicionário em uma só linha, porém, a *legibilidade* seria muito prejudicada. Formatar seu código de modo a facilitar sua leitura é algo que beneficia todos que vão mantê-lo, inclusive você, que pode precisar voltar a ele um bom tempo depois de tê-lo criado.

Portanto, seja um(a) bom(boa) cidadão(cidadã): escreva sempre códigos legíveis!

Nesse código, você pode perceber que os itens do dicionário são acessados usando uma notação semelhante à das listas, com as chaves servindo como índices e sendo passadas entre **colchetes**.

Observe o resultado da execução desse código na Figura 7.15.

```
Criando um dicionario para armazenar os dados de um carro...
Dicionario criado! {'marca': 'Hyundai', 'modelo': 'HB20', 'ano': 2015, 'motorizacao': 1.6, 'cam
bio': 'automático', 'acessorios': []}
Troquei de carro - comprei um mais novo! {'marca': 'Hyundai', 'modelo': 'HB20 R-Spec', 'ano': 2
018, 'motorizacao': 1.6, 'cambio': 'automático', 'acessorios': []}
Colocando acessorios no carro:
Instalei um alarme novo: {'marca': 'Hyundai', 'modelo': 'HB20 R-Spec', 'ano': 2018, 'motorizaca
o': 1.6, 'cambio': 'automático', 'acessorios': ['alarme']}
Coloquei um novo som: {'marca': 'Hyundai', 'modelo': 'HB20 R-Spec', 'ano': 2018, 'motorizacao':
1.6, 'cambio': 'automático', 'acessorios': ['alarme', 'som']}
Troquei o modelo do som: {'marca': 'Hyundai', 'modelo': 'HB20 R-Spec', 'ano': 2018, 'motorizaca
o': 1.6, 'cambio': 'automático', 'acessorios': ['alarme', 'som diferente']}
>>>
```

FIGURA 7.15: Operações com o tipo dicionário

Lendo essa saída, você pode perceber que o dicionário foi criado com vários itens, entre eles, "acessórios", que inicialmente contêm uma lista vazia.

Mais adiante, o código:

```
print('Dicionario criado!', carro)
carro['ano']=2018
carro['modelo']='HB20 R-Spec'
print('Troquei de carro - comprei um mais novo!', carro)
```

atualizou os atributos "ano" e "modelo" com novos valores. Isso demonstra que a estrutura é variável, e ainda exemplifica como atribuir valores aos elementos de um dicionário. Algumas linhas à frente, você encontra:

```
carro['acessorios'] = ['alarme']
```

em que substituí o conteúdo da chave "acessórios", que até então armazenava uma lista vazia por outra já inicializada, com a string "alarme" contendo um só elemento. Como a lista pode ser inicializada ou expandida/reduzida em tempo de execução, fiz isso na linha:

```
carro['acessorios'].append('som')
```

e demonstrei que ainda é possível chamar qualquer função disponibilizada pelo item referenciado pela chave (ou, se preferir, no "dialeto orientado a objetos" é possível chamar qualquer método da classe List para o item "acessórios"), pois ele é, de fato, uma lista. Qualquer outro tipo que pudesse ser guardado em um dicionário permitiria chamar seus métodos. Essa flexibilidade mostra que o dicionário não guarda apenas listas de strings, mas também chaves para **objetos**.

AVISO

Se você usa alguma versão de Python anterior à 3.6, saiba que, para essas implementações, os dicionários **NÃO GARANTEM A ORDEM** dos seus elementos! Ou seja: não há garantia, para as versões citadas, de que o atributo 'marca' será mostrado sempre antes de 'modelo' etc. **E ISSO NÃO É UM PROBLEMA.** Apenas a estrutura de dados não foi criada com esse propósito. Tenha isso em mente e, se precisar exibir os itens do dicionário em uma determinada ordem, a maneira mais segura é imprimi-los um a um, em vez de enviar a estrutura toda para a saída padrão.

Removendo elementos de um dicionário

Se necessário, você pode excluir um par chave/valor de um dicionário por meio da instrução ***del***. Por exemplo, para excluir o elemento 'acessórios' do dicionário da Listagem 7.14, basta usar:

```
del carro['acessorios']
```

Para verificar o resultado no shell do Python, simplesmente inspecione o conteúdo do dicionário "carro". Você deverá ver algo como na Figura 7.16.

```
>>> del carro['acessorios']
>>> carro
{'marca': 'Hyundai', 'modelo': 'HB20 R-Spec', 'ano': 2018, 'motorizacao': 1.6, 'cambio': 'autom
ático'}
>>>
```

FIGURA 7.16: Removendo um item de um dicionário

Note que não existe mais o elemento "acessórios" no dicionário "carro".

Iterando sobre os elementos de um dicionário

Uma necessidade que pode surgir ao utilizar dicionários é iterar sobre seus itens. Por exemplo, suponha que você precise, em um determinado programa, manipular as notas dos alunos de uma turma em uma certa prova. Você poderia escolher um dicionário, cujas chaves seriam as matrículas dos alunos, os valores e as notas. Depois, precisaria imprimir a listagem das notas e respectivas matrículas (sem nomes, para proteger a privacidade dos alunos). Isso poderia ser feito por meio de um loop for nos itens do dicionário, mas, para tal, deve-se usar uma sintaxe diferente daquelas vistas até aqui:

```
for variável_chaves, variável_valores in dicionário.items():
    suíte
```

Em que:

- **variável_chaves:** Variável que conterá as chaves do dicionário a cada iteração.
- **variável_valores:** Variável que conterá os valores do dicionário a cada iteração.
- **dicionário:** Dicionário que será processado.
- **items():** Método do dicionário que retorna seus itens.
- **suíte:** Suíte que será executado sobre cada elemento durante a iteração.

Por exemplo, uma possibilidade de implementação seria:

```
for matricula, nota in dicionario_notas.items():
    print(f'matricula: {matricula} - nota: {nota}')
```

AVISO

A primeira ideia de muitos iniciantes em Python que já programaram antes em outras linguagens é tentar realizar a iteração sobre os itens de um dicionário com um código parecido com:
```
for x in dicionario_notas:
    print(x)
```

Essa forma imprimirá **apenas as chaves** e não os valores do dicionário.
Ela tem utilidade em alguns casos, para os quais você só quer conferir as chaves do dicionário, sem os valores associados.

Ao ler códigos elaborados por outras pessoas, frequentemente você encontrará algo parecido com:

```
for k, v in dict.items():
```

Essa linha, basicamente, itera sobre os itens de um dicionário chamado *dict*, recebendo como parâmetros k (para *key* – chave) e v (*value* – valor). Esse modo de escrevê-la ficou tão comum que virou quase um padrão *de facto*.

Para contar os itens de um dicionário

A função len(), que foi mostrada para strings e outros tipos de estruturas de dados, pode ser usada para contar a quantidade de itens em um dicionário. Basta chamá-la passando como parâmetro a propriedade items () do dicionário em questão. Por exemplo:

```
print(f'quantidade de notas cadastradas: {len(dict_notas)}')
```

Usando dicionários para criar tabelas

Você já deve estar cansado de ler que "tudo em Python é objetos", mas essa é uma informação que deve ficar "gravada em pedra" para ajudar a entender um monte de conceitos. Já demonstrei, anteriormente, como construir uma lista de tuplas, um dicionário que contém uma lista em um de seus itens; e, neste momento, você já deve ter adivinhado que as estruturas de dados de Python são limitadas apenas pela sua criatividade.

Uma necessidade que ocorre com certa frequência, principalmente se você trabalhar com Data Science — uma das áreas em que Python faz mais sucesso — é criar **tabelas de dados** em memória. Imagine que seja necessário armazenar uma tabela de produtos em memória para manipular mais convenientemente seus dados, e que a estrutura dela seja como descrita na Tabela 7.1.

TABELA 7.1: Exemplo de tabela de dados contendo produtos

Código	Descrição	Preço	Estoque
1	Mouse óptico sem fio	50,00	130
2	Teclado USB	42,00	100
3	Monitor colorido 20 pol.	850,00	20
4	Par de caixas de som	90,00	17

Sua implementação poderia partir de um dicionário para armazenar cada linha[3] da tabela, sendo que cada coluna corresponderia a uma chave do dicionário. Porém, ao invés de especificar uma variável do tipo dicionário para cada linha da tabela, definirei um só dicionário para o qual **cada chave apontará para outro dicionário**.

Vamos por etapas. Primeiro, criarei um dicionário vazio:

```
produtos = {}
```

Agora, para cada linha da Tabela 7.1, criarei um novo dicionário:

```
produto1 = {
'codigo': 1,
'descricao': 'Mouse óptico sem fio',
'preco': 50.0,
'estoque': 130
}
produto2 = {
'codigo': 2,
'descricao': 'Teclado USB',
'preco': 42.0,
'estoque': 100
}
produto3 = {
'codigo': 3,
'descricao': 'Monitor colorido 20 pol.',
'preco': 850.0,
'estoque': 20
}
produto4 = {
'codigo': 4,
'descricao': 'Par de caixas de som',
'preco': 90.0,
'estoque': 17
}
produtos[1] = produto1
produtos[2] = produto2
produtos[3] = produto3
produtos[4] = produto4
```

LISTAGEM 7.15: Dicionário que armazena informações sobre produtos — versão inicial (produtos.py)

Agora eu poderia associar cada dicionário desses a uma chave no dicionário ***produtos***, como nas últimas quatro linhas da Listagem 7.15.

Se você examinar o conteúdo da variável produtos, neste momento, verá algo parecido com a Figura 7.17.

---

[3] Em bancos de dados, grosso modo, cada linha de uma tabela é denominada de **registro**; e cada coluna, **campo** (não me aprofundarei no tópico, pois foge do objetivo desta obra).

```
>>> produtos
{1: {'codigo': 1, 'descricao': 'Mouse óptico sem fio', 'preco': 50.0, 'estoque': 130}, 2: {'cod
igo': 2, 'descricao': 'Teclado USB', 'preco': 42.0, 'estoque': 100}, 3: {'codigo': 3, 'descrica
o': 'Monitor colorido 20 pol.', 'preco': 850.0, 'estoque': 20}, 4: {'codigo': 4, 'descricao': '
Par de caixas de som', 'preco': 90.0, 'estoque': 17}}
>>>
```

FIGURA 7.17: Examinando o conteúdo da variável produtos no shell

Porém, uma forma bem mais prática de trabalhar é fazer de produtos um dicionário de dicionários e atribuir diretamente cada produto a uma chave, composta pelo próprio código do produto. Essa estrutura é conhecida como **tabela de dados**.

Sei que pareceu complexo, porém, o que eu quis dizer, em termos mais simples, foi que o código da Listagem 7.15 deveria ser reescrito para ficar como na Listagem 7.16.

Essa operação — reescrever um trecho de código para melhorar sua estrutura sem alterar seu funcionamento, tornando-o mais legível, mais fácil de manter ou qualquer outra característica desejável — é chamada de **refactoring** (em alguns livros você encontrará essa palavra aportuguesada como "**refatoração**").

```
produtos = {}
produtos[1] = {
'descricao': 'Mouse óptico sem fio',
'preco': 50.0,
'estoque': 130
}
produtos[2] = {
'descricao': 'Teclado USB',
'preco': 42.0,
'estoque': 100
}
produtos[3] = {
'descricao': 'Monitor colorido 20 pol.',
'preco': 850.0,
'estoque': 20
}
produtos[4] = {
'descricao': 'Par de caixas de som',
'preco': 90.0,
'estoque': 17
}
```

LISTAGEM 7.16: Usando uma tabela de dados para armazenar informações sobre produtos (data_table.py)

Após o refactoring, se você executar o seu código e examinar o conteúdo da variável produtos no shell novamente, obterá um resultado semelhante ao da Figura 7.18.

```
>>> produtos
{1: {'descricao': 'Mouse óptico sem fio', 'preco': 50.0, 'estoque': 130}, 2: {'descricao': 'Tec
lado USB', 'preco': 42.0, 'estoque': 100}, 3: {'descricao': 'Monitor colorido 20 pol.', 'preco'
: 850.0, 'estoque': 20}, 4: {'descricao': 'Par de caixas de som', 'preco': 90.0, 'estoque': 17}
}
```

FIGURA 7.18: Conteúdo da variável produtos após o refactoring

DICA

A biblioteca padrão do Python dispõe de uma função que imprime estruturas de dados em um formato bem mais legível para o usuário, denominada `pprint()`, que pertence ao módulo de mesmo nome. Para usá-la, primeiro importe-a:

`import pprint`

Em seguida, chame-a, prefixando o nome da função com o da biblioteca, a exemplo do que foi mostrado com as funções da biblioteca *math*, no Capítulo 5:

`pprint.pprint(produtos)`

A saída da instrução é mostrada na Figura 7.19. Bem mais legível, não?

```
>>> import pprint
>>> pprint.pprint(produtos)
{1: {'descricao': 'Mouse óptico sem fio', 'estoque': 130, 'preco': 50.0},
 2: {'descricao': 'Teclado USB', 'estoque': 100, 'preco': 42.0},
 3: {'descricao': 'Monitor colorido 20 pol.', 'estoque': 20, 'preco': 850.0},
 4: {'descricao': 'Par de caixas de som', 'estoque': 17, 'preco': 90.0}}
>>>
```

FIGURA 7.19: Exibindo o conteúdo da variável produtos, formatado com `pprint()`

AVISO

Lembra da questão 1 dos Exercícios resolvidos do Capítulo 4? (Claro que você agora voltou àquele capítulo para olhar). Nela, usei duas listas diferentes para armazenar os dados dos alunos: uma para nomes e outra para notas. Fiz assim por razões didáticas — você ainda não conhecia outra estrutura de dados para esse tipo de tarefa. Agora que conhece as **tabelas de dados**, o problema poderia ser solucionado de forma bem mais elegante (confira nos Exercícios resolvidos deste capítulo).

Algumas funções úteis para manipular dicionários

Para encerrar este capítulo, explicarei algumas funções que são bastante úteis no dia a dia ao trabalhar com estruturas do tipo dicionário. Elas são como uma boa chave de fenda: você pode achá-la uma ferramenta banal... Até precisar apertar alguns parafusos.

get()

Esta função retorna o valor armazenado em um item de dicionário, quando ela recebe a chave como parâmetro. Por exemplo, após executar o código da Listagem 7.16, para verificar qual o produto de chave 1, você poderia digitar:

`    produtos.get(1)`

O resultado seria semelhante ao mostrado na Figura 7.20.

```
>>> produtos.get(1)
{'descricao': 'Mouse óptico sem fio', 'preco': 50.0, 'estoque': 130}
>>>
```

FIGURA 7.20: Obtendo o conteúdo de um item com `get()`

items()

Esta função retorna uma lista contendo os itens de um dicionário. Continuando o exemplo da função `get()`, você poderia digitar no shell do Python:

    produtos.items()

E veria uma saída semelhante à da Figura 7.21.

```
>>> produtos.items()
dict_items([(1, {'descricao': 'Mouse óptico sem fio', 'preco': 50.0, 'estoque': 130}), (2, {'de
scricao': 'Teclado USB', 'preco': 42.0, 'estoque': 100}), (3, {'descricao': 'Monitor colorido 2
0 pol.', 'preco': 850.0, 'estoque': 20}), (4, {'descricao': 'Par de caixas de som', 'preco': 90
.0, 'estoque': 17})])
>>>
```

FIGURA 7.21: Visualizando o conteúdo de um dicionário com `items()`

values()

Esta função retorna uma lista contendo todos os **valores** em um dicionário, sem suas chaves. Observe que, se estiver lidando com uma estrutura como as tabelas de dados citadas neste capítulo, nas quais cada **valor** do dicionário é, ele próprio, um novo dicionário, a saída de `produtos.values()`, por exemplo, após executar o código da Listagem 7.16, seria semelhante à mostrada na Figura 7.22.

```
>>> produtos.values()
dict_values([{'descricao': 'Mouse óptico sem fio', 'preco': 50.0, 'estoque': 130}, {'descricao'
: 'Teclado USB', 'preco': 42.0, 'estoque': 100}, {'descricao': 'Monitor colorido 20 pol.', 'pre
co': 850.0, 'estoque': 20}, {'descricao': 'Par de caixas de som', 'preco': 90.0, 'estoque': 17}
])
>>>
```

FIGURA 7.22: Visualizando o conteúdo de uma tabela de dados com `values()`

Para examinar, individualmente, as linhas da tabela, será necessário combinar os métodos `get()` e `values()` do seu dicionário. Por exemplo, você poderia conferir a linha de chave 1 da tabela de dados "produtos", usando:

    produtos.get(1).values()

que retornaria:

    dict_values(['Mouse óptico sem fio', 50.0, 130])

clear()

A função *clear* tem uma finalidade simples, porém realmente muito usada: ela limpa todos os itens de um dicionário. Para chamá-la, escreva:

```
nome_do_dicionário.clear()
```

É a variável que identifica o dicionário que você deseja "limpar". Por exemplo, após executar o código da Listagem 7.16, se digitar os comandos mostrados na Figura 7.23, constatará que a variável produtos está, agora, vazia.

```
>>> pprint.pprint(produtos)
{1: {'descricao': 'Mouse óptico sem fio', 'estoque': 130, 'preco': 50.0},
 2: {'descricao': 'Teclado USB', 'estoque': 100, 'preco': 42.0},
 3: {'descricao': 'Monitor colorido 20 pol.', 'estoque': 20, 'preco': 850.0},
 4: {'descricao': 'Par de caixas de som', 'estoque': 17, 'preco': 90.0}}
>>> produtos.clear()
>>> produtos
{}
```

FIGURA 7.23: Exibindo o conteúdo da variável produtos após a chamada `clear()`

Exercícios resolvidos

1. Agora que você já conhece as estruturas de dados mais comuns do Python, refaça mais uma vez o exercício 1 do Capítulo 4, desta vez sem limitar a quantidade de alunos.

   Crie um programa que solicita ao usuário o nome de um aluno e uma nota, armazenando essas informações em seguida e perguntando se o usuário deseja informar a nota de mais algum aluno; em caso positivo, repita a operação para o próximo aluno e continue a fazê-lo até que o usuário escolha não continuar. Quando isso ocorrer, imprima a listagem dos alunos, de modo que cada linha exiba: nome do aluno, todas as suas notas, a média dele e, caso essa média seja maior ou igual a 7.0, a palavra "aprovado"; se a média for menor que 7.0 e maior ou igual a 3.0, "fará prova final"; e, caso não fique em nenhum desses intervalos, "reprovado".
   Solução:

   ```
   alunos = []
   total_individual = 0.0
   continua_loop_alunos = 'S'
   continua_cadastro_notas = 'S'
   while continua_loop_alunos == 'S':
       registro_aluno = {
           'nome': '',
           'notas': [],
           'media': 0.0
       }
   ```

```
        nome = input('Entre com o nome do aluno: ')
        registro_aluno['nome'] = nome
        indice = 0
        total_individual = 0
        while continua_cadastro_notas == 'S':
            indice = indice + 1
            print('Digite a nota n. %d: ' %indice)
            nota = float(input())
            registro_aluno['notas'].append(nota)
            total_individual = total_individual + nota
        print('Deseja cadastrar outra nota? [S-continua/N-encerrar
etapa]')
            continua_cadastro_notas = str.capitalize(input())
        registro_aluno['media'] = total_individual / len(
registro_aluno['notas'])
        alunos.append({'aluno': registro_aluno})
        print('Deseja cadastrar as notas de outro aluno? [S-continua/
N-proximo aluno]')
        continua_loop_alunos = str.capitalize(input())
        continua_cadastro_notas = 'S'
for registro in alunos:
    if registro['aluno']['media'] >= 7.0:
      print(f'Nome: {registro["aluno"]["nome"]} - Notas: {registro["aluno"]
["notas"]} - Média: {registro["aluno"]["media"]} - APROVADO')
    elif registro['aluno']['media'] >= 3.0:
      print(f'Nome: {registro["aluno"]["nome"]} - Notas: {registro["aluno"]
["notas"]} - Média: {registro["aluno"]["media"]} - FARÁ PROVA FINAL')
    else:
      print(f'Nome: {registro["aluno"]["nome"]} - Notas: {registro["aluno"]
["notas"]} - Média: {registro["aluno"]["media"]} - REPROVADO')
```

Comentário:
Este exercício foi um pouco mais complexo que os anteriores, mas serve para exemplificar a flexibilidade — e o poder — da combinação das estruturas vistas até aqui. Observe que a variável ***registro***, no final da listagem, aponta para uma lista, que contém um dicionário, que possui um atributo também do tipo lista. Foi proposital esse nível de detalhe para que você perceba como essas estruturas podem ser combinadas.

2. Crie um programa que controlará a fila de atendimentos em uma recepção. O usuário deverá escolher entre:

- Consultar a fila atual: Mostra quem está na fila no momento, por ordem de chegada.
- Incluir alguém na fila: Coloca o nome e RG de um cliente na fila.
- Atender ao próximo cliente: Quando selecionada esta opção, o primeiro cliente da fila será retirado desta e será mostrada a mensagem "Atendendo ao cliente ***nome do cliente*** — RG: ***RG do cliente***". Se a fila estiver vazia, exibir "Nenhum cliente a atender".

Solução:

```
fila = []
quantidade_clientes = 0
while True:
    opcao = ''
    print('\n' * 100)              # Limpa a tela
    print('Menu do Sistema:')
    print('1. Incluir cliente na fila')
    print('2. Listar pessoas na fila')
    print('3. Atender o próximo cliente')
    print('4. Sair do programa')
    opcao = int(input('Sua escolha -> '))
    if opcao == 1:
        quantidade_clientes = quantidade_clientes + 1
        print('\n' * 100)          # Limpa a tela
        nome = input('Digite o nome do cliente: ')
        rg = input('Digite o RG do cliente: ')
        cliente = {
            'nome': nome,
            'rg': rg
        }
        fila.append(cliente)
    elif opcao == 2:
        if len(fila) >0 :
            print('\n' * 100)          # Limpa a tela
            for indice in range(0, len(fila)):
                print(f'{indice + 1} - {fila[indice]['rg']} - {fila[indice]['nome']}')
            input('Tecle <enter> para retornar ao menu...')
        else:
            print('Fila vazia !')
            input('Tecle <enter> para retornar ao menu...')
    elif opcao == 3:
        if len(fila) >0 :
            print('\n' * 100)          # Limpa a tela
            cliente = fila.pop(0)
            print(f'Atendendo o cliente: {cliente['nome']} - RG: {cliente['rg']}')
            print(f'Restam {len(fila)} clientes na fila.')
            input('Tecle <enter> para retornar ao menu...')
        else:
            print('Fila vazia !')
            input('Tecle <enter> para retornar ao menu...')
    elif opcao == 4:
        break
print('Programa finalizado pelo usuario.')
```

Comentário: Esta questão serve mais para exercitar o seu cérebro acerca de alguns conceitos vistos neste capítulo, como, por exemplo, armazenar dicionários em listas; além de mostrar como usar uma lista como uma fila, o que pode lhe ser útil em muitos momentos no dia a dia como programador. Observe, no código, o artifício de imprimir 100 linhas em branco, usando print('\n' * 100), quando for necessário limpar a tela.

Finalmente, a diferença entre uma pilha e uma fila é que a primeira é *First-In-Last-Out* ("o primeiro que entra é o último que sai") e a segunda, *First-In-First-Out* ("o primeiro que entra é o primeiro que sai"). Ou seja, elas diferem na ordem em que os elementos são inseridos/removidos da estrutura subjacente, que, no nosso caso, é uma lista.

Exercícios propostos

1. Crie um programa para gerenciar uma pilha de processos em Python. Cada processo possui um identificador (número) e uma descrição (string). Você deverá pedir ao usuário para escolher se deseja encerrar, incluir ou retirar um processo da pilha. Se a operação for uma inclusão, colocar o processo na pilha e imprimir o novo estado dessa; se for uma exclusão, caso a pilha não esteja vazia, imprimir "removido o processo #*identificador* — *descrição* da pilha" e mostrar o conteúdo atual dela; se a pilha estiver vazia, mostrar "pilha vazia". Se o usuário escolher encerrar, esvazie a pilha (caso ainda existam elementos nela) e encerre o programa.

2. Uma pista de Kart permite 10 voltas para cada um de 6 corredores. Escreva um programa que leia todos os tempos em segundos e os guarde em um dicionário, em que a chave é o nome do corredor. Ao final, diga de quem foi a melhor volta da prova, em que volta e mostre o nome e os tempos do campeão, que é o que tem a menor média de tempos.

3. O "Crivo de Eratóstenes" é um dos mais antigos métodos para encontrar números primos. Basicamente, ele consiste em:

    1. Receber o valor limite, ou seja, o número até o qual você deseja encontrar todos os primos menores que ele.
    2. Calcular sua raiz quadrada; se não for exata, arredonda-se para baixo.
    3. Criar uma lista de booleanos, com índices variando de 2 até o valor limite e inicializá-los com True.

4. Fazer um loop com uma variável de controle, digamos i, variando de 2 até a raiz quadrada do valor limite, em que, a cada iteração, se o elemento de índice i for True:

   4.1. Faça um loop interno com variável de controle j, de i+1 até o valor limite e, a cada iteração, marque o elemento de índice j na lista do item 3 como False.

Ao final da execução, todos os números marcados como True são primos.

Implemente o crivo na forma de um programa em Python, que perguntará ao usuário qual o valor limite e imprimirá todos os primos entre 2 (inclusive) e o limite.

TIPOS TEMPORAIS

8

LIDAR COM INFORMAÇÕES temporais (datas, horas, intervalos temporais etc.) é uma necessidade constante de todo programador. Apesar de, em um primeiro momento, esse assunto parecer banal, há complexidades mais que suficientes em sua implementação para justificar que a maioria das linguagens de programação possua um **tipo de dados** específico para datas e horas. Python não é exceção a essa regra. Neste curto capítulo mostrarei alguns dos recursos da biblioteca padrão para lidar com esses tipos.

O módulo datetime

Este módulo agrupa os tipos da linguagem que trabalham sobre informações temporais, portanto, você precisa importá-lo primeiro para poder usar tais tipos. É comum encontrar em programas que trabalham com tempo:

```
import datetime
```

Essa chamada importa o código do módulo datetime, que fornece as classes/funções que você verá ao longo deste capítulo.

AVISO

Alguns leitores podem achar estranho o fato dessa discussão não ter sido realizada no Capítulo 2, no qual foram apresentados os demais tipos de dados.

Achei melhor colocá-la em um capítulo à parte, pois você ainda não tinha sido apresentado aos conceitos de módulos e importação naquele capítulo. **Inicializando uma variável com a data atual**

Provavelmente, a operação mais comum com as funções do módulo datetime é inicializar uma variável com a data corrente. Para tal, simplesmente declare:

> ***nome da variável*** = datetime.date.today()

Por exemplo:

```
hoje = datetime.date.today()
```

Se você executar, no shell, a atribuição anterior e examinar o conteúdo da variável hoje, verá um resultado similar ao da Figura 8.1.

```
>>> import datetime
>>> hoje = datetime.date.today()
>>> hoje
datetime.date(2019, 10, 31)
>>>
```

FIGURA 8.1: Atribuindo a data atual a uma variável

O formato desse conteúdo é diferente daqueles aos quais você está acostumado até aqui. Isso se deve à maneira como a data é representada internamente pela linguagem: o *método* today() é fornecido pela *classe* date, que, por sua vez, está contida no **módulo** datetime, como mostrado na Figura 8.2.

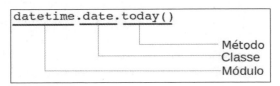

FIGURA 8.2: Organização dos tipos temporais

Logo, você também pode importar o conteúdo do módulo inteiro, usando o nosso "velho conhecido" import genérico:

```
import datetime
```

Formatando a data atual

O formato de data mostrado na Figura 8.1 pode ser útil para você, programador, conferir rapidamente uma informação enquanto cria algum código, mas, para os "seres humanos comuns", que não entendem "informatiquês", é bem mais interessante visualizar a data em um formato como 12/05/2019, por exemplo. Para tal, o módulo datetime fornece-nos o método strftime da classe time. Observe o código da Listagem 8.1.

```
import datetime
hoje = datetime.date.today()
print('Hoje é dia: ', hoje)
print('Hum... que data estranha. Vamos melhorar sua apresentação!')
print('Hoje é dia: ', hoje.strftime('%d/%m/%Y'))
```

LISTAGEM 8.1: Formatando uma data (formatar_data.py)

A única novidade no código é o uso do método strftime() da classe **date**. Esse método recebe como parâmetro uma ***string de formatação*** e aplica-a à data na qual ele foi chamado. Essa string de formatação pode conter qualquer sequência de caracteres, no entanto, alguns códigos especiais são reservados para representar os componentes da data:

- %d: Retorna o dia do mês, que pode variar de 1 até o último dia do mês da data representada (31 para janeiro, 28 ou 29 para fevereiro etc.), com zeros à esquerda dos dias menores que 10.
- %-d: Retorna o dia, de 1 a 31, sem zeros à esquerda dos dias menores que 10.
- %m: Retorna o mês, de 1 a 12, com zeros à esquerda para os meses menores que 10.
- %-m: Retorna o mês, de 1 a 12, sem zeros à esquerda.
- %y: Retorna o ano com 2 dígitos, com um zero à esquerda para os anos menores que 10.
- %Y: Retorna o ano com 4 dígitos.
- %a: Dia da semana abreviado.
- %A: Dia da semana.
- %b: Mês abreviado.
- %B: Nome completo do mês.

A Tabela 8.1 mostra o resultado de todos esses códigos para a data 12/06/2009.

TABELA 8.1: Exemplos de códigos de formatação para datas

Data: 09/06/2009	
Código	**Resultado**
%d	09
%-d	9
%m	06
%-m	6
%y	09
%-y	9
%Y	2009
%a	Tue
%A	Tuesday
%b	Jun
%B	June

DICA

Há vários outros códigos de formatação para data e hora. Listei até aqui aqueles que acredito serem os mais utilizados. Se você quiser verificar **todos** os códigos disponíveis, pode consultar a documentação do Python ou, alternativamente, acessar o endereço http://strftime.org/. Lá você encontrará de forma organizada (em inglês), todos os códigos de formatação de data e hora utilizados na linguagem.

A tupla time

A representação para horas mais utilizada em linguagens de programação é um número de ponto flutuante (ou um *float*, se preferir) que representa o número de segundos decorridos desde um instante base. Para Python, esse instante é 01/01/1970, 12:00am. Trabalhar com horas nesse formato seria um pesadelo, por isso a linguagem nos fornece uma simplificação muito bem-vinda: a tupla ***time***.

As funções/métodos do Python que manipulam horas trabalham com uma tupla padrão, denominada time. Ela permite converter informações temporais para diversos formatos úteis, bem como realizar operações entre elas. Por exemplo, para visualizar a quantidade de segundos decorridos desde a data base, 01/01/1970, digite no shell:

```
import time
time.time()
```

A Figura 8.3 mostra o resultado desses comandos no shell no momento em que eu escrevia este texto.

```
>>> import time
>>> time.time()
1572532153.2784448
>>>
```

FIGURA 8.3: Segundos desde a data base

Para visualizar todos os atributos da tupla time, digite:

```
time.localtime(time.time())
```

O resultado será semelhante ao da Figura 8.4.

```
>>> time.localtime(time.time())
time.struct_time(tm_year=2019, tm_mon=10, tm_mday=31, tm_hour=11, tm_min=31, tm_sec=47, tm_wday=3, tm_yday=304, tm_isdst=0)
```

FIGURA 8.4: Atributos da tupla time

Os atributos mostrados permitem identificar os componentes da data:

`time.time()` retorna a data e hora atual, com precisão até os segundos.

`time.localtime(data_hora)` converte o parâmetro **data_hora** em uma tupla time contendo os elementos da data/hora atual. Na Figura 8.4 é possível identificar:

- **tm_year**: Ano, com quatro dígitos.
- **tm_mon**: Mês.
- **tm_mday**: Dia do mês.
- **tm_hour**: Horas.
- **tm_min**: Minutos.

- **tm_sec**: Segundos.
- **tm_wday:** Dia da semana (0 = segunda, 1 = terça etc.).
- **tm_yday**: Dia do ano.
- **tm_isdst**: *Flag*[1] de horário de verão (0 = sem horário de verão; 1 = com horário de verão; -1 = O módulo determina se o horário de verão está ativo ou não).

Cada um desses atributos pode ser acessado a partir de uma variável do tipo time, com a sintaxe:

```
variável.atributo_sem_tm
```

Ou seja: o nome da variável, seguido de um ponto, seguido do nome do atributo sem a parte tm_. A Listagem 8.1, mais adiante, mostra exemplos de uso desses atributos.

Operações com tipos temporais

Até aqui, estou trabalhando apenas com a data/hora atual, conforme recebida da classe time. No dia a dia, você precisará, muitas vezes, inicializar variáveis com diferentes datas, passadas (como uma data de compra) e futuras (como um vencimento) e realizar cálculos sobre essas informações (quantos dias se passaram entre duas datas para calcular a multa por atraso ou desconto por antecipação em um pagamento, por exemplo).

Inicializando uma variável com um valor do tipo datetime

A primeira coisa que você precisa saber sobre tipos que representam datas é como inicializar uma variável com um desses tipos. Para isso, você precisa chamar o ***método construtor da classe datetime***. Por enquanto, pense apenas nele como uma função que cria um novo valor do tipo datetime.[2] Os objetos datetime armazenam data e hora em uma mesma estrutura. Para inicializar uma variável com uma data e hora, use:

```
variável = datetime.datetime(ano, mês, dia, hora, minuto, segundo,
microssegundo, timezone, fold)
```

Nesse caso, **variável** é o identificador da variável que conterá a nova data, e os parâmetros **ano**, **mês**, **dia**, **hora**, **minuto**, **segundo**, **microssegundo** são as informações usadas para criar a data; **timezone** especifica o fuso horário e, finalmente, **fold** serve para definir como o valor se comportará com relação ao horário de verão: se contiver 0, no momento do início da vigência do novo horário, considera-se que o relógio marca o instante anterior à mudança de horário; se contiver 1, assume-se o instante posterior.

Apenas os três primeiros parâmetros (dia, mês e ano) são obrigatórios. Na prática, na grande maioria das aplicações que faz uso de datas, você trabalhará apenas com os três ou os seis primeiros parâmetros, dependendo da necessidade de armazenar apenas a data ou a data e a hora de um evento.

---

[1] Em programação, uma *flag* é uma variável que sinaliza o estado de algo.

[2] Essa definição não está **rigorosamente** completa, mas aceite-a, por enquanto. No Capítulo 11, Programação Orientada a Objetos em Python, isso ficará mais claro.

Por exemplo, para inicializar uma variável com a data 01/05/2019, basta atribuir:

```
uma_data = datetime.datetime(2019, 5, 1) # Inicializando uma_data com
                                          # 01/05/2019
```

Se inspecionar o valor de uma_data no shell, encontrará:

```
datetime.date(2019, 5, 1, 0, 0)
```

Observe que o instante representado contém apenas as informações do dia, mês e ano; como nada mais foi informado, assume-se zero para tais valores.

Representando horas com time

Algumas aplicações precisam representar informações apenas de horas, minutos, segundos etc., sem o dia, mês e ano, como, por exemplo, em um sistema de controle de ponto eletrônico, em que o horário padrão que o funcionário deve seguir costuma ser estabelecido apenas com horários de entrada e saída para cada dia da semana. Para esse tipo de necessidade, existe a classe *time*. Ela é bastante semelhante à datetime, mas não armazena a parte referente à data. Os argumentos esperados pelo seu construtor são:

```
datetime.time(hora, minuto, segundo, microssegundo, timezone, fold)
```

com a mesma semântica daqueles da classe datetime, vista anteriormente. Por exemplo, para criar uma variável que aponta para o instante 10:31:32 h.

```
hora = datetime.time(10, 31, 32)
```

Calculando diferenças entre datas e horas

Quando precisar calcular a diferença entre dois momentos em Python (e acredite: você **precisará** de vez em quando), você obterá como resultado outro tipo de objeto, o *timedelta*, do pacote *datetime*. Ele representa a diferença entre duas datas ou horas. Você também pode criar um objeto dessa classe, por meio do seu construtor:

```
delta = datetime.timedelta(days, seconds, microseconds,
milliseconds, minutes, hours, weeks)
```

Nesse caso, os parâmetros significam:

- **days**: Dias.
- **seconds**: Segundos.
- **microseconds**: Microssegundos.
- **milliseconds**: Milissegundos.
- **minutes**: Minutos.
- **hours**: Horas.
- **weeks**: Semanas.

Todos os parâmetros são *opcionais* e, se não forem informados, assumem o valor 0 (zero).

Pense em um timedelta como uma diferença entre dois instantes, e em cada instante isoladamente como um datetime.

Sempre que você precisar subtrair duas datas, represente-as com objetos do tipo **datetime.datetime** e subtraia-os como se fossem inteiros ou *floats*, por exemplo, com os quais você já está acostumado(a). O resultado da operação será do tipo **datetime.timedelta**. Não é permitido somar duas datas. A Listagem 8.2 mostra alguns exemplos de manipulação de dados temporais.

```
import datetime

print('Usando informaçoes temporais...')
dias = ['segunda', 'terça', 'quarta', 'quinta', 'sexta', 'sabado',
'domingo']
agora=datetime.datetime.now()
print(f'Agora são {agora}')
print('Extraindo os componentes do momento atual:')
print(f'Dia: {agora.day}')
print(f'Mes: {agora.month}')
print(f'Ano: {agora.year}')
print(f'Horas: {agora.hour} h')
print(f'Minutos: {agora.minute} min')
print(f'Segundos: {agora.second} s')
dia_semana = datetime.date.weekday(agora)
print(f'Hoje e dia {dias[dia_semana]}, o dia de numero {dia_semana
+ 2} da semana.')
t1 = datetime.datetime(2019, 5, 6)      # t1 = 06/05/2019
t2 = datetime.datetime(2019, 5, 13)     # t2 = 13/05/2019
print(f'A diferença entre {t2} e {t1} é {t2 - t1}')
print('Se você tentar somar duas variáveis datetime, obterá um
erro:')
print(t2 + t1)
```

LISTAGEM 8.2: Trabalhando com dados temporais (dados_temporais.py)

Essa listagem ilustra vários conceitos úteis na manipulação de informações temporais.

Primeiro, você pode obter o instante atual e armazená-lo em uma variável, conforme demonstrado na linha:

```
agora=datetime.datetime.now()
```

que é impressa logo a seguir.

Observe, ao executar o código, que o resultado não vem em um formato muito "amigável" para usuários finais:

```
Agora são 2019-05-14 09:50:39.154133
```

Então, demonstro como acessar cada atributo da tupla time separadamente:

```
print(f'Dia: {agora.day}')
print(f'Mes: {agora.month}')
print(f'Ano: {agora.year}')
print(f'Horas: {agora.hour} h')
print(f'Minutos: {agora.minute} min')
print(f'Segundos: {agora.second} s')
```

Logo em seguida, mostro como obter o dia da semana correspondente a uma data/hora:

```
dia_semana = datetime.date.weekday(agora)
```

AVISO

O método weekday considera como primeiro dia da semana a segunda-feira, e lhe atribui o índice 0 (zero); então, para obtermos a ordem do dia atual, da maneira que consideramos no Brasil (a semana começa no domingo), é preciso somar dois ao resultado do método, fazendo com que a segunda seja considerada o segundo dia da semana; a terça, o terceiro; e assim por diante.

Mais adiante, inicializo duas variáveis, t1 e t2, com datas e mostro como calcular a diferença entre elas.

Finalmente, provoco um erro (proposital) ao tentar somar duas datas.

```
print(t2 + t1)
```

AVISO

Se você está pensando: "Como assim, não posso somar duas datas? E se eu quiser calcular o vencimento de um título futuro, por exemplo?"
De fato, uma necessidade desse tipo não precisa da **soma de duas datas;** e sim, **da soma de um intervalo de tempo a uma data**. Para isso existe a classe timedelta, do pacote datetime.

O resultado da execução desse código é mostrado na Figura 8.5

```
Usando informaçoes temporais...
Agora são 2019-10-31 11:38:52.325992
Extraindo os componentes do momento atual:
Dia: 31
Mes: 10
Ano: 2019
Horas: 11 h
Minutos: 38 min
Segundos: 52 s
Hoje e dia quinta, o dia de numero 5 da semana.
A diferença entre 2019-05-13 00:00:00 e 2019-05-06 00:00:00 é 7 days, 0:00:00
Se você tentar somar duas variáveis datetime, obterá um erro:
Traceback (most recent call last):
  File "/home/francisco/Dropbox/Alta Books/PythonWeb/código/cap08/dados_temporais.py", line 20, in <module>
    print(t2 + t1)
TypeError: unsupported operand type(s) for +: 'datetime.datetime' and 'datetime.datetime'
>>>
```

FIGURA 8.5: Diversas operações com dados temporais

Usando objetos Timedelta

Pense em um *timedelta* como uma diferença entre dois instantes, e em cada instante isoladamente como um datetime. Com ele, você pode calcular deslocamentos para frente e para trás no tempo. Essa classe possui os mesmos atributos de time, ou seja, você também poderá criá-la passando como parâmetros day, month, year, hour, minute etc.

A primeira coisa a fazer para usar um timedelta é importá-lo:

```
from datetime import timedelta
```

Em seguida, crie o intervalo desejado:

```
d = timedelta(days=365, hours=8, minutes=15)
agora=datetime.datetime.now()
```

E realize as operações normalmente, usando o objeto timedelta:

```
print(f'Em 365 dias, 8 horas e 15 minutos, sera {agora + d}')
```

Teste essas operações no shell. Você deverá visualizar algo parecido com:

Em 365 dias, 8 horas e 15 minutos, sera 2020-05-13 18:25:01.807771

Um objeto timedelta possui os seguintes atributos: *days* (dias), *seconds*(segundos) e *microseconds* (microssegundos).

DICA

Quando você executa uma diferença entre duas datas, o resultado é do tipo timedelta, logo, você pode examinar seus atributos para verificar quantos dias, segundos e microssegundos se passaram entre as datas. Para obter horas e minutos, basta calcular:
1 h = 60 min = 3.600 s = 3.600.000 ms = 3.600.000.000 μs

Convertendo strings em datas

Na maioria das vezes em que o usuário fornece uma data a um programa, ela é lida como uma string. Para manipulá-la com os recursos vistos ao longo deste capítulo, é preciso convertê-la para datetime. Felizmente, o módulo datetime disponibiliza o método strptime(), que facilita essa tarefa. Ela recebe dois argumentos: uma string contendo data e horae e uma segunda string especificando um código de formatação. Alguns programadores gostam de inicializar suas variáveis de datas usando esse método. A Listagem 8.2 mostra um exemplo do seu uso.

```
from datetime import datetime

data_string = input('Entre com uma data, no formato mm/dd/yyyy: ')
print('Voce forneceu: ', data_string)

uma_data = datetime.strptime(data_string, '%d/%m/%Y')
```

```
print('Apos a conversao, a data fornecida contem:')
print(f'Dia: {uma_data.day}')
print(f'Mes: {uma_data.month}')
print(f'Ano: {uma_data.year}')
```

LISTAGEM 8.2: Convertendo string em data(conversao_str_data.py)

A Figura 8.6 mostra o resultado da execução desse código.

```
Entre com uma data, no formato mm/dd/yyyy: 04/10/1976
Voce forneceu:  04/10/1976
Apos a conversao, a data fornecida contem:
Dia: 4
Mes: 10
Ano: 1976
>>>
```

FIGURA 8.6: Recebendo uma string via teclado e convertendo-a em datetime

Exercícios resolvidos

1. Faça um programa que pede ao usuário sua data de nascimento e exibe quantos dias ele já viveu até hoje.

    Solução:

    ```
    from datetime import datetime

    str_nascimento = input('Digite sua data de nascimento no formato
    dd/mm/yyyy: ')
    data_nasc = datetime.strptime(str_nascimento, '%d/%m/%Y')
    idade = datetime.now() - data_nasc
    print(f'Você viveu {idade.days} dias ate hoje.')
    ```

Exercícios propostos

1. Faça um programa que solicita ao usuário sua data de nascimento e, em seguida, em um loop, pede as datas de admissão e demissão de todos os empregos ocupados por ele. Em seguida, calcula quantos dias o usuário já trabalhou desde o início da sua carreira.
2. Considere que um homem possa se aposentar aos 65 anos de idade e 35 de contribuição à previdência, e uma mulher, 62/30. Elabore um programa que solicite os dados do gênero do(a) usuário(a), sua data de nascimento, as datas de início e fim de cada emprego ocupado, e informe quanto tempo falta para essa pessoa se aposentar.

FUNÇÕES PERSONALIZADAS

ATÉ O CAPÍTULO ANTERIOR, você trabalhou com funções da biblioteca padrão do Python. Porém, toda linguagem de programação precisa de *mecanismos de extensão*, ou seja, maneiras de permitir ao programador implementar comportamentos que não foram previstos pelos projetistas da linguagem. O primeiro desses mecanismos, que explicarei neste capítulo, é a criação de funções personalizadas. Com elas podemos ampliar as capacidades da linguagem, criando programas muito mais poderosos.

Funções também servem a outro importante propósito: *modularizar* seu código. Em outras palavras, elas permitem dividir seu código em trechos de programa menores, que podem ser reaproveitados.

Declarando funções

Pense em uma função como um trecho de código que possui um nome e pode ser executado separadamente do resto do seu programa, devolvendo, opcionalmente, um valor ao final de sua execução. As funções em Python:

- São declaradas por meio da palavra reservada *def*. Ela inicia a função, declarando seu *identificador* (nome), seguido pelos seus *argumentos* ou *parâmetros*, entre parênteses.

É costume referir-se ao identificador e parâmetros de uma função como sua *assinatura*.

- Podem retornar um valor para o trecho de código que as chamou. Isso é feito com a instrução *return*.
- Possuem código em seu corpo.
- Geralmente, possuem documentação — uma prática bastante recomendada em qualquer linguagem de programação é *documentar* seu código — ou seja,

incluir comentários que sirvam para deixar claras suas intenções quando criou aquele trecho de programa. Isso é útil para você e para qualquer um que tenha que fazer manutenção em seus códigos no futuro. Um dos recursos para tal já foi apresentado no Capítulo 1, as linhas de comentário, iniciadas por #. O outro, são comentários conhecidos como **docstrings**, que nada mais são do que comentários colocados entre três caracteres de aspas duplas de cada lado.

DICA

Em alguns livros, você poderá encontrar os termos "procedimento", "sub-rotina" e "método" para referir-se às funções.
Procedimento ou **procedure** é mais utilizado para se referir a funções que não retornam valores.
Método é um termo usado em orientação a objetos. Grosso modo, pode-se dizer que, quando uma função é definida dentro de uma classe em Python, ela é chamada de "método".
Sub-rotina é um termo que está caindo em desuso — trata-se de uma denominação genérica para procedimentos ou funções.

Valores default de parâmetros

Algumas vezes, você desejará fornecer um valor padrão ("default") para algum parâmetro, de modo que, se ele não for fornecido, o programa assume esse valor. Por exemplo, suponha que você tenha, em um trecho de código, uma função para cálculo de juros simples como a da Listagem 9.1.

```
def calcula_juros(principal, meses, taxa):
    """ Cálculo de juros simples """
    resultado = (principal * taxa * meses) / 100.0
    return resultado

print('Calculando os juros de R$ 100,00 a 5% por 3 meses:')
print(f'R$ {calcula_juros(100.0,5,3)}')
```

LISTAGEM 9.1: Cálculo de juros simples (juros_simples.py)

Agora, imagine que você esqueça de passar a taxa para calcula_juros e faça a chamada apenas como:

```
print(f'R$ {calcula_juros(100.0,3)}')
```

Será mostrado um erro:

```
TypeError: calcula_juros() missing 1 required positional argument: 'taxa'
```

Não há nada de excepcional aqui: a função esperava três parâmetros e recebeu apenas dois. No entanto, erros como esse podem ser evitados com o uso de **valores default** — simplesmente declare valores padrão para quaisquer parâmetros e o interpretador assumirá esses valores, se nada for fornecido. No exemplo dos juros simples, poderia ficar preestabelecida a taxa de 0,5% ao mês, se nenhuma outra for fornecida. Para isso, basta modificar a assinatura da função para:

```
def calcula_juros(principal, meses, taxa=0.5):
```

Se você chamar a função sem a taxa agora, o programa executará normalmente. A Figura 9.1 mostra o resultado da execução de calcula_juros(500,3).

```
>>> calcula_juros(500,3)
7.5
>>>
```

FIGURA 9.1: Resultado da execução de função com valor default

Chamando funções

Para executar uma função, basta fornecer o seu nome, seguido de parênteses e, caso existam parâmetros a serem passados, devem vir entre esses parênteses.

A ordem dos parâmetros deve, **por convenção**, ser a mesma em que eles foram declarados. Se você não quiser seguir essa ordem, deverá fornecer também o nome dos parâmetros.

Para facilitar seu entendimento, na Listagem 9.2, há um programa que soluciona equações do 2º grau, usando a Fórmula de Bhaskara por meio de funções.

```
""" Importação do módulo matemático e leitura das variáveis de
entrada do problema"""
import math
a = int(input('Digite o coeficiente a:'))
b = int(input('Digite o coeficiente b:'))
c = int(input('Digite o coeficiente c:'))

def delta(a, b, c):
""" Funçao que calcula o valor do discriminante (delta) """
    resultado = b ** 2 -4 * a * c
    return resultado

def raiz1(a, b, c):
""" Funçao que calcula o valor da primeira raiz da equaçao (x') """
    resultado = (-b +
        math.sqrt(delta(a, b, c))) / (2 * a)
    return resultado
```

```
def raiz2(a, b, c):
    """ Funçao que calcula o valor da primeira raiz da equaçao (x'')
    """
    resultado = (-b -
        math.sqrt(delta(a, b, c))) / (2 * a)
    return resultado

discriminante = delta(a, b, c)
if discriminante < 0.0:
    print('A equação não tem raízes reais!')
elif discriminante == 0.0:
    raiz = raiz1(a, b, c)
    print(f'A equação possui duas raízes idênticas, de valor {raiz}.')
else:
    raiz1 = raiz1(a, b, c)
    raiz2 = raiz2(a, b, c)
    print(f'A equação possui duas raízes reais, de valores {raiz1} e {raiz2}.')
```

LISTAGEM 9.2: Resolvendo equações do segundo grau pela fórmula de Bhaskara (bhaskara.py)

Observe que toda função tem um nome e uma lista de parâmetros e, como todas elas retornam valores, terminam sempre com uma instrução return.

Utilizei comentários na listagem para explicar os trechos relevantes.

DICA

Idealmente, toda função deve ter **apenas um ponto de entrada e um ponto de saída**. Ou seja, apesar de nada impedir que você construa uma função com código como este:
```
if (x == 1):
    return a
else:
    return b
```
é considerada uma **má prática** de programação, pois dificulta futuras manutenções.

Se for necessário, prefira definir uma variável contendo o resultado e retorne-a ao código chamador. O exemplo citado poderia ser reescrito assim:
```
if (x == 1):
    resultado = a
else:
    resultado = b
return resultado
```

> **AVISO**
>
> Dois erros comuns entre iniciantes são:
> (a) Esquecer a instrução return ao final da função. Se você fizer isso, o programa não mostrará uma mensagem de erro, mas, como sua função não devolve nada, será retornado um valor default, **None**, que significa exatamente a ausência de um valor. Se retirar, por exemplo, a instrução return da função `raiz1()`, a saída do programa será algo parecido com:
> A equação possui duas raízes reais, de valores None e -1.0.
> (b) Não colocar todos os parênteses necessários em um cálculo. Isso é mais comum do que parece. Por exemplo, você aprendeu na escola que a fórmula da equação de Bhaskara é:
>
> $$\frac{-b \pm \sqrt{\Delta}}{2a}$$
>
> porém, ao convertê-la em uma expressão da linguagem Python, você pode se descuidar da precedência e digitar math.sqrt(delta(a, b, c))) / **2 * a** em vez de math.sqrt(delta(a, b, c))) / **(2 * a)**, o que fará o valor 2a ser multiplicado pelo numerador no lugar do denominador da fração.

Perceba que não precisa informar os tipos de dados dos parâmetros das funções. O interpretador não verifica os tipos dos parâmetros. Esse comportamento pode parecer estranho se você vem de uma linguagem estaticamente tipada, porém faz todo o sentido nas linguagens que usam tipos dinâmicos.

Se quiser executar uma função com os parâmetros em uma ordem diferente daquela que foi declarada na assinatura da função, deverá especificar seus identificadores. Por exemplo, na Listagem 9.2, o cálculo do discriminante é realizado pela linha:

```
discriminante = delta(a, b, c)
```

Mas faria o mesmo efeito se os coeficientes fossem a1, a2 e a3:

```
discriminante = delta(b=a2, a=a1, c=a3)
```

Porém, devo aconselhá-lo(a) a não o fazer, esse tipo de mudança apenas causa confusão e dificulta manutenções futuras no código. Você pode, dependendo do seu estilo de codificação, fazer a chamada com os parâmetros na ordem esperada e explicitamente, se achar que tornará algum código mais claro para você ou seus colegas. Por exemplo, nada impede de realizar o cálculo do discriminante desta maneira:

```
discriminante = delta(a=a1, b=a2, c=a3)
```

Parâmetros com múltiplos valores

Eventualmente, você se deparará com a necessidade de passar uma lista de parâmetros para uma função. Por exemplo: seria possível definir uma função que reajustaria os salários de alguns funcionários de uma empresa. Em princípio, a função deveria receber o percentual de reajuste como argumento, mas... e se o objetivo não fosse reajustar os salários de **todos** os empregados? Você poderia conversar com o dono da firma e especificar critérios objetivos para esse reajuste (apenas os que tiveram notas acima de 6.0 na última avaliação, todos do departamento de TI etc.), porém, esse tipo de solução tende a ser problemática e precisa de constantes alterações.

A função pode se tornar mais genérica com o uso de **argumentos múltiplos**: simplesmente acrescente um * (asterisco) antes do parâmetro que conterá. Por exemplo, você poderia definir a assinatura dela como: reajustar_salarios(percentual, *matriculas_funcionarios). Isso fará o interpretador esperar, nas chamadas a `reajustar_salarios()`, um parâmetro **percentual** e uma lista de parâmetros separados por vírgula. Uma possível chamada seria:

```
reajustar_salarios(5.0, '1234-5', '4567-8','0001-7')
```

Os argumentos múltiplos, dessa forma, são passados em uma **tupla**. Para processá-los, sua função `reajustar_salarios()` poderia iterar sobre a tupla matriculas_funcionarios, desta forma:

```
def reajustar_salarios(percentual, *matriculas_funcionarios):
    for matricula in matriculas_funcionarios:
        # O código de atualizar_salario() foi omitido propositalmente
        atualizar_salario(matricula, percentual)
```

AVISO

Na verdade, você pode chamar uma função que aceita múltiplos argumentos passando **qualquer quantidade de parâmetros** no lugar do que for marcado com asterisco, inclusive nenhum parâmetro. Se a assinatura de sua função for, digamos:
funcao1(*parâmetros)
Todas estas formas de chamada são **sintaticamente** válidas:
funcao1('abc')
funcao1(1)
funcao1(1,2,3)
funcao1()
Ou seja, o interpretador as aceitará como chamadas válidas. Isso não significa, porém, a garantia de que o código executará sem erros. É **sua responsabilidade**, enquanto programador, tratar adequadamente os valores recebidos.

Funções Personalizadas 149

DICA

Há uma convenção entre programadores Python de nomear parâmetros múltiplos como ***args**. Não a utilizei na função `reajustar_salarios()` para deixar mais clara a intenção do parâmetro matriculas_funcionarios.

AVISO

Tome cuidado com um detalhe: como já lembrei outras vezes, **tudo em Python é um objeto** — uma consequência é que, se você passar uma lista como parâmetro para uma função, ele a reconhecerá como um parâmetro **único**. Para expandir os elementos da lista e tratar **cada elemento dela** como se fosse um parâmetro separado, use * antes do nome do argumento que receberá a lista.

Considere a função `sao_impares(valores)` na Listagem 9.3, que verifica se recebeu uma lista de números ímpares

```
impares = [1,3,5,7,9]

def sao_impares(lista):
    resultado = True
    for num in lista:
        if (num % 2) == 0:
            resultado = False
    return resultado

print(sao_impares(impares))
```

LISTAGEM 9.3: Testando valores em uma lista (testando_lista.py)

O parâmetro valores, na Listagem 9.3, recebe um objeto do tipo lista — passado como um argumento único. Se você precisasse, por algum motivo, passar a lista dos números, seu código ficaria como na Listagem 9.4.

```
def sao_impares(*lista):
    resultado = True
    for num in lista:
        if (num % 2) == 0:
            resultado = False
    return resultado

print(sao_impares(1, 3, 5, 7, 9))
```

LISTAGEM 9.4: Testando valores em uma lista expandida(testando_lista_expandida.py)

Na versão da Listagem 9.4, `sao_impares()` recebe os próprios valores — fornecidos como uma lista de parâmetros, separados por vírgulas. Os dois códigos fazem a mesma coisa, porém, o primeiro o faz recebendo **um só argumento**, um objeto do tipo **lista**, contendo os valores; o segundo recebe os próprios valores. Os dois tipos de implementação são úteis, dependendo do problema atacado. Você deve conhecer ambos para decidir quando tiver que implementar uma função que receberá um número de argumentos imprevisível.

Convertendo os parâmetros em um dicionário

Uma função também pode converter seus parâmetros em um *dicionário*, o que pode ser útil para explicitar a finalidade de cada argumento, afinal, os dicionários obrigam seus dados a serem *nomeados*. Para declarar, na assinatura de uma função, que um parâmetro será um *dicionário*, use ** antes do nome do parâmetro que conterá o dicionário. Por exemplo, você poderia ter em algum programa uma função altera_registro(), que receberia um dicionário com os dados de um cliente e alteraria seu registro em um banco de dados. A assinatura de tal função seria:

```
def altera_registro(**kwargs):
```

E, para ler os dados fornecidos em *kwargs*, dentro da função altera_registro(), você deveria usar:

```
nome = kwargs['nome']
codigo = kwargs['codigo']
```

Ao optar por receber os parâmetros da função dessa maneira, você deverá fornecê-los **OBRIGATORIAMENTE** como parâmetros nomeados quando chamar a função. Do contrário, o interpretador não conseguirá discernir como nomear os atributos do dicionário criado.

Outra opção seria passar os parâmetros em uma variável do tipo dicionário, precedida por **, como mostrado no próximo quadro "Aviso".

AVISO

Note que você deve fornecer em kwargs uma lista de parâmetros nomeados que serão convertidos em um dicionário e **NÃO** um dicionário propriamente dito, ou seja:
altera_registro(
   codigo = 1,
   nome = 'Francisco'
)
é um código válido, enquanto:
altera_registro({
   'codigo' : 1,
   'nome' : 'Francisco'
}
)
Provocaria um erro:
TypeError: altera_registro() takes 0 positional arguments but 1 was given
No entanto:
registro = {
   'codigo' : 1,

'nome' : 'Francisco'
}

altera_registro(**registro**)
É um código **perfeitamente válido**!

DICA

Se você achou estranho o nome ****kwargs**, saiba que se trata de mais uma convenção entre os programadores Python. **kwargs** é a contração de **keyword arguments** ("argumentos de palavra-chave").
Assim como no caso de *args, essa é uma **convenção** — se não segui-la, seu código não deixará de funcionar. Use o seu bom senso e examine em cada caso o que é mais importante: seguir a convenção ou colocar um nome mais fácil de identificar para um parâmetro. Só não retire os asteriscos — são **OBRIGATÓRIOS** para identificar parâmetros múltiplos ou dicionários de parâmetros.

Testando se um parâmetro foi fornecido

Como uma função pode receber uma lista de parâmetros, também pode acontecer do programador não passar um determinado parâmetro *obrigatório*. Testar se um parâmetro foi passado em uma função é muito simples: basta um if. Digamos que você precise verificar se um parâmetro chamado usuario foi recebido pela função. Simplesmente teste:

```
if usuario:
    # Código que será executado se o parâmetro 'usuario' for fornecido
```

Passagem de parâmetros por valor e por referência

Uma característica muito citada de qualquer linguagem de programação é a forma como ela passa parâmetros para suas sub-rotinas (sejam elas funções, métodos, procedimentos, ou qualquer nome que o projetista da linguagem decidir adotar). Geralmente, há duas possibilidades:

- *Passagem por valor*: Quando uma sub-rotina é chamada, ela recebe uma *cópia* dos dados passados como argumentos. Qualquer modificação neles será *local à sub-rotina*, ou seja: quando ela terminar sua execução, os parâmetros conterão os mesmos dados de antes da chamada ser realizada.
- *Passagem por referência*: A sub-rotina recebe o *endereço na memória* dos parâmetros passados e pode alterá-los livremente. Quando a sub-rotina terminar de executar, os parâmetros recebidos refletirão as alterações realizadas por ela.

A esse respeito, é preciso chamar atenção à maneira como Python trata a passagem de argumentos: quando você passa uma variável como parâmetro para uma função, está, de fato, passando o **endereço de memória** em que a informação apontada pela variável reside, ou seja, está fazendo uma **passagem por referência**. No entanto, dependendo do tipo do dado passado à função, o interpretador pode se comportar como em uma **passagem por valor**:

1. Quando você passa um **tipo imutável**, como uma tupla, string etc., o comportamento será de uma passagem **por valor**. Afinal, esse tipo de dado não pode realmente ser modificado, a não ser que você troque o objeto armazenado na variável, o que, na realidade, seria uma criação de outro valor **imutável**.
2. Por outro lado, quando o tipo do dado passado é **variável**, a passagem de argumentos se dará **por referência**. Observe o código na Listagem 9.5. Ele mostra as duas diferentes abordagens:

```
""" Comparação entre passagem de argumentos por referência e por
valor """
def quadrado_por_valor(x):
    """Eleva x ao quadrado, usando passagem por valor"""
    print(f'Recebido o valor {x}')
    x = x * x
    print(f'Devolvido o valor {x}')
    return x

def quadrado_por_ref(lista, x):
    """ Recebe uma lista e um valor x """
    """ Eleva x ao quadrado, e armazena-o na lista,
        usando passagem por referência"""
    print(f'Recebido o valor {x}')
    x = x * x
    lista.append(x)
    print(f'Devolvido o valor {x}')
    return

dummy = 4
print(f'dummy vale {dummy}')
print('Elevando dummy ao quadrado:')
print('por valor:')
print(quadrado_por_valor(dummy))
print(f'Apos a execucao de quadrado_por_valor(dummy), dummy agora
vale {dummy}')
print('por referência:')
l = []
print(quadrado_por_ref(l, dummy))
print(f'Apos a execucao de quadrado_por_ref(dummy), dummy agora
vale {l[0]}')
```

LISTAGEM 9.5: Comparando a passagem de argumentos por valor e por referência (passagem_por_ref_por_valor.py)

Quando chamei a função `quadrado_por_valor`, passando-lhe a variável dummy com valor 4, a função elevou dummy ao quadrado e devolveu o valor correto, 16. No entanto, como o parâmetro foi passado em um tipo *imutável*, ao final da chamada, o valor da variável dummy permanece o mesmo de antes da chamada à função, como pode ser visto na Figura 9.2.

```
dummy vale 4
Elevando dummy ao quadrado:
por valor:
Recebido o valor 4
Devolvido o valor 16
16
Apos a execuçao de quadrado_por_valor(dummy), dummy agora
vale 4
por referência:
Recebido o valor 4
Devolvido o valor 16
None
Apos a execuçao de quadrado_por_ref(dummy), dummy agora va
le 16
>>>
```

FIGURA 9.2: Comparação entre passagem de argumentos por valor e por referência

Logo em seguida, chamei a função `quadrado_por_ref()`, que armazena o resultado em uma lista, recebida como argumento. Após a execução da função, o valor de dummy é salvo na lista, o que faz com que ele continue existindo, mesmo após a chamada de `quadrado_por_ref()` terminar sua execução.

Neste momento, você pode estar pensando: "Ei, você trapaceou aqui! O que foi guardado não foi, realmente, o valor de dummy; e sim, a lista l!"

Sei que pode parecer estranho à primeira vista, mas é dessa forma que a linguagem funciona. O importante é: se precisar da semântica de passagem por referência para uma função, não esqueça de "encapsular" a informação em um tipo *variável*, ou irá perdê-la após a execução da função.

Retornando múltiplos valores

Por definição, uma função só retorna *um e não mais que um valor*, porém, há situações em que se faz necessário devolver mais de um como resultado de alguma operação. A solução usual, nesse caso, é "empacotar" o valor dentro de alguma coleção e retornar um objeto do tipo dessa coleção. Ao fazer isso, você retornará apenas um valor (a coleção), no entanto, como esse valor pode conter muitos outros, ele funciona como um "depósito" de dados. Por exemplo, suponha que, em um trecho de programa, você tenha lido o registro de um cliente de um banco de dados. Poderia retorná-lo como um dicionário ou outro tipo de coleção.

Funções recursivas x funções iterativas

Quando uma função executa repetidamente uma tarefa, ela pode fazê-la de duas formas:

1. Iterativamente: Um loop controla a quantidade de vezes que o código será repetido. Cada passada do loop é, por isso, denominada de *iteração*.
2. Recursivamente: Quando a função chama a si mesma, repetidamente, até que uma condição de parada seja atingida, retornando para a chamada anterior, e esta para a anterior a ela, até o programa inicial. Recursão é uma técnica bastante utilizada em computação e, quando bem implementada, permite simplificar a implementação de diversos algoritmos. Também é uma técnica um tanto quanto **perigosa** — se a *condição de parada* da recursão não for corretamente especificada, seu programa pode travar ou provocar outros efeitos colaterais indesejáveis.

Na Listagem 4-1, do Capítulo 4, mostrei uma versão **iterativa** de um programa para gerar os números da "Sequência de Fibonacci". Agora que você conhece funções e como chamá-las, apresentarei, na Listagem 9.6, uma versão recursiva do mesmo programa.

```
def fibonacci(n):
    """ Funçao recursiva para gerar os numeros da Sequencia de
Fibonacci"""
    if n <= 1:
        return n
    else:
        return(fibonacci(n-1) + fibonacci(n-2))

tamanho = int(input("Deseja gerar quantos termos da Sequencia de
Fibonacci? "))

if tamanho <= 0:
   print("Quantidade invalida")
else:
   print("Sequencia de Fibonacci:")
   for i in range(tamanho):
       print(fibonacci(i))
```

LISTAGEM 9.6: Sequência de Fibonacci — versão recursiva (fibonacci.py)

Experimente rodar o programa algumas vezes. Você perceberá que, quanto maior a quantidade de números da sequência a serem gerados, mais lentamente o programa executará. Esse é o custo de procedimentos recursivos — por chamarem a si mesmos repetidamente, alocam muita memória. Se testar a versão iterativa, mostrada no Capítulo 4, verá que ela não tem esse problema; no entanto, muitas vezes é mais complexo raciocinar de modo iterativo para problemas que são recursivos por natureza, como é o caso de calcular valores de uma sequência, dada uma regra de formação. Quando se deparar com um problema que pode ser resolvido por meio de iteração/recursão, avalie com cuidado ao decidir por uma implementação ou outra.

Anotações de tipo

Um recurso novo do Python 3, as **anotações de tipo**, **anotações de função**, **sugestões de tipo** ou **function annotations**, como você verá em alguns materiais, permitem adicionar metadados[1] às suas funções ou variáveis, que descrevem o tipo esperado para seu conteúdo, no caso das variáveis, ou o tipo esperado de retorno para funções. Seu uso melhora a documentação do código.

Como se trata de um recurso novo, ele é ainda pouco utilizado e, é preciso enfatizar, seu uso é **opcional**.

Anotações de função servem **apenas para documentação do código**. Eles informam a algum desenvolvedor que leia o código qual o tipo **esperado** para uma variável ou função. O interpretador **NÃO** verificará os tipos dos dados passados como parâmetro ou retornados pela função, porém, os tipos em questão *AINDA DEVEM SER EXPRESSÕES VÁLIDAS EM PYTHON* (lembre-se: Python é uma linguagem **dinamicamente tipada**, mas o uso de anotações de tipo dá a ela um "cheirinho" de linguagem estaticamente tipada).

Para anotar uma função use o formato:

```
identificador_da_função (parâmetro: tipo) -> tipo_de_retorno:
```

Já uma variável pode ser anotada assim:

```
identificador_da_variável: tipo_de_retorno = valor_inicial
```

As anotações podem indicar qualquer coisa.

Como exemplo, suponha que você queira documentar a função `fibonacci()`, da Listagem 9.6. Algumas possibilidades seriam:

```
def fibonacci(n: int)-> None:
def fibonacci(n: int)-> 'Sequência de Fibonacci de tamanho n':
def fibonacci(n: 'Tamanho da sequência')-> 'Sequência de Fibonacci de tamanho n':
```

Se você alterar a assinatura da função para usar quaisquer anotações, o comportamento do seu código será o mesmo.

A maioria dos iniciantes costuma questionar a utilidade desse recurso — se servem apenas para "decorar" o código, por que usá-las? A vantagem é que, se você documentar seu código com anotações, outro programador que tiver que fazer manu-

---

[1] **Metadados** são, de modo simples, dados que descrevem outros dados. Ou seja, eles não fazem realmente parte da informação. Apenas descrevem seu conteúdo. Por exemplo, o tipo de item que está armazenado em uma lista é um metadado, pois não descreve os itens em si, apenas qual o tipo esperado para eles.

tenção em algum programa que você escreveu poderá beneficiar-se da função `help()`. A partir desta seção, incluirei anotações em todos os códigos criados, para melhorar a documentação. Mais uma vez, citando o "Zen do Python": "explícito é melhor que implícito".

Por que usar anotações?

Uma diferença entre as linguagens estaticamente tipadas e Python é que, nas primeiras, você sempre sabe a qual **domínio** o valor de uma variável pertence: se for do tipo string, conterá apenas sequências de caracteres; se for inteira armazenará apenas números inteiros, e assim por diante. Em linguagens dinamicamente tipadas, o programador precisará inferir o tipo de uma variável ou retorno de uma função de acordo com o contexto do programa.

As anotações, então, funcionam como *hints* (dicas) para ajudar o programador a identificar o tipo esperado. Imagine, por exemplo, que você defina uma função `f(a, b, x)`, que recebe como parâmetros três números e retorna o valor de $(a+b) \cdot x$. Uma possível implementação é mostrada na Listagem 9.7.

```
""" Retorna o valor de f = (a + b) * x """

def f(a, b, x):
    return (a + b) * x
```

LISTAGEM 9.7: Exemplo de função matemática (funcao_exemplo.py)

Tudo está em ordem. Você pode até testar alguns valores com a função, como na Figura 9.3.

```
>>> f(2,3,4)
20
>>> f(5,2,7)
49
>>> f(1,2,3)
9
>>> f(3,2,1)
5
>>> f(3,2,0)
0
```

FIGURA 9.3: Chamando a função `f` com argumentos numéricos

Agora, experimente entrar no shell e digitar:

```
from funcao_exemplo import f
print(f('Testando', ' com string ', 5))
```

O resultado é mostrado na Figura 9.4.

Funções Personalizadas   157

```
>>> from funcao_exemplo import f
>>> print(f('Testando', 'com string', 5))
Testandocom stringTestandocom stringTestandocom stringTestandocom stringTestandocom string
>>>
```

FIGURA 9.4: Chamando a função f com argumentos do tipo string

O que você acha que aconteceu aqui? Essa saída "estranha" deve-se aos tipos dinâmicos da linguagem Python. Quando você passou números para a função f, o interpretador "entendeu" que você queria somar os valores dos parâmetros a e b e multiplicar o resultado pelo valor do parâmetro x, como, de fato, foi feito. Porém, quando chamou a função passando strings, o que o interpretador entendeu foi "concatene a string a com a string b e repita o resultado x vezes" (se não lembra dessas operações, releia no Capítulo 1, a dica que acompanha a seção "O caractere especial \" e o Capítulo 2, seção "Concatenação de strings").

Anotações podem ser usadas para informar os tipos pretendidos da operação. Você poderia declarar f como na Listagem 9.8, para usar apenas argumentos inteiros, ou como na Listagem 9.9, para receber argumentos do tipo string:

```
""" Retorna o valor de f = (a + b) * x """

def f(a: int, b:int, x:int)->int:
    return (a + b) * x
```

LISTAGEM 9.8: Função f, anotada para usar argumentos inteiros (funcao_f_inteiros.py)

```
""" Retorna x vezes a concatenação de a com b """

def f(a: str, b: str, x: int)->str:
    return (a + b) * x
```

LISTAGEM 9.9: Função f, anotada para usar argumentos do tipo string (funcao_f_strings.py)

Se você rodar as duas versões alternando parâmetros string e numéricos, verá que elas funcionam do mesmo modo, pois as anotações de tipo ***NÃO*** forçam o interpretador a checar tipos — apenas comunicam mais claramente a intenção do autor do código. Se trabalhar em uma equipe de desenvolvimento (e a ***grande maioria*** dos projetos importantes é desenvolvida em equipe), valorizará muito uma boa documentação no código. O resultado do uso de ambas é mostrado na Figura 9.5.

```
>>> from funcao_exemplo import f
>>> print(f(2, 3, 5))
25
>>> print(f('Testando', 'com string', 5))
Testandocom stringTestandocom stringTestandocom stringTestandocom stringTestandocom string
>>>
```

FIGURA 9.5: Chamando a função f com diferentes argumentos

Anotando coleções

Além dos tipos básicos, como string, int, boolean etc., você, com frequência, usará *coleções*. Para anotar uma coleção, use os tipos do módulo typing: List, Tuple, Dict e Set, entre outros. Para indicar o tipo dos elementos **contidos na coleção**, coloque-os entre colchetes. Por exemplo:

- List[str]: Lista contendo strings.
- Tuple[int]: Tupla de valores inteiros.
- Set[float]: Conjunto de *floats*.
- Dict[str, int]: Dicionário com chaves string e valores inteiros.

Lendo anotações com `help()`

Para ler a documentação de uma função, no shell do Python, digite:

```
help(nome_da_função)
```

Será exibida a assinatura da função, bem como quaisquer anotações que porventura tenham sido adicionadas a ela. Por exemplo, se adicionar as anotações mostradas na seção anterior, "Anotações de tipo", e visualizar a ajuda no shell, obterá a saída mostrada na Figura 9.6.

```
>>> help(fibonacci)
Help on function fibonacci in module __main__:

fibonacci(n:'Tamanho da sequência') -> 'Sequência de Fibonacci de tamanho n'
    Funçao recursiva para gerar os numeros da Sequencia de Fibonacci

>>>
```

FIGURA 9.6: Visualizando anotações de função com `help()`

Use funções para manter seu código modular

Uma das grandes vantagens em poder decompor um programa em módulos menores é facilitar a manutenção. Idealmente, cada função deve ter **uma e não mais que uma** finalidade (você encontrará essa afirmação em outros livros, às vezes, citando "preocupação" no lugar de "finalidade"). Essa é uma das características mais desejadas em um código bem escrito.

Nos exercícios resolvidos deste capítulo, mostrarei como criar uma agenda de contatos e, para isso, definirei várias funções que serão responsáveis pelo gerenciamento da agenda. Pense, por exemplo, na operação de incluir um novo contato. Para isso, o programa deve:

1. Receber os dados do novo contato.
2. Verificar se já existe um contato com o nome fornecido; se sim, atualizar o número de telefone; se não, cadastrar um novo.

Você poderia escrever um programa que fizesse tudo sem modularização — diz-se que tal código seria **monolítico**, porém, há muitas vantagens em dividir a tarefa em funções:

- Uma função poderia ler os dados do usuário a partir do teclado.
- Outra receberia o nome de um usuário e devolveria um booleano indicando se ele já foi cadastrado (True) ou não (False).
- Uma terceira função ficaria responsável por cadastrar o usuário na agenda.
- E ainda, mais uma função seria criada para atualizar os dados de um usuário existente.

Para um programador iniciante, isso pode parecer perda de tempo — para que criar tantas funções se posso resolver o problema em um só script, com um loop?

A resposta está naquela "palavrinha mágica": **modularidade**. Digamos que sua agenda armazene os dados dos usuários em uma lista de dicionários. No próximo capítulo, você aprenderá a manipular arquivos de texto. Mudando o armazenamento para um arquivo, seu programa se parecerá mais com uma agenda "de verdade" — afinal, se guardar as informações em listas, quando sair do programa, elas serão perdidas. É necessário guardá-las em um armazenamento permanente, como um arquivo em disco e, para tal, se modularizou corretamente seu código, bastará alterar a função que grava as informações. O restante do programa ficará do mesmo modo. Isso permite **reutilização** do seu código.

Além do mais, modularizar seus programas pode facilitar seu desenvolvimento ao dividir um problema grande em problemas menores, mais fáceis de resolver; a chamada estratégia "dividir para conquistar". O exemplo que citei no começo desta seção usa essa estratégia, dividindo o problema de cadastrar os contatos em problemas menores: ler os dados, verificar se um determinado usuário já foi cadastrado, gravar as informações em uma lista etc.

A modularidade é uma característica, às vezes, difícil de ser alcançada, mas vale a pena persegui-la.

AVISO

Você pode pensar agora que as listas não servem para nada, já que seu conteúdo se perde quando o programa é encerrado, porém, elas são como uma boa ferramenta: use o recurso certo para cada tarefa. Não se bate um prego com uma chave de fenda, nem rosqueia parafusos com um martelo.

As listas têm grande utilidade na manipulação de dados que estão na memória principal e esta é uma necessidade **bastante frequente** no trabalho de um desenvolvedor.

Empacotando código com módulos

Você aprendeu no Capítulo 5 que um módulo ou "biblioteca" é um conjunto de funções reutilizáveis. De fato, módulos também podem conter classes e seus métodos, e são a forma padronizada de agrupar código de comportamento semelhante para promover sua reutilização.

Para criar um módulo, basta escrever seu código em um arquivo com extensão .py. Esse arquivo já é um módulo. Simples assim.

Vamos criar um módulo chamado modulo_exemplo.py, com duas funções: `area_triangulo(base, altura)` e `area_circulo(raio)`. Crie um arquivo com o nome modulo_exemplo.py e digite nele o código da Listagem 9.10.

```
""" Exemplo de módulo personalizado """
import math

def area_triangulo(base: float, altura: float) -> float:
    """ Calcula a área de um triângulo, dados sua base e altura """
    resultado = (base * altura) / 2
    return resultado

def area_circulo(raio: float) -> float:
    """ Calcula a área de um círculo, dado seu raio """
    resultado = math.pi * (raio ** 2)
    return resultado
```

LISTAGEM 9.10: Criando um novo módulo (modulo_exemplo.py)

Entretanto, para *utilizar o código em um módulo*, precisará importá-lo. Aparentemente, não é grande coisa: você está cansado(a) de usar a instrução import com os módulos da biblioteca padrão. Há, porém, um detalhe: é preciso colocar seu módulo no lugar certo para que ele possa ser importado.

Agrupando módulos em pacotes

Quando um projeto é suficientemente grande para isso, faz sentido agrupar vários módulos em um *pacote*. Um pacote nada mais é que um conjunto de módulos salvos em uma mesma pasta. Para que o interpretador identifique aquela pasta como um pacote, crie um arquivo com o nome de _ _init_ _.py dentro dela (sem os espaços). O arquivo não precisa ter nenhum conteúdo — ele funciona como um "marcador" para "avisar" ao Python que a pasta deve ser tratada como um pacote e não como uma pasta comum.

AVISO

 Você pode colocar código de inicialização, que será executado sempre que seu pacote for carregado por algum **import**, porém, pense bem se vale o aumento de complexidade. Na maioria das vezes, classes e módulos bem organizados suprem a necessidade, sem código "oculto" em um arquivo __init__.py. Lembre-se: "Explícito é melhor que implícito." ("Zen do Python")

Como o Python encontra seus módulos

Para localizar o código que você importa, o interpretador procura no chamado "caminho de pesquisa" (*search path*). Parece mais complexo do que realmente é. São apenas três regras:

1. O primeiro lugar em que o módulo será procurado é na pasta em que o arquivo que o chamou está localizado. Por exemplo, se você tiver um programa chamado *my_program.py*, localizado na pasta */home/francisco/teste*, no Linux; ou *c:\Users\Francisco\teste*, no Windows (esses caminhos são hipotéticos, poderia ser em qualquer outro lugar) e, nesse programa, houvesse uma instrução:

    ```
    import my_module
    ```

    o interpretador procuraria primeiro na mesma pasta em que você salvou *my_program.py* por um arquivo chamado *my_module.py*.

2. Caso não encontre o arquivo, o próximo local a ser examinado será o caminho dos pacotes de terceiros do seu interpretador. Esse caminho aponta para uma pasta chamada "*Site-Packages*", cuja localização é diferente, de acordo com o sistema operacional utilizado. Para encontrá-la, abra o shell do Python e digite:

    ```
    import site
    site.getsitepackages()
    ```

    Na máquina que utilizo, os comandos citados produzem a saída mostrada na Figura 9.7.

```
>>> import site
>>> site.getsitepackages()
['/usr/local/lib/python3.6/dist-packages', '/usr/lib/python3/dist-packages', '/usr/lib/pytho
n3.6/dist-packages']
>>>
```

FIGURA 9.7: Identificando a localização da pasta site-packages

1. Se o arquivo não for encontrado em nenhum dos caminhos dos itens 1 e 2, ele será buscado no caminho da biblioteca padrão.

> **DICA**
>
>
> Não se preocupe em decorar os caminhos de busca por módulos do Python. Sempre que ficar em dúvida, abra o shell e digite:
> ```
> import sys
> print(sys.path)
> ```
> Ou, se preferir, para uma listagem mais organizada:
> ```
> import sys
> for path in sys.path:
>     print(path)
> ```
> Isso imprimirá as pastas nas quais o Python procurará por seus módulos.

> **AVISO**
>
>
> O caminho da biblioteca padrão contém arquivos gerenciados pela **comunidade de desenvolvedores** do Python. Esses arquivos não devem ser alterados — a não ser que você esteja contribuindo para a próxima versão da linguagem, por exemplo. Dessa forma, **NÃO** inclua arquivos ou altere os existentes nessa localização.

Continuando o exemplo da Listagem 9.10, crie um arquivo denominado testa_modulo.py com o conteúdo da Listagem 9.11 e salve-o *na mesma pasta que você salvou modulo_exemplo.py*.

```
import modulo_exemplo
""" Módulo contendo funções matemáticas para cálculo de áreas """

print(f'A área de um circulo de raio 2.0 é
        {modulo_exemplo.area_circulo(2.0):.2f}')
print(f'A área de um triangulo de base 5.0 e altura 2.0 é
        {modulo_exemplo.area_triangulo(5.0, 2.0):.2f}')
```
LISTAGEM 9.11: Usando código de um módulo personalizado (testa_modulo.py)

Ao executar esse código, você verá uma saída semelhante à da Figura 9.8.

```
A area de um circulo de raio 2.0 e 12.57
A area de um triangulo de base 5.0 e altura 2.0 e 5.00
>>>
```
FIGURA 9.8: Resultado da execução da Listagem 9.11

Adicionando um módulo à pasta site-packages

Como já alertado neste capítulo, você ***NÃO DEVE ALTERAR O CONTEÚDO*** dos arquivos da biblioteca padrão. Porém, se precisa compartilhar seus módulos entre aplicações, a pasta *site-packages* é o local indicado. Mas não basta simplesmente copiar os arquivos dos seus módulos para essa localização. Desde a versão 3.4, a linguagem disponibiliza um módulo, denominado **setuptools**, que facilita a adição de módulos à pasta *site-packages*.

Funções Personalizadas 163

Para adicionar um módulo que você criou à pasta site-packages:

1. Crie os ***descritores de distribuição***: Trata-se de dois arquivos, ***setup.py*** e ***readme.txt***, que devem ser colocados ***na mesma pasta que o seu módulo***. O setup.py descreve os metadados do seu módulo. O conteúdo do setup.py deve seguir o modelo da Listagem 9.12.

```
from setuptools import setup

setup(
    name = 'modulo_exemplo',
    version = '1.0',
    description = 'Calculo de areas simples',
    author = 'Testes de Codigo',
    author_email = 'teste@teste.com',
    url = 'altabooks.com.br',
    py_modules = ['modulo_exemplo'],
)
```

LISTAGEM 9.12: Arquivo de descrição de metadados (setup.py)

O arquivo simplesmente importa uma função, setup, e executa-a, passando alguns parâmetros. A maioria desses argumentos é autoexplicativa, porém, devo fazer algumas observações:

- O atributo ***name***, no início do arquivo, serve para identificar a distribuição que está sendo realizada. A praxe é nomeá-lo com o mesmo identificador do módulo que está sendo distribuído.
- O atributo ***py_modules*** contém uma lista strings correspondente aos nomes dos arquivos .py (sem a extensão, como pode ser notado no exemplo) que serão incluídos na distribuição. Na Listagem 9.12 há apenas um arquivo, ***modulo_exemplo***.

O outro arquivo, README.txt serve para incluir documentação extra acerca do módulo: descrição das funções, licença de uso ou qualquer outra informação que você deseje colocar. Para nossos propósitos atuais, deixe o arquivo em branco (mas não deixe de ***criar um arquivo*** README.txt, mesmo em branco).

AVISO

O nome do arquivo README.txt deve ser digitado ***exatamente como mostrado***, com o nome em maiúsculas e a extensão em minúsculas. Se você utilizar um sistema operacional baseado em Unix (por exemplo, Linux) e nomear o arquivo em minúsculas, ocorrerá um *warning* na execução do setup.py:

warning: sdist: standard file not found: should have one of README, README.rst, README.txt, README.md

2. Execute o arquivo setup.py na **LINHA DE COMANDO** do seu sistema operacional.

    - *Se utilizar Windows*, abra o *prompt* de comando, acesse a pasta que contém os arquivos setup.py, README.txt e modulo_exemplo.py e digite:

    ```
    py -3 setup.py sdist
    ```

    Esse comando executa o arquivo setup.py diretamente pela linha de comando (sem a necessidade de usar um IDE como o IDLE, por exemplo) e passa um parâmetro denominado *sdist* para o interpretador, que informa que deverá ser criado um *arquivo de distribuição*.

    - *Se utilizar Linux ou algum outro SO baseado em Unix*, abra um novo terminal, acesse a pasta que contém os arquivos setup.py, README.txt e modulo_exemplo.py e digite:

    ```
    python3 setup.py sdist
    ```

    Esse comando executa o arquivo setup.py diretamente pela linha de comando (sem a necessidade de usar um IDE como o IDLE, por exemplo) e passa um parâmetro denominado *sdist* para o interpretador, que informa que deverá ser criado um *arquivo de distribuição*.

    Surgirão várias mensagens na tela informando o andamento da operação e, ao final, será criada uma nova subpasta da atual, com o nome de *dist*. Nela, você encontrará um arquivo compactado, com extensão *.tar.gz* para o Linux (no caso presente, *modulo_exemplo-1.0.tar.gz*) ou .zip para o Windows (*modulo_exemplo-1.0.zip*) — esse é o seu *arquivo de distribuição*, que agora será instalado nos pacotes do sistema.

3. Instale o arquivo gerado no passo 2. Para isso, você precisará de uma ferramenta que vem com o Python desde a versão 3.4 — o **pip** (*Package Installer for Python*). Seu uso é bastante simples. Ainda no terminal do Linux, acesse a pasta *dist*, criada na etapa 2, e digite: sudo python3 -m pip install modulo_exemplo-1.0.tar.gz no *prompt* de comandos do Windows, acesse a pasta *dist*, criada na etapa 2, e digite: py -3 -m pip install modulo_exemplo-1.0.zip

    Se tudo correr como esperado, aparecerão várias mensagens avisando do andamento e, ao final, você verá "*Successfully installed* modulo-exemplo", como na Figura 9.9.

```
Unpacking ./modulo_exemplo-1.0.tar.gz
  Running setup.py (path:/tmp/pip-wnq2bes1-build/setup.py) egg_info for package from file:///home/
B3digo/cap09/dist/modulo_exemplo-1.0.tar.gz

Installing collected packages: modulo-exemplo
  Running setup.py install for modulo-exemplo
Successfully installed modulo-exemplo
Cleaning up...
```

FIGURA 9.9: Instalando seu módulo em site-packages

A partir de agora, você pode chamar as funções do módulo que criou a partir de qualquer local, como se fizessem parte da biblioteca padrão, conforme mostra a Figura 9.10.

```
>>> import modulo_exemplo
>>> print(modulo_exemplo.area_tria
7.5
>>> print(modulo_exemplo.area_circ
314.1592653589793
>>>
```

FIGURA 9.10: Chamando funções do módulo

Compartilhando código com terceiros

Uma vez que você tenha gerado um arquivo de distribuição, poderá compartilhá-lo com outros programadores Python. Basta que lhes envie o arquivo .zip ou .tar.gz e que eles o instalem por meio do pip, como você fez.

Entretanto, há um meio mais "formal" de fazê-lo: existe um repositório de código Python na internet, gerenciado centralmente, denominado *PyPI* (***Python Package Index***, mais conhecido como "Pai-pi-ai"). Seu endereço é ***https://pypi.python.org***. Lá você encontrará milhares de pacotes prontos para reutilização e poderá contribuir com seus códigos.

Escopo de variáveis

Em programação, o termo *escopo de uma variável* significa os lugares nos quais uma determinada variável pode ser utilizada no código. Diz-se que ela é ***visível dentro do escopo em que foi definida***.

Python suporta variáveis globais e locais. ***Variáveis globais***, como o nome indica, podem ser acessadas em qualquer lugar do programa, enquanto ***variáveis locais*** são visíveis apenas dentro do local em que foram definidas.

Variáveis locais a métodos/funções

Uma variável definida no corpo de um método/função é considerada local ao mesmo. Por exemplo, o código da Listagem 9.13 *NÃO* funcionará:

```
def func(a: int, b:int)->int:
    print(f'Foram recebidos os parâmetros a={a} e b={b}.')
    z = 5

func(1,2)
print(f'O valor de z é {z}')        # Erro aqui
```

LISTAGEM 9.13: Tentando acessar variável fora de escopo (escopo_com_erro.py)

Ao tentar executar o código da Listagem 9.13, você obterá o erro mostrado na Figura 9.11.

```
Foram recebidos os parâmetros a=1 e b=2.
Traceback (most recent call last):
  File "/home/francisco/████████████████/código/cap09/escopo_com_erro.py", line 6, in <module>
    print(f'O valor de z é {z}')        # Erro aqui: NameError: name 'z' is not defined
NameError: name 'z' is not defined
>>>
```

FIGURA 9.11: Erro ao tentar acessar uma variável fora de escopo

A mensagem de erro (enigmática) nos informa que o nome "z" não foi definido. O que ocorre é que o programa está tentando acessar o valor da variável z *fora de seu escopo*. Como z foi definida *no corpo da função* `func()`, ela é uma variável *local a essa função* e, portanto, *só existe durante a execução de* `func()`. Esse comportamento é o mesmo para qualquer variável definida no corpo de uma função ou método: ela só é acessível *dentro do método/função em que foi definida*. Caso mova o trecho que usa a variável z para dentro da função, como na Listagem 9.14, o código executará sem problemas.

```
def func(a: int, b: int)->None:
    print(f'Foram recebidos os parâmetros a={a} e b={b}.')
    z = 5
    print(f'O valor de z é {z}')

func(1,2)
```

LISTAGEM 9.14: Acessando a variável z dentro do seu escopo (escopo_ok.py)

Observe o resultado da execução na Figura 9.12.

```
Foram recebidos os parâmetros a=1 e b=2.
O valor de z é 5
>>>
```

FIGURA 9.12: Acessando uma variável dentro do escopo

Variáveis globais

Uma *variável global* pode ser acessada e modificada a partir de qualquer lugar no sistema. Para criar uma variável global, simplesmente declare-a fora do corpo de qualquer método/função, como na Listagem 9.15.

```
""" Exemplo de variável global """

x = "123"      # Definição fora do corpo da função - variável global

def testar()->None:
    print(f'Valor de x dentro da função testar(): {x}')

testar()
print(f'Valor de x fora da funçao testar(): {x}')
```
LISTAGEM 9.15: Criando uma variável global (variavel_global.py)

O resultado da execução mostra:

```
Valor de x dentro da função testar(): 123
Valor de x fora da funçao testar(): 123
```

O que confirma que o valor se manteve, mesmo quando a execução foi passada à função `testar()`.

Agora, imagine que você altere o valor de x dentro da função `testar()`, como na Listagem 9.16.

```
""" Exemplo de variável global """

x = "123"      # Definição fora do corpo da função - variável global

def testar()->None:
    x = x + "456"
    print(f'Valor de x dentro da função testar(): {x}')

testar()
print(f'Valor de x fora da funçao testar(): {x}')
```
LISTAGEM 9.16: Tentando alterar uma variável global dentro de uma função (variavel_global_2.py)

Se você tentar rodar esse código, obterá um erro ***UnboundLocalError: local variable 'x' referenced before assignment***. Isso ocorre porque, na linha:

```
x = x + "456"
```

você está, de fato, criando uma nova variável x, desta vez local, e tentando concatená-la com a string "456" sem que ela tenha sido inicializada. Lembre-se do aviso no início da seção "Variáveis locais a métodos/funções": uma variável definida no corpo de um método/função é considerada local ao mesmo. Então, quando você tentou adicionar uma string a x, foi como se quisesse definir uma nova variável local, chamada x, que possui como valor o próprio conteúdo de x — ainda não definido — concatenado com a string "456". Para solucionar esse impasse, existe a palavra-chave **global**. Ela informa ao Python que a variável declarada a seguir é global e não local. Então, para corrigir o código da Listagem 9.16, altere-o para que fique como na Listagem 9.17.

```
""" Exemplo de variável global """

x = "123"    # Definição fora do corpo da função - variável global

def testar()->None:
    global x
    x = x + "456"
    print(f'Valor de x dentro da funçao testar(): {x}')

testar()
print(f'Valor de x fora da funçao testar(): {x}')
```

LISTAGEM 9.17: Usando a palavra-chave global dentro de uma função (variavel_global_3.py)

Desta vez, o código executa corretamente, como pode ser visto na Figura 9.13.

```
Valor de x dentro da funçao testar(): 123456
Valor de x fora da funçao testar(): 123456
>>>
```

FIGURA 9.13: Alterando o conteúdo de uma variável global dentro de uma função

Se declarar duas variáveis, uma global e outra local, com o mesmo nome, a variável local terá preferência sobre a global. Veja a Listagem 9.18.

```
""" Usando uma variavel local e outra global com o mesmo nome """

x = 10

def teste()->None:
    x = 20
    print(f'Acessada a variavel local x: {x}')

teste()
print(f'Acessada a variavel global x: {x}')
```

LISTAGEM 9.18: Usando uma variável local com o mesmo nome de uma variável global (variavel_global_4.py)

O resultado da execução desse código é mostrado na Figura 9.14.

```
Acessada a variavel local x: 20
Acessada a variavel global x: 10
```

FIGURA 9.14: Resultado da execução da Listagem 9.18

Note que, quando a variável foi impressa a partir da função teste, foi usado o valor local; quando a mesma coisa foi feita de fora da função, o valor global foi utilizado.

AVISO

Programadores inexperientes às vezes guardam seus dados, preferencialmente, em variáveis desse tipo para não precisarem se preocupar com o escopo — "[...]afinal, se é global, defino uma vez e uso onde eu quiser"— porém, essa atitude pode causar sérios problemas ao seu trabalho. **Ocultar** uma variável dentro de uma função/método é considerada uma prática melhor, pois qualquer modificação da variável ficará localizada naquela sub-rotina. O uso indiscriminado de variáveis globais costuma ser uma fonte de propagação de erros difíceis de depurar. Isso não quer dizer que elas sejam proibidas, mas, como regra, use com responsabilidade: pense se não é possível executar a mesma tarefa com variáveis locais e dividindo o problema em etapas claras.

DICA

Utilize, preferencialmente, variáveis locais. Deve haver uma justificativa muito forte para o emprego de variáveis globais, pois, como já citado, elas são propensas a propagar erros de difícil correção.

Exercícios resolvidos

1. Crie um programa de agenda de telefones. Seu programa deverá exibir um menu com as opções: 1 – incluir; 2 – editar; 3 – excluir; 4 – localizar por nome; 5 – listar telefones; 6 – sair cadastrados. Para cada opção, crie uma função que executará sua tarefa e armazene sua agenda em uma lista. Crie outra função que construirá o menu para o usuário.

   Solução:

```
""" Agenda de contatos """
contatos = []

def limpar_tela()->None:
    print('\n' * 100)    # limpa a tela


def menu()->'Opçao selecionada':
    limpar_tela()
    print('Agenda de contatos - selecione uma opçao:')
    print('[1] Incluir')
    print('[2] Editar')
    print('[3] Excluir')
    print('[4] Localizar por nome')
    print('[5] Listar telefones')
```

```python
        print('[6] Sair')
        opcao = input('Sua escolha ->')
        return int(opcao)


def cria_contato()->dict:
    """ Obtem os dados de um contato e devolve um dicionario
        populado com eles """
    limpar_tela()
    nome = input('Digite o nome do contato: ')
    fone = input('Digite o fone do contato: ')
    contato = {
        'nome': nome,
        'fone': fone
    }
    return contato


def buscar_indice_por_nome(nome)->int:
    """ Busca um contato pelo nome e devolve seu indice; se nao
existir, retorna -1 """
    resultado = -1
    indice = 0
    while (indice < len(contatos)) and (resultado == -1):
        if(contatos[indice]['nome']==nome):
            resultado = indice
        else:
            indice = indice + 1
    return resultado


def incluir()->None:
    """ Inclui um novo contato na agenda """
    contato = cria_contato()
    contatos.append(contato)
    input('Registro incluido. Tecle <enter>...')


def editar()->None:
    """ Altera o telefone de um contato, se existir algum com o
numero fornecido """
    contato = cria_contato()
    posicao = buscar_indice_por_nome(contato['nome'])
    if(posicao != -1):
        contatos[posicao] = contato
        input('Registro alterado. Tecle <enter>...')
    else:
        limpar_tela()
        input('Contato nao encontrado. Tecle <enter>...')


def excluir()->None:
    nome = input('Informe o nome do contato a excluir: ')
```

```
        posicao = buscar_indice_por_nome(nome)
        limpar_tela()
        if(posicao != -1):
            print(f'Removido o item {contatos[posicao]} da agenda.')
            input('Tecle <enter>...')
            contatos.pop(posicao)
        else:
            input('Contato nao encontrado. Tecle <enter>...')


    def buscar_por_nome()->None:
        nome = input('Informe o nome do contato: ')
        posicao = buscar_indice_por_nome(nome)
        limpar_tela()
        if(posicao != -1):
            limpar_tela()
            print('Contato encontrado: ')
            print(f'Nome: {contatos[posicao]["nome"]} - Telefone:
{contatos[posicao]["fone"]}')
            input('Tecle <enter>...')
            contatos.pop(posicao)
        else:
            input('Contato nao encontrado. Tecle <enter>...')


    def localizar_por_nome(nome)->dict:
        posicao = buscar_indice_por_nome(registro['nome'])
        limpar_tela()
        if(posicao != -1):
            print(f'Nome: {contatos[posicao]["nome"]}')
            print(f'Fone: {contatos[posicao]["fone"]}')
            input('Tecle <enter>...')
        else:
            input('Contato nao encontrado. Tecle <enter>...')


    def listar_contatos()->None:
        if len(contatos) == 0:
            print('Nao ha contatos cadastrados.')
            input('Tecle <enter>...')
        else:
            for contato in contatos:
                print(f'Contato: nome - {contato["nome"]} - fone:
{contato["fone"]}')
            input('Tecle <enter> para retornar ao menu...')


opcao = 0
while(opcao != 6):
    opcao = menu()
    if (opcao <1) or (opcao > 6):
        input("Opçao invalida. Tecle enter...")
    elif opcao == 1:
        incluir()
```

```
        elif opcao == 2:
            editar()
        elif opcao == 3:
            excluir()
        elif opcao == 4:
            buscar_por_nome()
        elif opcao == 5:
            listar_contatos()
        else:
            break
print('Sessao encerrada pelo usuario.')
```

Comentário:
Esse programa exercita vários conceitos vistos até o capítulo atual. Em particular, quero salientar uma característica: a ***decomposição funcional*** — o problema a ser resolvido (criar uma agenda de contatos) — foi feita em funções que podem e são reaproveitadas: por exemplo, `localizar_por_nome()` e `excluir()` usam os serviços de `buscar_indice_por_nome()`, mostrando como reutilizar o código já criado. O segredo para obter funções reutilizáveis é criá-las ***coesas***, ou seja, cada função deve fazer apenas uma coisa. Se for necessário que ela execute mais de uma tarefa, ela deve ser subdividida em funções menores. Essa é frequentemente uma meta difícil de atingir em programas "do mundo real", mas você deve persegui-la sempre.

No Capítulo 11 você verá outras técnicas de modularização do seu código com o uso da ***Programação Orientada a Objetos***.

2. Crie um programa com funções que implementam um TAD (***Tipo Abstrato de Dados***) Pilha. Uma pilha é uma estrutura do tipo **FILO** (*First In, Last Out*), ou seja, o primeiro elemento a entrar é sempre o último a sair (como em uma pilha de pratos). Sua pilha deve possuir as operações:

- *push*(elemento): Adiciona um elemento ao topo da pilha.
- *pop*(): Remove o elemento do topo da pilha e o devolve ao programa chamador.
- *is_empty*(): Retorna True se a pilha estiver vazia, e False caso contrário.
- *get_elementos*: Retorna uma lista contendo os elementos da pilha.
- *tamanho*(): Retorna a quantidade de elementos na pilha.

Solução:

```
""" TAD Pilha """
from typing import List
elementos = []

def push(elemento)->None:
    """ Adiciona um elemento à pilha """
    elementos.append(elemento)
```

```python
def pop()->'elemento do topo da pilha':
    """ Retira o elemento do topo da pilha, retornando-o """
    return elementos.pop()

def is_empty()->bool:
    """ Devolve True ou False, dependendo se a pilha estiver vazia
ou não """
    resultado = True
    if elementos == []:
        resultado = True
    else:
        resultado = False
    return resultado

def get_elementos()->List:
    """ Retorna os elementos da pilha, armazenados em uma lista """
    return elementos

def tamanho()->int:
    """ Retorna o tamanho da pilha """
    return len(elementos)

# Testando os metodos:
print('A pilha está, inicialmente, vazia: ')
print(f'is_empty: {is_empty()}')
print('Colocando uma string na pilha: ')
push('Abracadabra')
print(f'Conteúdo da pilha: {get_elementos()}')
print('Colocando dois números na pilha: ')
push(123)
push(3.141596)
print(f'Conteúdo da pilha: {get_elementos()}')
print(f'Tamanho atual da pilha: {tamanho()}')
print(f'Removido o elemento {pop()} da pilha.')
print(f'Conteúdo da pilha: {get_elementos()}')
print(f'A pilha ainda contém elementos: is_empty() = {is_empty()}')
```

Exercícios propostos

1. Você lembra do Exercício resolvido 2 do Capítulo 7, no qual demonstrei como criar uma fila usando a classe List? Refaça o exercício, desta vez criando funções para limpar a tela, verificar se a fila está vazia, incluir um cliente na fila e atender a um cliente. Deixe o loop principal do programa em um arquivo separado das funções que controlam a fila. Salve as funções da fila em um módulo chamado fila.py. Esse módulo implementa um **TAD (*Tipo Abstrato de Dados*)** fila.
2. Inclua o módulo fila.py do item 1 na pasta site-packages.
3. Faça um programa que controla uma fila de clientes em uma loja usando o módulo criado no item 2.

LENDO E GRAVANDO ARQUIVOS DE TEXTO

NESTE CURTO CAPÍTULO, mostrarei a você outro recurso essencial para qualquer programador: como ler a gravar arquivos de texto.

Muitas vezes, quando você precisar trocar informações em seus programas com origens de dados externas, como web services, outros sistemas da mesma empresa ou sistemas legados, será necessário ler e gravar arquivos de texto. Há até mesmo uma categoria de aplicações que já foi muito popular, porém caiu em desuso, a dos chamados ***sistemas de processamento em lote*** — muito comuns na época dos mainframes (que ainda são usados em muitas grandes companhias, como bancos, por exemplo), que fazem uso massivo da entrada de dados por meio de arquivos, que são, em seguida, processados.

A função open()

A função open() é fornecida pela biblioteca padrão com a finalidade de abrir um arquivo. Antes de trabalhar com qualquer arquivo de dados, ele deve ser aberto e associado a uma variável, que será utilizada para manipular o arquivo daí em diante. Para isso, open() devolve um ***manipulador,***[1] que aponta para a posição de onde os dados serão lidos ou escritos na próxima operação, dependendo do ***modo*** como que o arquivo foi aberto.

A função possui vários parâmetros, mas os mais importantes são: o ***caminho do arquivo*** a ser acessado, ou seja: se o arquivo estiver na mesma pasta do seu script Python, basta passar seu nome, como demonstrado adiante, na Listagem 10.1. Por outro lado, se você precisar acessar um arquivo em outra pasta, deve passar seu "caminho" completo. Alguns exemplos possíveis para esse argumento seriam:

---

[1] Em alguns materiais, você poderá encontrar o termo ***file handler*** para se referir a esse manipulador.

1. "c:\Docs\dados.txt": Em um sistema Windows.
2. "/mnt/dados/francisco/contatos.txt": Em um SO Linux.
3. "\\Arquimedes\arquivos\data.txt": Em uma unidade de rede.
4. etc.

O segundo parâmetro especifica o modo de abertura do arquivo. Seus possíveis valores são mostrados na Tabela 10.1.

TABELA 10.1: Modos de abertura de arquivos com a função `open()`

Modo	Descrição
r	Abre o arquivo apenas para leitura e posiciona a próxima leitura no início dele. Se o arquivo não existir, um erro No such file or directory: '*nome do arquivo*' será gerado.
w	Abre o arquivo para gravação, sobrescrevendo os dados porventura existentes. Não é permitido realizar leituras nesse modo.
x	Cria um novo arquivo em branco. Se já existir um arquivo com o nome fornecido, será gerado um erro.
a	Abre o arquivo para gravação. Se já existir um arquivo com o nome fornecido, os dados existentes serão preservados (o 'a' é de "*append*").
b	Abre o arquivo em modo binário. Serve para manipular arquivos que não são destinados a informações textuais, tais como imagens, sons, vídeos etc. O conteúdo aberto dessa forma é lido como um **objeto da classe bytes**.
t	Abre o arquivo em modo texto. Esse é o modo **default** de abertura — se nada for fornecido, assume-se que o arquivo será acessado em modo texto. O conteúdo aberto dessa forma é lido como uma **string**.
+	Abre o arquivo para atualização.

`open()` apenas **abre o arquivo** para que você possa utilizá-lo; as operações de leitura e escrita devem ser realizadas por outras funções. É possível combinar a flag + com outras para obter os resultados desejados — por exemplo, ao combinar a flag **r** com a flag +, você abre o arquivo para leitura (r) e atualização (+), posicionando o apontador para a próxima operação de leitura/gravação a ser realizada no início do arquivo. Outras combinações podem ser realizadas entre as *flags*. A Figura 10.1 ilustra quando usar cada modo desses.

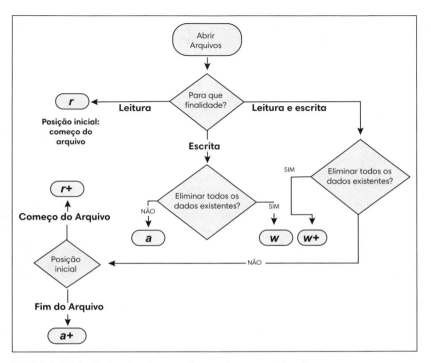

FIGURA 10.1: Modos de abertura de arquivos com a função open()

AVISO

Algumas das combinações possíveis com as flags mostradas na Tabela 10.1 podem ser confusas para os iniciantes. Por exemplo, ao utilizar r, você está posicionando o apontador para a próxima leitura no início do arquivo, porém, se combiná-la com a flag + para **gravar algo no arquivo** na mesma operação, a gravação será efetuada *no final do arquivo*, pois esta é a maneira de adicionar dados a um arquivo de texto, sem alterar as informações já presentes.

Mais adiante neste capítulo, na seção "Comparando as diversas formas de ler e gravar arquivos de texto", será mostrado um exemplo que usa todos esses modos de abertura e apresenta suas consequências, na Listagem 10.5.

Lendo arquivos com read()

A biblioteca padrão da linguagem fornece uma função específica para ler as linhas de um arquivo de texto, que se chama read(). Porém, como explicado na seção "A função open()", antes de ler um arquivo, ele precisa ser *aberto para leitura*. Para explicar o processo todo, primeiro é necessário criar um arquivo de texto que será lido pelo seu programa. Vou simular os dados de uma agenda telefônica. Abra um editor de textos sem formatação qualquer e crie um arquivo com o seguinte conteúdo:

Alice, 3555-1234

Bob, 3555-1235

Charlie, 3555-2345

Daniele, 3555-2346

Fulana, 3555-0123

Salve o arquivo com o nome de contatos.txt.

Agora, no IDLE, digite o código da Listagem 10.1,

```
""" Leitura de dados em arquivo de texto """
arquivo = open('contatos.txt', 'r')
conteudo = arquivo.read()
print(f'O conteudo de contatos.txt e: \n{conteudo}')
arquivo.close()
```

LISTAGEM 10.1: Leitura de arquivo texto (leitura_arquivo_texto.py)

O resultado da execução do código é mostrado na Figura 10.2.

```
O conteudo de contatos.txt e:
Alice, 3555-1234
Bob, 3555-1235
Charlie, 3555-2345
Daniele, 3555-2346
Fulana, 3555-0123
```

FIGURA 10.2: Visualizando o conteúdo de um arquivo texto

Há três novidades no código da Listagem 10.1:

- A função `read()`: Essa função, por sua vez, lê o arquivo inteiro e devolve uma string com seu conteúdo, como mostrado na Listagem 10.1.
- A função `close()`: Fecha o arquivo após o uso. Se você chamar `open()` e não fechar o arquivo após o uso pode ter efeitos colaterais indesejáveis, como perda de informações.

Lendo arquivos linha por linha

Apesar de existirem situações em que você lerá o conteúdo todo do arquivo de uma só vez, é mais comum lê-lo **linha por linha**. Para isso, Python disponibiliza o método `readline()` da classe *file*. Ele lê uma linha de texto do arquivo terminando com um caractere de quebra de linha (\n). Logo, a cada chamada de `readline()` será lida uma nova linha do arquivo, até chegar ao seu final. Por exemplo, o código da Listagem 10.1 poderia ser reescrito como:

```
""" Leitura de dados em arquivo de texto, linha por linha """
arquivo = open('contatos.txt', 'r+')
print('O conteúdo de contatos.txt é:')
while True:
    linha = arquivo.readline()
    if (linha != ""):
        print(linha, end='')      # readline() acrescenta um \n ao final,
    else:                         # por isso, end='' remove o \n de print()
        break
arquivo.close()
```

LISTAGEM 10.2: Lendo arquivo texto linha por linha (leitura_por_linha.py)

DICA

Uma situação em que, frequentemente, é necessário ler um arquivo linha por linha, é quando se trabalha na área de Big Data. A maioria das bibliotecas e algoritmos empregados trabalha com ***imensos volumes de dados*** e, para tratá-los, é comum importar arquivos de dados e processá-los linha por linha.

Muito comumente aparece a necessidade de ler um arquivo linha por linha e armazenar o conteúdo dessas linhas em uma lista para posterior processamento. Prevendo essa necessidade, a biblioteca padrão disponibiliza o método `readlines()`, da classe file. Por exemplo, se quiséssemos ler o arquivo de contatos das listagens anteriores e guardar o resultado em uma lista, bastaria utilizar um código como o da Listagem 10.3.

```
""" Leitura de dados em arquivo de texto, linha por linha """
arquivo = open('contatos.txt', 'r')
print('O conteúdo de contatos.txt é:')
while True:
    linha = arquivo.readline()
    if (linha != ""):
        print(linha, end='')      # readline() acrescenta um \n ao final,
    else:                         # por isso, end='' remove o \n de print()
        break
arquivo.close()
```

LISTAGEM 10.3: Obtendo dados de um arquivo texto e armazenando-os em uma lista (arquivo_para_lista.py)

```
A lista contem: ['Alice, 3555-1234\n', 'Bob, 3555-1235\n', 'Charlie,
3555-2345\n', 'Daniele, 3555-2346\n', 'Fulana, 3555-0123\n', '\n']
>>>
```

FIGURA 10.3: Extraindo um arquivo texto para uma lista

Observe que a lista em questão contém duas informações por linha: o nome e o telefone do contato, além de um caractere \n, no final da string. Para extrair dados úteis dela, você pode usar as funções de manipulação de strings que mostrei no Capítulo 6. Digite o código a seguir no shell do Python, *logo após executar o programa da Listagem 10.3*:

```
for item in lista:
    registro = item.split(', ')
    nome = registro[0]
    fone = registro[1][:-1]
    print(nome, fone)
```

Como a variável lista ainda estará na memória principal nesse instante, eu pude aproveitar para manipulá-la: primeiro realizei um loop for, iterando sobre os itens da lista e, para cada item encontrado: separei as informações, que estavam delimitadas por vírgulas, armazenando o nome e o telefone em variáveis separadas.

Para o telefone precisei ainda remover o último caractere, pois, lembre-se: a função readline() adiciona um \n ao final de cada linha extraída. Isso foi feito com a notação de intervalos de Python — um simples [:-1] diz ao interpretador para retirar o último caractere da string (se você precisar "refrescar sua memória", releia a seção "Delimitando 'fatias' de listas", no Capítulo 7).

Finalmente, imprimi as informações na tela, mas esse processamento poderia ser bem mais complexo — poderia, por exemplo, envolver a realização de cálculos estatísticos sobre valores que estariam armazenados em um arquivo. Esse tipo de manipulação de dados, facilitada pelo Python, é uma das razões que a faz tão querida pelo pessoal de machine learning.

DICA

Em geral, a manipulação de arquivos de texto é realizada, quase sempre, de modo semelhante ao código mostrado da Listagem 10.3: o arquivo é aberto por meio da função open(); percorrido até o final dentro de um loop; lido, linha por linha, com readline(). Cada linha dessas é processada de alguma maneira. Na Listagem 10.3, esse processamento se resume a uma simples chamada a print(), porém poderia envolver várias outras operações: cálculos, tomadas de decisão etc.

Escrevendo arquivos de texto

Do mesmo modo que você pode ler o conteúdo de um arquivo de texto, também pode gravar dados nesse. A primeira coisa que deve fazer é abrir o arquivo em *modo de escrita*. Para isso, o parâmetro que define o modo, na função open(), deve conter a flag adequada, de acordo com a Tabela 10.1. Se tiver dúvidas sobre qual combinação utilizar, consulte a Figura 10.1.

E, assim como existe um método read() para ler dados de um arquivo, há um método write() que escreve no arquivo. Seu uso é simples: do mesmo modo que você pode escrever:

```
linha = arquivo.readline()
```

também pode fazer:

```
arquivo.write(linha)
```

Posicionando o arquivo para leitura/gravação

Ocasionalmente, você necessitará acessar posições diferentes do arquivo manipulado (por exemplo, avançar ou retroceder o manipulador do arquivo). Para isso, a biblioteca padrão disponibiliza dois métodos bastante úteis: seek() e tell(). O primeiro movimenta o manipulador para frente ou para trás no arquivo e o segundo retorna a posição atual do manipulador (ou seja: em qual byte do arquivo o manipulador está posicionado).

DICA

O módulo os dispõe de algumas constantes que são muito utilizadas em conjunto com o método seek:
SEEK_CUR: Posição atual do manipulador no arquivo (disponível *apenas se o arquivo for aberto em modo binário*).
SEEK_SET: Começo do arquivo.
SEEK_END: Final do arquivo (disponível *apenas se o arquivo for aberto em modo binário*).
Lembre-se de que, para utilizar o código de um módulo, você *deve* importá-lo primeiro, logo, no código da Listagem 10.4, verá:
import os

A limitação de não poder usar as constantes SEEK_CUR e SEEK_END para realizar posicionamento relativo em arquivos que não sejam binários pode ser contornada com um pequeno "truque": são permitidos os "casos especiais".
manipulador.seek(0, os.SEEK_SET): Para posicionar-se no início do arquivo.
manipulador.seek(0, os.SEEK_END): Para posicionar-se no final do arquivo.

Logo, você pode combinar os métodos `tell()` e `seek()` para realizar movimentações relativas mais complexas. Por exemplo, para voltar atrás x bytes na leitura, use:

manipulador_arquivo.seek(***manipulador_arquivo***.tell()-**x**, os.SEEK_SET)

Para posicionar o manipulador no começo do arquivo:

manipulador_arquivo.seek(0, os.SEEK_SET)

Para posicionar o manipulador no byte de ordem x no arquivo:

manipulador_arquivo.seek(x, os.SEEK_SET)

A Listagem 10.4 ilustra o uso de seek e tell:

```
"""
    Posicionando-se em um arquivo texto com o uso de seek() e tell()
"""
import os

arquivo = 'teste_seek.txt'
handler = open(arquivo, 'w')
handler.write("Testando o uso do metodo seek().\nEsta é a segunda linha do arquivo\nE esta, a terceira.")
handler.close()

handler = open(arquivo, 'r')
print(f'Após abrir o arquivo para leitura, a posição inicial do manipulador é {handler.tell()}.')
linha = handler.readline()
print(f'Linha 1: {linha}')
print(f'Após ler a primeira linha, o manipulador está na posição {handler.tell()}.')
print('Voltando o manipulador 24 bytes antes da posição atual e lendo uma linha a partir daí:')
handler.seek(handler.tell()-24, os.SEEK_SET)
linha = handler.readline()
print(f'Linha lida: {linha}')
print('Posicionando o manipulador 33 bytes a partir do inicio do arquivo e lendo uma linha:')
handler.seek(33, os.SEEK_SET)
linha = handler.readline()
print(f'Linha lida: {linha}')
```

LISTAGEM 10.4: Posicionando-se no arquivo com os métodos `seek()` e `tell()` (posicionamento.py)

AVISO

Você pode ter estranhado o fato de não haver exemplos de uso na seção "Escrevendo arquivos de texto". Deixei para mostrar um exemplo bem mais completo, que compara todos os possíveis modos de leitura e escrita, bem como os métodos `read()` e `write()` na próxima seção. Dessa maneira, você terá um panorama bem mais completo do assunto, enquanto é introduzido aos detalhes paulatinamente.

A Figura 10.4 mostra o resultado da execução desse código.

```
Apos abrir o arquivo para leitura, a posiçao inicial do manipulador e 0.
Linha 1: Testando o uso do metodo seek().

Apos ler a primeira linha, o manipulador esta na posiçao 33.
Voltando o manipulador 24 bytes a partir da posiçao atual e lendo uma li
nha a partir dai:
Linha lida: o uso do metodo seek().

Posicionando o manipulador 33 bytes a partir do inicio do arquivo e lend
o uma linha:
Linha lida: Esta e a segunda linha do arquivo
>>>
```

FIGURA 10.4: Resultado da execução da Listagem 10.4

Vale a pena destacar, na Listagem 10.4:

```
handler.seek(handler.tell()-24, os.SEEK_SET)
```

Nessa linha, o manipulador é deslocado 24 bytes para trás, a partir da última posição lida. Veja que o cálculo do deslocamento é feito subtraindo a quantidade de bytes que se deseja retornar (24) da posição atual do manipulador, retornada por `handler.tell()`.

Do mesmo modo, para ler a partir do início do arquivo, utilizei

```
handler.seek(33, os.SEEK_SET)
```

que faz o manipulador posicionar-se 33 bytes após o começo do arquivo (*os.SEEK_SET*).

Comparando as diversas formas de ler e gravar arquivos de texto

Agora, para finalizar o capítulo, mostrarei um programa que reúne todos os conceitos vistos neste capítulo:

```
""" Leitura de dados em arquivo de texto """

print('Abrindo um arquivo para leitura:')
arquivo = open('contatos.txt', 'r')
conteudo = arquivo.read()
print(f'O conteúdo de contatos.txt é: \n{conteudo}')
print('Fechando o arquivo.')
arquivo.close()

print('Criando um novo arquivo:')
arquivo = open('contatos1.txt', 'w')
```

```python
linha = 'Harriet, 3555-0001\n'
arquivo.write(linha)
print('Abrindo novamente contatos1.txt para conferir as
informações. Agora, só para leitura:')
arquivo = open('contatos1.txt', 'r')
conteudo = arquivo.read()
print(f'O conteúdo de contatos1.txt é: \n{conteudo}')
print('Fechando o arquivo.')
arquivo.close()

print('Substituindo o conteúdo de contatos1.txt:')
arquivo = open('contatos1.txt', 'w')
linha = 'Harriet, 3555-1000\n'
arquivo.write(linha)
print('Abrindo novamente contatos1.txt para conferir as
informações. Agora, só para leitura:')
arquivo = open('contatos1.txt', 'r')
conteudo = arquivo.read()
print(f'O conteúdo de contatos1.txt é: \n{conteudo}')
print(f'O telefone de Harriet mudou de 3555-0001 para 3555-1000')
print('Fechando o arquivo.')
arquivo.close()

print('Adicionando um novo contato ao arquivo contatos1.txt:')
arquivo = open('contatos1.txt', 'a')
linha = 'Ivan, 3555-1221\n'
arquivo.write(linha)
print('Abrindo novamente contatos1.txt para conferir as
informações. Agora, só para leitura:')
arquivo = open('contatos1.txt', 'r')
conteudo = arquivo.read()
print(f'O conteudo de contatos1.txt é: \n{conteudo}')
arquivo.close()

print('Atualizando o conteúdo de contatos1.txt:')
arquivo = open('contatos1.txt', 'r+')
linha = 'Harriet, 3555-1001\n'
arquivo.write(linha)
linha = 'Ivan, 3555-1223\n'
arquivo.write(linha)
arquivo.seek(0)
conteudo = arquivo.read()
print(f'O conteúdo de contatos1.txt é: \n{conteudo}')
arquivo.close()

print('Adicionando informações a contatos1.txt, no final do
arquivo:')
arquivo = open('contatos1.txt', 'a+')
linha = 'Janet, 3555-1002\n'
arquivo.write(linha)
linha = 'Karla, 3555-1003\n'
```

```
arquivo.write(linha)
arquivo.seek(0)
conteudo = arquivo.read()
print(f'O conteúdo de contatos1.txt é: \n{conteudo}')
arquivo.close()

print('Mudando todo o conteúdo de contatos1.txt:')
arquivo = open('contatos1.txt', 'w+')
linha = 'Lucy, 3555-1004\n'
arquivo.write(linha)
linha = 'Mary, 3555-1005\n'
arquivo.write(linha)
arquivo.seek(0)
conteudo = arquivo.read()
print(f'O conteúdo de contatos1.txt e: \n{conteudo}')
arquivo.close()
```

LISTAGEM 10.5: Operações de leitura/gravação de arquivos (leitura_gravacao_arquivos.py)

O script da Listagem 10.5 mostra, inicialmente, como abrir um arquivo apenas para leitura e armazenar seu conteúdo em uma variável do tipo string. Observe que o arquivo contatos.txt deve existir previamente, ou um erro será gerado.

```
print('Abrindo um arquivo para leitura:')
arquivo = open('contatos.txt', 'r')
conteudo = arquivo.read()
print(f'O conteúdo de contatos.txt é: \n{conteudo}')
print('Fechando o arquivo.')
arquivo.close()
```

Em seguida, é mostrado como criar um arquivo e como abri-lo para gravação, permitindo adicionar informações:

```
print('Criando um novo arquivo:')
arquivo = open('contatos1.txt', 'w')
linha = 'Harriet, 3555-0001\n'
arquivo.write(linha)
print('Abrindo novamente contatos1.txt para conferir as
informações. Agora, só para leitura:')
arquivo = open('contatos1.txt', 'r')
conteudo = arquivo.read()
print(f'O conteúdo de contatos1.txt é: \n{conteudo}')
print('Fechando o arquivo.')
arquivo.close()
```

Note que, para conferir se os dados foram efetivamente gravados, precisei abrir novamente o arquivo, desta vez somente para leitura. O modo "w" não permite a leitura dos dados; se eu quisesse lê-los na mesma operação, deveria usar um dos modos "w+", "a+" ou "r+", dependendo da situação, conforme a Figura 10.1.

Na sequência, mostro como atualizar o conteúdo inteiro do arquivo:

```
print('Substituindo o conteúdo de contatos1.txt:')
arquivo = open('contatos1.txt', 'w')
linha = 'Harriet, 3555-1000\n'
arquivo.write(linha)
print('Abrindo novamente contatos1.txt para conferir as
informações. Agora, só para leitura:')
arquivo = open('contatos1.txt', 'r')
conteudo = arquivo.read()
print(f'O conteúdo de contatos1.txt é: \n{conteudo}')
print(f'O telefone de Harriet mudou de 3555-0001 para 3555-1000')
print('Fechando o arquivo.')
arquivo.close()
```

Nas linhas seguintes, passo a demonstrar como adicionar uma linha de texto ao arquivo. Para tanto, o modo de abertura utilizado é 'a', de *append* — que permite acrescentar dados ao arquivo *sem excluir os já existentes*.

```
print('Adicionando um novo contato ao arquivo contatos1.txt:')
arquivo = open('contatos1.txt', 'a')
linha = 'Ivan, 3555-1221\n'
arquivo.write(linha)
print('Abrindo novamente contatos1.txt para conferir as
informações. Agora, só para leitura:')
arquivo = open('contatos1.txt', 'r')
conteudo = arquivo.read()
print(f'O conteúdo de contatos1.txt é: \n{conteudo}')
arquivo.close()
```

Na sequência, demonstro como atualizar o conteúdo do arquivo, abrindo-o para leitura e atualização (*r+*). Observe que foi necessária uma chamada a arquivo.seek(0) para posicionar o manipulador do arquivo no início, permitindo que os dados sejam lidos. Se essa etapa não fosse cumprida, a nova leitura do conteúdo não retornaria nada, pois o programa tentaria ler a partir do final do arquivo.

```
print('Atualizando o conteúdo de contatos1.txt:')
arquivo = open('contatos1.txt', 'r+')
linha = 'Harriet, 3555-1001\n'
arquivo.write(linha)
linha = 'Ivan, 3555-1223\n'
arquivo.write(linha)
arquivo.seek(0)
conteudo = arquivo.read()
print(f'O conteúdo de contatos1.txt é: \n{conteudo}')
arquivo.close()
```

O próximo modo demonstrado é 'a+', que permite leitura e escrita no arquivo a partir do seu final:

```
print('Adicionando informações a contatos1.txt, no final do
arquivo:')
arquivo = open('contatos1.txt', 'a+')
```

```
linha = 'Janet, 3555-1002\n'
arquivo.write(linha)
linha = 'Karla, 3555-1003\n'
arquivo.write(linha)
arquivo.seek(0)
conteudo = arquivo.read()
print(f'O conteúdo de contatos1.txt é: \n{conteudo}')
arquivo.close()
```

E, finalmente, o arquivo é aberto para gravação e atualização, com o modo 'w+':

```
print('Mudando todo o conteúdo de contatos1.txt:')
arquivo = open('contatos1.txt', 'w+')
linha = 'Lucy, 3555-1004\n'
arquivo.write(linha)
linha = 'Mary, 3555-1005\n'
arquivo.write(linha)
arquivo.seek(0)
conteudo = arquivo.read()
print(f'O conteúdo de contatos1.txt e: \n{conteudo}')
arquivo.close()
```

Isso permite modificar completamente o conteúdo do arquivo.

Perceba que, após o processamento de cada operação, o arquivo é fechado por meio do método `close()` e, sempre que necessário, reaberto em modo de leitura ('r') para conferir se as informações foram realmente alteradas.

A chamada a `close()` é necessária para manter a consistência dos seus dados, mas a leitura para conferência das informações só é realizada aqui para fins didáticos — em um programa "de verdade", você provavelmente não precisaria mostrar os dados que foram gravados *a posteriori*.

Serializando objetos com Pickle

Uma das necessidades mais frequentes ao trabalhar com arquivos é *serializar[2] objetos*: transformar esses objetos em um fluxo de bytes e armazená-los em algum arquivo, transmiti-los por uma rede, guardá-los em um banco de dados ou na memória. O objetivo da serialização é guardar o estado[3] atual do objeto para poder recriá-lo com esse mesmo estado, quando necessário. Um dos maiores problemas para implementar a serialização "na marra" é que *coleções podem conter outras coleções e objetos simples, que, por sua vez, podem conter outras coleções e outros objetos; e assim por diante...* Se você simplesmente tentasse usar o método `write()`, apresentado nes-

---

[2] Em alguns materiais você poderá encontrar as expressões *marshalling* ou *flattening* — elas são sinônimas de "serialização".

[3] Entenda "estado", neste contexto, como os dados do objeto. Por exemplo, se o objeto em questão for uma coleção (lista, tupla etc.), seu *estado* corresponderá a todos os itens que ela contém no momento.

te capítulo, teria um monte de dores de cabeça. Um dos problemas "clássicos" desse tipo de operação é tentar salvar um dicionário em um arquivo-texto e recuperá-lo depois. Como ele será lido como uma string e não um objeto dicionário, você teria que escrever um código complexo e propenso a erros para converter essa string em um dicionário.

Felizmente, existe um módulo no Python, denominado Pickle, que simplifica o trabalho para você.

AVISO

O módulo Pickle é *específico para Python*, ou seja, se o seu objetivo é compartilhar dados com outras linguagens/plataformas, não use esta ferramenta. Do mesmo modo, usar o Pickle para manipular dados criados com uma versão diferente do Python não é uma boa ideia — a compatibilidade entre versões **NÃO** é garantida.
Finalmente, não use o Pickle para desserializar dados de uma fonte não confiável — código malicioso no arquivo que está sendo desserializado pode ser executado (pensando bem, não acesse dados de fontes não confiáveis de modo algum).

Para usar o módulo Pickle, o primeiro passo é importá-lo:

```
import pickle
```

Em seguida, crie um manipulador para o arquivo em que seus dados serão salvos usando o formato binário, ou seja, *seus dados serão gravados como bytes e não como strings*:

```
arquivo = open('dados.dat','w+b')
```

DICA

Usei a combinação de flags w+b ao abrir o arquivo para que seja possível escrever (w), atualizar (+) e acessá-lo em formato binário (b).

Após abrir o arquivo para gravação e atualização, o próximo passo é chamar o método `dump()` do Pickle para salvar os dados no arquivo. Ele pede dois parâmetros obrigatórios: *obj*, que contém o objeto que será salvo; e *file*, que recebe o manipulador do arquivo em que será efetuada a gravação dos dados. Suponha que você deseje salvar uma lista de nome usuarios:

```
pickle.dump(usuarios, arquivo)
```

Finalmente, não esqueça de fechar o arquivo após o uso:

```
arquivo.close()
```

Desserializando objetos com Pickle

Do mesmo modo que é necessário serializar um objeto antes de gravá-lo em um arquivo binário, para carregá-lo novamente em sua aplicação, você deverá ***desserializá-lo*** — que, como já adivinhou pelo nome, é o procedimento inverso.

Para essa operação, abra o arquivo para leitura em modo binário (rb) e use o método `load()` do Pickle para carregar o seu arquivo em uma variável:

```
arquivo = open('dados.dat','rb')
usuarios = picle.load(arquivo)
arquivo.close()
```

Novamente, não se esqueça de fechar o arquivo ao final.

A Listagem 10.6 demonstra o uso do pickle para armazenar e recuperar um dicionário formado por nomes de usuários e seus respectivos códigos em um sistema hipotético:

```
""" Gravando e recuperando um dicionario com o Pickle """
import pickle

usuarios = {
    '1234-5' : 'Alice',
    '1235-6' : 'Bob',
    '1236-7' : 'Charlie',
}

print(f'A coleção {usuarios} será salva num arquivo.')
arquivo = open('dados.dat','w+b')
pickle.dump(usuarios, arquivo)
arquivo.close()
print('Lendo os dados do arquivo:')
arquivo = open('dados.dat','rb')
usuarios = pickle.load(arquivo)
arquivo.close()
print(f'Usuários: {usuarios}')
print(f'Nome do usuário de chave 1234-5: {usuarios["1234-5"]}')
```

LISTAGEM 10.6: Gravando e recuperando uma coleção com o Pickle (exemplo_pickle.py)

As duas últimas linhas da Listagem 10.6 comprovam que os dados foram corretamente desserializados, pois foram convertidos em um dicionário e não em uma string, o que permite acessar seus atributos pelas chaves do dicionário. A Figura 10.5, mostra o resultado da execução daquele código.

```
A coleçao {'1234-5': 'Alice', '1235-6': 'Bob', '1236-7': 'Charlie'} sera
salva num arquivo.
Lendo os dados do arquivo:
Usuarios: {'1234-5': 'Alice', '1235-6': 'Bob', '1236-7': 'Charlie'}
Nome do usuario de chave 1234-5: Alice
>>>
```

FIGURA 10.5: Gravando e recuperando uma coleção com Pickle

Facilitando o processamento de arquivos com with

Há uma instrução do Python que é uma verdadeira "mão na roda" quando se trata de trabalhar com arquivos: a instrução **with**. Ela poupa o trabalho de se preocupar em fechar os arquivos após abri-los, o que é uma das maiores fontes de problemas entre iniciantes.

Para entender como usá-la, vou reescrever a Listagem 10.2 usando *with*:

```
""" Leitura de dados em arquivo de texto, linha por linha """
""" Conteúdo original - listagem 10.1:
arquivo = open('contatos.txt', 'r+')
print('O conteúdo de contatos.txt é:')
while True:
    linha = arquivo.readline()
    if (linha != ""):
        print(linha, end='')     # readline() acrescenta um \n ao final,
    else:                        # por isso, end='' remove o \n de print()
        break
arquivo.close()
============= com a função with() =======================
"""
with open('contatos.txt', 'r+') as arquivo:
    for linha in arquivo:
        print(linha, end='')
```

LISTAGEM 10.7: Comparando a leitura de arquivo de texto, linha por linha, com e sem a função with() (leitura_arquivo_texto_with.py)

Creio que esse código é autoexplicativo.

```
with open('contatos.txt', 'r+') as arquivo:
```

Essa linha abre o arquivo para leitura, posicionando-se no início dele, e atribui o seu manipulador à variável arquivo. A instrução seguinte realiza uma simples iteração sobre as linhas do arquivo. Finalmente, uma chamada a print() é usada para imprimir o que foi lido na saída padrão.

Exercícios resolvidos

1. Uma das formas mais utilizadas de armazenar configurações de *algum software* é armazená-las em um arquivo, binário ou de texto, e lê-las sempre que necessário. Imagine um programa que precise guardar o nome do seu proprietário, número de série e endereço MAC da placa de rede do computador em que ele foi instalado. Crie uma função, chamada `salvar_configuracao()`, que receberá esses dados como parâmetro e os armazenará em um arquivo denominado config.dat, na mesma pasta do programa. Se o arquivo não existir, seu programa deverá criá-lo. Armazene as informações em um dicionário, antes de gravá-las no arquivo.

   Solução:

   ```
   """ Gravando configuraçoes em um arquivo com o Pickle """
   import pickle

   def salvar_configuracao(nome_proprietario: str, numero_serie: str, endereco_mac: str)->None:
       arquivo = open('config.dat','w+b')
       registro = {
           'nome_proprietario' : nome_proprietario,
           'numero_serie' : numero_serie,
           'endereco_mac' : endereco_mac,
       }
       pickle.dump(registro, arquivo)
       arquivo.close()

   salvar_configuracao('Francisco', '1234-5', '19:04:73:8c:4d:a8')
   ```

   Comentário:
   Adicionei uma chamada a `salvar_configuracao()` ao final da listagem para testar a função.

2. Crie uma função `ler_configuracao()`, que lê os dados salvos pela função criada na questão 1 e os exibe na tela.

   Solução:

   ```
   """ Lendo configuraçoes a partir de um arquivo com o Pickle """
   import pickle
   ```

```
def ler_configuracao()->None:
    arquivo = open('config.dat','rb')
    conteudo = pickle.load(arquivo)
    arquivo.close()
    print(f'Conteudo do arquivo: {conteudo}')


ler_configuracao()
```

Exercícios propostos

1. Nos arquivos de código exemplo, disponíveis no site da editora Alta Books, localize a pasta relativa ao código do Capítulo 10 e faça o download do arquivo dados.txt, que contém números aleatórios.

    De posse desse arquivo, crie um programa que lê todos os números do arquivo, armazena-os em uma lista e, em seguida, ordena os valores do menor para o maior. Para que seu código fique organizado, crie uma função para popular a lista e outra para ordená-la.

2. Após ordenar os valores na questão 1, altere seu programa para que salve a lista em um arquivo **binário**.
3. Crie um programa que abra o arquivo gerado na questão 2 e imprima seus valores na tela.

PROGRAMAÇÃO ORIENTADA A OBJETOS EM PYTHON

ATÉ O CAPÍTULO ANTERIOR, falei muitas vezes sobre programação orientada a objetos e até "pincelei" alguns dos seus conceitos, sem realmente "entrar a fundo no tema". Este capítulo inteiro é dedicado a esse tema que, apesar de não ser mais novidade alguma na área de informática, é empregado em quase todas as linguagens de programação modernas (de fato, a **POO**, como é às vezes referida a ***Programação Orientada a Objetos***, já existe desde os anos 1970).

Se você já programa sem usar orientação a objetos, talvez precise de um certo tempo de "adaptação", mas, uma vez que os conceitos fiquem estabelecidos em sua mente, a migração ficará bem mais suave.

AVISO

 É perfeitamente possível escrever código Python sem se beneficiar da orientação a objetos (eu o fiz até o capítulo anterior)[1], mas você perceberá que seu uso melhora bastante a legibilidade e facilita futuras manutenções nos sistemas que serão desenvolvidos de agora em diante.

A POO se sustenta sobre três "pilares" — suas características principais:

- ***Encapsulamento***: É a capacidade de tratar, conjuntamente, código (formado pelos ***métodos***) e dados (representado pelos ***atributos***) como uma só entidade. Esse conceito está intimamente ligado a outro de grande importância para a POO: ***ocultação de informações,*** ou ***information hiding***, em que um objeto só deve expor ao seu exterior características que sejam **relevantes**. Imagine o computador que você utiliza para programar: ele é composto de uma miríade

---

[1] Pode-se dizer que eu estava programando com o "paradigma procedural", no qual você cria funções que executam as tarefas, devolvem valores etc. Algumas linguagens só permitem criar código desse tipo. Python, como já informado no Capítulo 1, é ***multiparadigma***.

de componentes, cada um deles formado por outros componentes e assim por diante, mas você não precisa dessas informações para utilizá-lo. Apenas necessita conhecer a *interface* que ele oferece para utilização. Do mesmo modo, um programador, ao utilizar um objeto qualquer, não deveria necessitar de conhecimento sobre como esse objeto foi implementado internamente. Apenas precisaria conhecer os serviços que o objeto lhe oferece, por meio dos seus métodos, e os dados que o compõem (seus atributos).

- *Herança*: É a capacidade de criar um determinado código aproveitando comportamento (métodos) e características (atributos) de um código ancestral. Diz-se que o código A *herda* do código B. Assim como, no mundo real, uma pessoa pode deixar uma herança para vários descendentes, um código pode ser herdado por vários outros, reaproveitando a funcionalidade já implementada no ancestral. Por exemplo, você pode ter um método `atualizar_dados()` que foi definido (mas não implementado) em uma entidade chamada Produto (estritamente falando, Produto é uma *classe*, mas essa definição será dada mais adiante neste capítulo). A partir de Produto, seria possível herdar as entidades ProdutoDuravel e ProdutoPerecivel, que estenderiam as funcionalidades de Produto. Em particular, Python permite também a chamada "herança múltipla" — característica um tanto controversa nos meios acadêmicos e que consiste em um código herdar, ao mesmo tempo, de mais de um ancestral.

- *Polimorfismo*: É o mecanismo que permite que um método realize comportamentos distintos por meio da mesma assinatura. Pense nas classes citadas no item anterior: Produto, ProdutoDuravel e ProdutoPerecivel. Essas classes poderiam reutilizar o código já existente em Produto e criar suas próprias versões de `atualizar_dados()`, porém, em qualquer lugar em que uma variável possa receber um Produto, também seria possível passar um Produto Duravel ou ProdutoPerecivel (pois ProdutoDuravel e ProdutoPerecivel também são **produtos**). Por outro lado, onde fosse esperado um ProdutoDuravel ou um ProdutoPerecivel, nem sempre você poderia usar um Produto, já que nem todo produto é durável ou perecível.

AVISO

Uma das diferenças de Python para linguagens orientadas a objeto estaticamente tipadas é o que é conhecido como *Duck Typing*. Nessas linguagens, tentar usar um Produto no lugar de um ProdutoDuravel ou ProdutoPerecivel geralmente provocaria um erro de tipo. Em Python, essa limitação poderia ser contornada, pois Duck Typing não obriga você a utilizar checagens e conversões de tipo nas classes descendentes (como ProdutoDuravel e ProdutoPerecivel) se precisar usar algo que só foi definido na classe ancestral (Produto, no exemplo).

Mais adiante, neste capítulo, aprofundarei o conceito de Duck Typing.

Os problemas da programação procedural

Antes de começar, de fato, a trabalhar com POO, vou discutir aqui alguns dos problemas com a abordagem que adotei até agora — a chamada "programação *procedural*".

Suponha que você deseje criar um controle de estoque simplificado e, para isso, elabore um código como na Listagem 11.1.

```
""" Criação de produtos de maneira procedural """

def cria_produto(codigo: int, descricao: str, preco:float,
quantidade_estoque:float)->None:
    produto = {
        'codigo': codigo,
        'descricao':descricao,
        'preco': preco,
        'quantidade_estoque': quantidade_estoque
        }
    return produto

def entrada_estoque(produto: dict, quantidade: float)->None:
    produto['quantidade_estoque'] += quantidade

def saida_estoque(produto: dict, quantidade: float)->None:
    produto['quantidade_estoque'] -= quantidade

def visualizar_quantidade_em_estoque(produto: dict)->None:
    print(f'A quantidade em estoque e {produto["quantidade_estoque"]}')
```

LISTAGEM 11.1: Controle de estoque usando a abordagem procedural (estoque_procedural.py)

As funções mostradas permitem criar um produto representado por um dicionário, realizar entradas e saídas no estoque desse produto e visualizar a quantidade estocada do mesmo. Não há nenhum erro nessa abordagem — ela funciona, e muitos sistemas de grande parte foram construídos dessa forma no passado. Experimente abrir o shell e digitar os comandos da Figura 11.1:

```
>>> produto1 = cria_produto(1, 'Som automotivo', 574.20, 8)
>>> entrada_estoque(produto1, 2.0)
>>> visualizar_quantidade_em_estoque(produto1)
A quantidade em estoque e 10.0
>>>
```

FIGURA 11.1: Utilizando a versão procedural do controle de estoque

O problema da abordagem procedural é quando chega a hora de *manter* seu código. Imagine que o seu sistema cresça e, em vez de quatro, passe a ter centenas ou até milhares de funções. Nesse momento, a coisa começa a complicar.

É bom lembrar também de que, para manipular os dados nesse modelo, você precisa conhecer a sua *representação interna* — no exemplo, é necessário saber que *produto* é um dicionário e quais chaves ele possui. Se o seu código fosse orientado a objetos, essas informações estariam **encapsuladas** e você só precisaria saber quais operações são oferecidas (entrada no estoque, saída no estoque, visualizar o estoque de um produto) e não teria acesso a *como esses dados são armazenados* (de fato, detalhes como esse são irrelevantes para o problema — diz-se que eles são **abstraídos** na POO).

Há também o problema de restringir o acesso aos dados internos do seu código. Como em sistemas procedurais código e dados são elementos **separados**, nada impede que, por exemplo, você entre no shell e digite:

```
produto['quantidade_estoque'] = 10
```

Não existe nenhum mecanismo de proteção contra alterações indevidas. E não estou supondo que algum bandido hackeie seu sistema para fazer essa mudança — poderia ser simplesmente um erro honesto de algum programador da equipe durante um teste. Este é um exemplo **didático**, em uma aplicação real, os dados estariam em um **SGBD (Sistema Gerenciador de Banco de Dados)**, porém, o problema da exposição dos dados permanece. Como regra, não se deve permitir acesso à estrutura que armazena os dados; o programador deve conhecer apenas a **interface** do sistema (quais operações e dados podem ser utilizados). Idealmente, você só deveria poder alterar as informações (estado do sistema) por meio de funções do próprio sistema.

Você ainda poderia, no shell, criar manualmente um produto sem todos os atributos. Por exemplo, na hora de criar o produto, você poderia, acidentalmente, esquecer do preço:

```
produto2 = {
    'codigo': 2,
    'descricao':'Pneu',
    'quantidade_estoque': 100
}
```

O interpretador não iria "reclamar", já que esse é um código sintaticamente correto, porém, para o nosso problema, ele é conceitualmente errado, já que eu não posso vender um produto para o qual não conheço o preço. Você poderia, até mesmo, escrever:

```
entrada_estoque(produto2,10)
visualizar_quantidade_em_estoque(produto2)
```

que, aparentemente, estaria tudo bem, mas quando você tentasse visualizar o preço desse novo produto ocorreria um erro:

```
Traceback (most recent call last):
  File "<pyshell#14>", line 1, in <module>
    produto2['preco']
KeyError: 'preco'
```

Pois produto2 **não** possui o atributo "preco". A rigor, produto2 não representa realmente um produto.

Essa situação não pode ser facilmente prevenida com código procedural, uma vez que este considera código e dados como entidades separadas. Esse vínculo frágil entre comportamento e estado costuma ser problemático para a manutenção: você **não seria obrigado** a manter o código que realiza a entrada e saída no estoque em um mesmo local, não há, por exemplo, um controle que impeça o estoque de ficar negativo etc. Seria desejável algo que forçasse o programador a escrever código mais estruturado. Nessa lacuna entra a *orientação a objetos*.

Classes

Uma classe é a descrição de um conjunto de entidades (reais ou abstratas) do mesmo tipo e com as mesmas características e comportamento. As classes definem a estrutura e o comportamento dos objetos daquele determinado tipo.

Podemos enxergar as classes como "modelos" ou "fábricas" de objetos do mesmo tipo. Por exemplo, considere um avião:

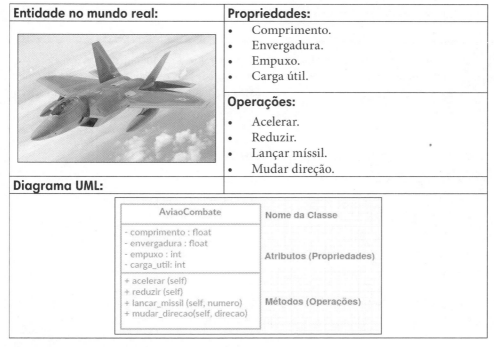

FIGURA 11.2: Diferentes representações para um avião

Todos os aviões de combate do mesmo tipo possuem propriedades (*atributos* ou *variáveis de instância*) e comportamento (*métodos*) semelhantes. Na Figura 11.2 podem ser vistas diferentes representações para um avião de combate: temos uma foto do objeto real, uma descrição textual das suas propriedades e operações e um diagrama de classes da UML (Linguagem de Modelagem Unificada),[2] que representam o mesmo conceito. A classe, representada nesse diagrama, traduz o conceito para uma linguagem de programação orientada a objetos.

DICA

Pense em uma classe, grosso modo, como sendo formada por variáveis (seu estado) e funções (seu comportamento). A diferença entre as funções e variáveis que você usou até o capítulo anterior é que elas existiam independentes umas das outras, enquanto, no caso de uma classe, elas só fazem sentido quando utilizadas conjuntamente.

Se pensar um pouco, certamente encontrará outros atributos e métodos que podem fazer parte de um avião de combate. A escolha de quais características do objeto do mundo real serão representadas pela sua classe é conhecida como **nível de abstração** — você pode decidir, por exemplo, que é importante registrar a quantidade e tipo de armamento do seu caça e incluir esses atributos na especificação, ou resolver que o serviço oferecido pelo método `mudar direção()` pode incluir as operações `acelerar()` e `reduzir()` e, com isso, eliminar essas operações da definição de sua classe.

AVISO

Ao definir uma classe, tenha sempre em mente que, idealmente, ela deve implementar um e não mais que um conceito em seu sistema. Se a classe tiver muitas incumbências, decomponha-a em classes menores com responsabilidades únicas, o que facilita futuras manutenções.

Definindo uma classe em Python

Em vez de descrever a sintaxe para criar uma nova classe, desta vez vou começar com um exemplo e, a partir dele, ir aumentando a complexidade passo a passo. Primeiro, crie um novo arquivo e digite o código da Listagem 11.2.

```
class Produto:
    pass
```

LISTAGEM 11.2: "Esqueleto" de uma classe Python

O que fiz foi simplesmente definir uma classe chamada Produto. A palavra-chave *pass*, na linha seguinte, instrui o Python a ignorar a ausência de código na classe. É como se eu dissesse: "Passe adiante, vou implementar o restante da classe depois."

---

[2] A UML é uma linguagem de especificação de projetos de software. É uma das formas mais utilizadas de representar os artefatos que compõem as aplicações, por meio de uma notação gráfica.

> **DICA**
>
>
> Em muitas linguagens orientadas a objeto, como Java e C#, é **obrigatório** que o arquivo que contém a classe tenha o mesmo nome que ela. Em Python, essa regra não existe. Você pode até mesmo — embora eu não recomende isso — criar todas as suas classes em um mesmo arquivo .py.
>
> A convenção para nomear classes em Python é usar *UpperCaseCamelCase*, ou seja, cada palavra que compuser o nome da classe deve ser escrita com uma inicial maiúscula e o restante em minúsculas, sem o uso de preposições. Por exemplo, para nomear classes que representem:
>
> - Documento de identidade: DocumentoIdentidade.
> - Veículo de suporte: VeiculoSuporte.
> - Unidade de medida: UnidadeMedida.

O que fiz foi simplesmente definir uma classe chamada Produto. A palavra-chave pass, na linha seguinte, instrui o Python a ignorar a ausência de código na classe. É como se eu dissesse: "Passe adiante, vou implementar o restante da classe depois."

Objetos

Um objeto é um elemento que foi criado a partir de uma classe. Diz-se que o objeto é uma *instância* da classe. Uma analogia útil é pensar na classe como uma forma ou família de objetos — o objeto é o produto final. Se o seu objeto fosse, por exemplo, um carro, a classe seria um projeto em alto nível do carro descrevendo apenas seus métodos (comportamento) e atributos (estado). No caso do diagrama da classe AviaoCombate, mostrado na Figura 11.2, poderíamos ter objetos como F_14, F_15, F_22Raptor — todos aviões de combate que, portanto, compartilham de características e operações.

Continuando a partir do código da Listagem 11.2, salve o código em um arquivo denominado produto.py, execute-o e digite no shell:

```
from produto import Produto
produto = Produto()
```

A primeira linha simplesmente importa nossa classe e a segunda, cria um objeto da classe produto e o armazena em uma variável chamada produto. Ao chamar Produto(), como se fosse uma função, você está instruindo o interpretador a criar um objeto dessa classe na memória. Essa operação é denominada de *instanciação*, e pode-se dizer que produto é uma *instância* ou um *objeto da classe Produto*.

Se você inspecionar no shell o conteúdo dessa variável, verá algo semelhante à Figura 11.3.

```
>>> from produto import Produto
>>> produto = Produto()
>>> produto
<produto.Produto object at 0x7f055d4c0dd8>
>>>
```

FIGURA 11.3: Criando um objeto da classe Produto

A linha "enigmática" <produto.Produto object at 0x7f7541c50588> simplesmente significa que foi criado um objeto da classe Produto contido no módulo produto.py e que o objeto está ocupando o endereço de memória mostrado em hexadecimal.

Se criar um outro objeto, digamos produto2, e inspecioná-lo, verá que ele ocupa um endereço diferente:

```
>>> from produto import Produto
>>> produto = Produto()
>>> produto
<produto.Produto object at 0x7f055d4c0dd8>  Endereço de Produto
>>>
>>> produto2 = Produto()
>>> produto2
<produto.Produto object at 0x7f055d4c0320>  Endereço de Produto2
>>>
```

FIGURA 11.4: Comparando os endereços de dois objetos da classe Produto

Isso acontece porque, a cada vez que instancia a classe Produto, chamando `Produto()`, um novo objeto é criado em um novo endereço de memória. Você também pode fazer uma variável apontar para outra:

```
produto2 = produto
```

Isso fará com que produto2 e produto apontem para o mesmo endereço e, portanto, para o mesmo objeto. Observe a Figura 11.5.

```
>>> from produto import Produto
>>> produto = Produto()
>>> produto
<produto.Produto object at 0x7f055d4c0dd8>
>>>
>>> produto2 = Produto()
>>> produto2
<produto.Produto object at 0x7f055d4c0320>
>>> produto2 = produto
>>> produto
<produto.Produto object at 0x7f055d4c0dd8>
>>> produto2
<produto.Produto object at 0x7f055d4c0dd8>
>>>
```

FIGURA 11.5: Fazendo duas variáveis apontarem para o mesmo endereço

Preste atenção às linhas:

```
>>> produto
<produto.Produto object at 0x7f7541c50588>
>>> produto2
<produto.Produto object at 0x7f7541c50588>
```

Observe os endereços dos objetos referenciados pelas variáveis.

Você pode estar curioso sobre o que aconteceu com o objeto anteriormente referenciado por produto2. Como esse objeto não é mais referenciado por variável alguma, ele é marcado para coleta pelo mecanismo de *garbage collection*[3] e removido posteriormente.

AVISO

Talvez você tenha notado no diagrama UML da Figura 11.2 que todos os métodos recebem um parâmetro de nome self. Trata-se de uma referência ao objeto no qual o método atuará. Um **método** **deve** receber esse parâmetro para poder acessar o estado do objeto ou chamar outros métodos da mesma classe.

Definindo os atributos da classe

Continuando a aperfeiçoar o exemplo da Listagem 11.2, adicionarei os atributos da classe — o que estabelece seu *estado*. Isso é feito em um método especial: _ _init_ _(). Esse método, conhecido como *dunder*[4] *init*, **inicializa um objeto da classe**.

AVISO

Muitos iniciantes confundem o dunder __init__() com o conceito de **método construtor**, existente em outras linguagens. Porém, um construtor tem a responsabilidade de alocar memória para uma nova instância da classe e, já o dunder __init__(), quando chamado, existe uma referência válida para uma nova instância da classe.

O dunder __init__() **deve** receber, no mínimo, um parâmetro *self*. Se você declará-lo sem esse parâmetro, quando tentar executar seu código receberá um erro TypeError: __init__() takes 0 positional arguments but 1 was given. Dessa forma, a assinatura **mínima** desse método é **_init_(self)**.

Digitei, propositalmente, um espaço entre os dois *underscores* no nome do dunder __init__() para que ficasse visível que eram dois símbolos, porém, no código, você deve digitar tudo junto ou receberá um erro Invalid Syntax quando tentar executar seu código.

---

[3] *Garbage colletion* é o processo de remover automaticamente objetos da memória quando esses não são mais referenciados. Isso é feito pelo **Garbage Collector** ("Coletor de Lixo").

[4] O nome dunder é a contração de *double underscore* ("underscore" duplo), pois, são usados dois símbolos de underscore no nome do método. Existem outros dunders na linguagem, sobre os quais falarei posteriormente.

Agora, acrescentarei os atributos à classe Produto. Altere o código da Listagem 11.2 para que fique como na Listagem 11.3 e rode seu código outra vez.

```
class Produto:

    def __init__(self, codigo: int, descricao: str, preco: float, quantidade_estoque: float)->None:
        self.codigo = codigo
        self.descricao = descricao
        self.preco = preco
        self.quantidade_estoque = quantidade_estoque
```

LISTAGEM 11.3: Classe Produto com um dunder __init__() (produto.py)

Adicionando métodos à classe

A minha classe Produto já possui estado, falta-lhe **comportamento** para que ela seja, rigorosamente, um objeto. O comportamento é especificado por meio de **métodos**. Entenda um método como uma função que opera sobre os dados do objeto ou sobre todas as instâncias da classe, simultaneamente. É possível criar um método por meio da palavra-chave def, da mesma maneira que você cria uma função apenas com um detalhe a mais: o primeiro parâmetro do método deve ser **obrigatoriamente** self, que conterá uma referência ao objeto em que o método está sendo executado. Adicionarei agora os métodos que completarão a minha classe Produto, fornecendo os mesmos serviços que sua versão procedural. Esses métodos são conhecidos como **métodos de negócio**, pois representam as **regras de negócio**[5] do programa:

```
""" Classe que representa um produto """


class Produto:

    def __init__(self, codigo: int, descricao:str, preco: float, quantidade_estoque: float)->None:
        self.codigo = codigo
        self.descricao = descricao
        self.preco = preco
        self.quantidade_estoque = quantidade_estoque

    def entrada_estoque(self, quantidade: float)->None:
        self.quantidade_estoque += quantidade

    def saida_estoque(self, quantidade: float)->None:
```

---

[5] Uma **regra de negócio** é o que define a forma de realizar o comportamento esperado pelo programa, refletindo a política interna, o processo definido e/ou as regras básicas de conduta. Por exemplo, se em um determinado sistema não é permitido lançar vendas para um cliente inadimplente sem a aprovação de um gerente, esta é uma regra de negócio.

```
            self.quantidade_estoque -= quantidade

    def visualizar_quantidade_em_estoque(self)->None:
        print(f'A quantidade em estoque é {self.quantidade_
estoque}')
```
LISTAGEM 11.4: Classe Produto com métodos de negócio (produto.py)

AVISO

Preste muita atenção ao programar métodos de negócio! Mesmo programadores experientes às vezes se confundem com um detalhe: uma classe como Produto, que representa uma entidade básica do sistema, só deve conter código de negócios que lide com os próprios dados. Não crie métodos nessa classe que interajam com outras classes! Por exemplo, para realizar uma transferência no estoque que envolva registrar em algum lugar a entrada de produto em um local e saída de outro, essa operação **NÃO** deve ser implementada na classe Produto e sim, provavelmente, em outra classe, que teria acesso aos produtos e ao registro de transações.

Usando os serviços da classe Produto

Agora, mostrarei como executar as mesmas operações da Figura 11.1 de uma perspectiva orientada a objetos, por meio da classe Produto.

```
Versão Procedural:
>>> produto1 = cria_produto(1, 'Som automotivo', 574.20, 8)
>>> entrada_estoque(produto1, 2.0)
>>> visualizar_quantidade_em_estoque(produto1)
A quantidade em estoque e 10.0
Versão Orientada a Objetos:
>>> um_produto = Produto(1, 'Som automotivo', 574.20, 8)
>>> um_produto.entrada_estoque(2.0)
>>> um_produto.visualizar_quantidade_em_estoque()
A quantidade em estoque e 10.0
>>> um_produto.saida_estoque(3)
>>> um_produto.visualizar_quantidade_em_estoque()
A quantidade em estoque e 7.0
>>>
```
FIGURA 11.6: Comparando as versões procedural e orientada a objetos do controle de estoque

Observe como a versão orientada a objetos do código é mais fácil de ler e possui uma semântica mais robusta. Para o programador que utiliza a classe Produto (pode não ser o mesmo que a criou), não importa como um produto foi implementado internamente, apenas a *assinatura* dos métodos da classe precisa ser conhecida, ou seja, o comportamento está *encapsulado* — você não precisa saber nada acerca da estrutura interna da classe. Outros sistemas que precisem usar o conceito de "produto" podem reutilizar essa classe sem precisar "reinventar a roda".

O valor None

Você viu, em alguns códigos ao longo do livro, um valor especial denominado None. Em outras linguagens de programação ele é conhecido como null ou nil. Trata-se de um valor que representa um objeto inexistente. Como tudo em Python são objetos, None funciona como um objeto vazio.

> **DICA**
>
>
>
> Para "desreferenciar" uma variável, ou seja, fazê-la deixar de apontar para o seu valor atual, basta atribuir-lhe o valor None. Por exemplo:
> ```
> obj1 = Carro()    # obj1 contém um objeto da classe Carro
> obj1 = None       # valor de obj1 foi desreferenciado
> ```
> Após a execução dessas linhas, a variável obj1 não aponta para objeto algum e o objeto da classe Carro que ela conteve anteriormente foi marcado para eliminação pelo **Garbage Collector**.

Protegendo suas informações com atributos privados

Um problema da classe Produto que defini está na ***visibilidade*** dos seus atributos. Usando o shell, qualquer um pode visualizar os atributos internos de uma conta e alterá-los diretamente. Por exemplo, após as operações mostradas na Figura 11.6, você poderia digitar no shell:

```
um_produto.quantidade_estoque = 11.0
um_produto.visualizar_quantidade_em_estoque()
```

que exibiria em resposta:

```
A quantidade em estoque é 11.0
```

Porém, apesar de permitida, essa atribuição não deveria existir. Idealmente, você só deveria acessar os dados do objeto por meio de métodos que retornassem/alterassem tais dados. Deixar os dados expostos a alteração direta é uma violação do encapsulamento e uma prática que diminui a qualidade do seu código. Para prevenir essa situação, a linguagem nos fornece uma maneira de "proteger" atributos contra o acesso direto, tornando-os ***privados***[6] (na verdade, não existem atributos privados em Python, trata-se apenas de uma ***convenção***, veja o box "Aviso" a seguir): basta preceder o nome do atributo cuja visibilidade se deseja restringir por _ _ (dois underscores, observe que eles devem ser digitados juntos, separei-os aqui para melhor visualização). Alterando nossa classe Produto novamente para que seus atributos sejam "privados", ela ficará como na Listagem 11.5.

---

[6] Em outras linguagens de programação, como Java, por exemplo, existe uma palavra-chave ***private***, que torna um atributo de classe privado, o que só permite que o atributo seja visualizado na própria classe em que for definido.

Programação Orientada a Objetos em Python

AVISO

Essa característica é chamada de **name mangling** e, na realidade, tudo é parte de uma convenção; o fato de você preceder um atributo com __ *sinaliza* para outros programadores que ele deve ser tratado como se fosse privado.

```python
""" Classe que representa um produto """

class Produto:

    def __init__(self, codigo: int, descricao:str, preco: float,
        quantidade_estoque: float)->None:
        self.__codigo = codigo
        self.__descricao = descricao
        self.__preco = preco
        self.__quantidade_estoque = quantidade_estoque

    def entrada_estoque(self, quantidade: float)->None:
        self.__quantidade_estoque += quantidade

    def saida_estoque(self, quantidade: float)->None:
        self.__quantidade_estoque -= quantidade

    def visualizar_quantidade_em_estoque(self)->None:
        print(f'A quantidade em estoque é {self.__quantidade_estoque}')
```

LISTAGEM 11.5: Nova versão da classe Produto com atributos privados (produto2.py)

Observe que, como Python não obriga o arquivo em que a classe foi definida a ter o mesmo nome dela, pude nomear o arquivo que contém essa nova versão da classe Produto como produto2.py. Execute esse código no shell e digite:

```
from produto2 import Produto
um_produto = Produto(1, 'Som automotivo', 574.20, 8.0)
um_produto.
```

Note que importei a nova versão da classe do arquivo produto2.py e não mais produto.py. Após digitar a última linha, tecle <ctrl> + <espaço> para ativar o recurso de "autocompletar" do IDLE e, em seguida, surgirá o menu de contexto mostrado na Figura 11.7. Perceba que não aparecem mais os atributos que foram definidos como privados, mas apenas os métodos de acesso.

```
>>>
>>>
>>>
>>>
>>>
>>> from produt          roduto
>>> um_produto          , 'Som automotivo', 574.20, 8)
>>> um_produto.
```

FIGURA 11.7: Autocompletando uma variável do tipo da classe Produto

Contudo, ainda é possível acessar diretamente esses atributos, se você assim o desejar, usando a sintaxe da Figura 11.8.

```
>>> from produto2 import Produto
>>> um_produto = Produto(1, 'Som automotivo', 574.20, 8)
>>> print(f'código: {um_produto._Produto__codigo}')
código: 1
>>> print(f'descrição: {um_produto._Produto__descricao}')
descrição: Som automotivo
>>> print(f'preço: {um_produto._Produto__preco}')
preço: 574.2
>>> print(f'quantidade em estoque: {um_produto._Produto__quantidade_estoque:.2f}')
quantidade em estoque: 8.00
>>>
```

FIGURA 11.8: Acessando diretamente atributos privados por meio do shell

O formato é: referência_do_objeto. _Nome da Classe._ _nome do atributo

Por exemplo: um_produto.   _Produto.   __descricao

AVISO

Apesar de você **poder** acessar diretamente os atributos do objeto, a menos que haja uma razão **muito boa** para isso, não deve fazê-lo. A forma recomendada é criar métodos de negócio que realizem o acesso indiretamente. Por exemplo: faz mais sentido, no caso de um produto, existirem métodos para alterar seu preço e dar entrada/saída em seu estoque do que acessar esses atributos diretamente. Essa sintaxe, de certa forma, funciona como um lembrete de que, ao acessar diretamente um atributo, você está "brincando com fogo".

Lendo/alterando atributos privados por meio de métodos de acesso

Após tornar privados os atributos da classe Produto, será necessária uma maneira de acessá-los para leitura/alteração, afinal, para que servem dados tão encapsulados que ninguém consegue usá-los?

A solução comumente empregada é criar **métodos de acesso** para esses atributos. Apesar desses métodos poderem ter qualquer nome, há uma **convenção** em nomeá-los como `get_nome_da_propriedade()` e `set_nome_da_propriedade()`.

DICA

Como se trata de uma **convenção**, você não é **obrigado(a)** a nomear seus métodos dessa maneira, porém, ao fazê-lo, facilitará futuras manutenções e o entendimento do código por membros novatos na sua equipe.

Portanto, vou alterar a classe Produto para incluir métodos de acesso, deixando-a como na Listagem 11.6.

```
""" Classe que representa um produto """

class Produto:

    def __init__(self, codigo: int, descricao:str, preco: float, quantidade_estoque: float)->None:
        self.__codigo = codigo
        self.__descricao = descricao
        self.__preco = preco
        self.__quantidade_estoque = quantidade_estoque

    def entrada_estoque(self, quantidade: float)->None:
        self.__quantidade_estoque += quantidade

    def saida_estoque(self, quantidade: float)->None:
        self.__quantidade_estoque -= quantidade

    def visualizar_quantidade_em_estoque(self)->None:
        print(f'A quantidade em estoque é {self.__quantidade_estoque}')

    def get_codigo(self)->int:
        return self.__codigo

    def set_codigo(self, codigo: int)->None:
        self.__codigo = codigo

    def get_descricao(self)->str:
        return self.__descricao
```

```python
    def set_descricao(self, descricao: str)->None:
        self.__descricao = descricao

    def get_preco(self)->float:
        return self.__preco

    def set_preco(self, preco: float)->None:
        self.__preco = preco

    def get_quantidade_estoque(self)->float:
        return self.__quantidade_estoque

    def set_quantidade_estoque(self, quantidade_estoque:
float)->None:
        self.__quantidade_estoque = _quantidade_estoque
```

LISTAGEM 11.6: Classe Produto com métodos de acesso (produto3.py)

E, novamente, executarei operações com esses métodos, como mostrado na Figura 11.9. Perceba que os resultados são os mesmos daqueles que obtive na Figura 11.8.

```
>>> from produto3 import Produto
>>> um_produto = Produto(1, 'Som automotivo', 574.20, 8)
>>> print(f'código: {um_produto.get_codigo()}')
código: 1
>>> print(f'descrição: {um_produto.get_descricao()}')
descrição: Som automotivo
>>> print(f'preço: {um_produto.get_preco()}')
preço: 574.2
>>> print(f'quantidade em estoque: {um_produto.get_quantidade_estoque()}')
quantidade em estoque: 8
>>>
```

FIGURA 11.9: Acessando atributos privados por meio de propriedades

Acredito que, para os novatos em programação, esse recurso pareça redundante: se eu posso, simplesmente, realizar uma atribuição do tipo **um_produto.preco = 10.0**, por que ter todo esse trabalho? Entre as várias razões, posso destacar duas:

- **Aumento do encapsulamento**: Na classe Produto que criei, há apenas propriedades simples, porém, e se estivéssemos modelando uma entidade complexa, em que haveria atributos do tipo List, que, por sua vez, conteriam dicionários etc.? O usuário dessa classe hipotética só precisaria saber o tipo e nome dos parâmetros que a classe requereria para ser instanciada e não precisaria de conhecimento sobre como essa informação é representada internamente para poder usar os objetos da classe.

- **Robustez**: Com frequência, é necessário "proteger" seus objetos contra dados espúrios. Por exemplo: não faz sentido a existência de um produto com um preço de venda menor ou igual a zero. Do mesmo modo, uma vez criado o produto, seu código não deveria mais ser alterado, portanto, não faz sentido a existência de um método set_codigo(). Também não faz sentido alterar diretamente a quantidade em estoque do produto — um produto deveria ser criado com estoque inicial zero e, a partir desse momento, entradas e saídas do estoque poderiam ser usadas para aumentar ou diminuir o estoque. Para implementar essas mudanças, altere sua classe Produto, mais uma vez, de acordo com a Listagem 11.7.

```
""" Classe que representa um produto """

class Produto:

    def __init__(self, codigo: int, descricao:str, preco: float)->None:
        self.__codigo = codigo
        self.__descricao = descricao
        self.__preco = preco
        self.__quantidade_estoque = 0

    def entrada_estoque(self, quantidade: float)->None:
        self.__quantidade_estoque += quantidade

    def saida_estoque(self, quantidade: float)->None:
        self.__quantidade_estoque -= quantidade

    def visualizar_quantidade_em_estoque(self)->None:
        print(f'A quantidade em estoque é {self.__quantidade_estoque}')

    def get_codigo(self)->int:
        return self.__codigo

    def get_descricao(self)->str:
        return self.__descricao

    def set_descricao(self, descricao: str)->None:
        self.__descricao = descricao

    def get_preco(self)->float:
        return self.__preco

    def set_preco(self, preco: float)->None:
        if preco <= 0:
            print('Erro: preço deve ser um valor positivo.')
        else:
            self.__preco = preco
```

```
        def get_quantidade_estoque(self)->float:
            return self.__quantidade_estoque
```
LISTAGEM 11.7: Classe Produto mais robusta (produto4.py)

A Figura 11.10 mostra o resultado da execução desse código.

```
>>> from produto4 import Produto
>>> um_produto = Produto(1, 'Som automotivo', 574.20)
>>> outro_produto = Produto(2, 'Cera líquida', 15.0)
>>> um_produto.entrada_estoque(80)        # Estoque inicial = 80
>>> outro_produto.entrada_estoque(200)    # Estoque inicial = 200
>>> um_produto.set_preco(0)
Erro: preço deve ser um valor positivo.
>>>
```
FIGURA 11.10: Testando propriedades com checagens de robustez

AVISO

Muito cuidado para não confundir "checagens de robustez" com "regras de negócio"! Os métodos de uma classe básica como Produto (tecnicamente, esse tipo de classe é conhecido como "classe de domínio") **NÃO** devem verificar *regras de negócio*. Tal verificação deve ser feita por outras formas, pois, em geral, envolve comparar o valor de mais de uma classe para responder a questões como: "O produto que vou vender tem estoque suficiente para atender ao pedido?", "O comprador está inadimplente e impedido de comprar?" etc. Essas regras costumam ser implementadas em outro tipo de classe.
Lembre-se: suas classes devem ter *uma e não mais que uma responsabilidade*!

Imprimir mensagens de erro com `print()` na tela não é considerada a maneira mais indicada de lidar com condições inesperadas em seu código. No próximo capítulo, você conhecerá as *exceções*, que fazem essa tarefa muito melhor.

Acessando atributos como propriedades

Um recurso interessante que a linguagem coloca à disposição do programador é o de acessar os atributos do objeto como *propriedades* — quando um atributo é definido como *propriedade* do objeto, ele pode ser lido/gravado simplesmente digitando:

```
objeto.propriedade = valor
variável = objeto.propriedade
```

Internamente, o Python continua a usar os métodos `get()` e `set()` para as operações, mantendo o encapsulamento. Para obter esse comportamento, você precisará de um *decorador* — uma anotação em seu código que instrui o Python a tratar determinado trecho de código de maneira diferente da usual.

Para criar uma propriedade para **leitura**, use o decorador @property: a assinatura do método *getter* da propriedade de `get_alguma_coisa(self)` para `alguma_coisa(self)` e adicione, logo acima do método, a anotação @property.

Para permitir *escrita* na propriedade use o decorador @*nome_da_propriedade.setter* e remova a expressão set do nome da propriedade.

Se lhe pareceu muito abstrato, mostrarei um exemplo para esclarecer melhor esse assunto. Mais uma vez, alterarei a classe Produto, desta vez para converter seus atributos em propriedades, como na Listagem 11.8.

```python
""" Classe que representa um produto """

class Produto:

    def __init__(self, codigo: int, descricao:str, preco: float)->None:
        self.__codigo = codigo
        self.__descricao = descricao
        self.__preco = preco
        self.__quantidade_estoque = 0

    def entrada_estoque(self, quantidade: float)->None:
        self.__quantidade_estoque += quantidade

    def saida_estoque(self, quantidade: float)->None:
        self.__quantidade_estoque -= quantidade

    def visualizar_quantidade_em_estoque(self)->None:
        print(f'A quantidade em estoque é {self.__quantidade_estoque}')

    @property
    def codigo(self)->int:
        return self.__codigo

    @property
    def descricao(self)->str:
        return self.__descricao

    @descricao.setter
    def descricao(self, descricao: str)->None:
        self.__descricao = descricao

    @property
    def preco(self)->float:
        return self.__preco

    @preco.setter
    def preco(self, preco: float)->None:
```

```
            if preco <= 0:
                print('Erro: preço deve ser um valor positivo.')
            else:
                self.__preco = preco

        @property
        def quantidade_estoque(self)->float:
            return self.__quantidade_estoque
```

LISTAGEM 11.8: Classe Produto usando propriedades (produto5.py)

Agora, para realizar as mesmas operações mostradas na Figura 11.10, é só fazer como mostrado na Figura 11.11. Observe como o código fica mais limpo.

```
>>> um_produto = Produto(1, 'Som automotivo', 574.20)
>>> outro_produto = Produto(2, 'Cera líquida', 15.0)
>>> print(um_produto.preco)
574.2
>>> um_produto.preco = 567.89
>>> print(um_produto.preco)
567.89
>>>
```

FIGURA 11.11: Usando a versão com propriedades da classe Produto

Percebo que programadores que vêm de outras linguagens têm reações diferentes a esse tipo de sintaxe: os que estão habituados a linguagens como Java preferem usar *getters* e *setters*, pois já estão familiarizados com eles; aqueles que programam em Delphi, por exemplo, acham as propriedades um recurso muito bem-vindo.

Métodos privados

Da mesma forma que existem **atributos privados**, Python também permite que você crie **métodos privados**, e a semântica é basicamente a mesma: um método que só deve ser chamado dentro da própria classe. Da mesma maneira que no caso dos atributos, um método privado é declarado simplesmente precedendo o seu nome com dois underscores (_ _).

Uma utilização bastante comum de métodos privados é em algoritmos do tipo "dividir para conquistar", em que um problema é quebrado em problemas menores, estes são resolvidos e os resultados, reunidos para compor a solução do problema inicial. Por exemplo, algoritmos que resolvem problemas de ordenação, tipicamente, recaem nessa categoria. Um dos mais utilizados é o algoritmo **QuickSort**. Ele recebe um conjunto de valores e o ordena de acordo com o processo (esta é a versão recursiva do algoritmo — ele pode ser implementado de outras formas):

1. Escolha um elemento do conjunto, denominado *pivô*.
2. Particione: rearranje o conjunto de modo que todos os elementos anteriores ao pivô sejam menores que ele, e todos os elementos posteriores sejam maio-

res que ele. Ao fim da execução, o pivô estará em sua posição final e haverá dois subconjuntos não ordenados. Essa operação é denominada partição.
3. Recursivamente, ordene o subconjunto dos elementos menores e o subconjunto dos elementos maiores.

A Listagem 11.9 mostra uma classe que implementa esse algoritmo.

```
""" Classe que implementa o algoritmo de ordenaçao QuickSort"""
class QuickSort:

    def __init__(self, numeros:'Lista de numeros')->None:
        self.__numeros = numeros
        self.__ordena()

    def __ordena(self)->None:
        self.__particiona(self.__numeros, 0, len(self.__numeros) - 1)

    def __particiona(self, numeros:'Lista de numeros', inicio: int, fim:int)->None:
        if fim - inicio > 0:
            pivo, esquerda, direita = self.__numeros[inicio], inicio, fim
            while esquerda <= direita:
                while self.__numeros[esquerda] < pivo:
                    esquerda += 1
                while self.__numeros[direita] > pivo:
                    direita -= 1
                if esquerda <= direita:
                    self.__numeros[esquerda], self.__numeros[direita] = self.__numeros[direita], self.__numeros[esquerda]
                    esquerda += 1
                    direita -= 1
            self.__particiona(self.__numeros, inicio, direita)
            self.__particiona(self.__numeros, esquerda, fim)

    @property
    def resultado(self)->'Lista de numeros':
        return self.__numeros
```

LISTAGEM 11.9: Implementação do algoritmo QuickSort (quicksort.py)

Perceba que, para o problema de ordenar um conjunto de números, o cliente da classe (outro desenvolvedor, que utiliza os serviços da mesma) não precisa conhecer a forma como os dados são particionados e agrupados — seu único interesse é no resultado final: os números ordenados. Assim, criei os métodos de ordenação (_ordena()) e particionamento (_particiona()) como privados e forneci para o usuário da classe apenas um método inicializador (o **dunder** _init_()) e uma propriedade para ler o resultado da ordenação (resultado). Você pode, até mesmo, usar esse código como um ponto de partida para outros problemas semelhantes.

Após executar o programa da Listagem 11.9, entre com os comandos da Figura 11.12 no shell.

```
>>> from quicksort import QuickSort
>>> a = [10, 7, 8, 9, 1, 5]
>>> print(a)
[10, 7, 8, 9, 1, 5]
>>> qs = QuickSort(a)
>>> print(qs.resultado)
[1, 5, 7, 8, 9, 10]
>>>
```

FIGURA 11.12: Testando a classe QuickSort

Atributos estáticos ou de classe

Outra construção comum em linguagens orientadas a objeto e que também está presente em Python são os **atributos estáticos ou de classe**. Tratam-se de atributos que **fazem parte da classe** e **não de cada objeto** e, por isso, são compartilhados por todas as instâncias da classe na qual são definidos.

Em algumas situações é preciso compartilhar uma dada informação entre todos os objetos de uma certa classe e, para isso, os atributos estáticos mostram-se bastante úteis. Definir um atributo desse tipo não poderia ser mais simples: apenas declare-o no corpo de uma classe, fora de qualquer método. Por exemplo, suponha que você esteja desenvolvendo um jogo e escreva uma classe Jogador. Um atributo estático poderia ser usado para controlar a quantidade total de jogadores. A Listagem 11.10 mostra uma possível implementação.

```
""" Classe que demonstra o uso variáveis estáticas """
""" Classe que implementa o algoritmo de ordenaçao QuickSort"""
class Jogador:

    numero_jogadores=0

    def __init__(self, nome):
        self.nome = nome
        Jogador.numero_jogadores += 1

    def sair(self):
        Jogador.numero_jogadores -= 1
        print(f'O jogador {self.nome} se desconectou. Restam {numero_jogadores} jogadores.')

    def imprimir_quantidade_jogadores(self):
        print(f'Neste momento, ha {Jogador.numero_jogadores} jogadores conectados.')
```

LISTAGEM 11.10: Classe com atributo estático (jogador.py)

A Figura 11.13 mostra a instanciação de dois jogadores seguida por uma chamada ao método `imprimir_quantidade_jogadores()` e acesso à variável estática numero_jogadores. Observe que, para acessar o atributo estático numero_jogadores, você precisa precedê-lo do nome da classe (Jogador).

```
>>> from jogador import Jogador
>>> jogador1 = Jogador('Fulano')
>>> jogador2 = Jogador('Cicrano')
>>> jogador1.imprimir_quantidade_jogadores()
Neste momento, ha 2 jogadores conectados.
>>> Jogador.numero_jogadores
2
>>>
```

FIGURA 11.13: Acessando atributos estáticos

Métodos estáticos ou de classe

Como mencionado no começo do Capítulo 6, quando falei em *funções que operam sobre strings*, na verdade eram *métodos estáticos da classe string*. Da mesma maneira que existem atributos estáticos, também há métodos estáticos, que operam sobre a classe em vez de sobre um objeto. Para criar um método estático há duas condições:

1. O método não deve receber o parâmetro self (afinal, ele não operará sobre um ***objeto***).
2. O método deve ser marcado com a anotação @staticmethod.

Na Listagem 11.11 adicionei um método estático `get_quantidade_jogadores()`, que retorna o valor do atributo estático numero_jogadores.

```
""" Classe que demonstra o uso variáveis estáticas """
class Jogador:

    numero_jogadores=0

    def __init__(self, nome):
        self.nome = nome
        Jogador.numero_jogadores += 1

    def sair(self):
        Jogador.numero_jogadores -= 1
        print(f'O jogador {self.nome} se desconectou. Restam {numero_jogadores} jogadores.')

    def imprimir_quantidade_jogadores(self):
        print(f'Neste momento, ha {Jogador.numero_jogadores} jogadores conectados.')

    @staticmethod
```

```
        def get_quantidade_jogadores():
            return Jogador.numero_jogadores
```
LISTAGEM 11.11: Classe com método estático (jogador2.py)

```
>>> from jogador2 import Jogador
>>> jogador1 = Jogador('Fulano')
>>> jogador2 = Jogador('Cicrano')
>>> Jogador.get_quantidade_jogadores()
2
>>> jogador1.get_quantidade_jogadores()
2
>>>
```

FIGURA 11.14: Acessando um método estático

Observe na Figura 11.14 que o método estático pode ser chamado a partir de um objeto, como jogador1 e jogador2, ou a partir da própria classe, Jogador.

Herança simples

Herança é uma das características fundamentais de uma linguagem orientada a objetos e também, fonte de muitas dúvidas entre os programadores novatos. Basicamente, é a capacidade de uma classe *reaproveitar estado e comportamento* de outra: diz-se que a primeira é a *classe pai* ou *classe ancestral*; a classe que reaproveita o comportamento é denominada de *classe filha*, *classe descendente* ou **classe herdada**. Imagine a seguinte situação: em um determinado sistema, você define uma classe chamada **Documento**, que possui apenas o mais básico que todo documento tem: um número, data de criação e resumo. A Listagem 11.12 mostra uma possível implementação. Aproveito para mostrar mais um *dunder*: _str_(self), que estabelece o formato com que o objeto será apresentado quando exibido na saída padrão pela função print().

```
""" Classe que representa um documento """
import datetime

class Documento:

    def __init__(self, numero:str, data_criacao:datetime,
resumo:str)->None:
        self.__numero = numero
        self.__data_criacao = data_criacao
        self.__resumo = resumo

    def __str__(self)->str:
        resultado = '\nDocumento n.:' + self.__numero + '\n'
        resultado += 'Data de criaçao:' + datetime.datetime.
strftime(self.__data_criacao,'%d/%m/%Y') + '\n'
        resultado += 'Resumo:' + self.__resumo + '\n'
        return resultado
```

```python
    @property
    def numero(self)->str:
        return self.__numero

    @property
    def data_criacao(self)->datetime:
        return self.__data_criacao

    @property
    def resumo(self)->str:
        return self.__resumo

    @resumo.setter
    def resumo(self, resumo: str)->None:
        if (resumo=='') or (resumo == None):
            print('Erro: Um resumo deve ser fornecido.')
        else:
            self.__resumo = resumo
```

LISTAGEM 11.12: Classe que representa um documento (documento.py)

Agora, suponha que você precise criar outro tipo de documento: um ofício circular que, além das características mostradas, precisa de um texto, uma lista de destinatários, uma data limite para o seu envio e um método `is_vencido()`, que verifica se ele não está vencido (ou seja, se sua data limite é posterior à data atual) e retorna True ou False conforme a resposta. Uma primeira implementação de uma classe que represente esse conceito poderia ser a da Listagem 11.13.

```python
""" Classe que representa um ofício circular """
import datetime

class OficioCircular:

    def __init__(self, numero:str, data_criacao:datetime,
resumo:str, texto: str, data_limite: datetime, destinatarios:'lista
de destinatarios')->None:
        self.__numero = numero
        self.__data_criacao = data_criacao
        self.__resumo = resumo
        self.__texto = texto
        self.__data_limite = data_limite
        self.__destinatarios = destinatarios

    def __str__(self)->str:
        resultado = 'Documento n.:' + self.__numero + '\n'
        resultado += 'Data de criação:' + datetime.datetime.strftime(self.__data_criacao,'%d/%m/%Y') + '\n'
        resultado += 'Resumo:' + self.__resumo + '\n'
        resultado += 'Texto: ' + self.__texto + '\n'
```

```python
        resultado += 'Data limite para envio: ' + self.data_limite.
strftime('%d/%m/%Y') + '\n'
        resultado += 'Destinatários: \n'
        resultado += ', '.join(self.destinatarios) + '\n'
        return resultado

    @property
    def numero(self)->str:
        return self.__numero

    @property
    def data_criacao(self)->datetime:
        return self.__data_criacao

    @property
    def resumo(self)->str:
        return self.__resumo

    @resumo.setter
    def resumo(self, resumo: str)->None:
        if (resumo=='') or (resumo == None):
            print('Erro: Um resumo deve ser fornecido.')
        else:
            self.__resumo = resumo

    @property
    def data_limite(self)->datetime:
        return self.__data_limite

    @data_limite.setter
    def data_limite(self, data_limite: datetime)->None:
        if (data_limite==None):
            print('Erro: Uma data limite para envio deve ser fornecida.')
        else:
            self.__data_limite = data_limite

    @property
    def texto(self)->str:
        return self.__texto

    @texto.setter
    def texto(self, texto: str)->None:
        if (texto=='') or (texto == None):
            print('Erro: Um texto deve ser fornecido.')
        else:
            self.__texto = texto

    @property
    def destinatarios(self)->'lista de destinatários':
        return self.__destinatarios
```

```
        @destinatarios.setter
        def destinatarios(self, destinatarios: 'Lista de
    destinatários')->None:
            self.__destinatarios = destinatarios

        def is_vencido(self)->bool:
            resultado = self.__is_vencido(self)
            return resultado

        def __is_vencido(self)->bool:
            hoje = datetime.date.today()
            resultado = False
            if(self.__data_limite < hoje):
                resultado = True
            return resultado

        def __enviar_copia(self)->None:
            pass
```

LISTAGEM 11.13: Classe que representa um ofício circular (oficio_circular.py)

AVISO

Não implementei o método `__enviar_copia()` para simplificar o código desta seção. Ele poderia ser implementado de várias maneiras, como, por exemplo, com o envio de um e-mail ou mensagem pelo próprio sistema, mas isso foge ao escopo do exemplo atual, por isso usei a palavra-chave **pass** para ignorar sua implementação.

DICA

Perceba que o método `__str__()` faz uso da função `join()` para converter a lista self.__destinatarios em uma **string** para poder concatená-la com o restante da representação do objeto Documento como string. Se você precisar lembrar desse tópico, releia a seção "A função `join()`", no Capítulo 6.

Observe que o código da Listagem 11.13 é composto por toda a Listagem 11.12 com um método `__init__()` diferente, que recebe dois parâmetros a mais e, além disso, um método público `is_vencido()` e um método privado, `__is_vencido()`. Ou seja, o restante do código foi simplesmente **copiado e colado** de documento.py. Tudo que está **sombreado em cinza** está **idêntico** ao código da classe **Documento**. Neste momento você pode pensar: "Deve haver um modo mais elegante de escrever esse código..." E tem razão! Para isso, usarei a herança para **generalizar** o estado e comportamento compartilhados pelas duas classes e acrescentarei apenas o que for diferente na classe OficioCircular. A nova versão dessa classe é mostrada na Listagem 11.14.

```
    """ Classe que representa um ofício circular """
    import datetime
    import time    # Necessário para usar strftime()
```

```python
from documento import Documento

class OficioCircular(Documento):

    def __init__(self, numero:str, data_criacao:datetime,
resumo:str, texto: str, data_limite: datetime, destinatarios:'lista
de destinatários')->None:
        super().__init__(numero, data_criacao, resumo)
        self.__texto = texto
        self.__data_limite = data_limite
        self.__destinatarios = destinatarios

    def __str__(self)->str:
        resultado = super().__str__()
        resultado += 'Texto: ' + self.texto + '\n'
      resultado += 'Data limite para envio: ' + self.data_limite.
strftime('%d/%m/%Y') + '\n'
        resultado += 'Destinatários: \n'
        resultado += ', '.join(self.destinatarios) + '\n'
        return resultado

    @property
    def texto(self)->str:
        return self.__texto

    @texto.setter
    def texto(self, texto: str)->None:
        if (texto=='') or (texto == None):
            print('Erro: Um texto deve ser fornecido.')
        else:
            self.__texto = texto

    @property
    def data_limite(self)->datetime:
        return self.__data_limite

    @data_limite.setter
    def data_limite(self, data_limite: datetime)->None:
        if (data_limite==None):
            print('Erro: Uma data limite para envio deve ser
fornecida.')
        else:
            self.__data_limite = data_limite

    @property
    def destinatarios(self)->'lista de destinatários':
        return self.__destinatarios

    @destinatarios.setter
  def destinatarios(self, destinatarios: 'Lista de destinatários')-
>None:
```

```
            self.__destinatarios = destinatarios

        def is_vencido(self)->bool:
            resultado = self.__is_vencido(self)
            return resultado

        def __is_vencido(self)->bool:
            hoje = datetime.date.today()
            resultado = False
            if(self.__data_limite < hoje):
                resultado = True
            return resultado

        def __enviar_copia(self)->None:
            pass
```

LISTAGEM 11.14: Classe que representa um ofício circular, usando herança (oficio_circular2.py)

Logo no começo da classe há uma novidade:

```
class OficioCircular(Documento):
```

O nome da classe entre parênteses identifica a classe *ancestral* da classe atual. Você poderia ler essa linha como: "declare uma classe de nome *OficioCircular*, que herda da classe *Documento*".

Em seguida, o método _init_() está bastante diferente do que você está acostumado. Diz-se que essa versão do método *sobrescreve* a versão da classe ancestral. Quando isso ocorre, é possível definir um método inteiramente novo, com a mesma assinatura daquele da classe ancestral; ou reaproveitar o método já definido na classe pai, chamando-o por meio do método super() e estendendo seu comportamento. Ou seja, adicionando funcionalidades ao método da classe do qual ele foi herdado.

Começa com uma lista de parâmetros que inclui todos os atributos de um objeto Documento e, além desses, os atributos de um OficioCircular. Isso é necessário para que o objeto filho tenha todas as propriedades do objeto pai (número, data de criação e resumo) e mais as que só ele possui (texto, data limite para envio e lista de destinatários).

```
        def __init__(self, numero:str, data_criacao:datetime,
    resumo:str, texto: str, data_limite: datetime, destinatarios:'lista
    de destinatarios')->None:
```

A primeira linha de _init_() traz mais uma novidade:

```
        super().__init__(numero, data_criacao, resumo)
```

O método super(), invocado dentro do *dunder* _init_(), faz referência à classe ancestral da atual. No caso da linha anterior, entenda-a como: "Chame o método _init_() da minha classe ancestral (Documento, no exemplo)." Como Documento._init_() espera os parâmetros numero, data_criacao e resumo, eles também são passados na mesma chamada de método. Em seguida, são inicializados *apenas* os valores atributos específicos de OficioCircular, reaproveitando o comportamento definido na classe pai.

```
self.__texto = texto
self.__data_limite = data_limite
self.__destinatarios = destinatarios
```

Logo em seguida você encontra o *dunder* `__str__()`, usado para retornar uma representação string dos objetos da classe OficioCircular:

```
def __str__(self)->str:
    resultado = super().__str__()
    resultado += 'Texto: ' + self.texto + '\n'
    resultado += 'Data limite para envio: ' + self.data_limite.strftime('%d/%m/%Y') + '\n'
    resultado += 'Destinatarios: \n'
    resultado += ', '.join(self.destinatarios) + '\n'
    return resultado
```

Perceba que, mais uma vez, foi chamado um método da classe ancestral por meio da função `super()`, desta vez foi `__str__()`. Adicionei ao resultado retornado pelo método da classe pai as informações específicas de um ofício circular. Diz-se que, nesse caso, `__str__()` *estende* o comportamento do método de mesmo nome da classe ancestral.

Os métodos que alteram e retornam valores de propriedades (*setters* e *getters*) não são novidades: seu formato é idêntico ao que já foi visto na classe Documento.

Por último, defini dois métodos, `is_vencido(self)` e `__is_vencido(self)`: o primeiro usa o serviço do segundo, que é *privado por convenção*, para retornar True ou False, dependendo de o ofício atual estar vencido para envio ou não. Isso estabelece uma dependência fraca entre os dois métodos aumentando a coesão do código, pois, se mudar a maneira de considerar um ofício vencido, basta alterar o método `__is_vencido()` e o restante do código não precisará de mudança.

AVISO

Lembre-se de que você sempre pode acessar um atributo ou método privado usando a sintaxe **objeto._Classe__atributo** ou **objeto._Classe__método()**, como, por exemplo:

```
oficio = OficioCircular('123-4', datetime.datetime(2019,5,13), 'Teste de oficio circular', 'Este e apenas um teste: lorem ipsum dolor sit...', datetime.datetime(2019,6,30), ['Alice', 'Bob', 'Charlie'])
print(oficio._OficioCircular__texto)
```

Nesse código, é possível visualizar o conteúdo de _texto, que é, **apenas por convenção**, um atributo privado (reveja a Figura 11.9).

A rigor, **PYTHON NÃO POSSUI MÉTODOS OU ATRIBUTOS PRIVADOS DE VERDADE,** mas você é **fortemente aconselhado** a respeitar a convenção e tratar tudo que começar com _ ou _ _ como privado.

Uma ressalva importante a se fazer é que herança não deve ser usada à toa: ela pode enriquecer bastante o seu modelo orientado a objetos, porém, quando se abusa do conceito, pode-se introduzir demasiada complexidade no sistema.

A herança costuma ser referenciada como uma relação do tipo "*é um*": um ofício circular *é um* documento, logo, pode-se representar a classe OficioCircular como uma classe descendente de Documento.

O relacionamento de herança entre duas classes é representado na UML como um pequeno triângulo apontando para a classe pai, ligado por uma linha à classe filha. A Figura 11.15 mostra a representação da herança entre Documento e OficioCircular nessa notação.

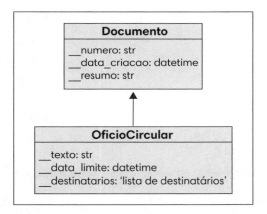

FIGURA 11.15: Herança em um diagrama UML

Herança múltipla e suas controvérsias

Em Python, uma classe pode herdar de outras duas ou mais ao mesmo tempo. Essa característica é denominada **herança múltipla** e é motivo de muitos debates nos meios acadêmicos, pois costuma adicionar complexidade e ambiguidade aos projetos. Alguns autores consideram que há preconceito sobre o tema, originado na forma como a herança múltipla foi implementada em algumas linguagens e, sobretudo, pelo uso indevido dela.

Definir uma classe com herança múltipla é simples em Python: basta passar como argumento para a classe filha no lugar de uma só classe ancestral, quantas forem necessárias, separadas por vírgula. Na Listagem 11.15, defini uma classe Pessoa e outra, Estudante, que representa o *papel* de uma pessoa no processo de estudar. Em seguida, defini a classe Residente, que herda simultaneamente de Pessoa e Estudante.

```
""" Exemplo de uso de herança múltipla em Python"""
class Pessoa:
    """ Classe ancestral - representa uma pessoa """
```

```python
    def __init__(self, nome: str, idade: int) -> None:
        self.__nome = nome
        self.__idade = idade

    def __str__(self)->str:
        resultado = '\nNome: ' + self.nome
        resultado += '\nIdade: ' + str(self.idade)
        return resultado

    @property
    def nome(self)->str:
        return self.__nome

    @nome.setter
    def nome(self, nome:str)->None:
        self.__nome = nome

    @property
    def idade(self)->int:
        return self.__idade

    @idade.setter
    def idade(self, idade:int)->None:
        self.__idade = idade

class Estudante:
    """ Classe que representa o papel de estudante, desempenhado por uma pessoa """
    def __init__(self, matricula: str)->None:
        self.__matricula = matricula

    def __str__(self)->str:
        resultado = '\nMatricula: ' + self.matricula
        return resultado

    @property
    def matricula(self)->str:
        return self.__matricula


class Residente(Pessoa, Estudante):
    """ Um residente e, ao mesmo tempo, pessoa e estudante: """
    def __init__(self, nome: str, idade: int, matricula: str)->None:
        Pessoa.__init__(self, nome, idade)
        Estudante.__init__(self, matricula)

    def __str__(self)->str:
        resultado = Pessoa.__str__(self)
        resultado += Estudante.__str__(self)
        return resultado
```

LISTAGEM 11.15: Exemplo de uso de herança múltipla em Python (heranca_multipla.py)

Digite o código da Listagem 11.15, abra o shell e teste-o com os comandos mostrados na Figura 11.16. Perceba que, ao invocar o método __str__() de Residente, você chamou, na realidade, as implementações de __str__() das classes ancestrais, Pessoa e Estudante, reutilizando seu comportamento.

```
>>> import heranca_multipla
>>> residente1 = Residente('Fulano', 30, '1234-5')
>>> residente2 = Residente('Cicrana', 27, '2233-4')
>>> print(f'Residente #1: {residente1}')
Residente #1:
Nome: Fulano
Idade: 30
Matricula: 1234-5
>>> print(f'Residente #2: {residente2}')
Residente #2:
Nome: Cicrana
Idade: 27
Matricula: 2233-4
>>>
```

FIGURA 11.16: Usando as classes com herança múltipla

AVISO

Alguns leitores poderiam questionar: "Mas um estudante não é uma pessoa? Então ele deveria ser modelado como herdando do tipo Pessoa."
De fato, dependendo da aplicação, isso poderia ser feito — apenas lembre-se de que **uma pessoa não nasce como um estudante**, então, em alguns contextos, "estudante" é apenas um **papel** desempenhado pela classe Pessoa e o vínculo entre ambos deve ser mais fraco que o da herança, bastando que a classe Estudante tenha uma referência para a pessoa representada (ou seja, uma **variável** que armazena um objeto do tipo Pessoa).

Resolvendo conflitos

Um dos possíveis problemas com o uso de herança múltipla é demonstrado na Listagem 11.16. Imagine que as classes Pessoa e Estudante tivessem um atributo nome. Qual versão da propriedade nome seria usada?

```
""" Exemplo de uso de herança múltipla em Python com uma propriedade
'nome' definida na classe ancestral
    e na classe filha """
class Pessoa:
    def __init__(self):
        self.nome = 'João'
        self.idade = 25
```

```
        def nome(self):
            return self.nome

class Aluno:
    def __init__(self):
        self.nome = 'José'
        self.matricula = '555'

        def nome(self):
            return self.nome

class Residente(Pessoa, Aluno):
    def __init__(self):
        Pessoa.__init__(self)
        Aluno.__init__(self)

        def getNome(self):
            return self.nome
```

LISTAGEM 11.16: Exemplo de uso de herança múltipla com propriedade nome ambiguamente definida (heranca_multipla2.py)

A classe Residente herda, ao mesmo tempo, de Pessoa e Aluno e ambas possuem um atributo nome. Se testar esse código usando os comandos da Figura 11.17 obterá:

```
>>> residente1 = Residente()
>>> print(residente1.getNome())
José
>>>
```

FIGURA 11.17: Testando classes com atributos ambíguos

O nome impresso é *José*, definido na classe Aluno, pois no método __init__() de Residente, a primeira chamada executa Pessoa.__init__() define o valor de nome como *João*. Porém, logo em seguida, é chamado Aluno.__init__() sobrescreve esse valor com o nome *José*. Mesmo que, na declaração da classe Residente, você invertesse a ordem das classes ancestrais escrevendo:

```
        class Residente(Aluno, Pessoa):
```

o resultado teria sido o mesmo (teste e confirme). Agora, modifique seu código para que fique como na Listagem 11.17 e execute-o.

```
        """ Exemplo de uso de herança múltipla em Python com uma proprie-
        dade 'nome' definida na classe ancestral
            e na classe filha """
```

```
class Pessoa:
    def __init__(self):
        super().__init__()
        self.nome = 'João'
        self.idade = 25

    def getNome(self):
        return self.nome


class Aluno:
    def __init__(self):
        super().__init__()
        self.name = 'José'
        self.matricula = '555'

    def getNome(self):
        return self.nome


class Residente(Pessoa, Aluno):
    def __init__(self):
        super().__init__()

    def getNome(self):
        return self.nome
```

LISTAGEM 11.17: Usando o mecanismo de MRO (heranca_multipla3.py)

O que define a ordem de execução dos construtores é um protocolo, denominado **MRO**, da sigla inglesa **Method Resolution Order**, ou *"Ordem de Resolução de Método"*: os métodos são chamados *em profundidade*. No método __init__() de Residente, a linha:

    super().__init__()

chamará o método __init__() da classe ancestral. Como Residente herda de duas classes (Pessoa e Aluno), ele executará primeiro Pessoa.__init__(), pois foi declarado primeiro na lista de argumentos. Quando o interpretador executa esse método, encontra uma linha:

    super().__init__()

que o instrui a executar o dunder __init__() da classe ancestral de Pessoa. Como Pessoa herda diretamente de **object**, que é a classe ancestral de todas as classes em Python, a busca para por aí e retorna ao método chamador. Então, o processo é repetido para a próxima classe ancestral: Aluno. Logo, para o exemplo fornecido, a ordem de execução será: Residente → Pessoa →Aluno. A Figura 11.18 mostra o resultado desse código.

```
>>> residente1 = Residente()
>>> print(residente1.getNome())
João
>>>
```

FIGURA 11.18: Testando o protocolo MRO

Classes abstratas

Uma característica importante das linguagens orientadas a objeto é a existência das chamadas *classes abstratas*. Uma classe abstrata é uma classe que possui apenas a assinatura de alguns de seus métodos, sem implementação. Isso pode parecer algo inútil para quem toma contato com a orientação a objetos pela primeira vez, mas, acredite: é um dos aspectos mais usados dessas linguagens quando se precisa utilizar o *polimorfismo*.

A chave para sua utilização é que elas funcionam como um **contrato** do desenvolvedor com o arquiteto da aplicação — qualquer classe que **herde de uma classe abstrata é obrigada a implementar os métodos desta**. Ou seja: ao definir uma classe abstrata, você obriga os desenvolvedores que a instanciarem a, no mínimo, fornecer métodos com a mesma assinatura daqueles definidos em sua classe abstrata — podendo estendê-la criando métodos ou atributos adicionais.

Por exemplo, imagine que você esteja desenvolvendo um software que gerencia documentos jurídicos para um escritório de advocacia e um dos módulos desse sistema reúne informações dos réus, testemunhas e vítimas para compor uma peça.

Para criar uma classe abstrata em Python, esta deve herdar da classe **ABC** (sigla de *Abstract Base Class*), presente no módulo abc e **todos** os métodos cuja implementação deverá ser postergada para as classes descendentes, chamados de *métodos abstratos*; deverão usar a palavra-chave **pass** no lugar de seus códigos. Ou seja: seu código deverá começar com:

```
from abc import ABC
class NomeDaSuaClasse(ABC):
```

Você poderia ter algo parecido com a Listagem 11.18 (os conceitos foram bastante simplificados aqui para que o exemplo ficasse mais fácil de entender):

```
""" Exemplo de classe abstrata """
from abc import ABC

class CriadorAbstratoDePeca(ABC):
    """ Classe abstrata que define as etapas para criar uma peça
    juridica """

    def executar(self):
        self.adicionar_reus()
```

```
            self.adicionar_testemunhas()
            self.adicionar_vitimas()

    def adicionar_reus(self):
        pass

    def adicionar_testemunhas(self):
        pass

    def adicionar_vitimas(self):
        pass
```
LISTAGEM 11.18: Exemplo de classe abstrata (classe_abstrata.py)

Porém, ***CriadorAbstratoDePeca*** não é ainda, a rigor, uma classe abstrata. Você pode criar objetos dessa classe, conforme demonstra a Figura 11.19. Perceba que, ao chamar print(criador), foi mostrado em resposta o endereço de um objeto, o que comprova que a classe ***CriadorAbstratoDePeca*** não é, de fato, abstrata.

```
>>> from classe_abstrata import CriadorAbstratoDePeca
>>> criador = CriadorAbstratoDePeca()
>>> print(criador)
<classe_abstrata.CriadorAbstratoDePeca object at 0x7fcd7de28da0>
>>>
```
FIGURA 11.19: Criando objetos de uma classe abstrata

Uma classe **realmente abstrata não deveria ser instanciada**. Para corrigir isso, é necessário **anotar** seus métodos abstratos com @abstractmethod, anotação também presente no módulo abc. A Listagem 11.19 mostra a classe com todas as devidas correções e a Figura 11.20, o resultado de uma tentativa de criar um objeto da referida classe.

```
""" Exemplo de classe abstrata """
from abc import ABC, abstractmethod

class CriadorAbstratoDePeca(ABC):
    """ Classe abstrata que define as etapas para criar uma peça
    juridica """

    def executar(self):
        self.adicionar_reus()
        self.adicionar_testemunhas()
        self.adicionar_vitimas()

    @abstractmethod
    def adicionar_reus(self):
        pass

    @abstractmethod
    def adicionar_testemunhas(self):
        pass
```

```
        @abstractmethod
        def adicionar_vitimas(self):
            pass
```

LISTAGEM 11.19: Classe abstrata com anotações para identificar seus métodos como abstratos (classe_abstrata2.py)

```
>>> criador = CriadorAbstratoDePeca()
Traceback (most recent call last):
  File "<pyshell#129>", line 1, in <module>
    criador = CriadorAbstratoDePeca()
TypeError: Can't instantiate abstract class CriadorAbstratoDePeca with abstract metho
ds adicionar_reus, adicionar_testemunhas, adicionar_vitimas
>>>
```

FIGURA 11.20: Erro ao tentar instanciar uma classe abstrata

DICA

As classes abstratas são bastante usadas para definir os chamados *TemplateMethods* — classes que definem um "esqueleto" para execução das etapas de um algoritmo qualquer. As classes que implementam o algoritmo são obrigadas a seguir a ordem e assinatura dos métodos que implementam as etapas da tarefa, **desacoplando,** assim, a ordem dos métodos de suas implementações concretas.

Usando o polimorfismo com a linguagem Python

Não à toa, o polimorfismo é considerado um dos "pilares" da orientação a objetos, como comentei no começo deste capítulo. Para demonstrar seu uso, definirei mais uma classe herdada de Documento, que chamarei de CI, da sigla **Comunicação Interna**. Uma CI pode ser enviada para um setor ou uma pessoa e costuma ter uma estrutura mais "solta" que um ofício. Como ela ainda *é um documento*, deve *herdar* dessa classe. A Listagem 11.20 mostra uma classe CI simplificada para fins didáticos.

```
""" Classe que representa uma CI """
import datetime
from documento import Documento

class CI(Documento):
```

```python
        def __init__(self, numero:str, resumo:str, texto: str,
    destinatarios:'lista de destinatarios')->None:
            data_criacao = datetime.datetime.now()
            super().__init__(numero, data_criacao, resumo)
            self.__texto = texto
            self.__destinatarios = destinatarios

        def __str__(self)->str:
            resultado = super().__str__() + '\n'
            resultado += 'Texto: ' + self.__texto + '\n'
            resultado += 'Destinatarios: \n'
            resultado += ', '.join(self.__destinatarios)
            return resultado

        @property
        def texto(self)->str:
            return self.__texto

        @texto.setter
        def texto(self, texto: str)->None:
            if (texto=='') or (texto == None):
                print('Erro: Um texto deve ser fornecido.')
            else:
                self.__texto = texto

        @property
        def destinatarios(self)->'lista de destinatarios':
            return self.__destinatarios

        @destinatarios.setter
        def destinatarios(self, destinatarios: 'Lista de
    destinatarios')->None:
            self.__destinatarios = destinatarios
```

LISTAGEM 11.20: Classe que representa uma Comunicação Interna (CI) (comunicacao_interna.py)

A seguir, na Listagem 11.21, usarei as classes CI, Documento e OficioCircular, definidas anteriormente nas Listagens 11.12, 11.14 e 11.20, junto com uma lista para demonstrar o uso do polimorfismo, escrevendo código que acessa os objetos da coleção de maneira uniforme. Para tal, lembre-se de que OficioCircular e CI **herdam** de Documento, ou seja, um objeto do tipo OficioCircular é, também, um objeto do tipo Documento; do mesmo modo, uma CI é um Documento.

```
""" Exemplo de uso do polimorfismo em Python """
from datetime import datetime
from documento import Documento
from oficio_circular2 import OficioCircular
from comunicacao_interna import CI

doc1 = OficioCircular(numero='0001/2019',
                      data_criacao=datetime(2019,6,1),
                      resumo='Teste de criaçao de oficio circular',
                      texto='Lorem ipsum dolor sit...',
                      data_limite=datetime(2019,6,30),
                      destinatarios= ['cicrana@teste.com', 'fulano@teste.com'])

doc2 = CI(numero='0058/2019',
          texto='Lorem ipsum dolor sit...',
          resumo = 'Teste teste',
          destinatarios=['cicrana@teste.com', 'fulano@teste.com'])

lista_documentos = []
lista_documentos.append(doc1)
lista_documentos.append(doc2)
print('\nImprimindo a lista de documentos atual:\n')
for documento in lista_documentos:
    print(documento)
```

LISTAGEM 11.21: Exemplo de uso de polimorfismo em Python (exemplo_polimorfismo.py)

O programa começa importando todas as classes necessárias e, em seguida, inicializei duas variáveis, doc1 e doc2: a primeira com um objeto do tipo OficioCircular e a segunda com uma instância da classe CI. Perceba que ambas as classes, OficioCircular e CI, herdam de Documento, então, onde for esperada uma instância de Documento, sempre se poderá usar uma CI ou um OficioCircular (pois eles **são documentos**). É por causa dessa característica (o ***polimorfismo***) que o trecho:

```
for documento in lista_documentos:
    print(documento)
```

funciona sem problemas. Cada vez que o loop itera sobre um novo elemento de lista_documentos, se o objeto atualmente apontado for um OficioCircular, será chamado o dunder __str__() dessa classe; o mesmo acontecendo se o objeto for uma CI. Ou seja: você não precisa alterar seu código para objetos diferentes, desde que eles herdem de uma mesma classe. Essa vantagem faz do polimorfismo uma das características mais importantes de uma linguagem de programação orientada a objetos. Veja o resultado da execução desse código na Figura 11.21.

```
Imprimindo a lista de documentos atual:

Documento n.:0001/2019
Data de criaçao:01/06/2019
Resumo:Teste de criaçao de oficio circular
Texto: Lorem ipsum dolor sit...
Data limite para envio: 30/06/2019
Destinatarios:
cicrana@teste.com, fulano@teste.com


Documento n.:0058/2019
Data de criaçao:02/11/2019
Resumo:Teste teste
Texto: Lorem ipsum dolor sit...
Destinatarios:
cicrana@teste.com, fulano@teste.com
>>>
```

FIGURA 11.21: Usando o polimorfismo para iterar sobre uma lista de objetos que herdam de uma classe comum

Se prestar atenção, perceberá que a única diferença, com relação aos atributos, entre as classes Oficio Circular e CI é que a primeira possui um atributo data_limite que a outra não tem. Então, se eu quisesse escrever código que usasse esse atributo, seria necessário testar o tipo do objeto para não provocar erros. Por exemplo, se alterar o código da Listagem 11.21, para que fique como na Listagem 11.22, ocorrerá o erro mostrado na Figura 11.22. Você consegue identificar o porquê?

```python
""" Exemplo de uso do polimorfismo em Python com um erro proposital """
from datetime import datetime
from documento import Documento
from oficio_circular2 import OficioCircular
from comunicacao_interna import CI

doc1 = OficioCircular(numero='0001/2019',
                data_criacao=datetime(2019,6,1),
                resumo='Teste de criaçao de oficio circular',
                texto='Lorem ipsum dolor sit...',
                data_limite=datetime(2019,6,30),
                destinatarios= ['cicrana@teste.com', 'fulano@teste.com'])

doc2 = CI(numero='0058/2019',
        texto='Lorem ipsum dolor sit...',
        resumo = 'Teste teste',
        destinatarios=['cicrana@teste.com', 'fulano@teste.com'])

lista_documentos = []
lista_documentos.append(doc1)
lista_documentos.append(doc2)
```

```
        print('\nImprimindo a lista de documentos atual:\n')
        for documento in lista_documentos:
            print(documento)
            print(f'Data limite para envio: {documento.data_limite}')
```

LISTAGEM 11.22: Exemplo de uso de polimorfismo com erro (exemplo_polimorfismo_erro.py)

```
Imprimindo a lista de documentos atual:

Documento n.:0001/2019
Data de criaçao:01/06/2019
Resumo:Teste de criaçao de oficio circular
Texto: Lorem ipsum dolor sit...
Data limite para envio: 30/06/2019
Destinatarios:
cicrana@teste.com, fulano@teste.com

Data limite para envio: 2019-06-30 00:00:00

Documento n.:0058/2019
Data de criaçao:02/11/2019
Resumo:Teste teste
Texto: Lorem ipsum dolor sit...
Destinatarios:
cicrana@teste.com, fulano@teste.com
Traceback (most recent call last):
  File "/home/francisco/Dropbox/Alta Books/PythonWeb/código/cap11/exemplo_polimorfismo_erro.py", line 25, in <modu
le>
    print(f'Data limite para envio: {documento.data_limite}')
AttributeError: 'CI' object has no attribute 'data_limite'
>>>
```

FIGURA 11.22: Erro ao iterar sobre lista de documentos

A própria mensagem de erro já dá uma pista sobre a causa do problema: "objeto 'CI' não tem nenhum atributo 'data_limite'". O que acontece é que, ao iterar sobre a lista de documentos, tratei todos eles como objetos da classe pai, Documento, que não possui o atributo data_limite definido apenas na classe descendente Oficio Circular. Para que o código funcione adequadamente, usarei uma função que você ainda não conhece: isinstance(objeto, classe). Essa função devolve um booleano, indicando se objeto, o primeiro parâmetro fornecido, é uma instância da classe passada no segundo parâmetro. Se quiser verificar mais de uma classe simultaneamente, passe uma tupla com a lista de todas as classes a serem checadas, no segundo parâmetro. Agora, para corrigir o código com problemas, altere-o para que fique como na Listagem 11.23.

```
        """ Exemplo de uso do polimorfismo em Python - versao corrigida
        """
        from datetime import datetime
        from documento import Documento
        from oficio_circular2 import OficioCircular
        from comunicacao_interna import CI

        doc1 = OficioCircular(numero='0001/2019',
                              data_criacao=datetime(2019,6,1),
                              resumo='Teste de criaçao de oficio circular',
                              texto='Lorem ipsum dolor sit...',
                              data_limite=datetime(2019,6,30),
                              destinatarios= ['cicrana@teste.com',
                                              'fulano@teste.com'])
```

```
doc2 = CI(numero='0058/2019',
          texto='Lorem ipsum dolor sit...',
          resumo = 'Teste teste',
          destinatarios=['cicrana@teste.com', 'fulano@teste.com'])

lista_documentos = []
lista_documentos.append(doc1)
lista_documentos.append(doc2)
print('\nImprimindo a lista de documentos atual:\n')
for documento in lista_documentos:
    print(documento)
    if (isinstance(documento, OficioCircular)):
        print(f'Data limite para envio: {documento.data_limite}')
```

LISTAGEM 11.23: Exemplo de uso de polimorfismo corrigido (exemplo_polimorfismo_corrigido.py)

AVISO

Você pode estar pensando agora: "Você alterou o código introduzindo mais um teste para fazer algo que o dunder __str__() já resolvia (a informação sobre a data de envio já é impressa normalmente), então, qual o sentido disso?" De fato, se a necessidade fosse apenas imprimir a informação, esse if seria desnecessário, porém, imagine que você quisesse realizar alguma outra operação sobre esse dado — algum cálculo, por exemplo — nesse caso, seria preciso escrever alguma verificação parecida, para não causar uma exceção. Por outro lado, se houvesse vários atributos a serem conferidos, essa solução não seria prática.

A forma tradicional de lidar com tal questão é criar um método na classe ancestral e *sobrescrevê-lo* nas classes descendentes, de modo que cada classe "saiba" como fazer seu próprio cálculo (ou qualquer outra operação envolvendo seus dados). Por exemplo, suponha que todo documento em nosso modelo tivesse um valor chamado _score que servisse para indexar o documento atual e que, para CIs, o score fosse o comprimento do resumo somado de 2, enquanto, para Ofícios Circulares, o score seria o comprimento do texto somado à quantidade de destinatários. Para os demais documentos, seria considerado zero. Como você implementaria isso? Pense um pouco e depois veja a solução na Listagem 11.24.

```
""" Classe que representa um documento com o conceito de score """
import datetime

class Documento:

    def __init__(self, numero:str, data_criacao:datetime,
resumo:str)->None:
        self.__numero = numero
        self.__data_criacao = data_criacao
```

```python
        self.__resumo = resumo
        self.__score = 0

    def __str__(self)->str:
        resultado = '\nDocumento n.:' + self.__numero + '\n'
        resultado += 'Data de criaçao:' + datetime.strftime(self.__data_criacao,'%d/%m/%Y') + '\n'
        resultado += 'Resumo:' + self.__resumo + '\n'
        resultado += 'Score:' + self.__score + '\n'
        return resultado

    @property
    def numero(self)->str:
        return self.__numero

    @property
    def data_criacao(self)->datetime:
        return self.__data_criacao

    @property
    def resumo(self)->str:
        return self.__resumo

    @resumo.setter
    def resumo(self, resumo: str)->None:
        if (resumo=='') or (resumo == None):
            print('Erro: Um resumo deve ser fornecido.')
        else:
            self.__resumo = resumo

    @property
    def score(self)->int:
        return self.__score


""" Classe que representa um oficio circular """
import datetime
import time   # Necessario para usar strftime()
from documento import Documento

class OficioCircular(Documento):

    def __init__(self, numero:str, data_criacao:datetime, resumo:str, texto: str, data_limite: datetime, destinatarios: 'lista de destinatarios')->None:
        super().__init__(numero, data_criacao, resumo)
        self.__texto = texto
        self.__data_limite = data_limite
        self.__destinatarios = destinatarios

    def __str__(self)->str:
        resultado = super().__str__()
        resultado += 'Texto: ' + self.texto + '\n'
```

```python
        resultado += 'Data limite para envio: ' + self.data_limite.
strftime('%d/%m/%Y') + '\n'
        resultado += 'Destinatarios: \n'
        resultado += ', '.join(self.destinatarios) + '\n'
        return resultado

    @property
    def texto(self)->str:
        return self.__texto

    @texto.setter
    def texto(self, texto: str)->None:
        if (texto=='') or (texto == None):
            print('Erro: Um texto deve ser fornecido.')
        else:
            self.__texto = texto

    @property
    def data_limite(self)->datetime:
        return self.__data_limite

    @data_limite.setter
    def data_limite(self, data_limite: datetime)->None:
        if (data_limite==None):
            print('Erro: Uma data limite para envio deve ser fornecida.')
        else:
            self.__data_limite = data_limite

    @property
    def destinatarios(self)->'lista de destinatarios':
        return self.__destinatarios

    @destinatarios.setter
    def destinatarios(self, destinatarios: 'Lista de destinatarios')->None:
        self.__destinatarios = destinatarios

    def is_vencido(self)->bool:
        resultado = self.__is_vencido(self)
        return resultado

    def __is_vencido(self)->bool:
        hoje = datetime.date.today()
        resultado = False
        if(self.__data_limite < hoje):
            resultado = True
        return resultado

    def __enviar_copia(self)->None:
        pass

    @property
    def score(self)->int:
```

```python
        resultado = len(self.destinatarios) + len(self.texto)
        return resultado


""" Classe que representa uma CI """
import datetime
from documento import Documento
from datetime import datetime

class CI(Documento):

    def __init__(self, numero:str, resumo:str, texto: str,
destinatarios:'lista de destinatarios')->None:
        data_criacao = datetime.now()
        super().__init__(numero, data_criacao, resumo)
        self.__texto = texto
        self.__destinatarios = destinatarios

    def __str__(self)->str:
        resultado = super().__str__()
        resultado += 'Texto: ' + self.__texto + '\n'
        resultado += 'Destinatarios: \n'
        resultado += ', '.join(self.__destinatarios)
        return resultado

    @property
    def texto(self)->str:
        return self.__texto

    @texto.setter
    def texto(self, texto: str)->None:
        if (texto=='') or (texto == None):
            print('Erro: Um texto deve ser fornecido.')
        else:
            self.__texto = texto

    @property
    def destinatarios(self)->'lista de destinatarios':
        return self.__destinatarios

    @destinatarios.setter
    def destinatarios(self, destinatarios: 'Lista de
destinatarios')->None:
        self.__destinatarios = destinatarios

    @property
    def score(self)->int:
        resultado = len(super().resumo) + 2
        return resultado
```

LISTAGEM 11.24: Hierarquia de classes que representam os conceitos de Documento, CI e Ofício Circular com score (documento_com_score.py)

Aqui, o importante a ser observado é a propriedade *score*. Destaquei, em fundo cinza, os trechos mais relevantes. Perceba que ela é definida na classe ancestral, **Documento**, e redefinida nas classes descendentes, **CI** e **OficioCircular**, porém, devido ao *polimorfismo*, o código que as utiliza se torna bastante enxuto. Veja um exemplo de uso, na Listagem 11.25.

```python
""" Exemplo de uso das classses CI e OficioCircular com o conceito
de score """
from datetime import datetime
from documento_com_score import OficioCircular, CI

print('Criando uma CI...')
doc1 = CI(numero='0058/2019',
          texto='Lorem ipsum dolor sit...',
     resumo = 'Teste teste',
             destinatarios=['cicrana@teste.com', 'fulano@teste.com'])
print(doc1)
print('Criando um ofício circular...')
doc2 = OficioCircular(numero='0001/2019',
                      data_criacao=datetime(2019,6,1),
                      resumo='Teste de criação de ofício circular',
                      texto='Lorem ipsum dolor sit...',
                      data_limite=datetime(2019,6,30),
                      destinatarios= ['cicrana@teste.com',
                                      'fulano@teste.com'])
print(f'O score da CI é {doc1.score}')
print(f'O score do ofício circular é {doc2.score}')
```

LISTAGEM 11.25: Exemplo de uso das classes polimórficas que representam ofícios circulares e CIs (usando_documentos_com_score.py)

A Figura 11.23 mostra o resultado da execução desse código.

```
Criando uma CI...

Documento n.:0058/2019
Data de criaçao:02/11/2019
Resumo:Teste teste
Texto: Lorem ipsum dolor sit...
Destinatarios:
cicrana@teste.com, fulano@teste.com
Criando um ofício circular...
O score da CI é 13
O score do ofício circular é 26
>>>
```

FIGURA 11.23: Criando documentos com polimorfismo

Magic Methods

Você já está familiarizado com o dunder __init__() e a linguagem Python dispõe de vários outros métodos desse tipo. De fato, eles são tão úteis para tantas tarefas que os programadores Python cunharam um apelido para eles: ***magic methods*** ou "métodos mágicos". Existem dezenas deles e, se estiver curioso, abra o shell e digite:

```
dir(int)
```

A função `dir()` retorna todos os métodos e atributos de um objeto. Passando o tipo int, você verá todos os métodos e atributos da sua classe.

```
>>> dir(int)
['__abs__', '__add__', '__and__', '__bool__', '__ceil__', '__class__', '__delattr__
', '__dir__', '__divmod__', '__doc__', '__eq__', '__float__', '__floor__', '__floordiv__
', '__format__', '__ge__', '__getattribute__', '__getnewargs__', '__gt__', '__hash__
', '__index__', '__init__', '__init_subclass__', '__int__', '__invert__', '__le__', '__
lshift__', '__lt__', '__mod__', '__mul__', '__ne__', '__neg__', '__new__', '__or__',
'__pos__', '__pow__', '__radd__', '__rand__', '__rdivmod__', '__reduce__', '__reduce_
ex__', '__repr__', '__rfloordiv__', '__rlshift__', '__rmod__', '__rmul__', '__ror__',
'__round__', '__rpow__', '__rrshift__', '__rshift__', '__rsub__', '__rtruediv__', '__
rxor__', '__setattr__', '__sizeof__', '__str__', '__sub__', '__subclasshook__', '__tr
uediv__', '__trunc__', '__xor__', 'bit_length', 'conjugate', 'denominator', 'from_byt
es', 'imag', 'numerator', 'real', 'to_bytes']
>>>
```

FIGURA 11.24: Verificando os atributos e métodos da classe int

Observe na Figura 11.24 a quantidade de ***dunders*** disponíveis para a classe daquele tipo. Na documentação do Python, você encontrará a descrição de cada um deles.

O dunder __name__

Este ***dunder***, em particular, merece sua própria seção, tamanha é a sua frequência em programas diversos. Em linguagens como C ou Java, existe um ponto de entrada padronizado para o seu código começar a execução: um método/função denominado `main()`. A abordagem de Python, por outro lado, é começar a execução no primeiro código sem indentação que for encontrado no script em execução. Entretanto, às vezes, é útil saber se o seu código está rodando diretamente ou se foi importado de outro módulo. A forma mais comum de fazê-lo é testar se o ***dunder* __name__** contém o valor "**__main__**". Se a comparação retornar True, o programa está rodando diretamente; se não, ele foi importado. Tipicamente, esse fragmento de código se parece com:

```
if __name__ == "__main__":
    print "Estou rodando diretamente em meu próprio módulo."
else:
    print "Fui importado"
```

Talvez você tenha ficado confuso(a) e se pergunte: "Por que devo me interessar se o meu código está rodando a partir de um arquivo importado ou diretamente? O resultado não seria o mesmo?" Não necessariamente. Se criou várias classes que implementam sua aplicação, precisará, em algum momento, instanciar a classe principal. Para isso, você usará código parecido com:

```
def metodo1():
    """ Mais código """
def metodo_principal():
    """ Ainda mais código """

if __name__ == "__main__":
    """ Código que instancia a classe principal da sua aplicação
    """
    metodo_principal()
```

DICA

O fragmento de código:
```
if __name__ == "__main__":
```
é tão comum que ganhou até um "apelido" por parte dos programadores Python: ele é comumente referido como "*dunder name dunder main*".

Interfaces x Duck Typing

Um conceito que é bastante difundido em Python é o chamado "***Duck Typing***" ("***Tipagem de Pato***"). A expressão tem origem em um ditado popular nos países anglófonos, conhecido como "***Teste do Pato***": "*If it seems like a duck, swims like a duck, talks like a duck, then it probally is a duck*" ("Se ele parece com um pato, nada como um pato, grasna como um pato, então, provavelmente, é um pato"). Em outras palavras, em linguagens dinâmicas, como Python, é mais importante o ***comportamento*** de um objeto que seu tipo ou classe. Se você tem um objeto que se parece com um pato, nada como um pato e grasna como um pato, irá considerá-lo um pato.

Em termos práticos, isso quer dizer que, em tempo de execução, em vez de verificar o tipo de um objeto, você tenta invocar um método que espera que aquele objeto possua. Se funcionar, tudo certo; se não, esteja certo de ter protegido o suíte com um try...except ou usar a função `hasattr()` para verificar se o objeto possui o método que você quer usar.

Por exemplo, você lerá, em muitos materiais sobre a linguagem, que "o objeto tal é um ***iterable/iterável***", o que significa que esse objeto possui um dunder `_iter_()`, que permite que ele seja visitado como uma coleção; logo, se possui um método `_iter_()`, é um ***iterável*** (lembrou de um certo ditado que fala a respeito de patos?). Esses comportamentos ***informais***, é bom que se diga, não podem ser ***garantidos***. Nada obriga o criador de uma classe a implementá-los, mas, se eles estiverem presentes, espera-se um comportamento padronizado. Eles costumam ser referidos como ***protocolos*** — um protocolo é apenas um conjunto de regras acordado entre partes.

Em linguagens estaticamente tipadas, como Java, existe o conceito de ***interface*** — trata-se de uma construção da linguagem que funciona como um "contrato" entre o criador do programa e o desenvolvedor que estenderá seu comportamento. Basicamente, uma *interface* é uma classe puramente abstrata, ou seja, uma classe que só possui métodos abstratos. Em tais linguagens, se um atributo ou variável é do tipo de uma interface, ele pode receber *qualquer objeto que implemente tal interface*. É o chamado *polimorfismo de interface*. Anteriormente, na seção "Classes abstratas", foi demonstrado como simular o polimorfismo de interface em Python.

Coesão e Princípio da Responsabilidade Única

Um princípio fundamental no projeto de código orientado a objetos é o chamado "Princípio da Responsabilidade Única", assim definido por Dan Pilone e Russ Miles: "Cada objeto de seu sistema deve ter uma *responsabilidade exclusiva* e todos os serviços do objeto devem estar orientados à execução dessa responsabilidade". Ele está intimamente ligado a uma característica altamente desejável e, muitas vezes, difícil de encontrar em projetos orientados a objetos: a *coesão*. Coesão é a relação entre as responsabilidades de uma classe e seus métodos: quanto menos responsabilidades diversas a classe possuir, maior sua coesão.

Tome como exemplo, em um sistema que gerencia uma loja de roupas, uma classe hipotética *ServicoFrenteLoja*, que possua métodos para realizar saídas e entradas no estoque, registrar vendas de produtos e emitir cupons fiscais. Claramente, essa classe possui responsabilidades demais, o que é quase uma garantia de código difícil de manter e complexidade desnecessária no projeto. A abordagem recomendável para esse caso é decompor a classe em classes menores, cada uma com uma responsabilidade bem definida, e a classe ServicoFrenteLoja apenas chamar métodos dos objetos dessas outras classes.

Resumindo: suas classes devem ter uma e não mais que uma responsabilidade. Deixe seu código coeso e você poupará problemas futuros quando tiver que lhe dar manutenção.

Camadas e mais camadas

Em programação orientada a objetos, é recomendável, sempre que possível, estruturar seu código em múltiplas *camadas*. Para entender isso melhor, voltarei ao exemplo do controle de estoque, desenvolvido nas Listagens de 11.2 a 11.8.

A classe Produto possui todas as informações necessárias para representar o conceito de um produto, porém, é necessária uma maneira de fornecer operações que manipulem uma coleção de produtos: incluir, alterar, excluir e consultar um dado produto. Essas quatro operações "clássicas" em sistemas de informações são conhecidas pelo acrônimo *CRUD* (*Create*, *Retrieve*, *Update* e *Delete* — Criar, Recuperar, Atualizar, Excluir).

Um programador iniciante poderia pensar em colocar métodos para essas funcionalidades na classe Produto (um produto deveria saber como se incluir, alterar, excluir e consultar... ou não?). Porém, essa ideia viola o "Princípio da Responsabilidade Única". É melhor criar uma classe que realize as operações sobre os produtos. Uma versão inicial dessa classe poderia ter a estrutura mostrada na Figura 11.25.

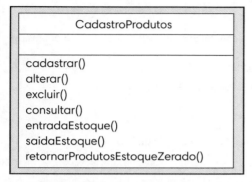

FIGURA 11.25: Estrutura possível para cadastro de produtos

Se você pensar no **Princípio da Responsabilidade Única**, acabará por chegar à conclusão de que a classe CadastroProdutos tem responsabilidades demais:

1. Realiza as operações CRUD
2. Efetua entradas e saídas no estoque
3. Pesquisa produtos que estejam com estoque zerado.

A Listagem 11.26 mostra um trecho de uma implementação inicial (ingênua) da classe CadastroProdutos.

```python
""" Classe que implementa um cadastro de produtos """
""" PROPOSITALMENTE, esta classe está mal projetada """
from produto5 import Produto

class CadastroProdutos:

    def __init__(self):
        self.__repositorio_produtos = []

    @property
    def repositorio_produtos(self)->'Coleção que armazena os produtos':
        return self.__repositorio_produtos

    def _existe(self, produto: Produto)->bool:
        resultado = False
        if produto in self.__repositorio_produtos:
            resultado = True
        return resultado

    def cadastrar(self, produto: Produto)->None:
        if not self._existe(produto):
```

```
                self.repositorio_produtos.append(produto)
        else:
            print('Produto ja cadastrado!')

    """ Código dos demais métodos omitidos por questão de
    simplicidade """
```
LISTAGEM 11.26: Classe de cadastro de produtos com muitas atribuições (cadastro_produtos.py)

Para testar essa classe, abra o shell e digite:
```
from cadastro_produtos import CadastroProdutos
from produto5 import Produto

cadastro = CadastroProdutos()
umProduto = Produto(123, 'Serra Circular', 500.00)
cadastro.cadastrar(umProduto)

outroProduto = Produto(124, 'Plaina', 27.50)
cadastro.cadastrar(outroProduto)
for p in cadastro.repositorio_produtos:
    print(p.descricao)
```
LISTAGEM 11.27: Testando a classe de cadastro de produtos (testa_cadastro.py)

Ao executar o código da Listagem 11.27, o shell exibirá:
```
Serra Circular
Plaina
```
confirmando que os produtos foram incluídos no repositório. Porém, a coesão desse código é muito baixa.

Logo no começo da classe CadastroProdutos, existe código ligado ao aspecto de acesso a dados: a declaração da estrutura de dados que armazenará os produtos dentro do dunder __init__():
```
        self.__repositorio_produtos = []
```
poderia ser diferente se, por exemplo, as informações fossem guardadas em um arquivo de texto ou outro tipo de armazenamento.

O método cadastrar mistura aspectos de negócio (verificar se o produto que se está tentando cadastrar já existe, não permitir exclusão de produtos com código inexistente etc.); aspectos de acesso a dados (gravar e recuperar produtos na coleção, excluir produtos etc.); aspectos de interface com o usuário; entre outros. Enfim, essa classe deve ser decomposta em classes menores, mais especializadas, que realizem uma só tarefa.

Para melhorar a arquitetura da nossa aplicação, ela deveria ser decomposta em *camadas* — partes separadas que cuidam, cada uma, de um e não mais que um aspecto do seu código. Por exemplo:

- *Camada de interface com o usuário*: Recebe e apresenta dados de e para o usuário da aplicação. Em aplicações *web*, costuma ser formada por páginas HTML, decoradas com folhas de estilo CSS. Chama os serviços da camada de comunicação (se esta for implementada) ou da camada de regras de negócio.
- **Camada de comunicação:** Agrupa código que fornece acesso remoto aos serviços da aplicação. Nem sempre é implementada, pois nem toda aplicação oferece acesso remoto a suas funcionalidades. Faz uso da camada de regras de negócio.
- **Camada de negócio:** Nesta camada encontra-se o código inerente às regras da sua aplicação. Uma implementação robusta procura permitir que o programador foque mais sua atenção nesta camada, pois é nela que se codifica a maneira como os processos de negócio do usuário final são realizados. Chama os serviços da camada de acesso a dados.
- **Camada de acesso a dados:** Contém o código para acesso e manipulação de dados. Em geral, nas bibliotecas modernas, é normal que existam funcionalidades para o acesso a dados já implementados.

No Exercício resolvido 1 deste capítulo, mostrarei um exemplo de aplicação de múltiplas camadas.

AVISO

Uma camada utiliza os serviços da camada subjacente, dessa maneira, operações que manipulam dados são implementadas na camada de acesso a dados, mas chamadas pela camada de regras de negócio.

Operações de manipulação de dados que são chamadas pela camada de regras de negócio mas não têm **significado negocial**, como, por exemplo, localizar um objeto por seu índice, devem ficar restritas à camada de acesso a dados; a camada de regras de negócio pode usar seus serviços, mas **não deve expor** tais operações para a camada superior (comunicação, se implementada, ou interface com o usuário).

Alguns puristas da orientação a objetos poderão discordar da afirmação que a camada de comunicação não é obrigatória. Acredito que não se deve criar código apenas para "satisfazer o padrão"; é preciso que a existência de uma classe, método etc. faça sentido na aplicação, do contrário, você apenas criará complexidade desnecessária.

Se tivesse que escrever de forma manual o código para todas essas camadas, demandaria um monte de tempo e, provavelmente, até que tivesse adquirido experiência suficiente para criar uma estrutura reutilizável, um monte de código pouco coeso seria escrito no caminho. Mas você não precisa "reinventar a roda": outras pessoas já criaram muitas soluções reutilizáveis, que facilitam o desenvolvimento e permitem uma manutenção bem mais suave. No Capítulo 13 você começará a utilizar uma delas: o *Django framework*.

Reforçando o encapsulamento com o dunder _ _ getitem _ _ ()

Você provavelmente já percebeu a versatilidade dos *dunder methods* do Python. Há dunders para um monte de coisas e, antes de concluir este capítulo, quero que você conheça mais um: o dunder __getitem__(). Ele permite acessar objetos de uma coleção como se fossem itens de um dicionário, o que tem uma consequência muito benéfica para a estruturação de nossos códigos: você pode iterar sobre um objeto de uma classe que declare esse método *sem expor a estrutura de dados subjacente*. Ou seja, se sua classe usar internamente uma coleção, como é o caso de *CadastroProdutos*, na Listagem 11.26, você pode alterá-la incluindo o método:

```
def __getitem__(self, indice)->Produto:
    return self.__repositorio_produtos[indice]
```

Agora você poderá iterar sobre os elementos do cadastro com um código bem mais elegante:

```
from cadastro_produtos import CadastroProdutos
from produto5 import Produto

cadastro = CadastroProdutos()
umProduto = Produto(123, 'Serra Circular', 500.00)
cadastro.cadastrar(umProduto)

outroProduto = Produto(124, 'Plaina', 27.50)
cadastro.cadastrar(outroProduto)
for p in cadastro:
    print(p.descricao)
```

LISTAGEM 11.28: Testando o cadastro de produtos que usa __getitem__() (testa_cadastro2.py)

Observe que o loop for agora não tem mais nenhum conhecimento sobre a estrutura em que está sendo realizada a iteração — poderia ser uma lista, uma tupla, um dicionário etc. O formato do código permanece o mesmo, reforçando o *encapsulamento*.

Exercícios resolvidos

1. Implemente uma agenda de contatos em Python com as seguintes classes:
   - Contato, que possui os atributos nome e telefone. Defina propriedades para acesso a esses atributos.
   - RepositorioContatos, que armazena os contatos em uma lista e fornece os métodos:

- `incluir()`: Recebe um objeto do tipo Contato e armazena-o na lista.
- `alterar()`: Recebe um objeto do tipo Contato, localiza-o na lista e atualiza seus dados.
- `excluir_por_indice()`: Recebe o índice de um contato do repositório e o remove.
- `consultar_indice_por_nome()`: Recebe o nome de um contato e, se ele existir no repositório, retorna seu índice; se não, retorna -1.
- `existe()`: Recebe um objeto do tipo Contato e, caso haja algum contato com o mesmo telefone no repositório, retorna True; caso contrário, retorna False.

- CadastroContatos, que implementa as regras de negócio relativas a contatos e fornece os métodos:
  - `incluir()`: Recebe um objeto do tipo Contato e, se ele não existir no repositório, o insere e devolve; caso contrário, retorna None.
  - `alterar()`: Recebe um objeto do tipo Contato e, se ele existir no repositório, atualiza seus dados e retorna-o; caso contrário, devolve None.
  - `excluir()`: Recebe um objeto do tipo Contato e, se este existir no repositório, o remove e devolve; se não, retorna None.
  - `consultar()`: Recebe o nome de um contato e, se ele existir no repositório, retorna-o; se não, retorna None.

- ContatosApp, que implementa a interface com o usuário. Esta deve possuir um método `exibe_menu()` e outro `opcao_selecionada()`, que mostram as alternativas:

  1. Incluir novo contato. Se já houver um contato com o mesmo número de telefone, exibe a mensagem "Contato já incluído".
  2. Alterar telefone de um contato. Se não existir um contato com o número fornecido, exibe a mensagem "Contato inexistente".
  3. Excluir um contato. Se não existir um contato com o número fornecido, exibe a mensagem "Contato inexistente".
  4. Consultar contato por nome. Se não existir um contato com o nome fornecido, exibe a mensagem "Contato não encontrado".
  5. Listar todos os contatos cadastrados. Se não houver nenhum, exibir "Nenhum contato cadastrado".
  6. Sair

Implemente um loop para receber a escolha do usuário e chamar os serviços da classe CadastroContatos.

Solução:

```python
""" Agenda Telefonica """

""" Classe que representa um contato """
class Contato:

    def __init__(self, fone: str, nome:str)->None:
        self.__fone = fone
        self.__nome = nome
    def __str__(self)->str:
        resultado = '\nNome: ' + self.__nome
        resultado += '\nFone: ' + self.__fone
        return resultado

    @property
    def fone(self)->str:
        return self.__fone

    @property
    def nome(self)->str:
        return self.__nome

    @nome.setter
    def nome(self, nome: str)->None:
        self.__nome = nome

class RepositorioContatos:

    def __init__(self):
        self.__repositorio_contatos = []

    @property
    def repositorio_contatos(self)->'Coleção que armazena os contatos':
        return self.__repositorio_contatos

    def incluir(self, contato: Contato)->Contato:
        """ Recebe um objeto do tipo Contato e armazena-o no repositorio. """
        resultado = None
        if not contato == None:
            self.__repositorio_contatos.append(contato)
            resultado = contato
        else:
            print('Um contato deve ser fornecido.')
        return resultado

    def atualizar(self, indice: int, contato: Contato)->None:
        """ Recebe um objeto do tipo Contato, localiza-o no repositorio
            e atualiza seus dados. """
        resultado = None
        if (contato == None):
            print('Um contato deve ser fornecido.')
        elif (indice == None):
```

```python
                print('Um indice deve ser fornecido.')
            elif (indice < 0):
                print('Indice nao deve ser negativo.')
            else:
                self.__repositorio_contatos[indice] = contato
                resultado = contato
            return resultado

        def excluir_por_indice(self, indice: int)->None:
            """ Recebe o índice de um contato do repositório e o remove. """
            resultado = None
            if (indice == None):
                print('Um indice deve ser fornecido.')
            elif (indice < 0):
                print('Indice nao deve ser negativo.')
            else:
                resultado = self.__repositorio_contatos.pop(indice)
            return resultado

        def consultar_indice_por_nome(self, nome: str)->int:
            """ Recebe o nome de um contato e, se ele existir no repositório,
                retorna seu indice; se não, retorna-1. """
            resultado = -1
            indice = -1
            for i in range(0, len(self.__repositorio_contatos)):
                contato = self.__repositorio_contatos[i]
                if contato.nome == nome:
                    indice = i
            if indice != -1:
                resultado = indice
            return resultado

        def existe(self, contato: Contato)->bool:
            """ Recebe um objeto do tipo Contato e, caso haja algum contato com
                o mesmo telefone no repositório, retorna True;
                caso contrário, retorna False. """
            resultado = False
            for c in self.__repositorio_contatos:
                if c.fone == contato.fone:
                    resultado = True
                    break
            return resultado

        def vazio(self)->bool:
            """ Retorna um booleano, especificando se o repositorio esta vazio """
            return (len(self.__repositorio_contatos)==0)

class CadastroContatos:

    def __init__(self):
```

```python
        self.__repositorio_contatos = RepositorioContatos()

    @property
    def repositorio_contatos(self)->'Coleção que armazena os contatos':
        return self.__repositorio_contatos

    def incluir(self, contato: Contato)->Contato:
        """ Recebe um objeto do tipo Contato e, se ele não
            existir no repositório, insere-o e o devolve;
            caso contrário, exibe 'Contato ja cadastrado' e retorna None. """
        resultado = None
        if self.__repositorio_contatos.existe(contato):
            input('Contato ja cadastrado. Tecle enter...')
        else:
          resultado = self.__repositorio_contatos.incluir(contato)
        return resultado

    def alterar(self, contato: Contato)->Contato:
        """ Recebe um objeto do tipo Contato e, se houver
            houver um contato com o mesmo nome no repositorio, atualiza seu
            telefone; caso contrário, exibe 'Contato nao encontrado' e retorna
            None. """
        resultado = None
        if self.__repositorio_contatos.consultar_indice_por_nome(contato.nome) == -1:
            input('Contato nao encontrado. Tecle enter...')
        else:
            indice = self.__repositorio_contatos.consultar_indice_por_nome(contato.nome)
            resultado = self.__repositorio_contatos.atualizar(indice, contato)
        return resultado

    def excluir(self, contato: Contato)->Contato:
        """ Exclui um contato. Se não existir um contato com o número
            fornecido, exibe a mensagem 'Contato nao encontrado'. """
        resultado = None
        if not self.__repositorio_contatos.existe(contato):
            input('Contato nao encontrado. Tecle enter...')
        else:
            indice = self.__repositorio_contatos.consultar_indice_por_nome(contato.nome)
            if indice != -1:
                resultado = self.__repositorio_contatos.excluir_por_indice(indice)
        return resultado

    def consultar(self, nome: str)->Contato:
```

```python
        """ Localiza um contato pelo nome. Se não existir um contato com
            o nome fornecido, exibe a mensagem 'Contato nao encontrado'. """
        resultado = None
        if not self.__repositorio_contatos.existe(nome):
            print('Contato nao encontrado.')
        else:
            indice = self.__repositorio_contatos.consultar_indice_por_nome(nome)
            if indice != -1:
                resultado = self.__repositorio_contatos.excluir_por_indice(indice)
        return resultado


class ContatosApp:

    def __init__(self):
        self.__regras_negocio = CadastroContatos()
        self.__loop_principal()

    def __exibe_menu(self)->None:
        """ Exibe o menu da aplicaçao """
        self.__limpar_tela()
        print('\n Selecione uma opçao: ')
        print('\n 1. Incluir novo contato')
        print('\n 2. Alterar telefone de um contato')
        print('\n 3. Excluir um contato')
        print('\n 4. Consultar contato por nome')
        print('\n 5. Listar todos os contatos cadastrados')
        print('\n 6. Sair')
        print('\n')

    def __limpar_tela(self)->None:
        print('\n' * 100)   # Limpar a tela

    def __opcao_selecionada(self)->int:
        opcao = input('Escolha uma opçao: ')
        if opcao == '':
            resultado = -1
        else:
            resultado = int(opcao)
        return resultado

    def __ler_dados_contato(self)->Contato:
        self.__limpar_tela()
        fone = input('\nTelefone: ')
        nome = input('\nNome: ')
        resultado = Contato(fone, nome)
        return resultado

    def __loop_principal(self)->None:
        opcao = -1
```

```python
            while opcao!=6:
                self.__exibe_menu()
                opcao = self.__opcao_selecionada()
                if opcao==1:
                    contato = self.__ler_dados_contato()
                    if self.__regras_negocio.incluir(contato) != None:
                        print('\nContato cadastrado com sucesso.')
                elif opcao==2:
                    contato = self.__ler_dados_contato()
                    if self.__regras_negocio.alterar(contato) != None:
                        print('\nContato alterado com sucesso.')
                elif opcao==3:
                    self.__limpar_tela()
                    fone = input('\nTelefone: ')
                    if self.__regras_negocio.excluir(contato) != None:
                        print('\nContato excluido.')
                elif opcao==4:
                    self.__limpar_tela()
                    nome = input('\nDigite o nome do contato a localizar: ')
                    contato = self.__regras_negocio.consultar(nome)
                    if contato != None:
                        print(f'Contato encontrado: \n{contato}\n')
                elif opcao==5:
                    self.__limpar_tela()
                    if not self.__regras_negocio.repositorio_contatos.vazio():
                        for contato in self.__regras_negocio.repositorio_contatos.repositorio_contatos:
                            print(f'\n{contato}\n')
                    else:
                        print(f'\nNenhum contato cadastrado.')
                else:
                    print('Opção invalida!')
                if opcao!=6:
                    input('Tecle enter para retornar ao menu...')

app = ContatosApp()
```

Exercícios propostos

1. Refaça o item 1 dos Exercícios resolvidos, desta vez salvando os dados em um arquivo de texto.
2. Adicione um dunder __getitem__() à classe RepositorioContatos. Qual característica da orientação a objetos é reforçada por essa alteração? Por quê?
3. Crie um trecho "*dunder name dunder init*" em cada uma das classes para testar suas funcionalidades.

QUANDO AS COISAS DÃO ERRADO

A COISA MAIS CERTA EM desenvolvimento de software é que, em algum momento, as coisas darão errado. Seria ótimo se todos os programas se comportassem bem o tempo todo, porém, esse é um sonho impossível. Há simplesmente problemas demais para antecipar; seu usuário pode, acidentalmente, entrar com um valor para o qual sua aplicação não estava pronta (por exemplo, uma string em um campo numérico ou uma data impossível como 30 de fevereiro), por exemplo.

Sempre que uma condição desse tipo ocorre, sua aplicação deveria, idealmente, tentar corrigir sozinha o erro e, se não for possível, informar ao usuário e sair do código problemático sem travar. Como citei, é praticamente impossível antecipar todas as falhas que podem ocorrer.

Criar código supondo que nada dará errado é uma temeridade. O melhor que pode fazer é ser cuidadoso ao programar e proteger seu código contra os possíveis problemas.

Neste capítulo, você conhecerá o mecanismo de *exceções*, usado para lidar com as situações inesperadas em suas aplicações. Falarei primeiro das fontes mais comuns de erros, depois, como lidar com eles, usando o mecanismo de controle de exceções e, finalmente, como criar suas próprias exceções.

Os "criminosos de sempre"

Alguns tipos de código são, por natureza, mais sensíveis a falhas e devem ser criados com um cuidado extra. Posso destacar:

- **Conexões com bancos de dados**: Pode acontecer uma falha no seu servidor de banco de dados que deixe seu *SGBD*[1] temporariamente indisponível. Logo, todo código que acessa bancos de dados deveria ser protegido contra falhas.
- **Injeção de código malicioso**: Não suponha jamais que todos os seus usuários são confiáveis. Em alguns casos, seu sistema estará exposto a usuários mal-intencionados, que tentarão tirá-lo do ar ou, até mesmo, roubar informações.
- **Time-out também é um problema**: Se seu servidor web ou seu servidor de banco de dados demorar muito a responder, a aplicação pode travar.

Você lembra quando, ao longo do livro, em alguns capítulos, mostrei erros que aconteceriam quando algum código era escrito de um modo não recomendável? Esses erros eram todos *exceções* — não usei o termo técnico correto nas ocasiões para não adicionar complexidade no momento errado.

Alguns cenários de erro

Antes de tratar propriamente de exceções, mostrarei alguns códigos que podem resultar em erro. Considere a nossa "velha conhecida" classe Produto, definida no Capítulo 11. Reproduzo na Listagem 12.1, a última versão dessa classe, que foi criada na Listagem 11.7:

```
""" Classe que representa um produto """

class Produto:

    def __init__(self, codigo: int, descricao:str, preco: float)->None:
        self.__codigo = codigo
        self.__descricao = descricao
        self.__preco = preco
        self.__quantidade_estoque = 0

    def entrada_estoque(self, quantidade: float)->None:
        self.__quantidade_estoque += quantidade

    def saida_estoque(self, quantidade: float)->None:
        self.__quantidade_estoque -= quantidade

    def visualizar_quantidade_em_estoque(self)->None:
        print(f'A quantidade em estoque é {self.__quantidade_estoque}')

    @property
    def codigo(self)->int:
```

---

[1] *SGBD* é a sigla de **Sistema Gerenciador de Banco de Dados**, a ferramenta que controla as informações da sua aplicação, se elas estiverem armazenadas em um banco de dados.

```python
        return self.__codigo

    @property
    def descricao(self)->str:
        return self.__descricao

    @descricao.setter
    def descricao(self, descricao: str)->None:
        self.__descricao = descricao

    @property
    def preco(self)->float:
        return self.__preco

    @preco.setter
    def preco(self, preco: float)->None:
        if preco <= 0:
            print('Erro: preço deve ser um valor positivo.')
        else:
            self.__preco = preco

    @property
    def quantidade_estoque(self)->float:
        return self.__quantidade_estoque
```

LISTAGEM 12.1: Classe Produto usando propriedades (produto5.py)

Abra o shell e digite os comandos da Figura 12.1:

```
RESTART: /home/francisco/Dropbox/Alta Books/PythonWeb/código/cap12/produto5.py
>>> from produto5 import Produto
>>> prod = Produto(1, 'Notebook proc. i5 9ª geração', 5100.00)
>>> prod.entrada_estoque(10)
>>> prod.saida_estoque(12)
>>> prod.quantidade_estoque
-2
>>>
```

FIGURA 12.1: Criando um produto e entrando dados espúrios

Perceba que foi possível cadastrar uma saída que deixou o estoque negativo, o que expõe a falta de robustez da classe Produto. Não deveria ser possível realizar essa operação. Algumas abordagens que poderiam ser adotadas nesse caso:

1. Não realizar a operação e não informar nada ao usuário. Isso poderia ser feito alterando o método `saida_estoque()` para:

```python
def saida_estoque(self, quantidade: float)->None:
    if (quantidade < self.__quantidade_estoque):
        self.__quantidade_estoque -= quantidade
```

LISTAGEM 12.2: Método `saida_estoque()` que não permite estoque negativo (produto6.py)

Essa escolha não informa ao usuário do resultado, então, ele fica sem saber o resultado efetivo da sua retirada do estoque, por isso não é uma opção viável. Se você quiser testar o que acontece, na pasta de códigos-fonte deste capítulo encontrará um arquivo produto6.py, que tem a versão de `saida_estoque()` da Listagem 12.2.

Abra o arquivo, execute-o no IDLE e, em seguida, teste os comandos da Figura 12.2 no shell.

```
>>> from produto6 import Produto
>>> prod = Produto(1, 'Notebook proc. i5 9ª geração', 5100.00)
>>> prod.quantidade_estoque
0
>>> prod.entrada_estoque(10)
>>> prod.quantidade_estoque
10
>>> prod.saida_estoque(12)
>>> prod.quantidade_estoque
10
>>>
```

FIGURA 12.2: Não informar ao usuário e não permitir a operação

Primeiro, criei um produto e conferi que seu estoque inicial era zero(0); em seguida, dei entrada em 10 unidades no estoque dele, ficando com o total de 10 em estoque. Por fim, tentei realizar uma saída de 12 unidades do estoque: como não havia estoque suficiente, a solicitação não foi realizada e o estoque permaneceu com 10 unidades. Perceba que nada foi informado sobre o não atendimento da requisição, o que é uma falha ***grave*** do programa — a operação não foi realizada e nada foi informado ao desenvolvedor usuário da classe.

2. Mostrar uma mensagem de erro:

    Essa é, geralmente, a primeira ideia dos desenvolvedores novatos — e ela não está errada! Apenas, digamos, "incompleta". Vejo três problemas aqui:

    - Nenhuma informação é retornada ao código chamador. A mensagem é útil ao usuário final do sistema, porém, qualquer outra classe que porventura utilize os serviços de Produto não será informada acerca da ocorrência do erro.
    - Acoplamento forte entre a classe Produto e a interface com o usuário. Se, por exemplo, seu sistema fosse migrado para uma plataforma online, seria trabalhoso aproveitar a mensagem gerada para esse erro específico.
    - Mistura de aspectos: há código de apresentação (a mensagem de erro) e código de negócios (o trecho que verifica se o estoque é suficiente para atender à requisição) — lembre-se do "princípio da responsabilidade única": sua classe deve fazer uma e não mais que uma coisa.

3. Retornar um valor especial ou código de erro:

Essa opção era muito usada nos sistemas escritos no final dos anos 1980 — e você verá por que foi abandonada. Suponha que declarasse `saida_estoque()` como na Listagem 12.3:

```
def saida_estoque(self, quantidade: float)->bool:
    resultado = True
    if (quantidade < self.__quantidade_estoque):
        self.__quantidade_estoque -= quantidade
    else:
        resultado = False
    return resultado
```

LISTAGEM 12.3: Método `saida_estoque()` que retorna booleano indicando erro (produto7.py)

Se, com o tempo, você começasse a adicionar novos códigos de erro (por exemplo, em vez de um booleano, um inteiro, que conteria: 0- operação com sucesso; 1- estoque insuficiente; 2- produto inexistente etc.), a manutenção do sistema viraria um pesadelo.

"Houston, we've got a problem...": levantando exceções

A resposta a esses problemas, adotada não só por Python, mas por várias outras linguagens de programação, está nas chamadas "*exceções*". Grosso modo, pode-se pensar em uma exceção como uma parada na execução do código, efetuada pelo interpretador quando uma condição anormal ocorre.

Uma exceção é, como tudo mais em Python, um **objeto**. Todas as exceções herdam de uma classe comum (*BaseException*), o que permite tratá-las de forma homogênea em seus códigos.

Para criar suas próprias exceções (diz-se "levantar" ou "lançar" a exceção tal), primeiro você deve criar uma classe que herda de Exception, classe ancestral de todas as exceções em Python. Por exemplo, poderíamos criar a exceção EstoqueInsuficienteException para o caso de alguém tentar dar uma saída no estoque de um produto com uma quantidade maior que a disponível. Veja o código da Listagem 12.4:

```
""" Exceção lançada quando se tenta realizar uma saída do estoque para a qual
    não há quantidade suficiente do produto disponível """
class EstoqueInsuficienteException(BaseException):
    def __init__(self, mensagem):
        self.mensagem = mensagem

    def __str__(self):
        return self.mensagem
```

LISTAGEM 12.4: Exceção personalizada *EstoqueInsuficienteException* (excecoes.py)

Em seguida, altere seu código para importar a classe da nova exceção criada e utilize uma instrução *raise* para levantar a exceção. No caso atual, você só precisa alterar o método `saida_estoque()`, mostrado na Listagem 12.3, para que comece com:

```
from excecoes import EstoqueInsuficienteException
```

e altere o corpo do método `saida_estoque()` para o exibido na Listagem 12.5.

```
def saida_estoque(self, quantidade: float)->None:
    if (quantidade < self.__quantidade_estoque):
        self.__quantidade_estoque -= quantidade
    else:
        raise EstoqueInsuficienteException('Não há estoque suficiente para atender a essa saída.')
```

LISTAGEM 12.5: Método `saida_estoque()` que lança uma exceção personalizada (produto8.py)

Para testar a nova versão de estoque.py, abra o shell e digite:

```
from produto8 import Produto
prod = Produto(1, 'Notebook proc. i5 9ª geraçao', 5100.00)
prod.entrada_estoque(10)
prod.saida_estoque(12)
```

Observe que, agora, a exceção é lançada no lugar do código de erro, como mostra a Figura 12.3.

```
>>> from produto8 import Produto
>>> prod = Produto(1, 'Notebook proc. i5 9ª geração', 5100.00)
>>> prod.entrada_estoque(10)
>>> prod.saida_estoque(12)
Traceback (most recent call last):
  File "<pyshell#162>", line 1, in <module>
    prod.saida_estoque(12)
  File "/home/francisco/█████████████████████/código/cap12/produto8.py", line 20, in saida_estoque
    raise EstoqueInsuficienteException('Nao ha estoque suficiente para atender a essa saida.')
excecoes.EstoqueInsuficienteException: Nao ha estoque suficiente para atender a essa saida.
>>>
```

FIGURA 12.3: Testando a classe Estoque com o lançamento de uma exceção personalizada

Built-in Errors

Python já possui várias exceções prontas, que servem a uma variedade de situações. Eles são conhecidos como **built-in errors**. Por exemplo, ao tentar abrir um arquivo com a função `open()` em modo de leitura("r"), se o arquivo não existir, será levantada uma exceção IOError.

Tratando exceções com try...except...else...finally

O mecanismo de tratamento de exceções da linguagem Python é o que garante que você lide adequadamente com os erros que porventura ocorrerem em seus programas e tome providências adequadas para recuperar, se possível, o funcionamento do código, como, por exemplo, exibindo uma mensagem para o usuário.

A forma mais simples de tratamento de exceções é com um bloco try...except:

```
try:
      # suíte que pode gerar um erro aqui
except tipo_da_exceção:
      # código que manipulará a exceção
```

Quando um suíte é protegido por uma estrutura try...except, o código dele é executado e, se ocorrer um erro durante essa execução, o controle passa ao código após o except, em que a exceção pode ser capturada e tratada. A Listagem 12.6 provoca uma exceção ao tentar abrir um arquivo inexistente. Para tratar essa situação, protegi o código potencialmente falho — a parte que abre o arquivo — com um bloco try...except. Ao tentar executar esse código, ao invés da "horrível" mensagem padrão do Python, é exibida outra (bem) mais elegante:

```
Arquivo abcxyz.txt não encontrado.

""" Tratando exceções """

try:
    with open('abcxyz.txt', 'r') as arquivo:
        for linha in arquivo:
            print(linha, end='')
except IOError:
    print('Arquivo abcxyz.txt não encontrado.')
```

LISTAGEM 12.6: Tratando exceções com try...except (excecoes2.py)

Você pode, também, encadear vários blocos except para tratar tipos diferentes de exceções, como na Listagem 12.7.

```
""" Tratamento de exceções """
try:
    n1 = int(input('Digite um número: '))
    n2 = int(input('Digite outro número: '))
    resultado = n1/n2

except ZeroDivisionError:
    print('Não e possivel dividir por zero.')

except ValueError:
    print('Digite um inteiro válido.')

except:
    print('Entrada inválida.')
```

```
    else:
        print(f'A entrada executou sem erros. A divisão de {n1} por {n2}
    resulta em {resultado}.')

    finally:
        print('O programa terminou!')
```
LISTAGEM 12.7: Tratando exceções com try...except...else...finally (excecoes3.py)

O programa da Listagem 12.7 é bastante rico em exemplos de tratamento de exceções:

Primeiro, protegi um suíte incluindo-o emum bloco ***try***, o que garante que, se ocorrer algum erro no processamento das instruções no suíte, ele será adequadamente tratado.

Em seguida, testei se alguns **built-in errors** ocorreram e, em caso afirmativo, mostrei uma mensagem ao usuário. Perceba que a mensagem varia de acordo com o erro capturado:

- ZeroDivisionError: Se o segundo número digitado for zero, a divisão não será possível e gerará uma exceção ZeroDivisionError. Nesse caso, o usuário verá a mensagem: "Não e possível dividir por zero."
- ValueError: Se for digitado um valor que não possa ser convertido em um inteiro (uma letra, por exemplo), será lançada essa exceção. Nesse caso, o programa exibirá: "Digite um inteiro válido."
- Se ocorrer qualquer outro erro não específico, ele será capturado no suíte except: Esse suíte costuma ser usado para o caso de surgirem exceções não previstas pelo programador. Lembre-se de **nunca colocar as exceções mais específicas** (ZeroDivisionError e ValueError, por exemplo) **antes da exceção genérica** (suíte except), senão elas nunca serão tratadas.
- else: Se presente, o código desse suíte será executado, se não acontecer nenhum erro no bloco protegido pelo try (alguns iniciantes se confundem com esse comportamento pois pensam que o else funcionaria como outro suíte except, o que **NÃO** é o caso).

O suíte finally

Quando há uma cláusula finally em um suíte de tratamento de exceções, o código desta será executado, havendo erro ou não. Esse tipo de suíte costuma ser usado para colocar código de liberação de recursos, como, por exemplo, fechar um arquivo aberto.

DICA

Você pode tratar mais de uma exceção no mesmo suíte, reaproveitando o código do tratamento. Para tal, use uma tupla que agrupa os erros como neste exemplo:
```
try:
    arquivo = open('abcxyz.txt','r')
    for linha in arquivo:
        print(linha)
except (IOError, TypeError) as erro:
    print('Erro ocorrido: ', erro)
finally:
    arquivo.close()
```

Repassando exceções

Às vezes é útil capturar uma exceção, realizar algum tratamento em um suíte except e levantar novamente a mesma exceção para que seja tratada pelo programa chamador do código atual. Para isso, simplesmente use uma instrução raise sem argumentos (a mesma instrução que usei para lançar uma exceção personalizada na classe Produto, na Listagem 12.5). A Listagem 12.8 mostra um exemplo:

```
""" Tratamento de exceções - exemplo de propagação de erro com
raise """
try:
    with open('abcxyz.txt', 'r') as arquivo:
        for linha in arquivo:
            print(linha, end='')

except ZeroDivisionError:
    print('Não e possivel dividir por zero.')

except ValueError:
    print('Digite um inteiro válido.')

except:
    print('Erro inesperado.')
    raise
else:
    print('O programa executou sem erros.')
```

LISTAGEM 12.8: Repassando uma exceção com raise (exemplo_raise.py)

Exercícios resolvidos

1. Que tipo de exceção será levantada se você tentar acessar um arquivo inexistente com a função `open()`? O que se pode fazer para evitar o problema?

    Solução: O arquivo a ser aberto pode não existir. Isso pode ser evitado protegendo a chamada em um bloco try...except.

2. Ao acessar arquivos com `open()`, é importante fechá-los após o uso para que os dados neles contidos não sejam corrompidos. Como garantir que os arquivos serão fechados ao final do uso?

Solução: Pode-se proteger o bloco que manipula o arquivo em um try...finally e colocar o fechamento do arquivo no suíte do finally, o que garante que ele será executado.

Exercícios propostos

1. Considere o seguinte código:

```
try:
    arquivo = open('abcxyz.txt','r')
    for linha in arquivo:
        print(linha)
except IOError:
    print('Arquivo abcxyz.txt não encontrado.')
```

Altere-o para que, após a mensagem personalizada, imprima a exceção levantada pelo Python quando o arquivo não foi localizado.

2. Altere novamente o código da questão 1, desta vez para que a exceção gerada seja repassada ao programa que chamou o código.

PROJETANDO UMA APLICAÇÃO COM AMDD E XP

ESTE CAPÍTULO É DIFERENTE dos demais até agora, nele não tratarei sobre programação, mas sobre metodologias ágeis de análise e projeto de sistemas.

AVISO

A partir deste capítulo não haverá mais exercícios — acredito que a melhor forma de aprender a usar um framework é construindo um projeto, logo, seu exercício, daqui em diante, será testar os códigos dos exemplos mostrados, etapa por etapa. No site da Alta Books você encontrará os códigos-fonte disponíveis para download.

Um processo de desenvolvimento simplificado

Neste livro, procurei concentrar o aprendizado mais na *tecnologia* que no *processo*. Porém, sempre que você desenvolver qualquer software com um mínimo de complexidade, um processo bem definido será não só bem-vindo como *necessário*. Adotarei para o desenvolvimento do projeto uma metodologia baseada na ***Extreme Programming (XP)*** e ***Agile Modeling Driven Development (AMDD)***.

Em geral, um projeto de desenvolvimento de software se origina da necessidade de algum cliente. Após identificada essa necessidade, é normal o agendamento de reuniões para entender e refinar os *requisitos* a que o software deverá atender. Como não existe um cliente *real* para o software que desenvolverei a partir deste capítulo, simularei a existência de requisitos fornecidos por um cliente hipotético, a fim de demonstrar o processo.

Após considerar vários tipos de sistemas que poderiam ser criados, optei por um de cadastro de acervo bibliográfico pessoal, para não sobrecarregar o produto com funcionalidades excessivas.

O aplicativo, a que chamei de ***Biblioteca***, terá uma interface com o usuário baseada na internet.

> **AVISO**
>
>
>
> Não segui *rigorosamente* o processo XP descrito neste capítulo. Adotei apenas as partes que faziam sentido para mim durante a criação da aplicação. Uma das frases que mais se ouve entre desenvolvedores adeptos de métodos ágeis é: "É mais importante código funcional que documentação abrangente", em geral, seguida por "a melhor documentação que existe é o código".
>
> Não estou defendendo que não se documente nada — muito pelo contrário! Acredito firmemente na utilidade de documentação bem fundamentada. Apenas defendo que só se documente algo com um propósito, evitando "criar documentos apenas para mostrar que é capaz".
>
> É **IMPORTANTÍSSIMA** a **PARTICIPAÇÃO DOS INTERESSADOS,** durante o desenvolvimento de um projeto de software. Sem ela, qualquer projeto estará fadado ao fracasso. É preciso que a equipe de desenvolvimento tenha franco acesso ao cliente ou seus representantes, e que esses tenham poder de decisão, com autoridade para tomar decisões relacionadas aos requisitos e sua priorização (o que é mais importante e deve ser entregue primeiro e o que pode ser postergado para outras iterações).

Requisitos negociais

Como citado na seção anterior, o sistema que será desenvolvido servirá para controlar o acervo de uma biblioteca pessoal.

Ao começar qualquer projeto de software, você deve definir **qual problema** será resolvido pelo seu software, **quem** se beneficiará da solução e **por que** a solução fornecida é importante para o cliente. Além disso, deve-se gerenciar as **expectativas** do cliente, definindo quando a solução poderá ser entregue e qual o **escopo** do projeto, ou seja, **quanto** do problema do cliente poderá ser efetivamente resolvido pelo sistema.

É importante considerar, ainda nessa etapa, se já não existe uma solução pronta no mercado que possa ser adquirida imediatamente e que resolva o problema com pouca ou nenhuma adaptação, até mesmo se é *realmente necessário* o desenvolvimento de um software ou se o problema pode ser resolvido por meio de ajustes no processo manual do cliente.

Supondo que, após todas essas considerações, o cliente decidiu pela criação de uma aplicação própria para as suas necessidades, poderia ser elaborada uma *declaração do problema* que resume o problema a ser resolvido pelo sistema.

Declaração do problema

Possuo um razoável acervo bibliográfico armazenado em estantes em minha residência e necessito de uma forma automatizada de cadastrar esse acervo, bem como de consultar os títulos em meu poder.

Nossa empresa deseja expandir seus negócios para o comércio eletrônico. Para tal, é necessário desenvolver uma aplicação que permita cadastrar produtos agrupados em categorias e vendê-los aos clientes por meio de uma página online, na qual o cliente efetua seu pedido.

A partir da ***declaração do problema***, é possível extrair os requisitos de negócio a seguir:

- O cliente poderá visualizar uma lista de produtos por categoria.
- O cliente poderá realizar compras.
- Os funcionários da loja poderão manter o cadastro de produtos no sistema.
- Os funcionários da loja poderão manter o cadastro de categorias de produtos no sistema.

De posse dos requisitos de negócio iniciais, descreverei o processo que será utilizado para o projeto.

Metodologia de desenvolvimento

Independentemente do seu porte, projetos de software devem obedecer a algum tipo de metodologia de desenvolvimento, caso contrário não haveria ***engenharia*** e sim ***manufatura*** de software.

A metodologia pode ser simples, como uma pequena lista de tarefas, por exemplo, ou algo bem mais formal. Tenha em mente que o ***excesso*** de procedimentos é prejudicial, porém, não ter processo algum é igualmente ou mais prejudicial, resultando em atrasos, retrabalho e falta de previsibilidade para as entregas de partes do sistema. Essas questões acarretam aumento de custos para a empresa (que está pagando o salário dos desenvolvedores) e o cliente (que não gostaria de ser surpreendido com uma renegociação de contrato decorrente de estimativas iniciais equivocadas).

Ao longo deste capítulo, mostrarei um processo de desenvolvimento simplificado, baseado na XP e AMDD.

Extreme Programming (XP) e Agile Modeling Driven Development (AMDD)

XP e AMDD conduzem a construção de soluções de software de maneira rápida, porém, como tudo no mundo, têm suas vantagens e desvantagens e os cenários mais ou menos adequados ao seu emprego. Os dois métodos são ***complementares***:

- ***XP*** provê uma abordagem completa do ciclo de vida de um software, focado na ***satisfação do cliente*** com o resultado final.
- ***AMDD***, por sua vez, ataca o problema da documentação (ou da falta dela). De fato, muitas pessoas acreditam, erroneamente, que processos ágeis não precisam de documentação. Na realidade, seria mais preciso dizer que ***processos***

ágeis evitam documentar algo sem um objetivo específico. Se você já desenvolveu usando alguma metodologia tradicional, emprestada da Engenharia, deve ter se pego muitas vezes criando um documento apenas para "seguir o processo", sem uma ideia clara de quando ou por que tal documento seria necessário.

Características da XP

- Desenvolvimento iterativo e incremental: O *software* é construído aos poucos, em iterações, ao final das quais são produzidos artefatos *que gerem valor para o cliente*. Isso significa que produzir apenas documentos em uma fase não é aceitável segundo o processo. A cada iteração, o projeto deve passar por sucessivos refinamentos, que envolvem análise, projeto, implementação e testes.
- Projetos *preferencialmente* orientados a objetos: Observe o *preferencialmente*. Isso não exclui o uso de XP em projetos de estrutura procedural, porém seu uso não costuma trazer muitos benefícios para esse tipo de aplicação.
- Escopo variável: Ou seja, os requisitos mudam com frequência, por isso, o processo enfatiza a importância da *comunicação* com o cliente. Sempre que houver uma dúvida sobre o que deve ser produzido, o cliente deverá ser consultado.

Uma premissa de processos ágeis é que é mais simples realizar correções em porções menores dos projetos do que fazê-lo no software inteiro após a conclusão.

Fases do ciclo de vida de um projeto na XP

A Extreme Programming (XP) divide o ciclo de vida do projeto em fases:

1. *Fase de Exploração*: Procura-se entender as necessidades do cliente e, posteriormente, como o software deverá ser projetado e construído. Algumas atividades que poderiam ocorrer nesta fase (*poderiam* porque não necessariamente devem todas ser realizadas. Lembre-se da premissa de só gerar artefatos se eles, de fato, forem úteis ao objetivo final, que é produzir software de valor para o cliente):

    - *Elaboração de um Modelo de Domínio*: Trata-se de um modelo que especifica conceitos fundamentais do negócio do cliente; entidades e os relacionamentos entre elas.
    - *Protótipos de interface com o usuário:* Simulações das telas iniciais para ter uma ideia de como o cliente enxergará o produto final. Cuidado ao fazer tais protótipos, recomendo que eles sejam o mais simples possível. Se você prototipar telas com alguma ferramenta que mostre exatamente

como será o produto final, poderá gerar falsas expectativas para o cliente de que o software já está quase pronto. Para esta fase, muitas vezes, as melhores ferramentas são lápis, papel e borracha.
- *Storyboard*: Trata-se de uma descrição do fluxo das telas do protótipo. Algo do tipo: "[...]se você clicar no botão tal, aparecerá a tela X[...]", pode ser desenhado sobre o protótipo de interface.
- *Histórias do usuário*: Semelhantes aos requisitos do sistema, são escritas pelo cliente na forma de frases curtas e explicam o que o software deverá fazer.
- *Definição do escopo*: É de **suma importância** definir antecipadamente o escopo do projeto (ou seja: o que será e o que não será implementado nesta fase). Só assim você saberá o que precisa ser entregue na iteração em curso e o que pode ser adiado.
- *Análise*: Pode incluir diversos artefatos, tais como um diagrama de arquitetura informal, um glossário etc.

2. *Fase de Planejamento*: De acordo com Hemrajani (2006), esta fase deve incluir:
   - *Plano de distribuição*: Lista todas as histórias de usuário que serão entregues na próxima distribuição do sistema, agrupadas em várias iterações que costumam ter uma duração fixa, entre um e três meses. Segundo aquele autor, dois meses é uma duração ideal.
   - *Plano de iteração*: Documento criado antes de cada iteração, que descreve as histórias que o cliente deseja implementar para a próxima iteração. A duração das iterações costuma ser fixa e entre uma e três semanas, sendo recomendável que durem duas semanas.
   - *Definição de padrões* (código, banco de dados, processo): É uma boa ideia, antes de começar a escrever qualquer código, definir com a equipe convenções de codificação, nomenclatura de bancos de dados etc.

3. *Fase de Iterações para Versões:* Nesta fase, o software é desenvolvido em incrementos, chamados de "iterações". Cada nova iteração inclui as etapas de projeto, codificação, homologação por parte do usuário e distribuição do código. Se o projeto estiver sendo desenvolvido em uma empresa grande, a distribuição do resultado de uma iteração em ambiente de produção pode não ser interessante, dado o custo gerado se uma falha não detectada ocorrer antes da homologação por parte do cliente. Nesse caso, você pode acordar com o cliente que o código será distribuído em um ambiente de **homologação**,para que os usuários finais o testem, e a equipe prosseguirá para a próxima iteração. A fase de iterações é *cíclica*: como o nome indica, haverá várias iterações, até que o produto final, o software, esteja maduro o suficiente para passar

para a próxima fase do seu ciclo de vida, a tão esperada "produção". Enquanto isso não acontece, cada iteração pode incluir:

- Tarefas de desenvolvimento, estimativas por parte da equipe e um plano para a próxima iteração.
- Comunicação informal da equipe de desenvolvimento com o cliente.
- Projetos em que serão gerados artefatos como diagramas, por exemplo.
- Codificação, que cria testes unitários, refatorações, alterações no banco de dados ou na arquitetura do sistema.
- Teste de aceitação por parte do usuário.
- Distribuição do resultado da iteração em produção: também chamada de *small release*.

4. **Fase de Produção:** Nesta fase, após obtida a aprovação do cliente, o software é liberado para os usuários. Diz-se que ele "entra em produção".
5. **Fase de Manutenção**: Após rodar em produção por algum tempo, o software pode entrar em **manutenção**. Nessa fase, podem ser realizadas correções pontuais, implementação de algum tipo de evolução no projeto ou até mesmo alterações significativas solicitadas pelo cliente — nesse caso, o processo todo deveria voltar à fase inicial — exploração.

Usando XP e AMDD para projetar o aplicativo Loja Virtual

Agora que o processo foi devidamente explicado, vou utilizá-lo para projetar um sistema de vendas, que chamarei simplesmente de "Loja Virtual".

Modelo de domínio

O modelo de domínio inicial mostra as entidades que compõem a aplicação e seus relacionamentos, sem explicitar os seus detalhamentos.

A Figura 13.1 exibe o modelo de domínio para o projeto Loja Virtual.

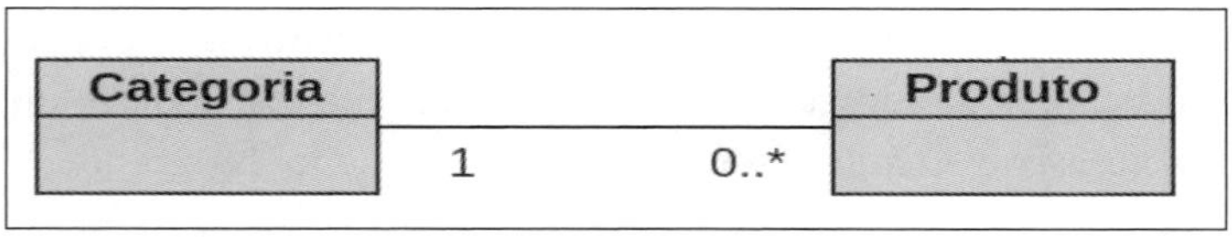

FIGURA 13.1: Modelo de domínio do projeto Loja Virtual

O modelo de domínio inicial mostra as entidades que compõem a aplicação e seus relacionamentos sem explicitar os atributos. O diagrama significa que: uma *categoria* possui zero ou mais *produtos*. Isso quer dizer que podem existir categorias sem nenhum produto cadastrado. Porém, um *produto* deve fazer parte de apenas uma *categoria*.

Além das classes Categoria e Produto, o projeto também contará com uma abstração que representará um "carrinho de compras", mas, como ele não será implementado como uma classe de modelo, escolhi não incluí-lo no modelo de domínio.

AVISO

Decidi não modelar usuários e seus respectivos grupos como parte do domínio do problema, pois eles serão criados usando o mecanismo padrão de autenticação e autorização do Django framework. Esta é uma decisão pessoal. Se eu fosse implementar as classes que representam esses conceitos, elas deveriam fazer parte do modelo, entretanto, como não será o caso, vale a regra de "modelar apenas o que for necessário".

Protótipo da interface com o usuário

Após obter uma razoável ideia dos recursos que o cliente deseja na aplicação, é possível passar para a criação de um protótipo de interface com o usuário, a fim de discutir com ele a aparência e o comportamento que o software deverá exibir.

Com a criação de um protótipo de interface, logo no início do projeto, eliminam-se futuras alterações cosméticas quando o código estiver implementado (você não precisará lidar com "não gostei da 'cara' dessa tela..."). Além do mais, o protótipo pode ser usado como uma ferramenta auxiliar na especificação das histórias do usuário. As Figuras de 13.2 a 13.4 mostram os protótipos das telas do projeto Loja Virtual.

AVISO

Tenha em mente que os protótipos de interface com o usuário não estão **gravados em pedra**, a camada de apresentação final do seu software em produção pode, e muitas vezes será, ligeiramente diferente daquela vista nos protótipos.

DICA

Uma ótima ferramenta de código aberto e gratuita para fazer protótipos de interface com o usuário é o **Pencil Project**, disponível no endereço https://pencil.evolus.vn/.

FIGURA 13.2: Protótipo da tela de login

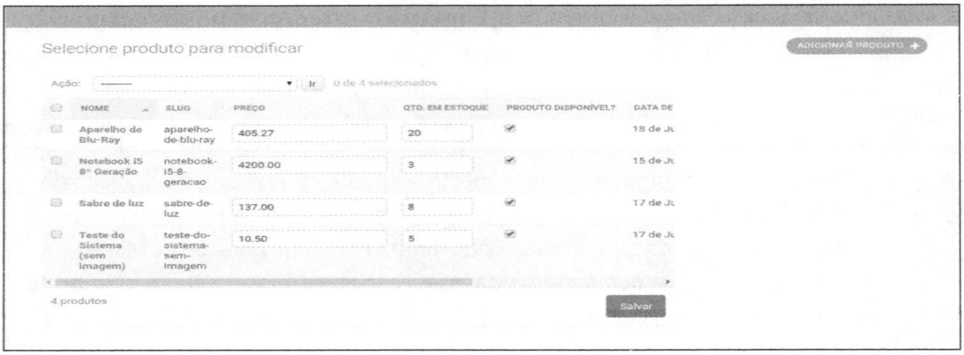

270 Python e Django: Desenvolvimento Web Moderno e Ágil

FIGURA 13.3: Protótipo da tela de manutenção do estoque

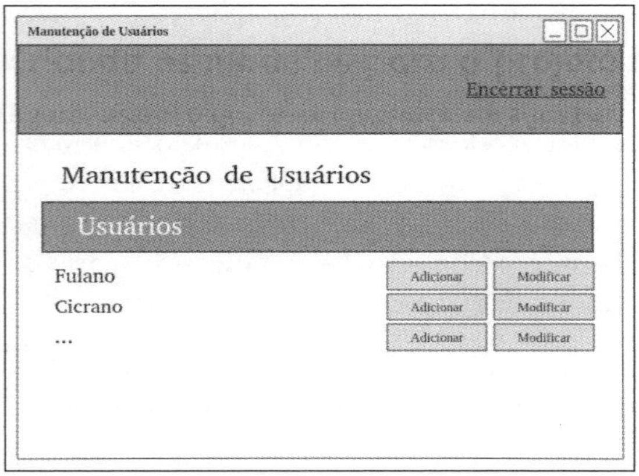

FIGURA 13.4: Protótipo da tela de manutenção de usuários

FIGURA 13.5: Protótipo da tela de pedidos

Storyboard

O *storyboard*, ou "Mapa do Site", ou ainda "Diagrama de Fluxo da UI", é simplesmente um mapa da navegação entre as várias telas do projeto. Tudo começa na tela inicial, a partir da qual o usuário pode acessar as demais funcionalidades da aplicação.

Qualquer usuário poderá realizar pedidos. Apenas os usuários autorizados poderão manter o cadastro de produtos e categorias.

A Figura 13.5 mostra o storyboard para o projeto *Loja Virtual*.

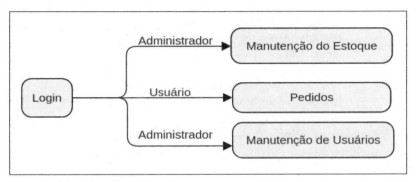

FIGURA 13.6: Storyboard do projeto

Histórias do usuário

A partir das informações colhidas até o momento, é possível elaborar as **histórias do usuário** para a aplicação Loja Virtual. Histórias do usuário estão para a XP/AMDD como os *casos de uso* para outras metodologias tradicionais, como RUP. A diferença básica entre elas é que as histórias do usuário tendem a ser mais sucintas. Em geral, poucas frases descrevem o que o usuário deseja. Os detalhes podem, então, ser colhidos diretamente com o cliente durante o desenvolvimento. Lembre-se: isso só funcionará se houver *participação ativa do cliente*.

Na Tabela 13.1 listei as histórias do usuário para o projeto Loja Virtual, atribuindo-lhes uma priorização (quanto menor o valor, mais importante é a história). Em um projeto maior provavelmente você encontrará histórias do usuário mais detalhadas.

TABELA 13.1: Histórias do usuário com priorização e estimativas para o projeto Biblioteca

Número	Nome (Identificador) da História	Descrição	Prioridade	Pontos
1	Manutenção de Categorias	Os administradores poderão incluir, alterar os dados, excluir ou consultar categorias de produtos	1	1
2	Manutenção do Estoque	Os administradores poderão incluir, alterar os dados, excluir ou consultar produtos do estoque.	2	1
3	Gerenciar Usuários	Os administradores poderão incluir, alterar os dados, excluir ou consultar autores das obras.	1	1
4	Realizar pedidos	Os usuários poderão cadastrar pedidos de produtos.	1	2

Você deve ter percebido, na Tabela 13.1, a coluna **Pontos**. Ela serve para **estimar o tempo necessário** para implementar cada história. Na XP, um **ponto** é uma unidade de medida acerca do projeto em desenvolvimento: pode corresponder a um dia de trabalho normal, um dia de trabalho **ideal** (aquele em que não ocorrem interrupções, faltas por motivo de saúde, reuniões etc.; e todo o tempo disponível é utilizado para produzir trabalho útil) ou outro período qualquer, que **deve ser acordado com o cliente**. Seja qual for a definição combinada, ela será usada para fornecer estimativas de prazo ao cliente.

Como sempre ocorrerão eventos não previstos, um dia **ideal** é raro. A diferença entre a duração de um dia ideal e um real é denominada de **fator de carga**. Esse valor será multiplicado pela estimativa inicial para obter a quantidade de dias reais estimada para o projeto. Cada equipe e cada projeto têm suas peculiaridades, que podem influenciar o fator de carga. Hemrajani (2006) sugere um fator de carga de 3 para projetos em que a tecnologia e os requisitos sejam bem conhecidos, porém, se houver riscos envolvidos (aprendizado de novas tecnologias, por exemplo), o autor sugere um valor mais elevado, por exemplo, 4 ou 5. Dessa forma, se uma tarefa foi estimada para ser concluída em 2 dias e o fator de carga é 3, deve-se estimar no cronograma 2 x 3 = 6 dias **ideais** para a sua conclusão.

Pelo fato de tempo ser um recurso escasso, frequentemente você deverá priorizar as histórias que serão implementadas primeiro.

DICA

Seja honesto com o seu cliente. Se você perceber que algum prazo não poderá ser cumprido, não espere "a bomba explodir": comunique-se com ele, explique a situação e renegocie o cronograma, possivelmente alterando a prioridade das histórias ainda não implementadas.

As metodologias ágeis só funcionam se houver **comunicação** com os interessados.

Plano de versão

Após a definição das histórias do usuário por parte do cliente, este deverá, mais uma vez, reunir-se com o(a) desenvolvedor(a) para elaborar um *plano de versão*, que consiste de uma lista das várias versões esperadas para o sistema, bem como suas datas previstas. Para o projeto que criei neste livro, haverá apenas uma versão, que será a de número 1.0.0.

DICA

Existem diversos esquemas de numeração de versões. Um que costumo utilizar em meus projetos é o que divide o número da versão em três partes:
versão_principal.evoluções.correções

- **versão_principal**: Começa com 1 e é incrementado apenas quando ocorre uma grande alteração no sistema, como uma mudança de framework ou reformulação completa da aplicação.
- **evoluções**: Começa com 0 e é incrementado a cada implementação de novas funcionalidades no projeto. Sempre que a *versão_principal* for atualizada, deve voltar a 0.
- **correções**: Começa com 0 e é incrementado a cada correção de defeitos. Sempre que o valor das evoluções for alterado, deve voltar a 0.

Dessa maneira, um sistema na versão 2.3.0 já teria passado por uma grande reformulação, três mudanças evolutivas e nenhuma correção de bug para a versão estável atual.

As metodologias ágeis recomendam, como regra, versões curtas, de um a três meses de duração, cada uma com um conjunto de histórias do usuário bem definido, que deve ser implementado nesse período. Por sua vez, uma *versão* é subdividida em *iterações*, com duração entre uma e três semanas. Uma *iteração* é composta por um subconjunto das histórias selecionadas para a versão, que o cliente deseja ver implementadas nessa iteração, junto com correções de defeitos detectados pelos testes de aceitação anteriormente falhos. Por exemplo, poderia existir um plano de versão para o sistema Loja Virtual, como o mostrado na Tabela 13.2.

TABELA 13.2: Plano de versão para o projeto Loja Virtual

Iteração	Recursos	Data
0	Configuração do ambiente de desenvolvimento (Python, Django e editor de textos SublimeText)	01/05/2019
1	Versão 1.1.0: Todas as histórias de usuário com prioridade 1	04/05/2019
2	Versão 1.2.0: Todas as histórias de usuário com prioridade 2	07/05/2019

As datas do cronograma podem ser ajustadas para frente ou para trás, em função de fatores externos, tais como feriados, indisponibilidade do cliente, problemas de infraestrutura etc.

Glossário

Este é um artefato muito útil ao lidar com um problema de algum domínio novo para sua equipe. Por exemplo, se vocês desenvolverão software para um escritório de advocacia, seria interessante conversar com alguém do escritório para conhecer os jargões que serão usados na comunicação com os advogados e elaborar um pequeno glossário, para ganhar tempo.

Diagrama arquitetural de quadro branco

Algumas metodologias forçam o analista a elaborar diagramas com formatos padronizados para vários artefatos que serão desenvolvidos. Em grandes projetos, esse tipo de documentação costuma ser muito útil, principalmente para ambientar novos membros na equipe, que entram quando o projeto já está parcialmente implementado. Porém, nas metodologias ágeis, é mais importante *comunicar a informação* do que *seguir um padrão de documentação*. Por isso utiliza-se o chamado diagrama de quadro branco, que tem esse nome porque pode ser criado em um simples quadro branco, ou mesmo em uma folha de papel, sem o uso de softwares especializados. Por meio desse diagrama, desenvolvedores e clientes podem se comunicar sobre tecnologias que serão utilizadas na criação da aplicação. A Figura 13.6 mostra um desses diagramas para o projeto Loja Virtual.

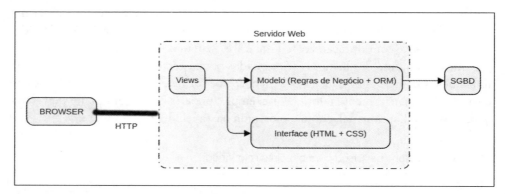

FIGURA 13.7: Diagrama de quadro branco do projeto

Você pode usar um software de elaboração de diagramas para essa tarefa, ou simplesmente desenhar em uma folha de papel com um lápis. O importante é que o diagrama comunique facilmente a arquitetura do software. Às vezes, a solução de baixa tecnologia tem suas vantagens.

Passando da análise para o projeto

Até agora, mostrei uma abordagem baseada na XP para o *levantamento de requisitos*. Agora, produzirei os artefatos para uma arquitetura e projeto mínimos, que orientarão a criação do projeto *Loja Virtual*.

Há uma certa "lenda urbana" entre desenvolvedores que diz que XP não possui projeto ou documentação, nada pode estar mais errado. A verdade é que XP e outras metodologias ágeis produzem, sim, documentação. Apenas evitam fazê-lo só para satisfazer um processo. Um documento é criado *quando necessário, porque é necessário*.

Enquanto se cria uma versão do sistema, podem ser produzidos:

- Protótipos da interface com o usuário.
- Storyboards.
- Várias histórias do usuário.
- Modelo de domínio.
- Diagrama de arquitetura de quadro branco.

Todos esses artefatos foram mostrados ao longo deste capítulo. Além deles, existem artefatos que devem ser produzidos antes de cada *iteração*. Estes serão discutidos nas próximas seções. Um ponto importante a ressaltar é que, na XP, a arquitetura e o projeto são revisados durante *todo o ciclo de desenvolvimento* e não apenas no início, como nas metodologias tradicionais.

Artefatos do nível de iteração

Quando chegar o momento de finalizar uma *iteração* em seu projeto, alguns artefatos devem ser produzidos:

Cartões CRC (Class Responsibility Collaborator)

Cartões CRC são uma coleção de cartões padronizados, divididos em três seções, como mostra a Figura 13.8:

Nome da Classe	
Responsabilidades	Colaboradores

FIGURA 13.8: Formato de um cartão CRC

No alto do cartão, é colocado o nome da classe. Logo abaixo, no painel esquerdo, são listadas suas responsabilidades e, no lado direito, quais classes colaborarão com ela, se necessário, para oferecer os serviços da aplicação. A Figura 13.9 mostra alguns cartões CRC para o projeto Livraria Virtual.

Produto

Responsabilidades	Colaboradores
Conhece seu nome	Categoria
Conhece sua categoria	
Conhece seu preço	
Conhece sua descrição	
Sabe se está disponível para venda	
Conhece sua quantidade em estoque	
Conhece sua data de cadastro	
Conhece a data da sua última atualização	
Possui uma imagem	

Categoria

Responsabilidades	Colaboradores
Conhece seu nome	Produto
Conhece sua data de cadastro	
Conhece a data da sua última atualização	

FIGURA 13.9: Exemplos de cartões CRC

Testes de aceitação

Em muitos projetos "ágeis", os testes de aceitação são utilizados também como detalhamento de requisitos. Por exemplo, as operações que o usuário pode realizar em um determinado ponto do sistema podem servir como testes de aceitação, afinal, esses testes devem garantir que o sistema faz o que o cliente deseja e, em última análise, o cliente deseja que as funcionalidades oferecidas pelo sistema atendam às suas necessidades.

Listo, a seguir, possíveis testes de aceitação para o aplicativo Loja Virtual. Em um projeto real, esses critérios seriam definidos pelo cliente.

Login

- Apenas usuários autenticados podem entrar no sistema.
- Deve existir ao menos um administrador no sistema.
- Se o usuário não possuir uma conta, um administrador poderá cadastrá-lo.

Manter categoria

- Deve-se fornecer um nome para a categoria, obrigatoriamente.
- O sistema gerará automaticamente, um slug (URL encurtado, usado por mecanismos de busca) para a categoria.
- Serão armazenadas, automaticamente, as datas de criação e última alteração das categorias.
- Nesta tela o usuário pode incluir, alterar e excluir categorias.

Manter estoque

- Deve-se fornecer um nome, descrição, preço e estoque atual ao cadastrar um produto.
- Deve-se selecionar uma categoria para o produto.
- O sistema controlará se o produto está disponível ou não.
- Nesta tela, o usuário pode incluir, alterar e excluir produtos.
- O usuário poderá visualizar a lista de todos os produtos cadastrados.
- Nesta tela, o usuário pode incluir, alterar e excluir um produto por vez.
- O usuário poderá visualizar a lista de todos os produtos cadastrados.
- O sistema gerará, automaticamente, um slug para o produto.
- Serão armazenadas, automaticamente, as datas de criação e última alteração dos produtos.

Requisitos não funcionais

São requisitos que, como o nome indica, não têm a ver com *o que* o sistema fará (suas funcionalidades) e sim com limitações de infraestrutura, segurança etc. Para o caso do projeto Loja Virtual, identifiquei estes requisitos não funcionais, inicialmente:

- Deve existir ao menos um usuário administrador, que pode realizar qualquer operação no sistema.
- Apenas um usuário administrador pode "promover" usuários comuns a administradores.

DICA

Você pode ter identificado outros requisitos não funcionais, não elencados em minha lista. Isso é normal. A análise depende muito das experiências e perspectiva de cada desenvolvedor. O importante é não deixar de perceber requisitos claramente visíveis e **SEMPRE** conversar com o cliente quando tiver dúvidas sobre o que a aplicação deve fazer.

Ainda de acordo com Hemrajani (2006), os modelos produzidos neste capítulo podem ser categorizados em:

1. Modelos Conceituais:

    - Histórias do usuário
    - Protótipos de telas
    - Storyboard
    - Modelo de domínio

2. Modelos Físicos:

    - Arquitetura de quadro branco
    - Cartões CRC
    - Testes de aceitação

3. Artefatos Finais e Duradouros:

    - Modelo de dados físico
    - Código e testes unitários em uma linguagem de programação orientada a objetos

O DJANGO FRAMEWORK

NESTE CAPÍTULO, você terá seu primeiro contato com o Django — conhecido como "o framework para perfeccionistas com prazos a cumprir". Um *framework* é um conjunto de classes implementadas em uma determinada linguagem de programação, que serve para facilitar a criação de aplicações. O termo muitas vezes serve para designar um conjunto de arquivos de bibliotecas, códigos-fonte ou compilados e até mesmo recursos, tais como ícones e folhas de estilo, que podem ser reutilizados.

Em particular na sua página online www.djangoproject.com, o Django Framework promete levar suas aplicações web de um conceito à produção em uma questão de horas. Pessoalmente, acho essa promessa um tanto exagerada, a não ser que sua aplicação seja muito simples, mas serve para ilustrar o potencial da ferramenta para aumentar a produtividade do seu time de desenvolvimento.

Por que mais um framework? E por que Django?

Se você trabalhou na área de informática no período de 2000 a 2005, provavelmente lembra dos "frameworks da semana". Naquela época, a linguagem Java reinava, quase absoluta, no desenvolvimento web e uma afirmação que ouvi muito naquela época foi: "programar para a web em Java sem um framework, não dá!" Acho que, de tanto ouvirem isso, as pessoas se animaram a desenvolver os próprios frameworks, de modo que quase toda semana um novo produto aparecia prometendo ser "a solução de todos os problemas para seu desenvolvimento web". O tempo passava e as pessoas começavam a se dar conta de que, por melhor que fosse a ferramenta, sempre havia uma curva de aprendizado e esta era, raramente, suave. Mesmo assim, havia uma lição a ser extraída dessa situação: desenvolver software para a web é uma tarefa grande e complexa e, sem ajuda, ela se torna muito pesada.

Então vem a outra pergunta: se você vai usar um framework, por que justamente Django?

Primeiro, por ser um produto maduro: ele já está no mercado há mais de uma década e é utilizado por grandes empresas, tais como Instagram, Spotify, Youtube, Dropbox, só para citar alguns nomes.

Outra coisa que realmente diferencia o Django da "concorrência" é sua abordagem pragmática: você consegue implementar **muita coisa** em um tempo relativamente curto. Ele é conhecido com um framework que vem com "pilhas inclusas" (lembra, na sua infância, como era frustrante ganhar um brinquedo e descobrir que ele não vinha com as pilhas e que no Natal não havia lojas abertas para comprá-las? Então, os fabricantes de brinquedos começaram a pôr pilhas na embalagem e anunciar nas caixas de seus produtos como mais uma vantagem: pilhas inclusas). No caso do Django, "as pilhas inclusas" referem-se a um monte de implementações de processos comuns, porém complexos, que são fornecidos junto com o framework para serem utilizados de maneira simples (seguindo o "Zen do Python": "simples é melhor que complexo"). Essas "pilhas" estão localizadas no grupo de pacotes conhecido como "***contrib packages***":

- ***admin***: Permite administrar sua aplicação, até mesmo fornecendo uma interface simples para criação, atualização, exclusão e consulta de objetos — que pode ser reaproveitada pela sua aplicação.
- ***auth***: Provê serviços de segurança como autenticação (validação de login e senha, por exemplo) e autorização (permite definir quais grupos de usuários podem ou não usar certas partes do sistema).
- ***contenttypes***: Permite gerenciar os modelos (classes de negócio) do Django com simplicidade.
- ***flatpages***: Fornece gerenciamento para páginas especiais, para as quais você não precisa desenvolver uma aplicação personalizada; páginas simples, muitas vezes com conteúdo estático como "Sobre a minha loja virtual" ou "Política de trocas".
- ***gis***: Adiciona capacidade de lidar com informações geoespaciais ao Django (e.g., interagir com o "Google Maps").
- ***humanize***: Acrescentar filtros aos templates (modelos de páginas) para melhorar a legibilidade das informações.
- ***messages***: Provê gerenciamento de mensagens baseadas em cookies e dados armazenados na sessão.
- ***postgres***: Fornece integração com o SGBD PostgreSQL.
- ***redirects***: Controla redirecionamento de chamadas entre os métodos do protocolo HTTP.
- ***sites***: Permite operar vários sites a partir de uma mesma instalação.
- ***sitemaps***: Gera, automaticamente, arquivos XML que refletem um mapa do seu site.

- ***staticfiles***: Fornece arquivos estáticos a partir de suas aplicações Django.
- ***syndication***: Gera feeds RSS e Atom, que são usados para enviar atualizações de novidades do seu site para usuários registrados.

Se achou que muitas dessas funcionalidades lembram o site de um jornal ou revista, você está absolutamente correto! Django surgiu, originalmente, como um gerenciador de conteúdo especializado em sites de notícias, mas cresceu e mostrou potencial para muito mais, como você verá neste capítulo.

Ele também provê versões estáveis e suportadas por longo período (as chamadas *LTS — Long Term Support*), que, tipicamente, são suportadas por três anos ou mais. Este livro foi escrito usando a versão 2.2 LTS, lançada em 01/04/2019, e que terá suporte até o segundo semestre de 2023.

Além de uma miríade de pacotes desenvolvidos por terceiros e, em grande parte, gratuitos e de código aberto.

Princípios do framework Django

Há uma impressionante variedade de tecnologias com as quais você pode criar uma aplicação web. Se já desenvolveu para essa plataforma antes, sabe que o que varia bastante é o tempo de desenvolvimento, dependendo da tecnologia escolhida. Esse tempo pode ser reduzido, usando o processo encorajado pelo framework. Não vou incorrer no que se chama em Engenharia de Software de "Síndrome da Bala de Prata" — sei que toda tecnologia tem seus prós e contras e Django não resolverá todos os seus problemas da noite para o dia, mas, comparado com outras tecnologias com as quais trabalhei, a impressão que tenho é de que ele é uma das mais produtivas.

Django trabalha sobre alguns princípios que norteiam o seu uso:

1. ***DRY*** (*"Don't Reppeat Yourself"* [Não se repita ou Não fique se repetindo, em tradução livre]): É comum, no desenvolvimento para a web, ocorrer redundância de códigos entre as diversas camadas da aplicação; interface com o usuário em HTML; regras de negócio em uma ou (geralmente) várias classes no servidor; código que acessa e atualiza informações no seu SGBD; scripts de geração das tabelas; uma API REST para comunicação com outras interfaces com o usuário; e, muitas vezes, cada camada dessas possui códigos quase idênticos, resultando em um monte de ciclos de "copiar e colar", o que não é reúso, e sim **redundância**.

Por exemplo, criar uma simples tela de manutenção de produtos, em que você cadastraria produtos, alteraria seus dados, desabilitaria um produto para que não fosse mais vendido ou apenas consultaria os dados de um ou mais produtos, tipicamente, envolve:

- Criar um script de banco de dados para armazenar as informações dos produtos. Você teria que criar um script (na maioria das vezes, em linguagem SQL) para definir o nome da tabela, os campos e seus tipos de dados, possíveis índices para acelerar a pesquisa e restrições como, por exemplo, não pode haver dois produtos com o mesmo nome.
- Criar classes que fazem o gerenciamento dos acessos ao banco de dados. Mesmo que você use um mecanismo de persistência para facilitar essa tarefa, ainda existem muitas configurações necessárias para evitar possíveis problemas.
- Criar classes que implementam regras de negócio. Essas costumam ser as mais trabalhosas e é difícil, quando não impossível, conseguir fazê-las totalmente independentes do restante das classes (na realidade, por sua natureza, elas *costumam interagir com outras classes*, o que gera dependências e reduz a sua coesão).
- Criar classes que controlem as interações com outras classes de negócio.

E esta é apenas *uma* das possíveis implementações. Para cada item da lista, poderia haver repetição de nomes de campos, restrições de tabelas etc. — o que termina criando um bocado daquela indesejável redundância.

Para atacar esses problemas, Django provê os chamados "modelos", que permitem definir as classes que representam entidades de negócio, como **Produto**, **NotaFiscal**, **Cliente** etc., em um mesmo local, sem criar redundância sobre redundância. Mais adiante mostrarei como fazê-lo ao construir uma aplicação.

2. *Explícito é melhor que implícito*: Este conceito é emprestado do "Zen do Python". Uma das formas que Django implementa tal princípio é pela maneira como direciona as requisições dos clientes (browser ou outra aplicação) para os métodos que responderão a elas (só um "spoiler": esses métodos são definidos nas chamadas **Views**). Veja um exemplo na Listagem 14.1.

```
def visualizar_pedido(request, id_pedido):
    pedido = Pedido.objects.get(id = id_pedido)
     return render(request, 'pedidos/pedido.html', {pedido: pedido})
```

LISTAGEM 14.1: Método que recupera um pedido

Esse é apenas um trecho de código, não um programa completo, e você ainda precisa aprender alguns conceitos antes de compreendê-lo totalmente, porém, perceba a *legibilidade*: mesmo que não conheça o framework, é possível supor que esse código recebe um parâmetro id_pedido, recupera de algum lugar o pedido correspondente a esse id e devolve uma página HTML com o resultado. Nada fica oculto.

AVISO

Não se preocupe em entender agora o fragmento de código da Listagem 14.1 — ele foi colocado aqui apenas para ilustrar o princípio "explícito é melhor que implícito", sem nenhuma finalidade de ser completo neste momento.

Acoplamento fraco — Django divide sua aplicação em várias partes que operam em diversas camadas (interface com o usuário, regras de negócio, acesso a dados etc.), entretanto, elas foram pensadas para **não misturar aspectos diferentes**: por exemplo, no código que acessa dados, existe apenas acesso a dados, nada de regras de negócio; na interface com o usuário, não há código de negócios etc.; observar essas práticas produz código menos "emaranhado" e mais fácil de manter.

Um pouco de arquitetura: o padrão MTV

O framework Django adota o padrão de projeto MTV (*Model, Template, View*), uma variação do conhecido padrão MVC (*Model, View, Controller*). Em termos simples, Django separa a camada de interface com o usuário de sua aplicação em três partes:

Modelo (Model)

Consiste na parte da aplicação que se comunica com o SGBD por meio do mapeamento objeto-relacional do Django. Durante muitos anos, um dos maiores problemas para quem criava aplicações para a web (e mesmo para outras plataformas) era como interagir de maneira transparente com o sistema que gerencia o banco de dados: escrever esse tipo de código partindo "do zero", apesar de possível, é extremamente complexo, propenso a erros e, ainda por cima, desnecessário — há várias ferramentas que simplificam essa tarefa fornecendo uma interface mais simples para as operações necessárias. Por exemplo: suponha que você crie uma tela com uma funcionalidade do tipo "Mestre-Detalhe", como um pedido e seus itens. Se fosse implementá-la sem um software de mapeamento OR, precisaria escrever código SQL para cada operação no banco de dados, código Python para receber as informações das suas classes e mais código Python para converter uma representação em outra, afinal, espera-se que os programas Python usem um modelo de domínio orientado a objetos para representar seus dados, enquanto os SGBDs tipicamente usam um esquema relacional para armazená-los (daí o termo "objeto-relacional"). Você precisaria ainda controlar os dados para que, sempre que um registro mestre fosse visualizado, apagado ou editado, os registros filhos, na parte "detalhe" da tela, fossem modificados de acordo. Para resolver esses problemas, o Django possui o seu próprio mapeamento OR, chamado de Django ORM (Object-Relational Mapping). O framework pode, então, criar as tabelas no banco de dados para você, gerenciar operações DML (inclusão, alteração, exclusão e consulta de dados), controlar relacionamentos entre as tabelas que contêm informações etc. O Django suporta nativamente os SGBDs: PostgreSQL, MySQL, SQLite e Oracle. Além desses, existem também drivers fornecidos por terceiros, que permitem utilizar o SQL Server (Microsoft), DB2 (IBM), SQL Anywhere (SAP), Firebird e vários outros por meio de conexões ODBC.

DICA

Para os iniciantes ou mesmo usuários mais experientes que desejem realizar testes simples, recomendo usar o SQLite, porém ele não deve ser usado em produção. Quando você chegar ao ponto de lançar sua aplicação no mercado, duas boas escolhas gratuitas são o PostgreSQL e o MySQL. Grandes corporações usam muito Oracle e SQL Server. No entanto, mesmo um sistema gigantesco consegue rodar bem com o PostgreSQL ou o MySQL, se bem configurados.

Template

É a parte que o usuário visualiza, a *camada de apresentação* do sistema escrito com o Django. Os templates Django controlam a *lógica de apresentação* dos seus dados, ou seja, como eles serão visualizados pelo usuário, separando os dados da aplicação da maneira como são exibidos. Embora você possa criar seus templates com várias tecnologias diferentes, a maneira mais comum de implementar essa camada de software é por meio de páginas HTML decoradas com folhas de estilo em cascata (***CSS — Cascading Style Sheets***). Os templates isolam a lógica de negócios da apresentação, permitindo que, se necessário, um ***designer*** trabalhe na criação da identidade visual do sistema enquanto um programador implementa as funcionalidades separadamente. Além disso, não é permitido executar código Python em templates, o que evita brechas de segurança.

De fato, existe toda uma ***linguagem de templates*** embutida no Django, denominada ***DTL (Django Template Language)***, uma linguagem de script que usa tags para formatar o conteúdo a ser exibido. Por exemplo, imagine um trecho de página como o da Listagem 14.2:

```
<div>
    <p> Usuário conectado:
        <span class="username"> {{nome_usuario}} </span>
    </p>
</div>
```

LISTAGEM 14.2: Trecho de template Django

Perceba que são usadas tags do HTML padrão (<div>, <span> e <p>), e a única novidade é uma variável, ***nome_usuario***, exibida entre {{ e }}. Essa é a maneira da linguagem de templates do Django exibir o conteúdo de uma informação, que é passada para o ***template*** pela ***view*** (não se preocupe em compreender os detalhes dessa operação agora: ela ficará mais clara quando eu criar o projeto-exemplo do livro). Esse trecho de código poderia estar presente em uma página que mostrasse o usuário atualmente logado em uma aplicação.

A DTL permite, dessa forma, separar os trabalhos do desenvolvedor, que cria os códigos internos da aplicação, e do designer, que se preocupa com a apresentação das informações: o primeiro não precisa se preocupar em como as informações serão fornecidas, apenas em quais variáveis irá expor à camada de apresentação; enquanto o segundo cuidará apenas do que sabe fazer bem, que é criar páginas organizadas e visualmente atraentes, sem se importar com o código que busca e atualiza informações.

Herança de Templates

Lembra do princípio **DRY *(Don't Reppeat Yourself)***? Sua influência na DTL é percebida na chamada ***herança de templates***, recurso que permite "fatiar" o layout de uma página e reaproveitá-lo em vários lugares (ou, se preferir o termo técnico, permite ***herdar*** do layout padronizado). Por exemplo, a maioria das páginas de compras costuma ser organizada como uma variação do formato mostrado na Figura 14.1.

FIGURA 14.1: Divisões comuns em uma página web

Se você alguma vez já teve que atualizar páginas de um site ***realmente grande***, sabe o pesadelo que isso pode se tornar se adotar a abordagem "copia, cola, altera". Isso simplesmente não funciona quando a quantidade de arquivos começa a aumentar muito: há código repetido demais. Se, por exemplo, a empresa muda de nome ou logomarca, seria necessário atualizar ***cada página;*** e é muito fácil que alguma informação seja esquecida ou alterada erroneamente no processo. Para prevenir isso, inicialmente você deve separar as partes fixas do seu layout daquelas que mudam em cada página, como na Figura 14.2.

LAYOUT ANCESTRAL	LAYOUT HERDADO
Cabeçalho	Cabeçalho (Herdado)
Menu Superior	Menu Superior (Herdado)
	Menu Lateral
Rodapé	Rodapé (Herdado)

FIGURA 14.2: Layout "fatiado" mostrando parte ancestral e parte herdada

Você pode, ainda, herdar um layout de mais de um ancestral ao mesmo tempo (herança múltipla de templates): por exemplo, um template poderia definir o menu superior; outro, o rodapé; e assim sucessivamente.

AVISO

Não é permitida a execução de código Python ou atribuição de variáveis *em um template*, para evitar brechas de segurança. Também não é permitido executar scripts de outras páginas para evitar ataques do tipo **XSRF** (*Cross-Site Request Forgery*) e **XSS** (*Cross-Site Scripting*). Esses tópicos estão fora do escopo deste livro, mas, se quiser saber mais a respeito, acesse (em inglês):

- https://docs.djangoproject.com/en/2.2/ref/csrf/
- https://docs.djangoproject.com/en/2.2/topics/security/

Essas limitações aplicam-se apenas a código **Python**. Não há limitações, por exemplo, à execução de código **JavaScript** na página.

View

A *View* corresponde, no Django, à camada que controla a interação entre os dados (*Modelo*) e a apresentação (*Template*). Ela embute as *regras de negócio* da sua aplicação.

O nome escolhido para essa camada confunde muitos iniciantes, principalmente aqueles que vêm de outras linguagens orientadas a objetos, que usam o padrão **MVC** *(Model-View-Controller)*, para os quais o componente que realiza essa tarefa é denominado de *Controlador* (*Controller*) e "*view*" é o nome dado ao que o Django denomina de *template*. Se você for um deles, comece desde já a repetir mentalmente: "[...] no Django, uma *View* corresponde à camada de lógica da aplicação e **NÃO** à camada de apresentação."

O Django Framework

DICA

Na página web do framework, seus criadores colocaram uma nota sobre essa confusão entre MTV e MVC: "[...]no final do dia, claro, tudo se resume a conseguir que as coisas fiquem prontas. E, independentemente de como elas são nomeadas, Django consegue que elas fiquem prontas de um jeito que é, em sua maioria, lógico para nós." (Tradução livre de https://docs.djangoproject.com/en/2.2/faq/general/)

A Figura 14.3 mostra como essas três partes da aplicação interagem entre si.

Uma *view* normalmente devolve informações a um *template* na forma de uma variável ou um dicionário, para que seja montada uma página HTML de resposta a uma requisição. Entretanto, com o crescente uso de APIs REST,[1] de uns anos para cá, também se tornou comum que as visões devolvam dados em formato *JSON* (*JavaScript Object Notation*), muito usados com tais APIs.

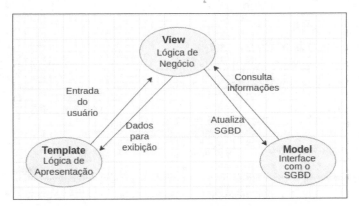

FIGURA 14.3: Interação entre os componentes do padrão MTV (Model, Template, View)

Uma analogia bastante utilizada para explicar o conceito da view em Django é pensar nela como uma espécie de "guarda de trânsito". A view controla quais requisições podem seguir de um lugar para outro e quais classes atenderão à solicitação. Ela "decide" quais dados serão mandados para um template, seja respondendo a uma ação tomada pelo usuário na camada de apresentação (*template*), seja respondendo a algum método de negócio interno à aplicação.

As views podem ser de dois tipos:

1. *Views baseadas em funções* (*function-based views*): Como o nome sugere, são representadas por funções escritas em Python. Adotam uma abordagem

---

[1] *REST (REpresentational State Transfer)* é um padrão arquitetural para *web services* que vem ganhando força há alguns anos. Nele, são usados os *verbos do protocolo HTTP* (*GET*, *PUT*, *POST* e *DELETE*) para chamar operações de um serviço disponibilizado por uma dada aplicação de modo simplificado.

mais próxima da programação procedural. Há quatro *views* baseadas em funções predefinidas, usadas para exibir páginas de erro:

- 400 (*Bad request*, requisição malformada)
- 403 (*Forbidden*, endereço proibido)
- 404 (*Page not found*, página não encontrada)
- 500 (*Server error*, erro interno no servidor)

Para responder a esses tipos de erro usando *function-based views*, sua aplicação deverá definir funções para cada um dos eventos citados que você deseje tratar.

2. *Views baseadas em classes* (*class-based views*): Introduzidas na versão 1.7 do Django, as *class-based views* são implementadas por meio de uma classe, ou seja, usam os recursos da *orientação a objetos*. Há várias dessas views no Django, como, por exemplo:

- *FormView*: Permite exibir um formulário.
- *ListView*: Usada para exibir uma lista de objetos.
- *DetailView*: Serve para mostrar um só objeto.
- etc.

Uma vantagem desse tipo de view é a possibilidade de usar *herança*, assim você consegue reaproveitar comportamentos definidos em outras views.

AVISO

Você poderia até mesmo ignorar completamente a arquitetura recomendada e criar uma aplicação com todos os componentes em um único arquivo,2 porém, quando seu projeto começar a crescer — pois a única coisa constante em desenvolvimento de software é a mudança — você terá em mãos um "pesadelo de manutenção".

Configurações de URLs

Finalmente, a "cola" que une as três partes apresentadas anteriormente são as configurações de URL.[3] Elas especificam a origem e o destino das requisições que serão processadas pelas views da aplicação.

---

[2] Em um dos livros que consta das referências bibliográficas, *Lightweight Django*, os autores fizeram exatamente isso: criaram um projeto no estilo "*Hello, World!*" em Django, cujo código está todo completo em um único arquivo. Apenas para fins didáticos, não existe problema, mas, em projetos reais, esteja avisado(a): não faça isso.

[3] URL é a sigla de *Uniform Resource Locator* — Localizador de Recurso Uniforme. Entenda-o como um endereço da web, que você digita no seu navegador quando quer acessar uma página. Por exemplo: http://www.altabooks.com.br é uma URL, assim como 127.0.0.1:8000.

Toda página web tem sua URL, elas foram criadas para que você não precise decorar endereços numéricos, afinal, é bem mais fácil lembrar de www.qualquercoisa.com que de 192.168.1.250, não é verdade?[4]

Esses endereços são especificados, *por padrão*, por meio de um mapeamento presente em um arquivo denominado urls.py.

AVISO

Escrevi que os endereços se localizam em urls.py "por padrão" porque, de fato, você poderia defini-los em outro local. Uma característica muito forte no Django Framework é sua capacidade de *personalização* — você pode seguir o padrão (e, acredite: há muitas vantagens em fazê-lo, por isso, recomendo isso na maioria dos casos), mas, se houver alguma boa razão para não fazê-lo, o *framework* não ficará no seu caminho.

Criando um novo projeto com o Django

OK. Chegou a hora de pôr a "mão na massa": vou mostrar como criar o seu primeiro projeto Django. Se ainda não instalou o Django e o Python, dê um "pulinho" no apêndice 1 ou 2, dependendo de qual sistema operacional você utiliza, instale-os e retorne a esta página.

AVISO

Não salte sem paraquedas! Em outras palavras, não comece um projeto sem configurar um ambiente virtual para trabalhar. Embora alguns programadores sintam-se mais confortáveis sem eles, os ambientes virtuais fornecem a garantia mínima de que não haverá interações com *softwares*/bibliotecas instaladas na máquina de desenvolvimento que possam interferir no seu trabalho. Nos apêndices, você encontrará informações sobre como configurar um ambiente virtual para trabalhar.

Para criar um projeto, antes de mais nada, *inicie o seu ambiente virtual*, conforme ensinado nos apêndices. Entre no seu prompt de comando, acesse a pasta em que pretende salvar seus projetos Django e digite:

    django-admin startproject nome_do_projeto

No meu caso, chamei o projeto de "lojavirtual", logo, digitei:

    django-admin startproject lojavirtual

---

[4] Propositalmente, usei exemplos de endereços que não existem. Embora alguém possa registrar o endereço www.qualquercoisa.com, o endereço 192.168.1.250 é *reservado* e não pode ser usado fora de uma rede local.

O Django vem com um servidor web interno apenas para testes. Não é poderoso ou seguro o suficiente para funcionar em um ambiente de produção, mas, para aprendizado, serve bem aos nossos objetivos. Se você não fizer mais nada agora e rodá-lo, já poderá ver a tela padrão do Django. Experimente digitar:

```
cd lojavirtual
./manage.py runserver
```

Serão exibidas algumas mensagens parecidas com:

```
Watching for file changes with StatReloader
Performing system checks...

System check identified no issues (0 silenced).

You have 17 unapplied migration(s). Your project may not work
properly until you apply the migrations for app(s): admin, auth,
contenttypes, sessions.
Run 'python manage.py migrate' to apply them.

July 01, 2019 - 20:21:29
Django version 2.2.1, using settings 'lojavirtual.settings'
Starting development server at http://127.0.0.1:8000/
Quit the server with CONTROL-C.
```

As linhas em destaque informam que ainda não foram criadas as tabelas iniciais, no banco de dados da aplicação, que serão usadas pelo Django. Interrompa o servidor digitando ctrl+C.

Para criar essas tabelas, digite:

```
./manage.py migrate
```

Aparecerão várias mensagens de confirmação durante a criação das estruturas no banco de dados. Agora, repita o comando:

```
./manage.py runserver
```

Nesse momento, se você acessar no browser o endereço mostrado (http://127.0.0.1:8000/), verá a tela inicial de uma aplicação Django, como na Figura 14.4.

FIGURA 14.4: Tela inicial de uma aplicação Django

Pode não parecer muita coisa, mas pense a respeito: sem nenhum esforço, você exibiu uma página de boas-vindas que contém links funcionais para outras páginas.

Antes de alterar o projeto para nossos propósitos, ainda na pasta *lojavirtual*, dê uma olhada nos arquivos e pastas existentes:

```
\lojavirtual (pasta raiz do projeto)
    db.sqlite3
    manage.py
    \lojavirtual (configurações do projeto)
        __init__.py
        settings.py
        urls.py
        wsgi.py
```

A pasta raiz, lojavirtual, serve apenas para agrupar os arquivos e pastas do projeto. Ela é conhecida pelo nome de **BASE_DIR**. Você pode renomeá-la para qualquer coisa que desejar, sem medo de "quebrar" algo — na verdade, recomendo que o faça — essas duas pastas com o mesmo nome costumam criar mais confusão que ajudar. No meu caso, eu a renomeei para "*prj_lojavirtual*", deixando a estrutura do projeto assim:

```
\prj_lojavirtual (pasta raiz do projeto)
    db.sqlite3
    manage.py
    \lojavirtual (configurações do projeto)
        __init__.py
        settings.py
        urls.py
        wsgi.py
```

Quanto ao conteúdo do projeto:

- O arquivo **db.sqlite3** é um gerenciador de bancos de dados em memória (SQLite) usado para testes simples e apenas em ambiente de *desenvolvimento*.
- **manage.py** é um script que serve para executar tarefas administrativas da sua aplicação por linha de comandos (uma dessas tarefas, *runserver*, permite executar o servidor web interno do Django, como visto no início desta seção).

A pasta "*lojavirtual*", mais interna, é citada em muitos livros como **PROJECT_DIR**. Ela contém configurações que afetam o projeto como um todo. Nela, você encontrará os arquivos:

- **__init__.py**: Usado para marcar essa pasta como um pacote Python. Se você não se recorda do conceito, releia a seção "Agrupando módulos em pacotes", no Capítulo 9.
- **settings.py**: Este arquivo contém informações de *configuração* sobre seu projeto. Mais detalhes a seu respeito adiante, na seção "Ajustando o settings.py".
- **urls.py:** Contém mapeamentos de URLs internas ao projeto. Qualquer URL que precise ser acessada dentro do projeto deve ser mapeada nele. Logo que você cria um projeto, há apenas um mapeamento para a página de administração do site, criada automaticamente pelo Django.
- **wsgi.py**: Permite que seu projeto seja implantado em servidores compatíveis com o padrão WSGI, usado em servidores web otimizados para Python.

AVISO

Cuidado para não se confundir! A pasta que você pode renomear é a BASE_DIR. **JAMAIS** renomeie a pasta mais interna, conhecida como **PROJECT_DIR**. Se você o fizer, provocará erros em diversos arquivos como settings.py e wsgi.py.

DICA

Todos os arquivos de configuração do Django são, na realidade, **programas escritos em Python**, então você perceberá a extensão .py e a sintaxe familiar de listas e dicionários para especificar os parâmetros necessários.

Por isso, ao planejar este livro, decidi tentar formar sólidos conceitos de Python na primeira parte — você poderia iniciar no Django com um conhecimento apenas superficial da linguagem, mas, se investiu em conhecê-la um pouco melhor, poderá aproveitar muito mais os recursos do framework.

Adicionando uma aplicação ao projeto

Os projetos Django são subdivididos em aplicações. Cada aplicação é uma seção autocontida do seu projeto. Pense em uma aplicação como uma seção de um site: se, por exemplo, você criar um site de notícias, este será o seu *projeto*. Cada seção do site (Cinema, Esportes, Política etc.) poderia ser criada como uma *aplicação*. Dessa maneira, tais aplicações poderiam ser reaproveitadas em outros projetos (por exemplo, se você precisar criar uma versão diferente da página para outro cliente, poderá reaproveitar as aplicações que já desenvolveu para o projeto anterior).

DICA

Como já citei, Django surgiu como um gerenciador de conteúdo para portais de notícias e, para esse tipo de site, faz muito sentido a estruturação em projetos e aplicações: o *projeto* corresponde ao portal inteiro e seções como "Diversão", "Esportes", "Política" e "Exterior" podem ser criadas como aplicações separadas. Isso não significa, entretanto, que tal organização seja ruim para outros tipos de sistemas — muito pelo contrário. Você descobrirá, com o tempo, que essa organização facilita muito a manutenção do seu código.

Comece simples: crie seus projetos sem se preocupar com o que será aplicação e o que não será. À medida que o projeto for avançando, você perceberá se existem partes que são suficientemente coesas para merecerem sua própria aplicação (claro, às vezes a tarefa é tão grande que, já na fase de projeto, é interessante definir algumas das *apps* que serão criadas). Se precisar criar uma app, use o *manage.py*:
manage.py startapp *nome_da_app*

Crie uma aplicação chamada *main*, que será a primeira do projeto Loja Virtual: para tal, vá ao prompt de comandos/terminal, dentro da pasta raiz do seu projeto (*prj_lojavirtual*) e digite:

```
manage.py startapp main
```

Será gerada uma nova subpasta dentro da pasta principal do projeto, com o nome de *main*. Perceba que a pasta main ficará dentro de *prj_lojavirtual*, no mesmo nível da pasta de configurações, *lojavirtual*. Como o arquivo do projeto originalmente também se chamava *lojavirtual*, os novatos costumam se perder na nomenclatura (esse foi o motivo de eu ter orientado você a renomear a pasta raiz do projeto logo no início).

AVISO

Se, por engano, você mover a pasta da nova aplicação, *main*, para outro local, por exemplo, para dentro de *prj_lojavirtual**lojavirtual*, receberá vários erros em tempo de execução ao tentar rodar o código que usa essa aplicação; e encontrar a origem dos erros pode ser uma verdadeira "dor de cabeça" se tiver criado uma aplicação com um nome parecido com o do projeto.

Estrutura de uma aplicação Django

Dê uma olhada no conteúdo da pasta main:

```
\main
    \migrations
    admin.py
    apps.py
    models.py
    tests.py
    views.py
    __init__.py
```

A pasta *migrations* é usada para armazenar scripts de migração de bancos de dados. Esses scripts são criados e executados automaticamente pelo framework, mas também podem ser personalizados pelo programador.

Os arquivos admin.py e models.py são usados para descrever suas classes de domínio que o Django chama de *modelos* para serem usadas na aplicação Admin, que acompanham o framework. Isso permite criar, muito rapidamente, telas com funcionalidades *CRUD*, usadas para manter cadastros simplificados.

O arquivo tests.py serve para definir os testes que farão parte da aplicação.

O arquivo views.py descreve as views da aplicação.

Começarei as configurações do projeto pelo arquivo apps.py. Se você examinar seu código, verá que ele se resume ao mostrado na Listagem 14.3:

```
from django.apps import MainConfig

class MainConfig(AppConfig):
    name = 'main'
```

LISTAGEM 14.3: Conteúdo do arquivo apps.py, na aplicação main

O que nos interessa, nesse fragmento, é a classe gerada, *MainConfig*, que herda de *AppConfig*. Para que a aplicação possa ser acessada no projeto do qual faz parte, ela deve ser adicionada à lista apontada pela constante *INSTALLED_APPS*, no arquivo *settings.py* do projeto atual.

Ajustando o settings.py

No arquivo settings.py você encontrará "toneladas" de ajustes possíveis, o que, por vezes, causa confusão entre iniciantes: conexões com bancos de dados, configurações de *caching*, internacionalização e carregamento de recursos estáticos, como imagens e folhas de estilo CSS.

Há várias **constantes** no arquivo, todas digitadas em *MAIÚSCULAS* — são consideradas configurações e são acessíveis em qualquer parte do projeto. Para usá-las em suas aplicações, importe a classe *django.conf.settings*. Por exemplo, logo no início do settings.py, é definida a constante *BASE_DIR*, que aponta para a pasta raiz do projeto (no caso atual, *\prj_lojavirtual*).

Existe, ainda, um módulo global_settings.py, localizado na pasta conf da sua instalação do Django (por exemplo, se você instalou o framework em c:\django, o arquivo estará em c:\django\conf), que contém configurações padrão para todas as aplicações. Se um parâmetro não estiver especificado no settings.py da aplicação, será usado o valor encontrado em global_settings.py.

Discutirei, nas seções seguintes, as configurações mais utilizadas em aplicações reais. Uma referência completa pode ser obtida na documentação do Django (https://docs.djangoproject.com/en/2.2/topics/settings/).

Ligando/desligando o modo de debug do Django

Uma constante em particular no settings.py merece sua atenção logo de início: *DEBUG*. Quando ajustada para True (valor padrão), sempre que ocorrer um erro em seu projeto, várias informações úteis para depurar o problema serão exibidas no browser. A Figura 14.5 mostra um exemplo.

```
Page not found (404)
            Request Method: GET
               Request URL: http://127.0.0.1:8000/teste
Using the URLconf defined in biblioteca.urls, Django tried these URL patterns, in this order:
  1. admin/
The current path, teste, didn't match any of these.
You're seeing this error because you have DEBUG = True in your Django settings file. Change that to False, and Django will display a standard 404 page.
```

FIGURA 14.5: Tela de erro mostrando informações de depuração

AVISO

Ao lançar seu código para produção, **SEMPRE** deixe DEBUG = False no settings.py. Você não quer que hackers recebam "de presente" informações sobre a estrutura interna de sua aplicação, não é verdade?

Configurando o idioma

Outro ajuste recomendável no settings.py é alterar a constante que define o *idioma* da aplicação:

```
LANGUAGE_CODE = 'pt-br'
```

Com esse ajuste, as telas de administração do Django, que usarei mais adiante para criar formulários de entrada de dados, serão traduzidas para o nosso português.

Ajustando o seu fuso horário

Logo que cria o projeto, ele é ajustado para o fuso horário "UTC", o fuso horário de referência para o mundo inteiro. Se está no Brasil, como eu, neste momento, altere a constante TIME_ZONE para:

```
TIME_ZONE = 'America/Sao_Paulo'
```

Que, apesar do título, é o horário de Brasília (cuidado para não digitar os valores com acentos).

Aplicações instaladas no seu projeto

Como já citado, um projeto Django é composto por *aplicações*. No momento de sua criação, o projeto já conta com as aplicações mostradas na Listagem 14.4.

```
INSTALLED_APPS = [
    'django.contrib.admin',
    'django.contrib.auth',
    'django.contrib.contenttypes',
    'django.contrib.sessions',
    'django.contrib.messages',
    'django.contrib.staticfiles',
]
```

LISTAGEM 14.4: Aplicações declaradas por padrão no settings.py

Nas versões anteriores do Django, para ativar uma nova aplicação em seu projeto, bastava adicionar uma linha com o seu nome à lista **INSTALLED_APPS**. Para modularizar mais os projetos, as versões recentes exigem que você especifique uma classe que herde de AppConfig. Ao usar o comando ***startapp*** do ***manage.py***, ele já cria essa subclasse para você no arquivo ***apps.py*** da sua aplicação. Entretanto, é ***sua responsabilidade*** incluir uma referência à aplicação no arquivo settings.py de sua pasta de configurações.

Como o arquivo todo é um programa em Python, e a constante **INSTALLED_APPS** aponta para uma lista de strings, simplesmente adicione a classe ***MainConfig*** à lista mostrada na Listagem 14.4, deixando-a como na Listagem 14.5.

```
INSTALLED_APPS = [
    'django.contrib.admin',
    'django.contrib.auth',
    'django.contrib.contenttypes',
    'django.contrib.sessions',
    'django.contrib.messages',
    'django.contrib.staticfiles',
    'main.apps.MainConfig',
]
```
LISTAGEM 14.5: Trecho de settings.py mostrando a aplicação main

Especificando o caminho para arquivos estáticos do seu projeto

Qualquer aplicação web possui, entre seus recursos, arquivos estáticos (imagens, folhas de estilo, scripts etc.).

No final do arquivo settings.py, você encontrará este trecho:

```
# Static files (CSS, JavaScript, Images)
# https://docs.djangoproject.com/en/2.2/howto/static-files/

STATIC_URL = '/static/'
```

Essa constante diz ao framework para concatenar a URL do servidor com o valor fornecido sempre que o endereço de um arquivo estático for solicitado. No projeto atual, o resultado seria http://127.0.0.1:8000/static/.

Você pode armazenar seus arquivos estáticos em praticamente qualquer local do servidor, porém, por uma questão de simplicidade, eu os guardarei em uma pasta chamada *static* dentro do BASE_DIR da aplicação (ou seja, o caminho da pasta será */prj_lojavirtual/static*). Para informar isso ao Django, adicione ao seu settings.py:

```
STATICFILES_DIRS = (
os.path.join(BASE_DIR, 'static'),
)
```

Lembre-se de que o settings.py é, em última análise, um ***programa em Python***, e como tal, nele valem as mesmas regras de sintaxe que você usou ao longo do livro até o Capítulo 11. Assim, ***STATICFILES_DIRS*** é uma ***tupla*** e, portanto, pode conter vários elementos, o que implica que podem ser acrescentadas múltiplas localizações de arquivos nessa constante.

A constante ***STATIC_ROOT***, por sua vez, especifica o local em que devem ser armazenados os arquivos estáticos do projeto no momento de distribuir sua aplicação para um servidor web como ***GUnicorn*** ou ***Apache***. Quando em produção, esses arquivos serão gerenciados pelo servidor HTTP. Costumo especificar uma pasta separada, na raiz do ***projeto***, para esses arquivos. Para isso, é só adicionar ao settings.py:

```
STATIC_ROOT = os.path.join(BASE_DIR, 'staticfiles')
```
Em que staticfiles é o nome da pasta na qual esses arquivos ficarão localizados.

DICA

Você não precisa criar, antecipadamente, a pasta ***staticfiles*** citada: ela será gerada automaticamente no momento de instalar sua aplicação em um servidor web. Para que o Django crie essa pasta e coloque todos os arquivos estáticos do projeto nela, digite:
```
./manage.py collectstatic
```
(Basta fazer isso na hora de instalar os arquivos finais no servidor de destino).

Especificando o caminho para arquivos estáticos fornecidos pelos usuários

O Django diferencia os arquivos estáticos fornecidos pelos usuários por meio de uploads, daqueles que foram criados junto com a aplicação. Em ambiente de ***desenvolvimento***, eles serão buscados na pasta apontada por **_MEDIA_ROOT_**. Você também pode definir uma constante, **_MEDIA_URL_**, que será usada para preceder os nomes desses arquivos, que ficarão disponíveis para download no endereço formado por **_MEDIA_URL_**, seguida pela URL do próprio arquivo. Por exemplo, se sua pasta para arquivos estáticos chamar-se ***upload*** e estiver localizada no **_BASE_DIR_**, você poderia ter a seguinte configuração:

```
MEDIA_ROOT = os.path.join(BASE_DIR, 'upload')
MEDIA_URL = '/upload/'
```

A constante MIDDLEWARE

Middlewares, para o Django, são componentes que adicionam funcionalidades ao ciclo de requisição — resposta do protocolo HTTP, ou seja, sempre que você digitar um endereço de um recurso gerenciado pelo Django em seu browser, se houver um middleware configurado para interceptar essa solicitação, ele será usado. Uma das utilizações mais comuns desse recurso é para autenticar (conferir login e senha, por exemplo) e autorizar (verificar se o usuário autenticado tem permissão para acessar determinada página do projeto) usuários, o que é feito pelos middlewares SessionMiddleware e AuthenticationMiddleware.

AVISO

Alguns componentes de terceiros, para serem instalados, requerem que linhas sejam adicionadas à lista apontada pela constante *MIDDLEWARE*. **Cuidado ao fazê-lo**! A ***ordem*** da lista afeta o resultado. Só adicione linhas ao final dela.

Templates

O Django suporta diversos mecanismos de template para gerar suas páginas. Em geral, fico com as configurações padrão. Se você utilizar um mecanismo alternativo, verifique como configurá-lo no seu manual. Há, porém, um ajuste que costumo fazer: alterar a pasta em que o Django procurará pelos seus templates.

É necessário, antes de alterar essa pasta, conferir se *sua aplicação está presente na lista apontada pela constante INSTALLED_APPS*. Em seguida, acrescente a localização da pasta desejada ao arquivo de configurações. Há várias possibilidades de organização dos seus templates. Eu gosto de colocá-los em uma subpasta da *raiz do projeto*, denominada *templates*. Para isso, ajuste seu settings.py como na Listagem 14.6:

```
# Começo do arquivo omitido
TEMPLATES = [
    {
            'BACKEND': 'django.template.backends.django.DjangoTemplates',
        'DIRS': ['templates'],
        'APP_DIRS': True,
        'OPTIONS': {
            'context_processors': [
                'django.template.context_processors.debug',
                'django.template.context_processors.request',
                'django.contrib.auth.context_processors.auth',
                'django.contrib.messages.context_processors.messages',
            ],
        },
    },
]

TEMPLATE_DIRS = (
    os.path.join(BASE_DIR, 'templates'),
)
# Continuação...
```

LISTAGEM 14.6: Trecho de settings.py, mostrando a configuração dos templates

Para projetos pequenos, como é o caso do exemplo deste livro, é interessante colocar todos os arquivos de templates agrupados sob o *projeto*. Porém, dependendo do porte e das decisões de projeto adotadas para sua aplicação, você pode querer usar uma configuração diferente para suas pastas.

DICA

O comportamento padrão do framework ao procurar por templates é:

1. O primeiro lugar em que se buscará os templates será a pasta apontada pela constante **TEMPLATE_DIRS**, dentro do **BASE_DIR**.
2. Se a pasta do item 1 não existir **E** a chave **TEMPLATES['APP_DIRS']** contiver o valor **True**, ele buscará por uma pasta com o nome de *templates* nas pastas das *aplicações registradas, na ordem em que foram declaradas na constante INSTALLED_APPS, no arquivo settings.py*. No caso do projeto prj_lojavirtual, deixei a chave **TEMPLATES['APP_DIRS']** com o valor **True** porque usarei a aplicação **Admin** em outras partes do projeto e, sem essa configuração, ela não consegue encontrar seus templates.
3. Se a pasta do item 1 não existir **E** a chave **TEMPLATES['APP_DIRS']** = **False**, ao receber uma requisição para exibir um template, o Django lançará uma exceção **TemplateDoesNotExist**.

Configurando o log de mensagens

Algo de que você **não deve esquecer** é de configurar o registro (*logging*)[5] de mensagens da sua aplicação. Se acontecer alguma falha em tempo de execução, o log será um grande aliado na descoberta da causa e correção. Um exemplo de configuração de logging é mostrado na Listagem 14.7.

```
LOGGING = {
    'version': 1,
    'disable_existing_loggers': False,
    'formatters': {
        'simple': {
            'format': 'Mensagem: %(levelname)s %(message)s'
        },
    },
    'handlers': {
        'console': {
            'level': 'DEBUG',
            'class': 'logging.StreamHandler',
            'formatter': 'simple'
        },
    },
    'loggers': {
        'lojavirtual': {
            'handlers': ['console'],
            'level': 'DEBUG',
            'propagate': True,
        },
        'main': {
```

---

[5] O termo *logging* refere-se ao "ato de registrar alguma informação no log", tipicamente algum evento do seu projeto, como um erro ocorrido ou uma mensagem informativa. *Log*, por sua vez, é a própria listagem dessas informações.

```
                'handlers': ['console'],
                'level': 'DEBUG',
                'propagate': True,
            },
        },
    }
```
LISTAGEM 14.7: Configuração de logging em settings.py

A parte relevante dessa listagem são os dicionários contidos na chave "*loggers*": eu os chamei com o nome das aplicações criadas no projeto: *lojavirtual* e *main*. A chave "*level*" foi configurada para *DEBUG* informando ao framework que só queremos que essas mensagens sejam enviadas ao console quando o servidor for iniciado em modo de *debug*. Finalmente, "*propagate*" foi estabelecido como True para que as exceções que porventura ocorram não sejam silenciadas.

Configurando um banco de dados

A grande maioria dos sistemas que serão desenvolvidos utilizará algum tipo de banco de dados para armazenar e recuperar informações. Alguns tipos de aplicações podem até prescindir de um SGBD, porém, costumam ser aplicações muito simples, sem grande apelo comercial.

O Django vem pré-configurado para utilizar o SQLite, como já citado, mas esse SGBD não é robusto o suficiente para suportar grandes aplicações com intenso tráfego de dados e muitos usuários. Felizmente, o framework também embute suporte a diversos SGBDs muito mais poderosos, tais como PostgreSQL, Oracle, MySQL, e ainda vários outros por meio de conexões ODBC.[6] Se precisar conectar-se a um SGBD diferente dos citados, consulte a documentação do Django no tópico https://docs.djangoproject.com/en/2.2/ref/databases/.

Para configurar o seu projeto para usar um SGBD diferente, edite o arquivo *settings.py* e procure a variável DATABASES. Ela contém um dicionário que especifica os parâmetros de acesso ao gerenciador de banco de dados escolhido. A Listagem 14.8 mostra esse trecho do arquivo.

```
    DATABASES = {
        'default': {
            'ENGINE': 'django.db.backends.sqlite3',
            'NAME': os.path.join(BASE_DIR, 'db.sqlite3'),
        }
    }
```
LISTAGEM 14.8: Configuração de banco de dados em settings.py

---

[6] **ODBC (*Open DataBase Connectivity*)** é uma API que permite conectar aplicações com diversos bancos de dados, desde que haja um driver ODBC compatível para utilizá-la com o Django,

O dicionário tem uma chave, 'default', que, como o nome indica, aponta para a configuração padrão de banco de dados. Se nada diferente for especificado, qualquer operação de manipulação de dados será executada com esse SGBD. Tal chave aponta para um outro dicionário,[7] que define os parâmetros necessários ao driver de acesso ao SGBD escolhido.

No caso da configuração *default*, os parâmetros exigidos são:

- *engine*: Estabelece qual tipo de banco de dados (MySQL, Oracle, SQLite etc.) será acessado. A Tabela 14.1 mostra os possíveis valores para essa configuração. (Se você usa um SGBD não listado na tabela, consulte a documentação do Django no tópico https://docs.djangoproject.com/en/2.2/ref/databases/.)
- *name*: Define qual instância do banco de dados será acessada. Pense nesse parâmetro como o nome do banco que sua aplicação usará (por exemplo, se você está construindo um sistema de vendas, a instância poderia se chamar "db_vendas", ou algo parecido). Para o SQLite, *sempre* passe o caminho completo do arquivo do banco de dados, usando o caractere de barra (/) para especificar pastas, mesmo no Windows (por exemplo: /apps/consulta/db.sqlite3).

TABELA 14.1: Engines de bancos de dados

SGBD	engine
MySQL	django.db.backends.mysql
Oracle	django.db.backends.oracle
PostgreSQL	django.db.backends.postgresql
SQLite	django.db.backends.sqlite3

Além de ENGINE e NAME, existem outros parâmetros que podem ser ajustados e não vêm especificados por padrão em settings.py. A Tabela 14.2 mostra quais são eles. Se você quiser ajustar esses valores, lembre-se de que a configuração é um simples dicionário Python, então, basta adicionar linhas para os valores desejados (preste atenção: se, por descuido, copiar e colar um valor e esquecer de alterar a chave após a colagem, apenas um parâmetro será mudado e ficará com o valor que foi definido por último).

---

[7] Lembre-se da seção "Usando dicionários para criar tabelas", do Capítulo 7, em que você aprendeu que o tipo dicionário pode conter outros dicionários ou valores simples — esse conhecimento, agora, o(a) ajudará a compreender melhor a estrutura desse arquivo.

TABELA 14.2: Parâmetros de conexão

Parâmetro	Descrição
ATOMIC_REQUESTS	Define se cada requisição que partir de uma view será atômica ou não. Se for True, cada requisição fará parte de uma transação no SGBD e sempre será executada ou cancelada, não podendo existir execuções parciais. Seu valor padrão é False.
AUTOCOMMIT	Especifica se as transações contra o SGBD devem sofrer commit[8] automático. O padrão é True.
CONN_MAX_AGE	O tempo, em segundos, que uma conexão ao SGBD dura. O padrão é 0, significando que, a cada requisição, a conexão é encerrada após a operação. Para manter a conexão aberta permanentemente, passe o valor None (essa opção é desencorajada por alocar recursos desnecessariamente).
HOST	Especifica nome do host (computador) que contém o banco de dados. Uma string vazia (padrão) significa a máquina local.
OPTIONS	Um dicionário contendo opções dependentes do driver de BD usado. O valor padrão é um dicionário vazio ({ }).
PASSWORD	Senha para conexão ao SGBD. Não é utilizada para o SQLite.
PORT	Porta para conexão ao SGBD. Não é utilizada para o SQLite. Uma string vazia significa a porta default do driver utilizado.
USER	Usuário para conexão ao SGBD. Não é utilizada para o SQLite.

Instalando a biblioteca de manipulação de imagens Pillow

Um dos recursos de que a aplicação necessitará será a manipulação de imagens dos produtos. Para lidar com esse aspecto do projeto, aproveitarei para mostrar o uso de uma biblioteca externa. Instalarei a biblioteca *Pillow*, muito usada para esse tipo de tarefa. No seu prompt de comandos/powershell/terminal, digite:

```
pip install pillow
```

Será exibido percentual de instalação. Quando esse chegar a 100%, aparecerá a mensagem:

```
Successfully installed pillow-<versão>
```

---

[8] Commit, em bancos de dados, é a operação que confirma a execução de uma transação. Após ser emitida, a operação de manipulação de dados que ela confirmou não pode ser mais desfeita.

Instalando os pacotes de acesso a banco de dados do Python

Se você utilizará um SGBD diferente do SQLite, precisará instalar, também, o pacote de acesso a banco de dados para o SGBD escolhido. Para instalá-los, a forma mais prática é usar o PIP, o instalador de pacotes do Python. Se não o tiver em sua máquina, consulte os apêndices sobre instruções para obtê-lo. A Tabela 14.3 mostra como instalar no Django os drivers dos três SGBDs mais populares. O SQLite, como já explicado, vem instalado por padrão.

TABELA 14.3: Instalação dos drivers para diversos SGBDs

SGBD	comando
MySQL	pip install mysql-connector-python
Oracle	pip install cx_Oracle
PostgreSQL	pip install psycopg2-binary

AVISO

Podem ocorrer erros relacionados à ausência de bibliotecas de desenvolvimento para bancos de dados, sobretudo em sistemas baseados em Unix, como o Linux ou o MacOS. Essas bibliotecas não fazem parte do Python ou do Django, então, se acontecer algum problema na instalação, você precisará consultar a documentação do seu sistema operacional para corrigir o erro.
Testei todos os comandos da Tabela 14.3 em uma máquina com Ubuntu 14.04 LTS e eles funcionaram corretamente.

Testando a conexão ao banco de dados

Agora que você configurou a conexão a um SGBD, está na hora de testar se ela funciona a contento. Abra um terminal/prompt de comandos e, dentro da pasta da sua aplicação (prj_lojavirtual, se você a renomeou como sugeri) e digite:

```
./manage.py migrate
```

Esse comando faz com que o Python crie várias tabelas administrativas no banco de dados da sua aplicação. Se tudo estiver configurado corretamente, você deverá ver uma sequência de mensagens semelhante à da Figura 14.6. Perceba que o Django cria para você diversas tabelas no banco de dados. Elas são necessárias para suportar, internamente, as funcionalidades da aplicação.

O Django Framework   305

![Terminal output showing migrations]

FIGURA 14.6: Mensagens confirmando criação de tabelas no banco de dados

DICA

As causas mais comuns de erros de conexão a bancos de dados são o fornecimento de credenciais (login e senha) incorretas, servidor de banco de dados não iniciado e ausência de algum driver de banco de dados no sistema operacional. Se houver qualquer erro nessa etapa, tente conectar-se ao seu SGBD com os mesmos parâmetros que usou no settings.py e verifique se o erro acontece — em muitos casos, é um simples erro de digitação.

Verificando o conteúdo de variáveis de ambiente do Django

O Django possui algumas variáveis de ambiente, que podem ser usadas para conferir informações sobre o seu projeto. Por exemplo, a variável BASE_DIR aponta para a pasta raiz de sua aplicação. Para conferir o conteúdo de alguma dessas variáveis, você pode abrir um shell de comandos a partir do seu projeto Django. Para isso, no terminal do Linux / prompt de comandos do Windows, acesse a pasta raiz do projeto (BASE_DIR) e digite:

```
./manage.py shell
```

Você verá alguns avisos, que variam de acordo com a sua instalação do Python, e o terminal passará a esperar comandos da linguagem Python, com a vantagem de ter todo o ambiente do seu projeto Django pré-carregado. Por exemplo, digite:

```
from django.conf import settings
```

Isso importará o arquivo settings.py do pacote django.conf, que contém as configurações do seu projeto. Agora, para conferir qual é a pasta raiz do projeto, digite:

```
print(settings.BASE_DIR)
```

que imprimirá o valor da constante BASE_DIR, do arquivo settings.py do projeto atual. Para sair do shell do Python, digite:

```
exit()
```

Personalizando o urls.py

O arquivo urls.py é o local padrão em que você pode definir as URLs de seu projeto Django. Lá você configura toda a mágica que faz uma requisição de determinada página da sua aplicação ser direcionada a uma *view*, que, por sua vez, chamará os métodos da camada de negócios que atenderão ao pedido.

A lista urlpatterns define um mapeamento entre URLs internas à sua aplicação e os métodos/funções de suas views, de maneira que, se uma requisição for realizada para um endereço que "case" com o padrão da URL, ela será redirecionada para view apropriada, que irá tratá-la. É sua responsabilidade, como desenvolvedor, decidir qual view deverá responder a cada requisição gerada pelos cliques na interface com o usuário da aplicação. Isso é feito por meio da definição de uma configuração de URL. Como urlpatterns é uma lista do Python, adicionar um novo mapeamento é uma questão de, simplesmente, digitar um novo item na lista. Cada item é mapeado pela função `path()`, que recebe dois parâmetros:

- A **URL** do mapeamento. Ou seja, o que deverá ser digitado após o endereço do seu projeto para chamar a view a ser mapeada.
- O identificador do recurso a ser mapeado: ***pacote.classe*** ou ***função.propriedade*** ou ***método***.

Digamos que você queira mapear um link cujo endereço dentro do seu site seja seuapp:8000/meulink para que ele chame o método `criar_algo()` de uma view denominada view_criadora, contida em um pacote chamado viewspublicas. Você precisaria adicionar a linha

```
path('meulink/', viewspublicas.view_criadora.criar_algo),
```

O mapeamento da Listagem 14.9 significa que, se o usuário da sua aplicação digitar no browser o endereço do seu projeto Django, seguido de admin/, será chamada a view correspondente à página de administração do site.

O mecanismo funciona assim: o arquivo urls.py declara quais URLs estão disponíveis e quais métodos/funções das views devem responder por elas. Quando uma solicitação a uma dessas URLs chega à aplicação, o Django confere se existe um mapeamento para ela e a encaminha para a view adequada, definida no arquivo views.py.

A view, então, executa o código do método/função associado à URL e devolve uma página (***template***) com a resposta para o usuário.

Quando você cria um novo projeto, o conteúdo desse arquivo é apenas o da Listagem 14.9 (nota: omiti os comentários no cabeçalho do arquivo).

```
from django.contrib import admin
from django.urls import path

urlpatterns = [
    path('admin/', admin.site.urls),
]
```

LISTAGEM 14.9: Conteúdo inicial do arquivo urls.py

O que nos interessa é a chamada à função `path()`, que mapeia as URLs internas para métodos/funções das views no projeto. No exemplo da Listagem 14.9:

- admin/ - URL: Significa que, se o usuário digitar o endereço da sua aplicação, digamos, http://127.0.0.1:8000/ seguido de admin, ou seja, http://127.0.0.1:8000/admin, a requisição será redirecionada para o recurso listado no segundo parâmetro da função.
- admin.site.urls: Esta classe confunde **bastante** os iniciantes. Se você quiser ver o código dela, precisará ir até a pasta *site-packages/django/contrib/admin/* da sua instalação do Python e abrir o arquivo *__init__.py* (aquele que é usado para marcar a pasta como um pacote Python, como citei no Capítulo 9, na seção "Agrupando módulos em pacotes"). Nele, você encontrará uma linha: *from django.contrib.admin.sites import AdminSite, site*. Olhe agora o conteúdo de *django/contrib/admin/sites.py*. Na última linha do arquivo, há uma variável global com o valor *site = DefaultAdminSite()*. Lembre-se de que o interpretador buscará pelo código usando o *caminho de pesquisa* (*serch path*), conforme explicado na seção "Como o Python encontra seus módulos", no Capítulo 9. Ou seja, se a pasta site-packages da sua máquina estiver em c:\python\site-packages, o arquivo estará em *c:\python\site-packages\django\contrib\admin\sites.py*. Em resumo, essa linha instrui o interpretador a redirecionar qualquer chamada com a url http://<*Endereço do seu servidor*>:<*Porta usada pelo Python*>/admin para o valor retornado pela propriedade *urls* de um objeto da classe *DefaultAdminSite*.

É possível, ainda, passar parâmetros para as views mapeadas: eles devem ser especificados entre *chaves angulares* (<>) e terem seu tipo declarado no formato: <*tipo:-nome_do_parâmetro*>. Por exemplo, se você quiser que qualquer URL terminada em get/, seguida por um número inteiro que será passado em um parâmetro de nome *id*, e outra barra a um método chamado *meu_metodo()*, declarado em uma view de nome *minhaclasse*, que faz parte de um módulo chamado *modulo*, use:

```
path('get/<int:id>/', modulo.minhaclasse.metodo)
```

A Tabela 14.4 mostra como converter um mapeamento no formato antigo, com a função url(), para o novo formato, que usa a função path().

DICA

Relendo esse último tópico, sei que pareceu muito "enrolado" para os iniciantes, mas abstraia isso, por ora. Pense nessa linha como "se alguém digitar **<endereço do meu servidor:8000>/admin**, ele redirecionará a chamada para uma *view* que exibe a aplicação de administração do Django". Essa aplicação será vista mais detalhadamente no Capítulo 17, quando eu criarei o programa exemplo do livro.

AVISO

Antes da versão 2.0 do Django, o mapeamento de URLs no arquivo urls.py era realizado por outra função: url(), que utilizava **expressões regulares**[9] para especificar os padrões de URLs que serão mapeados para métodos/funções das views. Você ainda pode fazê-lo, porém o novo formato é bem mais amigável.

Exemplo de mapeamento realizado com a função url():

    url(r'^lances/(?P<lance_id>[0-9]+))/$', view_detalhes_lance)

O mesmo mapeamento efetuado com a função path():

    path('lances/<int:lance_id>/', view_detalhes_lance)

TABELA 14.4: Equivalência entre formatos de parâmetros com as funções url() e path()

Exemplos de conversão de formatos entre a função url() e a função path()	
Usando url()	*Usando* path()
[0-9]+	int
[^/]+	str
[-a-zA-Z0-9_]+	slug
.*	path

---

[9] **Expressões regulares** são padrões de caracteres que associam strings em um texto. São muito usadas em diversas áreas da computação.

MODELOS

NESTE CAPÍTULO, aprofundarei seus conhecimentos sobre os objetos que realizam a interface entre uma aplicação Django e o sistema gerenciador de banco de dados: os *modelos*.

Modelos são as classes que o Django utiliza para manipular informações ***persistentes***, ou seja, que podem ser armazenadas em um banco de dados. Para compreender os tópicos relativos a essas classes, você deve possuir um entendimento básico da terminologia de bancos de dados: saber o que é um banco de dados e conhecer os conceitos de tabela, registro e campo. Esses conceitos não serão explicados aqui por fugirem ao escopo do livro, mas suas definições são facilmente encontradas em uma busca na internet.

Modelos: os dados da sua aplicação

Você já sabe como receber dados por meio de templates e views, mas ainda falta uma coisa: esses dados precisam ser **armazenados em algum lugar** ou, como se diz tecnicamente, **persistidos**. Em geral, a persistência é realizada em um *SGBD* (*Sistema Gerenciador de Banco de Dados* ou simplesmente *Banco de Dados*, para encurtar).

Para lidar com as questões de persistência, o Django provê classes de ORM (*Object–Relational Mapping* — Mapeamento Objeto-Relacional): trata-se de um mecanismo que permite gravar e recuperar informações em um banco de dados por meio de simples chamadas de métodos, abstraindo as complexidades envolvidas como gerenciamento de sessão com o banco, controle de concorrência etc.

O mecanismo de persistência do Django é centrado em torno de um tipo de objeto: o *modelo*. Pense no modelo, grosso modo, como uma *tabela* do seu banco de dados, que você pode associar a uma classe da sua aplicação.

AVISO

Deste ponto em diante, quando eu utilizar a expressão **classe do modelo**, estarei me referindo a uma classe que representa uma entidade do modelo de dados da aplicação e reside na memória principal.

Quando falar em **tabela**, entenda como uma tabela armazenada em um banco de dados e gerenciada por um SGBD.

DICA

Uma analogia interessante para que você entenda os modelos do Django é pensar em uma classe do modelo como uma **tabela** do seu banco de dados: cada objeto dessa classe representará um **registro** do banco; e os atributos do objeto, por sua vez, serão mapeados para os **campos** da tabela.

A definição dos modelos é centralizada no arquivo *models.py*, que se localiza na pasta da sua *aplicação* (cada aplicação possui seu models.py para ajudar a manter as coisas organizadas). Vou criar um modelo para a aplicação **main** do projeto *prj_lojavirtual*. Ao criar uma aplicação, o conteúdo inicial do models.py é semelhante ao exibido na Listagem 15.1.

```
from django.db import models

# Create your models here.
```

LISTAGEM 15.1: Models.py vazio

Altere o arquivo para que fique como na Listagem 15.2.

```
from django.db import models

class Categoria(models.Model):
    nome = models.CharField(max_length=150, db_index=True)
    slug = models.SlugField(max_length=150, unique=True, db_
index=True)
    data_criacao = models.DateTimeField(auto_now_add=True)
     data_ultima_atualizacao = models.DateTimeField(auto_
now=True)
    def __str__(self):
        return self.nome

class Produto(models.Model):
    nome = models.CharField(max_length=100, db_index=True)
    slug = models.SlugField(max_length=100, db_index=True)
    descricao = models.TextField(blank=True)
    preco = models.DecimalField(max_digits=10, decimal_places=2)
    disponivel = models.BooleanField(default=True)
    estoque = models.PositiveIntegerField()
    data_criacao = models.DateTimeField(auto_now_add=True)
     data_ultima_atualizacao = models.DateTimeField(auto_
now=True)
```

```
        imagem = models.ImageField(upload_to='imagens-produtos',
blank=True)
    def __str__(self):
        return self.nome
```

LISTAGEM 15.2: Models.py com as classes Categoria e Produto

O arquivo começa com a importação de dois pacotes: ***models***, que contêm a classe ***Model***, ancestral de todas as classes que podem ser ***persistidas***. Ou seja, se uma classe da sua aplicação deve ser salva em um banco de dados, declare-a no models.py e faça-a herdar de models.Model, como no caso de Categoria, na Listagem 15.2.

A classe possui vários atributos, cada um com seu ***tipo de dados*** adequado. A Tabela 15.1 descreve os tipos mais usados. Uma referência completa de todos os tipos disponíveis pode ser encontrada em https://docs.djangoproject.com/en/2.2/ref/models/fields/#django.db.models.Field.

TABELA 15.1: Tipos de dados mais comuns para modelos Django

Tipo de dados	Tipo equivalente no Django	Descrição
Binário	`models.BinaryField()`	Armazena objetos binários grandes (BLOBs), como imagens, vídeos etc.
Booleano	`models.BooleanField()`	Armazena valores booleanos (True / False).
Booleano	`models.NullBooleanField()`	Semelhante ao BooleanField, mas pode conter também valores nulos.
Data/hora	`models.DateField()`	Armazena datas.
Data/hora	`models.TimeField()`	Armazena horas.
Data/hora	`models.DateTimeField()`	Armazena datas e horas no mesmo campo.
Numérico	`models.AutoField()`	Armazena um inteiro que é incrementado a cada novo uso. É bastante usado como ***chave primária***; para essa finalidade, passe o parâmetro ***primary_key=True*** para o objeto.
Numérico	`models.BigIntegerField()`	Armazena valores inteiros grandes. A faixa de valores do domínio varia de acordo com o banco de dados.

Tipo de dados	Tipo equivalente no Django	Descrição
Numérico	`models.DecimalField(max_digits=A, decimal_places=B)`	Armazena valores reais de até A dígitos, com B casas decimais. Por exemplo, se o campo conterá valores entre 0 e 999, com duas casas decimais, declare-o como do tipo `models.DecimalField (max_digits=5, decimal_places=2)`. Perceba que max_digits conta todos os dígitos que compõem o número, assim, a faixa do exemplo vai de 0 a 999.99.
Numérico	`models.FloatField()`	Armazena números fracionários.
Numérico	`models.IntegerField()`	Armazena números inteiros.
Numérico	`models.PositiveIntegerField()`	Armazena números inteiros **POSITIVOS**.
Numérico	`models.SmallIntegerField()`	Armazena números inteiros entre -32768 e 32767,
Texto	`models.CharField (max_length=X)`	Armazena texto até X caracteres. O argumento **max_length** é **obrigatório**.
Texto	`models.SlugField()`	Armazena dados do tipo **slug** (uma URL "encurtada" que contém apenas letras, números, hifens e underscores, eliminando espaços e outros caracteres potencialmente inválidos, como letras acentuadas).
Texto	`models.TextField()`	Armazena textos longos.
Texto	`models.EmailField()`	Armazena endereços de e-mail. Tem tamanho máximo de 254 caracteres e não aceita valores que não sejam endereços de e-mail válidos.
Texto	`models.FileField()`	Usado principalmente para armazenar nomes de arquivos. Seu tamanho máximo default é de 100 caracteres e só aceita nomes de arquivos válidos.
Texto	`models.FilePathField()`	Semelhante a `models.FileField()`, porém usado para armazenar **caminhos** de arquivos.
Texto	`models.URLField()`	Usado para armazenar URLs.

Modelos 313

Cada atributo de uma classe do modelo possui, por sua vez, diversas *propriedades*. As mais comumente usadas são:

- *max_length*: Define a quantidade máxima de caracteres que o campo poderá conter.
- *primary_key*: Booleano que estabelece se o campo mapeado será a chave primária da tabela no banco de dados.
- *db_index*: Booleano que estabelece se o campo mapeado deve ter um índice no banco de dados (*True*) ou não (*False*). Índices aceleram a busca por informações nos campos, porém, se utilizados em excesso, degradam o desempenho do SGBD em outras tarefas como, por exemplo, inserções. Se o campo em questão for uma chave primária, ele já será indexado por padrão, não necessitando, nesse caso, da propriedade *db_index*.
- *unique*: Booleano que estabelece se o campo mapeado conterá valores sem repetição. Se *unique = True*, o campo não poderá conter valores repetidos. É interessante configurar essa propriedade como *True* para campos que podem ser usados como chaves de busca substitutas (por exemplo, CPF ou outro número de documento não ambíguo).
- *primary_key*: Booleano que estabelece se o campo mapeado será a chave primária da tabela no banco de dados.
- *null*: Booleano que define se o campo mapeado será de preenchimento obrigatório no banco de dados (*null = False*) ou não.
- *blank*: Essa propriedade, às vezes, confunde os iniciantes por ter uma finalidade parecida com *null*. Ela define se o campo será obrigatório *em formulários*. Se for *True*, o campo não será obrigatório e, caso não seja preenchido, será passada uma string vazia ('') no seu conteúdo. Uma referência completa sobre os tipos de campos aceitos pelo Django pode ser obtida em https://docs.djangoproject.com/en/2.2/ref/models/fields/.

AVISO

Os tipos usados nos modelos do Django **NÃO SÃO NECESSARIAMENTE** idênticos àqueles mapeados no banco de dados. Pode haver algumas diferenças. Na dúvida, leia as documentações do framework e do sistema gerenciador de banco de dados usado.

Na Listagem 15.2, defini duas classes do modelo da aplicação:

- Categoria, que consiste de quatro atributos:
    1. *nome*: Nome da categoria com, no máximo, 100 caracteres, conforme especificado pelo parâmetro *max_length*.
    2. *slug*: Contém o endereço *encurtado* para a categoria.

3. *data_criacao*: Data em que a categoria foi criada no estoque.
4. *data_ultima_atualizacao*: Data em que os dados da categoria foram atualizados pela última vez.

- Produto:
    1. *nome*: Nome do produto com, no máximo, 100 caracteres, conforme especificado pelo parâmetro *max_length*.
    2. *slug*: Contém o endereço encurtado para o produto.
    3. *descricao*: Contém uma descrição mais detalhada do produto.
    4. *preco*: Armazena o preço do produto, com dez dígitos totais e duas casas decimais.
    5. *disponivel*: Booleano, que indica se o produto está disponível ou não. Algumas pessoas podem pensar que este atributo seja dispensável, já que existe o atributo estoque, que poderia ser usado para verificar se há estoque do produto disponível para venda ou não, porém perceba que um produto pode se tornar indisponível por outros motivos: dano ao estoque existente, consequência de alguma ação legal contra o vendedor ou o fabricante etc.
    6. *estoque*: Quantidade do produto em estoque.
    7. *data_criacao*: Data em que a categoria foi criada no estoque.
    8. *data_ultima_atualizacao*: Data em que os dados da categoria foram atualizados pela última vez.
    9. *imagem*: Imagem do produto.

Percebe, agora, o porquê de eu ter insistido em explicar detalhadamente os conceitos de Orientação a Objetos em Python? O modelo da aplicação nada mais é que um conjunto de classes nessa linguagem. Cada classe do modelo herda de models.Model e declara uma lista de atributos, que serão mapeados em campos de tabelas. Declarei, inclusive, **dunders** _str_() em ambas as classes.

Estabelecendo relacionamentos entre classes do modelo

A maioria das aplicações que você desenvolverá com o Django interagirá com bancos de dados **relacionais**. Como o nome indica, esses SGBDs controlam **relacionamentos** entre as tabelas em que eles armazenam seus dados. Relacionamentos são usados para relacionar registros armazenados em tabelas diferentes, por meio de **chaves** (campos que devem possuir valores idênticos nas tabelas ligadas). Django oferece suporte aos três tipos de relacionamentos encontrados nos SGBDs relacionais: um-para-muitos, muitos-para-muitos e um-para-um.

Mantendo a integridade dos seus dados com on_delete

Antes mesmo de explicar como declarar relacionamentos entre as classes de um modelo de dados no Django, é importante mostrar como manter a *integridade dos dados* em seu modelo. Se ocorre uma exclusão de um objeto e ele possui relacionamentos com outras classes, o modelo deve lidar com a situação para evitar inconsistências. Por exemplo: se, em um modelo hipotético, você tiver as classes *Cliente* e *NotaFiscal*, dependendo das *regras de negócio* da aplicação, uma exclusão de um cliente deve excluir todas as notas fiscais associadas a este, ou a operação não deve ser permitida, emitindo uma mensagem de erro como, digamos, "Impossível excluir cliente pois existem notas fiscais associadas", ou algo parecido. O que não pode ocorrer, *em hipótese alguma*, é excluir o cliente e deixar os chamados *registros órfãos* na tabela de notas fiscais, no banco de dados.

Para prevenir situações desse tipo, o Django fornece a propriedade *on_delete*, presente nas classes que definem relacionamentos entre objetos do modelo (essas classes serão explicadas nas próximas seções). Os valores possíveis para essa propriedade são:

- on_delete=models.CASCADE (valor *default*): Quando um registro é excluído do banco, todos os registros associados na tabela relacionada são excluídos também. Por exemplo: se um cliente for excluído, todas as notas fiscais dele são excluídas também.
- on_delete=models.PROTECT: Se houver qualquer tentativa de excluir um registro de uma tabela e este possuir registros associados em outra tabela, a operação não será realizada, levantando uma exceção *IntegrityError*.
- on_delete=models.SET_NULL: Se um registro for excluído, os campos que apontavam para ele nas tabelas relacionadas serão preenchidos com o valor NULL (o equivalente, em bancos de dados relacionais, ao None do Python). Essa opção não costuma ser usada com muita frequência, porque gera *registros órfãos*[1] no banco de dados e, além disso, só funciona se o campo possuir propriedade *null=True*.
- on_delete=models.SET_DEFAULT: Se um registro for excluído, os campos que apontavam para ele nas tabelas relacionadas serão preenchidos com o seu valor *default*. Essa opção só funciona se o campo tiver um valor definido para a propriedade *default*.
- on_delete=models.SET: Se um registro for excluído, os campos que apontavam para ele nas tabelas relacionadas serão preenchidos por meio de uma função, passada como parâmetro. Por exemplo: on_delete=*models.*SET(retorna_cliente_vazio) instruirá o framework a chamar o método

---

[1] Em bancos de dados, *registros órfãos* são registros que já foram relacionados a alguma tabela "mãe" e perderam esse relacionamento. Por exemplo, registros de notas fiscais que não têm nenhum cliente associado.

`retorna_retorna_cliente_vazio()` para atribuir um valor ao campo. Em geral, essa estratégia é usada quando seu sistema não exclui nenhum registro, apenas marca-os com um valor especial que significa "excluído" para o projeto. Você encontrará esse tipo de código em aplicações que lidam com dados sensíveis e não podem perder nenhum trecho de informação, mesmo que isso signifique investir em infraestrutura para armazenar anos de dados que não serão mais acessados.
- on_delete=models.DO_NOTHING: Não faz nada para garantir a integridade dos dados se um registro for excluído. É considerada uma má prática devido ao seu potencial de gerar registros órfãos. Além disso, se o **mecanismo do seu banco de dados** implementar algum controle de registros órfãos, poderão ocorrer erros originados no SGBD.

Agora, explicarei como definir cada um dos tipos de relacionamento entre os objetos do seu modelo.

Relacionamentos um-para-muitos

Em um relacionamento do tipo **um-para-muitos**, um registro de uma tabela pode ter vários registros associados em outra. Por exemplo: um pedido possui vários itens; um cliente possui várias notas fiscais etc. No modelo de dados do projeto LojaVirtual, os relacionamentos entre as classes **Categoria** e **Produto**, por exemplo, são desse tipo.

Para criar um relacionamento **um-para-muitos** no modelo, defina um atributo do tipo `ForeignKey()` na classe do "lado um" do relacionamento, passando como parâmetro para o objeto desse atributo, a classe do "lado muitos". Na Listagem 15.3, adicionei um relacionamento um-para-muitos entre as classes **Produto** e **Categoria** (linha em destaque).

```
class Produto(models.Model):
    categoria = models.ForeignKey(Categoria, related_name='produtos', null=True, on_delete=models.CASCADE)
    nome = models.CharField(max_length=100, db_index=True)
    slug = models.SlugField(max_length=100, db_index=True)
    descricao = models.TextField(blank=True)
    preco = models.DecimalField(max_digits=10, decimal_places=2)
    disponivel = models.BooleanField(default=True)
    estoque = models.PositiveIntegerField()
    data_criacao = models.DateTimeField(auto_now_add=True)
    data_ultima_atualizacao = models.DateTimeField(auto_now=True)
    imagem = models.ImageField(upload_to='imagens-produtos', blank=True)

    def __str__(self):
        return self.nome
```

LISTAGEM 15.3: Trecho de models.py, mostrando o relacionamento entre Produto e Categoria

Perceba que só é necessário definir o relacionamento na classe do lado "um" (no caso, Autor). O atributo do tipo `models.ForeignKey()` cuida do restante.

Quando você define um relacionamento um-para-muitos, o mecanismo de persistência do Django gera tabelas com os mesmos campos definidos nos objetos do seu modelo, nos quais a tabela "filha", ou seja, o lado "muitos" do relacionamento, possuirá uma restrição do tipo "chave estrangeira" para a tabela "mãe". Você não precisa se preocupar com esses detalhes de implementação: eles serão criados automaticamente pelo Django (esse é um dos motivos para usar um mecanismo de mapeamento OR).

AVISO

Quando você especifica uma **ForeignKey** em seu modelo, o atributo **on_delete** é **obrigatório**. Sem ele, o Django não saberia como lidar com exclusões de registros relacionados.

DICA

Às vezes a ordem em que as suas classes são listadas no arquivo models.py faz com que uma classe que ainda não tenha sido declarada precise ser referenciada em uma `ForeignKey()`, por exemplo. Nesses casos, você pode empregar o chamado **lazy-loading** ("carregamento preguiçoso"), basta declarar a classe que deve ser carregada após a leitura de todo o arquivo models.py, como uma string.
Digamos que, na Listagem 15.2, você invertesse a ordem das classes Produto e Categoria, declarando Produto primeiro. Ao tentar estabelecer o relacionamento, o mecanismo de persistência não "conheceria" ainda a classe Categoria e lançaria uma exceção:
NameError: name 'Categoria' is not defined
Para corrigir isso, ou você inverte a ordem das classes, como fiz na Listagem 15.2, ou recorre ao **lazy-loading**. Se quiser fazê-lo, é só alterar a linha que declara o relacionamento na classe Produto para:
class Produto(models.Model):
    categoria = models.ForeignKey('Categoria', related_name='produtos', null=True, on_delete=models.CASCADE)

Relacionamentos muitos-para-muitos

Em um relacionamento do tipo *muitos-para-muitos*, muitos registros de uma tabela podem estar associados a muitos registros de outra, como, por exemplo, o tipo de relacionamento que existe entre Livro e Locador, em um sistema de controle de biblioteca: um livro pode ser emprestado por vários locadores e um locador pode solicitar o empréstimo de vários livros de uma só vez.

Todo relacionamento *muitos-para-muitos* implica a existência de uma entidade intermediária entre os dois lados "muitos". Por exemplo, em um sistema para uma rede de lojas, esse tipo de relacionamento poderia ser definido entre as classes **Produto** e **Loja**. Observe o código da Listagem 15.4.

```
from django.db import models

class Produto(models.Model):
    nome = models.CharField(max_length=50)
    descricao = models.CharField(max_length=200)
    preco = models.DecimalField(decimal_places=2, max_digits=10)

class Loja(models.Model):
    nome = models.CharField(max_length=50)
    endereco = models.CharField(max_length=50)
    cidade = models.CharField(max_length=30)
    uf = models.CharField(max_length=2)
    cep = models.CharField(max_length=8)
    email = models.EmailField()
    produtos = models.ManyToManyField(Produto,blank=True)
```

LISTAGEM 15.4: Exemplo de relacionamento muitos-para-muitos

Nesse exemplo, a linha em destaque estabelece um relacionamento *muitos-para-muitos* entre Loja e Produto. A definição de *blank = True*, no relacionamento da classe Loja (em negrito na listagem), permite a existência de lojas sem nenhum produto cadastrado.

Quando você define um relacionamento desse tipo, o mecanismo de persistência do Django cria uma tabela intermediária para ligar os dois lados do tipo "muitos". Estas são as tabelas que seriam geradas no exemplo da Listagem 15.4:

- *lojas_loja*: Para a classe **Loja**, que contém o atributo *ManyToManyField*.
- *lojas_produto*: Para a classe **Produto**, que **NÃO** contém o atributo ManyToManyField.
- *lojas_loja_produto:* Para relacionar as duas classes.

Relacionamentos um-para-um

Esse tipo de relacionamento é, relativamente, pouco usado. Em geral, ele aparece quando você tem uma classe que descreve algo e outra que detalha uma característica da primeira. Por exemplo, um modelo poderia possuir as classes **Cliente** e **Endereço**; esta última para representar o endereço de um cliente. Sua definição poderia ser como na Listagem 15.5.

```
from django.db import models

class Endereco(models.Model):
```

```
        logradouro = models.CharField(max_length=50)
        numero = models.CharField(max_length=10)
        bairro = models.CharField(max_length=20)
        cidade = models.CharField(max_length=30)
        uf = models.CharField(max_length=2)
        cep = models.CharField(max_length=8)

    class Cliente(models.Model):
        nome = models.CharField(max_length=50)
        endereco = models.CharField(max_length=100)
        # Outros atributos aqui...
         endereco = models.OneToOneField(Endereco, on_delete=models.CASCADE,
                                                    primary_key=True)
```

LISTAGEM 15.5: Exemplo de relacionamento um-para-um

A linha em destaque cria o relacionamento entre cliente e endereço. O atributo on_delete instrui o framework sobre o que fazer em caso de exclusão do registro; nesse caso, se um cliente for excluído, seu endereço deve também ser removido (característica conhecida como "exclusão em cascata", daí o valor ***on_delete=models.CASCADE***). Os outros valores possíveis são:

- models.PROTECT: Não permite exclusões em cascata; para excluir um registro da tabela que possui a definição `models.OneToOneField()`, você deverá excluir o registro relacionado à outra tabela antes.
- models.SET_NULL: Atribuí NULL (o equivalente em bancos de dados a None do Python) aos registros relacionados quando um ocorre uma exclusão na tabela que controla o relacionamento (a que possui a definição `models.OneToOneField()`).
- models.SET_DEFAULT: Atribuí NULL (o equivalente em bancos de dados a None do Python) aos registros relacionados quando um ocorre uma exclusão na tabela que controla o relacionamento (a que possui a definição `models.OneToOneField()`).

Autorrelacionamentos

Um tipo de relacionamento bastante comum em classes que modelam dados hierarquizados é o autorrelacionamento. Por exemplo, se uma aplicação precisa representar a estrutura hierárquica de uma empresa ou um plano de contas, deve existir, na classe utilizada, um atributo que aponta para o objeto com os dados do superior hierárquico/conta superior do objeto atual. Se o objeto representar, ele próprio, uma conta básica ou cargo de direção, que não possui superior hierárquico, você pode optar por apontar o atributo para None ou para o próprio objeto. Um autorrelacionamento é definido em um modelo do Django por meio de um atributo *foreignKey* que recebe como argumento '*self*'. Veja exemplos na Listagem 15.6.

```
from django.db import models

class Funcionario(models.Model):
    # outros atributos do funcionário aqui...
    gerente = models.ForeignKey('self')

class Conta(models.Model):
    # Classe utilizada em uma aplicação contábil
    # para representar um plano de contas
    descricao = models.CharField(max_length = 100)
    saldo = models.FloatField()
    superior = models.ForeignKey('self')    # Conta superior
```

LISTAGEM 15.6: Exemplo de autorrelacionamento

Restringindo os valores possíveis nos campos

Uma opção interessante dos campos de modelos do Django é o parâmetro **CHOICES**. Ele permite passar uma tupla contendo outras tuplas, que especificam valores e chaves e obrigam o usuário a selecionar apenas valores dessa lista, armazenando as chaves no banco de dados. Por exemplo, poderia haver no models.py de uma aplicação de vendas:

```
TAMANHOS = (('P','Pequeno'), ('M','Médio'), ('G','Grande'))
class Produto(models.Model):
    descricao=models.CharField(max_length=50)
    tamanho=models.CharField(choices=TAMANHOS, max_length=1)
```

Métodos dos modelos

A classe **models.Model**, ancestral de todos os modelos, define certos métodos que facilitam interações com o banco de dados. Os principais são os que realizam operações de manipulação de dados: save() e delete():

- save(): Este método *salva* um objeto no banco de dados. No jargão da Orientação a Objetos, diz-se que o método *persiste* objetos no banco de dados. Após criar uma instância de uma classe do seu modelo, chamar save() fará com que, se já existir um registro equivalente ao objeto no seu banco de dados, ele seja atualizado; se não, um registro será criado na tabela apropriada.
- delete(): Exclui um objeto do banco.

Você pode testá-los abrindo um novo shell de comandos, acessando a pasta do projeto e digitando os comandos da Listagem 15.7.

```
1.   ./manage.py shell
2.   from loja import models
3.   umaCategoria = models.Categoria()
4.   umaCategoria.nome = 'Informática'
5.   umProduto = models.Produto()
6.   umProduto.nome = 'Notebook'
7.   umProduto.descricao = 'O melhor notebook de todos'
8.   umProduto.preco = 4200.00
9.   umProduto.disponivel = True
10.  umProduto.estoque = 37
11.  umProduto.save()
12.  umProduto.descricao = 'O melhor notebook de todos os tempos'
13.  umProduto.save()
```

LISTAGEM 15.7: Testando operações de persistência

Na linha 1, usei o manage.py para iniciar uma nova sessão do shell do Python, com as classes do projeto já configuradas.

Na linha 2, importei o arquivo models.py, da aplicação *loja*.

Nas linhas 3 e 4, criei uma instância da classe *Categoria* e inicializei sua propriedade *nome*.

Nas linhas de 5 a 10, criei uma instância da classe *Produto* e inicializei suas propriedades *nome*, *descricao*, *preco*, *disponivel* e *estoque*.

Em seguida, na linha 11, salvei o objeto *umProduto* no banco de dados.

Na linha 12, alterei o atributo *descricao* para "O melhor notebook de todos os tempos" e, na linha 13, atualizei o registro correspondente no banco de dados.

Todo objeto persistente no Django possui um atributo extra, chamado *id*, que será utilizado como *chave primária* da tabela associada ao objeto no banco. Na primeira vez que o método `save()` for chamado para uma determinada classe, esse atributo conterá NULL no banco. Se for esse o caso, o framework atribuirá um id inicial ao campo e atualizará a referência do objeto para que contenha o mesmo valor. Daí em diante, todas as vezes que for chamado o método `save()` para a mesma classe, o mecanismo de persistência identificará que já existe um id para a tabela correspondente à classe e, em vez de realizar uma operação de inclusão (que, em linguagem SQL, se traduziria em uma declaração *INSERT*), perfaz uma atualização da tabela (*UPDATE*, em linguagem SQL).

O método `save()` possui alguns parâmetros opcionais, porém, a maioria deles é raramente usada. Uma exceção pode ser feita sobre o parâmetro *update_fields*: quando fornecido, esse parâmetro permite especificar quais campos serão atualizados pela execução de `save()`; os demais serão ignorados. Nesse caso, os campos devem ser passados como uma lista de strings. Exemplo: *umProduto.save(update_fields=['nome', 'categoria'])*.

Você também pode sobrescrever o método `save()` da classe ancestral models.Model, em seus modelos, para realizar operações antes e depois da execução do método ancestral. Por exemplo, a Listagem 15.8 mostra como você poderia alterar a classe Produto para, a cada vez que ela fosse salva, uma mensagem ser impressa na saída padrão (em uma situação real, essa mensagem poderia ser escrita em um arquivo de log da aplicação, por exemplo).

```
class Produto(models.Model):
    categoria = models.ForeignKey(Categoria, related_name='produtos',
                                   null=True, on_delete=models.CASCADE)
    nome = models.CharField(max_length=100, db_index=True)
    slug = models.SlugField(max_length=100, db_index=True)
    descricao = models.TextField(blank=True)
    preco = models.DecimalField(max_digits=10, decimal_places=2)
    disponivel = models.BooleanField(default=True)
    estoque = models.PositiveIntegerField()
    data_criacao = models.DateTimeField(auto_now_add=True)
    data_ultima_atualizacao = models.DateTimeField(auto_now=True)
    imagem = models.ImageField(upload_to='imagens-produtos',
                                blank=True)

    def save(self, *args, **kwargs):
        print('O método save() foi chamado')
        print(f'Parâmetros: *args: {args}, **kwargs: {kwargs}')
        # Executa o método save() da classe ancestral, models.Model:
        super(Produto, self).save(*args, **kwargs)
```

LISTAGEM 15.8: Classe Produto com versão sobrescrita do método `save()`

Se você criar um objeto da classe **Produto** com essa modificação e tentar salvá-lo, verá no seu terminal:

```
O método save() foi chamado
Parâmetros: *args: (), **kwargs: {}
```

Nesse caso, o código das duas primeiras linhas da versão sobrescrita de `save()` apenas imprime as mensagens acima na saída padrão, porém, poderia fazer bem mais coisas, antes ou depois da gravação dos dados.

O método `delete()`, por sua vez, é bastante direto: basta chamá-lo a partir de uma referência de objeto para remover o objeto do banco. Por exemplo:

```
produto.delete()# produto deve apontar para um objeto válido,
                # que já esteja no banco de dados.
```

Há dois parâmetros opcionais para delete, mas eles raramente são usados:

- *using*: Permite especificar um outro banco de dados para efetuar a exclusão.
- *keep_parents*: Recebe um booleano que indica se, em um relacionamento, os registros pais devem ser preservados (keep_parents = True) ou também excluídos (keep_parents = False) na operação. O padrão é excluí-los.

O método `create()`

Há ainda outro método no modelo que pode ser usado para gravar dados no banco: `create()`. Basicamente, ele faz a mesma coisa que `save()`, porém, com uma sintaxe um pouco mais enxuta. Enquanto com `save()` você precisa criar o objeto em uma instrução diferente, antes de salvá-lo, `create()` permite realizar a criação e gravação no banco em uma mesma operação. A Listagem 15.9 mostra as mesmas operações da Listagem 15.7, usando `create()` no lugar de `save()`.

```
./manage.py shell
from main import models
umaCategoria = Categoria.objects.create(nome = 'Informática')
umProduto = Produto.objects.create(nome = 'Notebook',
                descricao = 'O melhor notebook de todos os tempos',
                ano_publicacao = 2019,
                preco = 4200.00,
                disponivel = True,
                estoque = 37)
```

LISTAGEM 15.9: Criando e gravando objeto da classe Produto com o método `create()`

Nesse caso, a sintaxe ficou mais enxuta (usei apenas uma linha de código), porém, você deve ter estranhado o atributo **objects** nessa listagem. Ele será detalhado mais adiante, na seção "Realizando consultas ao modelo por meio de QuerySets".

Adicionando métodos personalizados ao seu modelo

Todos os modelos herdam de uma classe comum, ***models.Model***. Isso significa que você pode estender essa classe em seus descendentes, adicionando novos métodos para implementar comportamentos sempre que necessário. Por exemplo, imagine que, em um projeto, você tenha uma classe ***Vetor***, que represente um vetor no espaço em três dimensões (x, y, z), você poderia definir um método `modulo()` que retornaria o módulo de um vetor que começasse na origem do sistema de coordenadas e terminasse no ponto de coordenadas (x, y, z). Sua implementação seria como na Listagem 15.10.

```
import math

class Vetor(models.Model):
    x = models.FloatField()
    y = models.FloatField()
    z = models.FloatField()

    def modulo(self):
        resultado = self.x ** 2 + self.y ** 2 + self.z ** 2
        resultado = math.pow(resultado, 0.5)
        return resultado
```
LISTAGEM 15.10: Classe persistente Vetor com método personalizado `modulo()`

Em problemas de Álgebra Linear, é comum representar pontos como vetores e, muitas vezes, é necessário calcular o módulo desses vetores. O método apresentado na Listagem 15.10 realiza esse cálculo, aumentando o encapsulamento da classe Vetor, já que o cálculo do módulo é uma operação que só trabalha sobre as coordenadas do próprio vetor e, portanto, deve ser mantida nessa classe.

Realizando consultas ao modelo por meio de QuerySets

Para consultar os dados das classes do modelo, o framework disponibiliza os chamados **QuerySets**. Um QuerySet nada mais é que uma lista dos objetos de uma classe do modelo. Internamente, um QuerySet é mapeado para declarações **SQL SELECT**, o que permite fazer **projeções** de dados (ou seja, restringir as informações apenas aos campos desejados, não necessitando dos registros inteiros), restrições (filtros de dados, buscando só os registros que atendam a determinadas condições) e ordenação.

Consultando todos os objetos

A forma mais básica de consulta ao modelo é chamando o método `all()` da coleção objects, que todas as classes do modelo herdam. Para ver o seu funcionamento, abra um terminal/*prompt* de comandos na pasta do projeto prj_lojavirtual e digite:

```
./manage.py shell
from main.models import Produto
Produto.objects.all()
```
LISTAGEM 15.11: Exibindo todos os produtos no banco de dados

Na linha em destaque, a classe do modelo é **Produto**. A chamada `.objects.all()` retornará todos os objetos da classe **Produto** armazenados no banco de dados. O resultado exibirá todos os produtos cadastrados, se houver algum.

Filtrando resultados

Para restringir os resultados retornados pela sua consulta, use o método `filter()`, da coleção objects. A Listagem 15.12 mostra alguns exemplos de utilização.

```
from main.models import Produto
Produto.objects.all()                        # Lista todos os produtos
Produto.objects.filter(disponivel=True)      # Lista os produtos
                                             # disponíveis
Produto.objects.exclude(disponivel=True)     # Lista os produtos
                                             # indisponíveis
Produto.objects.filter(disponivel=False)     # Lista os produtos
                                             # indisponíveis (outro
                                             # modo
Produto.objects                              # Combinando as duas
                                             # técnicas:
        .filter(disponivel = True)           # Produtos disponíveis
        .exclude(estoque=0)                  # cujo estoque não seja
                                             # zero.
```

LISTAGEM 15.12: Exemplos de uso do método `filter()`

DICA

Você também pode aplicar a sintaxe de *fatiamento* aos resultados obtidos. Por exemplo:
Produto.objects.filter(disponivel=True)[:5]
seleciona os cinco últimos produtos retornados pelo filtro.

Adicionando condições aos filtros

Os objetos retornados pelo método `all()` incluem todos os registros da tabela associada ao objeto do modelo pesquisado; entretanto, é comum que você precise de um subconjunto dos registros na tabela. Para isso, você pode passar ao método `filter()` uma restrição com a sintaxe:

```
nome_do_campo__lookup = valor
```

(Perceba que há dois underscores entre o nome do campo e o *lookup*.) Um *lookup* é uma palavra-chave adicionada aos filtros, especificando como o mecanismo de persistência do Django deve aplicar restrições sobre os dados retornados (semelhante à cláusula WHERE da declaração SELECT em bancos de dados relacionais).

Você já viu, na Listagem 15.12, a forma mais simples de restrição: ***campo = valor***. No exemplo: ***disponivel=True***. Mostro, a seguir, os principais lookups disponíveis.

O lookup __pk

Este *lookup* filtra os resultados pelo valor da chave primária da tabela mapeada pelo objeto Modelo (daí o nome "pk", *primary key — chave primária*). Por padrão, um campo *id* do modelo é a chave primária, logo, filtrar o resultado pelo campo *id* é equivalente a fazê-lo pela *chave primária* (a não ser que seu modelo use outro campo como chave primária). Dessa maneira, se a chave for um campo de nome *id*, são idênticos os resultados das instruções:

```
Produto.objects.get(id=10)
Produto.objects.get(pk=10)
```

Igualdade e desigualdade

Você pode testar se um campo possui *exatamente* um determinado valor (igualdade) ou, por outro lado, se ele *não possui* o valor procurado, com testes de igualdade ou desigualdade. A Listagem 15.13 mostra como fazê-lo.

```
Produto.objects.get(id__exact=10)      # Retorna o produto de id=10
Produto.objects.get(id=10)             # Retorna o produto de id=10
                                       # (versão
                                       # abreviada)
Produto.objects.exclude(id=10)         # Retorna os produtos de id<>10
Produto.objects.get(~Q(id=10))         # Retorna o produto de id=10
                                       # (versão
                                       # abreviada)
```

LISTAGEM 15.13: Filtros de igualdade e desigualdade

Na Listagem 15.13 aparece uma novidade: o objeto Q; com ele, pode-se realizar consultas passando condições como parâmetro, conforme mostrado, e, se for o caso, *negar* essas condições com o operador ~ (til), como na última linha do exemplo.

AVISO

Para usar o objeto Q, você *deve* antes importá-lo com a linha:
from django.db.models import Q
Não esqueça dessa etapa, ou o objeto não ficará disponível.

Maior que, menor que, maior ou igual, menor ou igual

Também existem lookups para todas essas condições:

- __lt: Menor que (*lesser than*).
- __lte: Menor ou igual a (*lesser than or equals*).
- __gt: Maior que (*greater than*).
- __gte: Maior ou igual a (*greater than or equals*).

E (Condicional)

Para realizar consultas com a *interseção* de duas condições (*condição1* E *condição2*), passe-as como uma tupla:

```
from main.models import Produto
from django.db.models import Q

# Retorna os produtos com nome='Notebook' e preço menor que 3000:
Produto.objects.filter(nome='Notebook', preco_lt=3000)

# Retorna os produtos com nome<>'Notebook' e preço maior que 3000:
Produto.objects.filter(~Q(nome='Notebook') & Q(preco_gt=3000))
```

LISTAGEM 15.14: Combinando filtros com o operador E

OU (Condicional)

Do mesmo modo que existe a *interseção* de duas condições, há a *união* (*condição1* OU *condição2*). Neste caso, o operador usado é o pipe (|).

```
from main.models import Produto
from django.db.models import Q

# Retorna os produtos com nome='Notebook' OU preço menor que 3000:
Produto.objects.filter(Q(nome='Notebook') | Q(preco_lt=3000))

# Retorna os produtos com nome<>'Notebook' OU preço maior que 3000:
Produto.objects.filter(~Q(nome='Notebook') | Q(preco_gt=3000))
```

LISTAGEM 15.15: Combinando filtros com o operador OU

Testando se um valor é nulo ou não

Em bancos de dados relacionais, é muito comum testar se o valor de um campo é nulo por meio de uma cláusula *IS NULL*. As maneiras equivalentes do Django para testar se um campo foi ou não preenchido são demonstradas na Listagem 15.16 (lembre-se de que o equivalente no Python a null é None).

```
from main.models import Produto
from django.db.models import Q

# Retorna os produtos com nome igual a null:
Produto.objects.filter(nome=None)
# Retorna os produtos com nome igual a null (outra maneira):
Produto.objects.filter(nome__isnull=True)
# Retorna os produtos com nome<>null:
Produto.objects.filter(nome__isnull=False)
```

LISTAGEM 15.16: Combinando filtros com o operador OU

Testando se um valor começa ou termina com uma dada string

Outra necessidade frequente em consultas a SGBDs é testar se o valor de um campo está contido em uma lista de valores. No Django, existem *lookups* para realizar essa filtragem de modo *case sensitive* (diferenciando minúsculas e maiúsculas) e *case insensitive* (sem tal diferenciação).

1. *Case sensitive*:

   - Procurando *em qualquer lugar* do campo: *__contains*. Exemplo:
     ```
     # Procura pela palavra Computador, em qualquer posição no campo
     # nome, desconsiderando a diferença entre minúsculas e
     # maiúsculas (ou seja, 'computador' = 'Computador' =
     # 'COMPUTADOR', etc.)
     Produto.objects.filter(nome__contains='Computador')
     ```

   - Procurando *no início* do campo: *__startswith*. Exemplo:
     ```
     # Procura pela palavra Computador, no início no campo
     # nome, desconsiderando a diferença entre minúsculas e
     # maiúsculas
     Produto.objects.filter(nome__startswith='Computador')
     ```

   - Procurando *no final* do campo: *__endswith*. Exemplo:
     ```
     # Procura pela palavra Computador, no final no campo
     # nome, desconsiderando a diferença entre minúsculas e
     # maiúsculas
     Produto.objects.filter(nome__endswith='Computador')
     ```

2. Case *insensitive*:

   - Procurando *em qualquer lugar* do campo: *__icontains*. Exemplo:
     ```
     # Procura pela palavra Computador, em qualquer posição no campo
     # nome, diferenciando entre minúsculas e
     # maiúsculas (ou seja, 'computador' <> 'Computador' <>
     # 'COMPUTADOR', etc.)
     Produto.objects.filter(nome__icontains='Computador')
     ```

   - Procurando *no início* do campo: *__istartswith*. Exemplo:
     ```
     # Procura pela palavra Computador, no início no campo
     # nome, diferenciando entre minúsculas e maiúsculas
     Produto.objects.filter(nome__istartswith='Computador')
     ```

- Procurando *no final* do campo: *__iendswith*. Exemplo:
  ```
  # Procura pela palavra Computador, no final no campo
  # nome, diferenciando entre minúsculas e maiúsculas
  Produto.objects.filter(nome__iendswith='Computador')
  ```

DICA

Como você deve ter percebido, os parâmetros que realizam a busca **sem considerar a diferença entre maiúsculas e minúsculas** têm os mesmos nomes dos parâmetros **case-sensitive**, acrescidos de um *i* antes:

- starts_with – istarts_with
- contains – icontains
- ends_wtih – iends_with

Filtrando por campos que contém dados temporais

Consultas envolvendo dados temporais costumam ser complexas em SGBDs SQL, pois envolvem características como formato de data, fuso horário e anos bissextos. Para facilitar a vida do programador, o Django framework inclui uma série de lookups para filtrar dados temporais. A Listagem 15.17 mostra seu uso.

```
from main.models import Produto
import datetime
# Cria intervalo de datas:
data_inicial = datetime.datetime(2019,6,1)     # 01/06/2019
data_final = datetime.datetime(2019,6,30)      # 30/06/2019
# Obtem os produtos cadastrados entre a data inicial e a final:
produtos = Produto.objects.filter(data_criacao__range=
          (data_inicial,
           data_final))
# Produtos cadastrados *exatamente* na data inicial:
produtos = Produto.objects.filter(data_criacao__date=
          data_inicial)
# Produtos cadastrados no ano de 2019:
produtos = Produto.objects.filter(data_criacao__year=2019)
# Produtos cadastrados no mês de junho (mês 6):
produtos = Produto.objects.filter(data_criacao__month=6)
# Produtos cadastrados no dia 15:
produtos = Produto.objects.filter(data_criacao__day=15)
# Produtos cadastrados na 13ª semana do ano:
produtos = Produto.objects.filter(data_criacao__week=13)
# Produtos cadastrados na quarta-feira (4º dia da semana):
produtos = Produto.objects.filter(data_criacao__week_day=4)
```

LISTAGEM 15.17: Usando lookups com dados temporais

Ajustando seu modelo com a classe Meta

Os modelos do Django herdam, ainda, uma classe aninhada,[2] chamada **Meta**, que tem por finalidade ajustar diversas características (ou, se preferir, *metadados*) do modelo. Para utilizá-la, ela deve ser declarada *após os objetos que representam os atributos da sua classe de negócio*. Na Listagem 15.18, alterei o modelo da aplicação, acrescentando metainformações. As opções **verbose_name** e **verbose_name_plural** servem para informar ao mecanismo de persistência qual o nome que deve ser usado como título, no singular e no plural, ao utilizar essas classes na interface de administração.

```
from django.db import models

# Create your models here.
class Categoria(models.Model):
    nome = models.CharField(max_length=150, db_index=True)
    slug = models.SlugField(max_length=150, unique=True, db_index=True)
    data_criacao = models.DateTimeField(auto_now_add=True)
    data_ultima_atualizacao = models.DateTimeField(auto_now=True)

    class Meta:
        ordering = ('nome', )
        verbose_name = 'categoria'
        verbose_name_plural = 'categorias'

    def __str__(self):
        return self.nome

class Produto(models.Model):
    categoria = models.ForeignKey(Categoria, related_name='produtos',
                                  null=True, on_delete=models.CASCADE)
    nome = models.CharField(max_length=100, db_index=True)
    slug = models.SlugField(max_length=100, db_index=True)
    descricao = models.TextField(blank=True)
    preco = models.DecimalField(max_digits=10, decimal_places=2)
    disponivel = models.BooleanField(default=True)
    estoque = models.PositiveIntegerField()
    data_criacao = models.DateTimeField(auto_now_add=True)
    data_ultima_atualizacao = models.DateTimeField(auto_now=True)
    imagem = models.ImageField(upload_to='imagens-produtos',
                               blank=True)

    class Meta:
        ordering = ('nome', )
```

---

[2] ***Classes aninhadas*** são classes definidas, inteiramente, dentro do corpo de outra classe. Ao criar um objeto da classe que contém outra, a classe aninhada pode ser usada por ele.

```
            index_together = (('id', 'slug'),)

    def __str__(self):
        return self.nome
```

LISTAGEM 15.18: Classes Categoria e Produto, usando a classe aninhada Meta

Ordenando os resultados

No exemplo da Listagem 15.18, utilizei um dos atributos da classe **Meta**, **ordering**, que define qual campo (**nome**) será utilizado para listar os objetos da classe de modelo associada (**Produto**). Se você precisar que a ordenação seja **decrescente**, simplesmente, acrescente um sinal de menos (-) antes do nome do atributo: isso dirá ao mecanismo de persistência para listar os objetos nessa ordem. Como você pode ver, essa propriedade recebe uma lista de strings, então, você pode passar outros atributos: por exemplo, **ordering** = ['**nome**', '**-preco**'], para listá-los, primeiro, por nome em ordem **crescente**; em seguida, por preço, em ordem **decrescente**. Ou seja, se dois produtos tiverem o mesmo nome, eles serão listados do mais caro para o mais barato.

Definindo índices

Um recurso importante dos sistemas de gerenciamento de bancos de dados são os **índices**. Eles permitem que buscas sejam realizadas mais rapidamente em certos campos, provendo resultados mais eficientes. Para definir índices em seu modelo, Django fornece duas propriedades da classe ancestral **models.Model**:

- **index**: Recebe uma lista de objetos do tipo **meta.Index**, que, por sua vez, recebem um parâmetro **fields**, que especifica quais campos formarão o índice. A Listagem 15.19 mostra um exemplo de uso.
- **index_together**: Idêntica à propriedade **index**, porém recebe diretamente uma lista de campos que formarão um índice. O mesmo comportamento pode ser obtido com o parâmetro **fields**, mas com uma sintaxe um pouco mais prolixa. Na Listagem 15.20 é possível observar os mesmos índices da Listagem 15.19, definidos usando **index_together**.

```
class Endereco(models.Model):
    logradouro = models.CharField(max_length=30)
    numero = models.CharField(max_length=5)
    complemento = models.CharField(max_length=20)
    bairro = models.CharField(max_length=30)
    cidade = models.CharField(max_length=30)
    uf = models.CharField(max_length=2)
    cep = models.CharField(max_length=9)
    class Meta:
        indexes = [
```

```
                models.Index(fields=['cep'], name='idx_cep'),
                models.Index(fields=['cidade', 'uf'], name=
'idx_cidade_uf')
            ]
```

LISTAGEM 15.19: Classe Endereço com dois índices declarados

```
class Endereco(models.Model):
    logradouro = models.CharField(max_length=30)
    numero = models.CharField(max_length=5)
    complemento = models.CharField(max_length=20)
    bairro = models.CharField(max_length=30)
    cidade = models.CharField(max_length=30)
    uf = models.CharField(max_length=2)
    cep = models.CharField(max_length=9)
    class Meta:
        indexes = [
            models.Index(fields=['cep'], name='idx_cep')
        ]
        index_together = [
            'cidade', 'uf'
        ]
```

LISTAGEM 15.20: Classe Endereço usando a propriedade index_together

AVISO

A opção **primary_key**, mostrada na Tabela 15.1, cria, **por definição**, índices únicos, afinal, uma chave primária não pode possuir valores duplicados. Dessa forma, se você criar uma chave primária para sua classe do modelo, não será necessário definir um índice com os mesmos campos.

A opção abstract

A opção *abstract* permite criar uma classe do modelo que não possui uma tabela associada, de modo semelhante a uma classe abstrata do modelo orientado a objetos. Por exemplo, para criar uma classe de modelo *ItemMenu* abstrata, simplesmente declare-a como na Listagem 15.21.

```
class ItemMenu(models.Model):
    descricao = models.CharField(max_length=250)
    abreviatura = models.CharField(max_length=15)

    class Meta:
        abstract = True
```

LISTAGEM 15.21: Classe de modelo abstrata ItemMenu

Gerenciando transações em um modelo do Django

Um dos conceitos mais importantes em bancos de dados relacionais é o de *transação*: de modo simples, uma transação em um banco de dados é uma operação de manipulação de dados que só pode ser realizada por completo ou totalmente desfeita. Ela não pode ser concluída parcialmente. Tome o seguinte exemplo: em um sistema de vendas, cada vez que uma nota fiscal é emitida, são registrados os dados do cliente para a entrega em uma tabela, os dados dos produtos adquiridos em outra e os detalhes do pagamento em uma terceira tabela. Se não houvesse transações no SGBD usado pelo sistema, o programador teria que implementar **manualmente** formas de garantir que, se a aplicação sofresse um erro crítico durante o processo de registrar a venda, o estoque não acabasse listando alguns produtos a mais ou a menos, os dados do cliente se perdessem, ou coisa semelhante. Com o controle de transações, o desenvolvedor pode especificar que toda a operação da venda deve ser tratada como uma transação e, consequentemente, ou ela é completada até o fim, ou os dados voltam ao estado em que se encontravam *antes do início da transação*, garantindo a consistência das informações.

No Capítulo 13 você viu, na Tabela 13.2, dois parâmetros para conexão a bancos de dados chamados **AUTOCOMMIT** e **ATOMIC_REQUESTS**, o primeiro, quando configurado para *True*, faz com que todas as operações que modificam dados (inserção, atualização e exclusão) sejam executadas em uma *transação*, evitando estados inconsistentes no banco de dados. Esse parâmetro se relaciona fortemente com a camada de acesso a dados de um projeto Django.

Por sua vez, **ATOMIC_REQUESTS** tem mais a ver com as *views* do projeto: por padrão, essa opção é *desabilitada*, porém, se o seu valor for mudado para True, o framework abrirá uma nova transação contra o SGBD a cada requisição recebida por *qualquer view* do projeto. Isso pode gerar uma degradação no desempenho de aplicações com alto tráfego de dados. Uma solução intermediária (que eu recomendo) é deixar a propriedade com o seu valor padrão (**ATOMIC_REQUESTS=False**) e, **apenas nos métodos das views que precisarem de transações**, ativá-las por meio do **decorador @transaction.atomic**. Do mesmo modo, existe um decorador, **@transaction.non_atomic_requests**, que desabilita o mecanismo automático de transações para o método de view anotado dessa maneira. A Listagem 15.22 mostra exemplos dos dois usos.

```
from django.db import transaction
# Neste método, o Django não controlará transações:

@transaction.non_atomic_requests
def index(request):
    # Operações para as quais uma falha em uma não afeta outra:
    exibir_menu()
    obter_resposta_usuario()
    fazer_algo_mais()
```

```python
@transaction.atomic
def vender(request):
    # Operações para as quais uma falha deve desfazer todo o processo:
    preparar_venda()
    registrar_transacao_comercial()
    emitir_nota_fiscal()
```

LISTAGEM 15.22: Métodos de view com decoradores para alterar o comportamento do mecanismo de controle de transações

DICA

Na grande maioria das aplicações que desenvolvi com o Django, as configurações padrão de transações foram suficientes.
Só modifique essas configurações se tiver um **bom motivo** para isso.

Criando os modelos para o projeto Loja Virtual

Agora, usarei o que você aprendeu até aqui para definir os modelos da aplicação Loja Virtual. Se tiver dúvidas sobre a modelagem da aplicação, retorne ao Capítulo 13 e reveja a seção "Modelo de Domínio".

```python
from django.db import models
from django.urls import reverse

# Create your models here.
class Categoria(models.Model):
    nome = models.CharField(max_length=100, db_index=True)
    slug = models.SlugField(max_length=200, unique=True)

    class Meta:
        ordering = ('nome',)
        verbose_name = 'categoria'
        verbose_name_plural = 'categorias'

    def __str__(self):
        return self.nome


class Produto(models.Model):
    categoria = models.ForeignKey(Categoria,
        related_name='produtos', on_delete=models.CASCADE)
    nome = models.CharField(max_length=200, db_index=True)
    slug = models.SlugField(max_length=200, db_index=True)
    imagem = models.ImageField(upload_to='produtos/', blank=True)
    descricao = models.TextField(blank=True)
    preco = models.DecimalField(max_digits=10, decimal_places=2)
    disponivel = models.BooleanField(default=True)
    data_criacao = models.DateTimeField(auto_now_add=True)
    data_atualizacao = models.DateTimeField(auto_now=True)
```

```
    class Meta:
        ordering = ('nome',)
        index_together = (('id', 'slug'),)

    def __str__(self):
        return self.nome
```
LISTAGEM 15.23: Modelo de domínio para o projeto Loja Virtual

Gerando um schema de banco de dados

Eventualmente, chegará o momento de criar *fisicamente* as tabelas que conterão as informações do seu sistema. Essa etapa é conhecida como *geração do schema do banco*. O mecanismo de persistência do Django também auxilia nessa hora.

Após criar o modelo de dados da aplicação no arquivo models.py, abra o prompt de comandos/terminal, acesse a pasta do seu projeto Django e digite:

```
manage.py makemigrations
```

Esse comando cria um arquivo de *migrações*, que é o nome usado no Django para as operações de criação do *schema* no banco. Se seu projeto tiver mais de uma aplicação e você quiser gerar o schema apenas de uma delas, passe o seu nome como parâmetro ao final da chamada anterior. Por exemplo, para gerar as migrações *apenas para a aplicação main*, digite:

```
manage.py makemigrations main
```

Serão exibidas várias mensagens mostrando o andamento do procedimento e, ao final, o schema será gerado no seu banco de dados.

Em seguida, para *aplicar as migrações no seu SGBD*:

```
manage.py migrate
```

que criará tabelas e outras estruturas no banco de dados.

Mapeando um schema legado

Em muitas empresas há sistemas antigos ainda em funcionamento, e os custos material e de tempo para migrar tais sistemas para uma arquitetura mais moderna são proibitivos. Pensando nisso, o Django também provê ferramentas para importar tabelas de um banco de dados legado para o modelo da sua aplicação. De acordo com a documentação do Django, para mapear um *schema* legado:

1. Configure o banco de dados legado na aplicação que receberá os dados. Edite o settings.py da aplicação ajustando os parâmetros:
   - engine
   - name

- user
- password
- host
- port

2. Execute a tarefa *inspectdb* do manage.py, para ler as informações do banco de dados e gerar um arquivo models.py:

    ```
    manage.py inspectdb > models.py
    ```

3. Confira o arquivo obtido, models.py, e, após verificar se a importação foi bem-sucedida, renomeie o arquivo da etapa anterior para _**models.py**_ e salve-o na pasta referente ao pacote Python que contém sua aplicação (aquela com o arquivo __init__.py).

AVISO

O modelo importado dessa maneira possui, em todas as classes, um atributo **managed**, na classe aninhada Meta, que vem configurado, por default, com o valor **False**, como no exemplo:
class Cliente(models.Model):
```
id = models.IntegerField(primary_key=True)
nome = models.CharField(max_length=70)
class Meta:
    managed = False
```

Esse atributo especifica se o Django deverá gerenciar a criação, exclusão e alteração de dados na tabela correspondente. O motivo para esse padrão é que você está importando uma tabela de um banco de dados legado, o que, provavelmente, significa que sua aplicação Django não será responsável por manter essa tabela. Se não for esse o caso, troque o valor para **True**.

4. Execute a tarefa migrate do manage.py para criar as tabelas na sua aplicação.

    ```
    manage.py migrate
    ```

5. Teste a aplicação e corrija possíveis erros devidos aos dados importados. Para esta etapa não há um roteiro definido: você precisará entender seus dados e verificar se a aplicação continua rodando corretamente.

FORMULÁRIOS E TEMPLATES 16

NESTE CAPÍTULO mostrarei como usar os dois últimos componentes da arquitetura de uma aplicação Django: os *templates* e os *formulários*.

A grande maioria das aplicações web é composta por vários *formulários HTML*. Eles são a maneira padronizada de entrar dados ou editar informações na interação entre usuário e programa. Isso pode ser um pouco confuso no início pois o que você enxerga na tela, para o Django, é um *template*. Se conhece HTML, pode criar os templates da sua aplicação usando as tags dessa linguagem de marcação, porém, você verá, ao longo deste capítulo, que é muito mais vantajoso usar o suporte nativo ao processamento de formulários do Django.

Nesse contexto, *formulários*, por sua vez, são as classes que o Django utiliza para transferir informações entre os templates e as views.

Templates

Apesar de ser possível trabalhar com vários tipos de mecanismos de templates, o mais comum em aplicações web é que as páginas sejam escritas em HTML e decoradas com CSS.

Neste capítulo, mostrarei como criar os primeiros templates da aplicação exemplo.

Como este não é um livro sobre *webdesign*, não me aprofundarei nessas tecnologias, explicarei apenas o suficiente para aqueles que nunca criaram uma página web poderem acompanhar o capítulo.

Criando a estrutura para a página principal da aplicação

Acredito firmemente que a melhor maneira de aprender uma nova tecnologia é praticando, por isso, mostrarei como usar os templates do Django iniciando a criação da aplicação de exemplo, um sistema de controle para uma loja virtual. Porém, você precisa dar um passo por vez, então, começarei criando um template simples, apenas para conferir se consigo exibir uma mensagem para o usuário na página principal.

A primeira coisa a fazer para manter nosso projeto com baixo acoplamento é criar uma pasta separada no projeto para guardar os templates. Vou colocá-los em uma subpasta da pasta principal do projeto, prj_lojavirtual. Acesse-a e crie uma nova pasta, com o nome de templates:

```
mkdir templates
```

Seu projeto, agora, possui uma subpasta templates, dentro da pasta principal, prj_lojavirtual.

Para criar um visual melhorado sem complicar demais as coisas, usarei o framework CSS **Bootstrap**. Ele permite criar páginas visualmente atraentes com pouco esforço.

Na pasta **templates**, crie um arquivo **index.html** com o código mostrado na Listagem 16.1. Esse código está disponível na documentação do Bootstrap em https://getbootstrap.com/docs/4.3/getting-started/introduction/, na seção "*Starter Template*". Modifiquei-o ligeiramente, retirando partes que não serviriam a este livro.

```html
<!doctype html>
<html>
  <head>
    <!-- tags meta obrigatórias -->
    <meta charset="utf-8">
        <meta name="viewport" content="width=device-width, initial-scale=1, shrink-to-fit=no">
    <!-- folha de estilos do Bootstrap CSS -->
      <link rel="stylesheet" href="https://stackpath.bootstrapcdn.com/bootstrap/4.3.1/css/bootstrap.min.css" >
        <title>Testando o Bootstrap para criar um template </title>
    </head>
    <body>
        <h1>Teste do Bootstrap</h1>
        <!-- JavaScript opcional -->
        <!-- jQuery, Popper.js e Bootstrap JS - bibliotecas JS -->
        <script src="https://code.jquery.com/jquery-3.3.1.slim.min.js"></script>
         <script src="https://cdnjs.cloudflare.com/ajax/libs/popper.js/1.14.7/umd/popper.min.js"></script>
       <script src="https://stackpath.bootstrapcdn.com/bootstrap/4.3.1/js/bootstrap.min.js"></script>
    </body>
</html>
```

LISTAGEM 16.1: Página principal da aplicação — versão inicial (index.html)

Formulários e Templates 339

DICA

Se nunca viu o código de uma página HTML na vida, não se assuste. Os principais pontos são:

- Toda tag que for aberta, deve ser fechada (<html> e </html>, por exemplo). Na verdade, há algumas exceções, mas não são usadas aqui.
- As duas principais partes da página são head e body — a primeira costuma ser usada para inicializações e metainformações e a segunda contém a parte visível da página.
- As tags <meta> definem metainformações, como a codificação de caracteres usada (charset), e se a página ocupará toda a área visível do dispositivo em que for apresentada, por exemplo.
- A tag <link> permite incluir uma **folha de estilos CSS**, que é usada para modificar a aparência da página.
- A tag <title> especifica a mensagem exibida na barra de título do navegador.
- A tag <h1> cria um cabeçalho de primeiro nível. Há oito níveis de cabeçalho e essa distinção é usada para definir a estrutura da página: um cabeçalho de nível 2 definiria um tópico de menor "importância" que outro de nível 1, e assim por diante.
- A tag <script> permite executar código JavaScript na página, melhorando sua interatividade. As três tags desse tipo exibidas carregam bibliotecas JavaScript usadas pelo Bootstrap.

AVISO

As informações do quadro "Dica" anterior são, obviamente, apenas para que você compreenda o template criado.
Para conhecer HTML de verdade, sugiro consultar um bom livro ou algum dos diversos cursos online e presenciais disponíveis sobre o assunto.

Você deve ter percebido que essa página não pode ser *definitiva* — apenas serve para ilustrar o processo de criação de um template. Irei substituí-la ao longo do capítulo. Para que ela possa ser visualizada no browser, falta mapear uma URL para o usuário alcançá-la. Altere o arquivo urls.py do seu projeto para que fique como na Listagem 16.2.

```
from django.contrib import admin
from django.urls import path
from django.views.generic import TemplateView

urlpatterns = [
    path('admin/', admin.site.urls, name='admin'),
    path('', TemplateView.as_view(template_name='index.html'),
name='index'),
]
```

LISTAGEM 16.2: Mapeamento de URLs (urls.py)

A primeira linha em destaque importa a classe *TemplateView* (que, a essa altura, você já adivinhou, é uma *Class-Based View*), que permite exibir um dado template sem a **obrigação** de criar uma view específica para ele.

A outra linha em negrito é o mapeamento propriamente dito — ela diz ao framework para redirecionar qualquer requisição ao endereço base do projeto para o template *index.html*.

DICA

Sempre que o primeiro parâmetro passado à função `path()` for uma string vazia (' '), como na Listagem 16.2, o Django entenderá isso como um mapeamento para a página principal de seu projeto. Suponha que o endereço de um recurso que você deseja acessar seja:
www.algumlugar.com/
Para o Django, www.algumlugar.com é a *raiz* de seu site, portanto:
path('', *Qualquer_View*) no seu urls.py redirecionará todas as chamadas a www.algumlugar.com para a *view* Qualquer_View.

O parâmetro *name*, na função `path()`, serve para atribuir um *identificador* à URL definida pela chamada de função. Esse parâmetro é opcional, porém, recomendo que você o atribua, pois isso permite maior flexibilidade para referenciar as URLs em outros locais.

A Figura 16.1 mostra como a página aparece em um browser.

FIGURA 16.1: Visualizando a página

Configurando bibliotecas JavaScript e CSS

Os links que requisitam recursos na página mostrada na Listagem 16.1 (tags <link> e <script>) estão apontando para distribuidores de conteúdo. Isso pode ser problemático quando você não estiver online. Enquanto estiver criando sua aplicação, é melhor manter uma cópia local desses arquivos. Para resolver o problema:

1. Crie na pasta raiz do projeto uma subpasta chamada *static* para armazenar o conteúdo estático da aplicação, e dentro dela, subpastas css, img e jss:

```
mkdir prj_lojavirtual\static
mkdir prj_lojavirtual\static\css
mkdir prj_lojavirtual\static\img
mkdir prj_lojavirtual\static\js
```

2. Baixe os arquivos CSS de https://stackpath.bootstrapcdn.com/bootstrap/4.1.3/css/bootstrap.min.css para a subpasta css criada no passo 1.
3. Baixe os arquivos JS de

- code.jquery.com/jquery-3.3.1.slim.min.js
- https://cdnjs.cloudflare.com/ajax/libs/popper.js/1.14.7/umd/popper.min.js
- https://stackpath.bootstrapcdn.com/bootstrap/4.1.3/js/bootstrap.min.js

DICA

Renomeie o arquivo para *jquery.min.js* para facilitar a referência em suas páginas HTML.

AVISO

Bibliotecas CSS e JavaScript, como as citadas, costumam receber atualizações com muita frequência, então, no momento em que você estiver lendo este texto, pode acontecer de as versões citadas não serem as mais recentes. Não se importe com isso. O seu projeto funcionará com as versões citadas. Se quiser testar as versões mais recentes, altere as URLs para as novas versões e teste — se algo parar de funcionar, retorne às versões anteriores.

4. Salve-os na subpasta js criada no passo 1.
5. Confira no seu settings.py se a aplicação *django.contrib.staticfiles* foi carregada na lista apontada pela constante *INSTALLED_APPS*.
6. Altere o template index.html para que fique como na Listagem 16.3 (as alterações são destacadas em *negrito com fundo cinza*).

```
{% load static %}
<!doctype html>
<html>
  <head>
    <!-- tags meta obrigatórias -->
    <meta charset="utf-8">
      <meta name="viewport" content="width=device-width, initial-scale=1, shrink-to-fit=no">
    <!-- folha de estilos do Bootstrap CSS -->
    <link rel="stylesheet" href="{% static 'css/bootstrap.min.css' %}" >
    <title>Testando o Bootstrap para criar um template </title>
  </head>
  <body>
```

```
            <h1>Teste do Bootstrap</h1>
            <!-- JavaScript opcional -->
            <!-- jQuery, Popper.js e Bootstrap JS - bibliotecas JS -->
            <script src="{% static 'js/jquery.min.js' %}"></script>
            <script src="{% static 'js/popper.min.js' %}"></script>
            <script src="{% static 'js/bootstrap.min.js' %}"></script>
      </body>
</html>
```

LISTAGEM 16.3: Template usando bibliotecas salvas localmente (index.html)

AVISO

Ao digitar as tags <script>, <link> e {% load static %}, preste atenção às aspas que delimitam os atributos delas! Se você digitar uma aspa do tipo errado ou esquecer um espaço antes ou depois, poderá acabar com um erro difícil de detectar por um iniciante em suas páginas.

Observe o uso das tags *{% load static %}*, que permite carregar arquivos estáticos de um local na pasta da aplicação; e *{% static %}*, que aponta para os recursos que serão carregados a partir da pasta apontada pela constante **STATIC_URL** em **settings.py**.

Esse "esqueleto" da página permite construir o projeto visual por etapas, reduzindo a complexidade normalmente no design de uma aplicação web.

Usando herança de templates

Uma das grandes facilidades da **Django Template Language** é a possibilidade de criar layouts padronizados e **herdar** deles. Utilizarei esse recurso para criar uma tela de ajuda para o sistema Loja Virtual.

Primeiro é necessário criar um template que define a aparência geral da aplicação (**Template Ancestral**). Como defini no settings.py que os templates deverão ser procurados em */prj_lojavirtual/templates*, faça uma cópia do arquivo **index.html**, da Listagem 16.3 e salve-o com o nome de **base.html**, na mesma pasta. Altere-o para que fique como na Listagem 16.4.

```
1.  {% load static %}
2.  <!doctype html>
3.  <html>
4.     <head>
5.        <!-- tags meta obrigatórias -->
6.        <meta charset="utf-8">
7.        <meta name="viewport" content="width=device-width,
   initial-scale=1, shrink-to-fit=no">
8.        <link rel="stylesheet" href="{% static 'css/bootstrap.min.css' %}" >
9.        <link rel="stylesheet" href="{% static 'css/app.css' %}" >
```

Formulários e Templates 343

```
10.       <title> Loja Virtual </title>
11.     </head>
12.     <body>
13.         <h1>Loja Virtual</h1>
14.         {% block conteudo %}
15.         {% endblock conteudo %}
16.         <script src="{% static 'js/jquery.min.js' %}"></script>
17.         <script src="{% static 'js/popper.min.js' %}"></script>
18.         <script src="{% static 'js/bootstrap.min.js' %}"></script>
19.     </body>
20. </html>
```

LISTAGEM 16.4: Layout ancestral da aplicação (base.html)

AVISO

Cuidado para não digitar "**conteÚdo**" no lugar de "**conteudo**" para o nome do bloco. Como regra, não é uma boa ideia usar caracteres acentuados ou cedilhas para nomes de identificadores.

É quase uma tradição, nas aplicações criadas com o Django, nomear a página ancestral dos templates como **base.html**. Você poderia usar qualquer outro nome, mas há uma vantagem em ater-se a essa nomenclatura: outros programadores, que já usaram o framework antes, saberão identificar, apenas pelo nome, que essa é a página ancestral dos seus templates.

Este arquivo reaproveita a maioria da estrutura utilizada no index.html.

Na linha 1, a tag {% load static %} faz com que sejam carregados os arquivos estáticos de seu projeto (bibliotecas JavaScript, folhas de estilo CSS etc.). Sem essa tag, o Django não encontrará tais arquivos. Essa organização facilita a vida do programador no momento de fazer alterações de layout ou modificações em código JavaScript embutido no projeto, pois todos os arquivos ficam centralizados em um local conhecido.

Nas linhas 8 e 9 da Listagem 16.4 são carregadas duas folhas de estilo CSS: a primeira, da biblioteca **Twitter Bootstrap**, usada para facilitar a criação de layouts, sem a necessidade de um profundo conhecimento de webdesign. A segunda será usada para agrupar folhas de estilo do projeto atual (mesmo que você não tenha novas folhas de estilo em seu projeto, é interessante manter esse arquivo, pois você pode precisar dele no futuro como um ponto de **extensão** do seu código). Observe o uso da tag {% static %}. Ela carrega um recurso do caminho de arquivos estáticos do projeto Django. Isso permite que, caso sua aplicação precise mudar de arquitetura de pastas no servidor, você só precise alterar a localização desses recursos no settings.py, sem mexer em uma linha de código do projeto.

Há duas **tags** novas nas linhas 13 e 14 da listagem: {% block **nome** %} e {% endblock **nome** %}. Elas funcionam como marcadores de posição: delimitam porções do seu

HTML que serão substituídas por conteúdo gerado pelo mecanismo de templates do Django. O nome do bloco é livre: utilizei conteudo porque facilita a identificação da finalidade desse trecho.

AVISO

Cuidado para não digitar "**conteÚdo**" no lugar de "**conteudo**" para o nome do bloco. Como regra, não é uma boa ideia usar caracteres acentuados ou cedilhas para nomes de identificadores.

Na linha 17, é carregada a biblioteca popper.js, usada para fornecer interatividade a alguns componentes do Bootstrap, como menus drop-down, por exemplo.

Nas linhas 16 e 18, a tag *script* carrega as bibliotecas *JQuery* e *Bootstrap* da pasta de recursos estáticos do projeto.

Agora, altere o código do seu index.html para que use o template criado, deixando-o como mostrado na Listagem 16.5.

```
{% extends "base.html" %}
{% block conteudo %}
  <h2>Início</h2>
  <p>Você está na página principal</p>
{% endblock conteudo %}
```

LISTAGEM 16.5: index.html usando herança de templates

A primeira linha desse arquivo informa ao mecanismo de templates que essa página herdará o layout ancestral, definido no arquivo base.html.

O trecho entre as tags *{% block %}* e *{% endblock %}* contém o HTML que será usado para substituir o bloco de mesmo nome no template ancestral (base.html).

O trecho entre as tags *{% block %}* e *{% endblock %}* contém o HTML que será usado para substituir o bloco de mesmo nome no template ancestral (base.html). Se você abrir a aplicação no browser, verá uma tela como a da Figura 16.2. Ainda não empolga ninguém, é verdade, mas perceba a economia de código gerada: a página inicial da aplicação, index.html, agora tem apenas cinco linhas de código!

FIGURA 16.2: index.html, usando o template

Melhorando a apresentação da página com o Bootstrap CSS

Tenho que admitir: a página principal do site, até aqui, não é nada atraente. A causa da "feiura" é que ela é composta, por ora, apenas por *estrutura*, e isso deve continuar assim, pois a *apresentação* da página será definida com outra tecnologia: as ***Cascading Style Sheets (CSS)***, ou ***Folhas de Estilo em Cascata***.

Criar o visual de um sistema inteiro com CSS puro não é uma tarefa das mais agradáveis, por isso tratei de incluir o ***Bootstrap*** entre as bibliotecas usadas no projeto. Com um pouco mais de código, você verá uma mudança radical na aparência da aplicação! As tags de estrutura que defini até aqui serão usadas como uma "marcação" para dizer ao Bootstrap onde ele deverá fazer sua "mágica".

Para usar todo o potencial do Bootstrap, falta conhecer dois atributos das tags HTML: *class* e *id*.

O atributo *class* permite atribuir uma ou mais *classes* a um elemento de uma página HTML. Com isso, você pode aplicar formatações com CSS ou validações com JavaScript a grupos de elementos, simultaneamente, apenas especificando a classe que será afetada e qual a formatação/validação desejada; além disso, um mesmo elemento pode pertencer a várias classes simultaneamente.

O atributo *id* fornece um *identificador único* para um elemento de uma página HTML. Ele é usado em formatações e validações direcionadas a um só elemento da página.

Incluindo trechos de página com {% include %}

Outro recurso que permite fazer seus template mais modulares é a tag *{% include %}*. Com ela, você pode definir fragmentos de páginas (ou *snippets*, se preferir) e incluí-los em diversas páginas para reaproveitar o trecho que eles representam. Por exemplo, vou usar *snippets* para criar uma barra de navegação e um rodapé para a página da loja virtual.

Para deixar tudo organizado, crie uma subpasta *snippets* dentro da pasta */prj_lojavirtual/templates/*. Digite nesta pasta os arquivos das Listagens 16.6 e 16.7. Preste atenção para salvar os arquivos com os nomes fornecidos entre parênteses nas legendas das listagens. O design que utilizei aqui vem de um exemplo da documentação do Bootstrap: o plugin *navbar*, que serve para criar barras de navegação. Essa é uma das grandes vantagens dessa biblioteca: você não precisa ser um designer para produzir layouts razoáveis.

O primeiro *snippet* é o da barra de navegação, mostrado na Listagem 16.6. Salve-o na pasta */prj_lojavirtual/templates/snippets/* com o nome de *barra_navegacao.html*.

```html
<nav class="navbar navbar-expand-lg navbar-light bg-primary">
    <a class="navbar-brand text-light" href="/">
        Loja Virtual
    </a>
    <button class="navbar-toggler"
        type="button"
        data-toggle="collapse"
        data-target="#navbarSupportedContent" >
        <span class="navbar-toggler-icon"></span>
    </button>
    <div class="collapse navbar-collapse" id="navbarSupportedContent">
        <ul class="navbar-nav mr-auto">
            <li class="nav-item">
                <a class="nav-link text-light" href="/">
                    Página Principal
                </a>
            </li>
            <li class="nav-item">
                <a class="nav-link text-light" href="/ajuda/">Ajuda</a>
            </li>
        </ul>
    </div>
</nav>
```

LISTAGEM 16.6: Fragmento de código que define a barra de navegação (barra_navegacao.html)

Aqui aparecem várias novidades, caso não conheça HTML 5:

- *<nav>*: Essa tag marca seu conteúdo como um conjunto de links de navegação. A linguagem HTML foi criada para definir a **estrutura** de um documento e não sua **formatação**, como algumas extensões criadas para ela parecem sugerir. Em particular, na Listagem 16.6, a tag *<nav>* serve para "dizer" que tudo que estiver contido nesse trecho deve ser tratado como links de navegação da página.
- *<a href>*: Cria um hiperlink (atalho) para o endereço mostrado no atributo href. O valor entre a tag de abertura e a de fechamento é o texto que aparecerá no link. No caso presente, o link aponta para "/", que é o equivalente a um endereço vazio, fazendo com que o mapeamento que defini em urls.py, na Listagem 16.2 redirecione qualquer clique para a página inicial da aplicação, **index.html**.
- *<div>*: Cria uma parte delimitada na página, que serve como um **container** para agrupar outros componentes.
- *<ul>*: Contração de **Unordered List** (lista não ordenada). Essa tag define uma lista de outros elementos da página, sem atribuir-lhes qualquer ordem. Como uma lista de compras, por exemplo. Todos os elementos da lista devem ser delimitados pela tag *<li>* (**List Item**).

Neste ponto, imagino os leitores que nunca usaram a linguagem HTML com grandes interrogações em suas mentes: "Por que você colocou essas marcações no código? Eu pensei que um mecanismo de templates **simplificaria** minha vida como desenvolvedor(a)..."

Coloquei essas marcações porque, além de bem estruturada, quero que a aplicação seja **visualmente agradável**.

Agora, crie o arquivo rodape.html na mesma pasta, conforme a Listagem 16.7.

```
<div class="navbar fixed-bottom bg-info">
    Projeto Exemplo do livro "Python e Django: Desenvolvimento Web
    Moderno e Ágil"
</div>
```

LISTAGEM 16.7: Rodapé da página (rodape.html)

E altere o template **base.html** para que fique como na Listagem 16.8.

```
{% load static %}
<!doctype html>
<html>
  <head>
    <!-- tags meta obrigatórias -->
    <meta charset="utf-8">
      <meta name="viewport" content="width=device-width,
initial-scale=1, shrink-to-fit=no">
```

```
        <link rel="stylesheet" href="{% static 'css/bootstrap.min.css'
%}" >
        <title> Loja Virtual </title>
    </head>
    <body>
        {% include 'snippets/barra_navegacao.html' %}
        {% block conteudo %}
        {% endblock conteudo %}
        {% include 'snippets/rodape.html' %}
        <script src="{% static 'js/jquery.min.js' %}"></script>
        <script src="{% static 'js/popper.min.js' %}"></script>
        <script src="{% static 'js/bootstrap.min.js' %}"></script>
    </body>
</html>
```

LISTAGEM 16.8: Template usando include para chamar snippets (base.html)

Observe como o código ficou mais limpo e modular. Se você seguiu todas as etapas até aqui, ao rodar o projeto, deverá visualizar a tela da Figura 16.3.

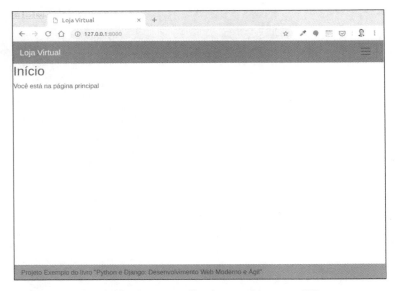

FIGURA 16.3: Tela do sistema, estilizada com Bootstrap CSS

Agora você enxerga a página com um belo tema azul e branco. Experimente redimensionar a tela, clicar nos atalhos, maximizar a janela do browser; você perceberá que tudo se ajusta, inclusive o botão de "ocultar/exibir menu" no alto à direita aparece e desaparece, de acordo com as medidas da janela. Tudo isso com apenas um "punhado" de classes CSS! E o melhor: a identidade visual do sistema está quase pronta. O layout ancestral, mostrado no esquema da Figura 16.3, está concluído. Se você já programou para a web com outras bibliotecas antes, sabe o quanto esta etapa seria trabalhosa e propensa a erros.

Criando um teste automatizado

Após concluir cada etapa do desenvolvimento, é necessário **testar exaustivamente** o projeto para certificar-se de que ele continua a atender aos requisitos e que nenhum defeito foi incluído com as modificações. Testes são uma parte inseparável da rotina de trabalho de um desenvolvedor e, se eles devem ser executados, melhor que sejam automatizados para que possam se repetir sempre que necessário.

É importante que o teste cubra **o máximo possível** do projeto (nem sempre se pode testar tudo) e que seja específico o suficiente para que você possa detectar **exatamente onde ocorreu um erro**, se houver um.

Há diversos tipos de testes que podem ser realizados sobre uma aplicação. Os principais são os **testes de unidade** (*unit tests*) e **testes de integração** (*integration tests*):

- **Testes de unidade**: São testes que verificam uma porção específica do seu código (um método, uma função, uma classe etc.).
- **Testes de integração**: São testes mais amplos, que checam aplicações inteiras e combinam diferentes trechos de código para confirmar se eles se comportam corretamente.

Como as páginas principal e de ajuda da aplicação não implementam nenhuma regra de negócios, o que pode ser testado é se elas retornam as informações que deveriam. Vou criar o que se denomina de "teste de caixa-preta": um teste para o qual não se conhece, antecipadamente, a estrutura interna do código que será testado.

O teste de caixa-preta deve verificar o **comportamento** da aplicação, por isso, a única coisa que posso testar neste ponto do desenvolvimento é a resposta gerada pelo protocolo HTTP — o protocolo das páginas da web. Criarei um teste que confirmará se:

- A página retorna um código de status HTTP 200, o que significa que a requisição foi processada sem erros pelo servidor.
- O template usado foi o base.html.
- A resposta contém a string "Loja Virtual".

No momento da criação do projeto, o Django gerou, na pasta main, que contém os arquivos de configuração, um arquivo de nome tests.py. Edite-o, deixando seu conteúdo como na Listagem 16.9.

```
1.  from django.test import TestCase
2.  class TestarPaginas(TestCase):
3.      def testar_se_pagina_principal_carrega_completamente(self):
4.          response = self.client.get("/")
5.          self.assertEqual(response.status_code, 200)
6.          self.assertTemplateUsed(response, 'base.html')
7.          self.assertContains(response, 'Controle de Estoque')
```

LISTAGEM 16.9: Testes unitários (tests.py)

Note que os testes são implementados por meio de uma classe, que herda de *django.test.TestCase*. As classes de teste devem implementar métodos, conhecidos como *casos de teste*, que verificam se a aplicação se comporta como deveria. Comentarei os trechos relevantes:

- Na linha 4, é declarado um método do caso de testes. Os nomes dos métodos da classe de testes devem iniciar com test (pois o framework foi desenvolvido originalmente para países onde se fala inglês). Como visto na Listagem 16.9, costumo usar testar_ como prefixo para tais métodos.
- Os nomes dos *arquivos* que contêm as suas classes de teste devem começar com o prefixo test. No caso atual, o arquivo padronizado, test.py, já atende a essa regra.
- Os métodos de teste devem receber um parâmetro *self*, que aponta para a biblioteca de testes do Django.
- Na linha 5, é chamado o método get(), do objeto *client*, da biblioteca de testes. Esse objeto simula um browser web, devolvendo ao programa uma resposta idêntica à que seria enviada se a aplicação estivesse rodando em um navegador. O método get() funciona como se o usuário tivesse digitado a URL da aplicação seguida do endereço passado. No exemplo da linha 5, ele testa o que o browser devolveria se o usuário digitasse http://127.0.0.1:8000/ na barra de endereços do navegador. Os métodos de qualquer subclasse de TestCase possuem acesso a um atributo *client*, que é um browser web simulado. Ele pode simular requisições **GET** e **POST**, que são os métodos mais usados do protocolo HTTP, e verificar a resposta retornada, conferir todos os redirecionamentos que a requisição sofreu e testar se a requisição foi realizada com um determinado template do Django.
- O núcleo desse teste está nas linhas de 6 a 8: os métodos *assert* comparam uma resposta recebida com outra esperada, falhando o teste quando elas são diferentes.
- Você pode ter percebido que eu usei "Controle de Estoque" como string de comparação na listagem, em vez de "Loja Virtual", que é o verdadeiro título da página em teste. Fiz isso propositalmente, para que você possa visualizar o que ocorre em caso de erro.
- Há vários padrões sugeridos para nomenclatura dos métodos de teste. Gosto de criar os nomes dos métodos usando *snake case* e com nomes longos e descritivos.

Para executar os testes, digite:

```
manage.py test
```

A Figura 16.4 mostra o resultado da execução desse teste.

```
Creating test database for alias 'default'...
System check identified no issues (0 silenced).
F
======================================================================
FAIL: testar_se_pagina_principal_carrega_completamente (main.tests.TestarPaginas
)
----------------------------------------------------------------------
Traceback (most recent call last):
  File "/mnt/dados/francisco/projetos_django/prj_lojavirtual/main/tests.py", lin
e 8, in testar_se_pagina_principal_carrega_completamente
    self.assertContains(response, 'Controle de Estoque')
  File "/home/francisco/anaconda3/lib/python3.6/site-packages/django/test/testca
ses.py", line 454, in assertContains
    self.assertTrue(real_count != 0, msg_prefix + "Couldn't find %s in response"
 % text_repr)
AssertionError: False is not true : Couldn't find 'Controle de Estoque' in respo
nse

----------------------------------------------------------------------
Ran 1 test in 0.010s

FAILED (failures=1)
Destroying test database for alias 'default'...
(base) francisco@Obi-Wan:/mnt/dados/francisco/projetos_django/prj_lojavirtual$
```

FIGURA 16.4: Resultado da execução do teste

Perceba que a mensagem informa qual método da classe de testes falhou (testar_se_pagina_principal_carrega_completamente) e mostra a linha que causou o erro, bem como uma mensagem descritiva: *"AssertionError: False is not true : Couldn't find 'Controle de Estoque' in response"*. Pela mensagem, você pode perceber que era esperada, na página, a string "Controle de Estoque", que não foi encontrada. Corrija o seu teste, mudando a string para "Loja Virtual", como está no template, e execute o teste outra vez. Como mostra a Figura 16.5, desta vez o resultado está correto.

```
(base) francisco@Obi-Wan:/mnt/dados/francisco/projetos_django/prj_lojavirtual$ .
/manage.py test
Creating test database for alias 'default'...
System check identified no issues (0 silenced).
.
----------------------------------------------------------------------
Ran 1 test in 0.009s

OK
Destroying test database for alias 'default'...
(base) francisco@Obi-Wan:/mnt/dados/francisco/projetos_django/prj_lojavirtual$
```

FIGURA 16.5: Teste executado com sucesso

No seu cotidiano como desenvolvedor, você realizará muitas vezes (assim espero!) esse ciclo de testes, correções e novos testes. E isso é uma boa coisa, pois produz códigos mais confiáveis.

Criando a página de ajuda

Usando o recurso de herança de templates, a elaboração da página de ajuda será muito simples: crie um novo arquivo na pasta /prj_lojavirtual/templates/ com o conteúdo da Listagem 16.10.

```
{% extends "base.html" %}
{% block conteudo %}
    <h2>Ajuda</h2>
    <h3> Loja Virtual</h3>
    <p>Sistema de loja virtual</p>
    <p>Parte integrante do livro "Desenvolvimento web ágil com Python
       e Django".</p>
{% endblock conteudo %}
```

LISTAGEM 16.10: Página de ajuda do sistema (ajuda.html)

Agora, edite o arquivo urls.py para incluir um mapeamento para a página de ajuda, deixando-o como na Listagem 16.11.

```
from django.contrib import admin
from django.urls import path
from django.views.generic import TemplateView

urlpatterns = [
    path('admin/', admin.site.urls, name='admin'),
    path('ajuda/', TemplateView.as_view
        (template_name='ajuda.html'), name='ajuda'),
    path('', TemplateView.as_view
        (template_name='index.html'), name='index'),
]
```

LISTAGEM 16.11: urls.py com o mapeamento da nova página de ajuda (urls.py)

Rode o programa novamente e clique no link "Ajuda" na tela inicial. Surgirá a tela da Figura 16.6.

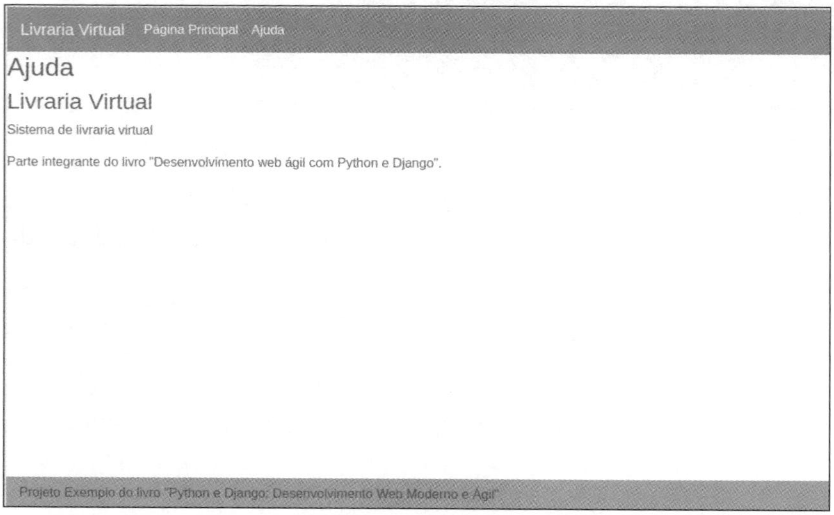

FIGURA 16.6: Página de ajuda do sistema

Refatorando os testes e testando a página de ajuda

Lembra que atribuí um valor à propriedade *name* das URLs listadas no arquivo urls. py e expliquei que isso permitia uma maior flexibilidade ao trabalhar com tais URLs? Pois bem: usarei os nomes atribuídos para criar casos de teste melhores. Aproveitarei, ainda, para testar a página de ajuda. As mudanças são mostradas na Listagem 16.12.

```
from django.test import TestCase
from django.urls import reverse

class TestarPaginas(TestCase):
    def testar_se_pagina_principal_carrega_completamente(self):
        response = self.client.get(reverse("index"))
        self.assertEqual(response.status_code, 200)
        self.assertTemplateUsed(response, 'base.html')
        self.assertContains(response, 'Loja Virtual')

    def testar_se_pagina_ajuda_carrega_completamente(self):
        response = self.client.get(reverse("ajuda"))
        self.assertEqual(response.status_code, 200)
        self.assertTemplateUsed(response, 'base.html')
        self.assertContains(response, '<h2>Ajuda</h2>')
```

LISTAGEM 16.12: Testes unitários refatorados (tests.py)

Foi adicionado um novo método de teste, `testar_se_pagina_ajuda_carrega_completamente()`, usado para testar a página de ajuda, e, no lugar das URLs que estavam explicitamente declaradas no programa de testes, usei a função `reverse()`, que foi importada na segunda linha da listagem, recebe como argumento uma constante e retorna a URL que contém essa constante na propriedade *name*, no arquivo *urls.py*. O restante do código do método é autoexplicativo. Execute o teste e, ao final, você deverá receber uma mensagem de OK, informando que os testes passaram.

Criar os testes antes ou depois do código que será testado?

Uma discussão frequente entre os desenvolvedores que usam casos de teste é se os testes devem ser escritos *antes* ou *depois* do código que eles testarão. Uma abordagem que está se tornando muito popular é o chamado **TDD *(Test Driven Development*, ou *Desenvolvimento Dirigido por Testes)***. No TDD, *antes de escrever qualquer código*, você deve escrever um teste para a funcionalidade que será implementada. Ao executar o código pela primeira vez, ele falhará (pois a funcionalidade que deveria testar ainda não existe). Então, o desenvolvedor deverá:

1. Escrever o código que atenda ao teste, fazendo-o passar.
2. Refatorar o código escrito, melhorando sua qualidade.
3. Testar outra vez.

Esses ciclos de testes devem ser automatizados e realizados periodicamente durante o desenvolvimento de qualquer software.

Particularmente, gosto da ideia de que existam testes automatizados para toda a aplicação, mas penso que escrever o teste **antes do código** não é a melhor ideia, pois você ainda não tem certeza de quais funcionalidades existirão. Essa é uma opinião *pessoal*. Fique à vontade para discordar.

A estrutura de um Form

Como receber dados por meio de formulários é uma tarefa muito comum em aplicações web, Django possui um pacote que reúne classes específicas para essa tarefa: o pacote *forms*. Essas classes permitem definir funcionalidades de formulários, validar dados antes de passá-los aos modelos, que representam a camada de regras de negócio do *framework*.

Recebendo dados de uma página web

Para que sua aplicação receba dados digitados pelo usuário em uma página web, são necessários três "ingredientes":

- A página web em que os dados serão digitados, chamada de *template*.
- Um objeto de uma classe que herde de *forms.Form*, para encapsular os dados. A classe desse objeto é mostrada na próxima seção, na Listagem 16.13.
- Uma *view*, para tratar a requisição e devolver respostas, se necessário.

Os formulários utilizam objetos do tipo *django.forms.fields.Field* para representar os campos que serão exibidos na tela. Cada um desses objetos será *renderizado* como um controle em um formulário HTML. A Tabela 16.1 resume os tipos que utilizo com mais frequência:

TABELA 16.1: Controles para formulários

Controle	Descrição
BooleanField	Representa um campo booleano. É renderizado como um checkbox.
CharField	Recebe uma string. É mostrado como uma caixa de texto.
ChoiceField	Permite selecionar um valor entre um conjunto de opções.
DecimalField	Recebe valores reais (ou de *ponto flutuante*, se preferir).
EmailField	Recebe endereços de e-mail. Não permite valores que não possam ser usados para endereços de e-mail.
FileField	Permite selecionar arquivos para armazenar na aplicação.
ImageField	Semelhante ao FileField, mas só recebe arquivos de imagens.
IntegerField	Recebe valores inteiros.

Formulários e Templates

Como todos os outros objetos, esses também possuem propriedades e métodos específicos de suas classes. Para este capítulo, são relevantes as propriedades da Tabela 16.2 e os métodos da Tabela 16.3 (existem muitos outros, que podem ser consultados na documentação do framework).

TABELA 16.2: Algumas propriedades dos controles para formulários

Controle	Descrição
help_text	Um texto de ajuda que pode ser exibido para descrever a finalidade do controle.
label	Um nome descritivo para o controle.
required	Um booleano, que indica se o controle será de preenchimento obrigatório (True) ou não (False).
widget	Qual o tipo de controle (chamado de *widget*) que será usado para *renderizar*[1] o campo. Alguns tipos de campo, como, por exemplo, *CharField*, podem ser exibidos por controles diferentes (por exemplo, uma caixa de texto simples para receber uma string curta, ou um bloco maior para a entrada de um texto longo).

TABELA 16.3: Alguns métodos dos controles para formulários

Controle	Descrição
clean_nome_do_campo()	Permite especificar validações personalizadas *para um só campo*. Por exemplo, para verificar se um CPF fornecido tem um dígito verificador válido, você poderia declarar um método clean_cpf() em seu formulário. Ainda neste capítulo, mostrarei outra forma de criar um validador personalizado para números de CPF.
clean()	No lugar de validar um campo isoladamente, às vezes você precisará realizar validações que se baseiam no conteúdo de mais de um campo (por exemplo, em um formulário de alteração de senha, você precisaria confirmar se a nova senha e sua confirmação são iguais). O local para fazê-lo é no método clean().

AVISO

Como o Django pode usar **vários mecanismos de template**, não existe garantia de que os controles citados na Tabela 16.1 serão **sempre** renderizados como citado. As utilizações relatadas referem-se à **configuração padrão** do framework.

---

[1] *Renderizar* é um neologismo muito usado em programação web, que significa exibir o resultado. Vem do inglês *render*.

Para demonstrar o processo, implementarei o formulário "Fale conosco" da loja virtual.

Criando a tela "Fale conosco"

O formulário *Fale conosco* servirá para que os clientes enviem e-mails para a loja virtual. Para essa tela, primeiro vou criar um objeto formulário, que chamarei de **FaleConoscoForm**, dentro de *prj_lojavirtual/main/forms.py*.

Django não determina nenhum local específico para o arquivo forms.py, por isso vou criá-lo na pasta */prj_lojavirtual/main*, que também contém os arquivos do modelo do projeto. Nesse arquivo, primeiro será preciso importar o pacote **forms**. Em seguida, você deve criar uma **classe** que herde de **forms.Form**, a classe ancestral de todos os formulários Django. Dentro dessa classe, são definidos os **atributos do formulário**, responsáveis por armazenar, na memória principal, os dados que forem digitados no template da interface com o usuário. A Listagem 16.13 mostra o código que deve ser digitado em */prj_lojavirtual/main/forms.py*.

```python
from django import forms

class FormFaleConosco(forms.Form):
    nome = forms.CharField(required=True)
    email_origem = forms.EmailField(required=True, label = 'Entre com seu e-mail:')
    mensagem = forms.CharField(required=True)
```

LISTAGEM 16.13: Criando um formulário para receber mensagens dos usuários (forms.py)

No formulário definido na Listagem 16.13, foram criados três atributos, que correspondem aos campos do formulário na tela. Cada atributo possui características implícitas, como, por exemplo, se o seu preenchimento é obrigatório, se possui uma mensagem associada para o usuário etc. Na listagem, defini um campo do tipo **EmailField**, que serve para receber endereços de e-mail, como citado na Tabela 16.1.

Criando um template para envio de mensagens

O template que receberá as mensagens deve ter um formato semelhante ao mostrado na Listagem 16.14 (a legenda do botão *submit* pode ser qualquer coisa que você quiser — no exemplo, coloquei "Enviar formulário").

```html
<form method='POST'>
  <!-- Crie seu template aqui -->
  {% csrf_token %}
  <input type="submit" value="Enviar formulário">
</form>
```

LISTAGEM 16.14: Template mínimo para entrada de dados com o Django

O formulário definido na Listagem 16.14 começa com uma tag <form> do HTML padrão; o atributo method mostrado especifica qual método do protocolo HTTP será usado na chamada. Existem vários métodos nesse protocolo, porém, os mais usados são:

- **GET**: Usado para realizar, principalmente, consultas. É possível, dependendo da arquitetura da aplicação, realizar envio de dados para o servidor com esse método, mas não é recomendável, pois os dados ficam visíveis na URL.
- **POST**: Costuma ser utilizado para enviar informações ao servidor.

Se nada for especificado, a requisição será enviada para o mesmo endereço do qual a página foi obtida; se quiser que a resposta vá para outro endereço, altere a tag <form> acrescentando o atributo action: <form method='POST' action='**/url_para_envio/**' >

Nesse caso, **/url_para_envio/** é o caminho para o qual a resposta será encaminhada.

A tag {% csrf_token %}, na segunda linha, é fornecida pela DTL para proteger suas páginas contra ataques de **Cross-Site Request Forgery**. Basicamente, trata-se de um mecanismo de segurança para proteger seu software contra **um tipo** comum de ataque. Simplesmente coloque-a lá e esqueça.

O local que marquei com o comentário HTML <!-- Crie seu template aqui -->, é onde você deve criar os componentes que serão visualizados pelo usuário.

A tag <input type="submit" value="Enviar formulário"> serve para criar um botão **Submit**, usado para enviar os dados do formulário para o servidor. O atributo **value** especifica o título do botão. Mas um formulário vazio, apenas com um botão, não serve de muita coisa. Vou agora mostrar como criar o restante do formulário de envio de mensagens para a tela "Fale conosco" da loja virtual.

Altere o código da Listagem 16.14 para que fique como na Listagem 16.15 e salve-o como **fale_conosco.html** na pasta **/prj_lojavirtual/templates/**.

```
1.  {% extends "base.html" %}
2.  {% block conteudo %}
3.    <h2>Fale conosco</h2>
4.    <p>Envie-nos uma mensagem, que teremos todo o prazer em atendê-lo(a).</p>
5.    <form method="POST">
6.      {% csrf_token %}
7.      {{ form }}
8.      <button type="submit" class="btn btn-primary">Enviar</button>
9.    </form>
10. {% endblock conteudo %}
```

LISTAGEM 16.15: Template com um formulário de entrada de dados

A linha 1 usa a **herança de templates**, apresentada no Capítulo 14, para aproveitar o layout ancestral já criado, de forma que só preciso definir o código que substituirá as tags {block}/{endblock} no layout ancestral.

Nas linhas de 5 a 9 é definido um *formulário HTML*, por meio de uma tag *<form>* do HTML padrão, usada para especificar formulários de entrada de dados. Ela possui um atributo, *meta*, que informa o método do protocolo HTTP que será usado para enviar as informações; no exemplo, o método POST.

A linha 6 traz uma tag do Django, *{% csrf_token %}*, usada internamente, para proteger a aplicação contra-ataques de CSRF.

Na linha 7, há mais uma tag do Django, {{ form }}.

Coloquei, ainda, duas classes CSS do Bootstrap, btn e btn-primary, para melhorar a aparência da página.

Como você deve lembrar, é necessário criar um mapeamento para a URL que chamará a página "Fale conosco". Altere o arquivo urls.py do projeto para que fique como na Listagem 16.16:

```
from django.contrib import admin
from django.urls import path
from django.views.generic import TemplateView
from main import views

urlpatterns = [
    path('admin/', admin.site.urls),
        path('ajuda/',  TemplateView.as_view(template_name='ajuda.html'), name='ajuda'),
    path('fale-conosco/',
        TemplateView.as_view(template_name='fale_conosco.html'),
        name="fale_conosco"),
    path('', TemplateView.as_view(template_name='index.html'), name='index'),
]
```

LISTAGEM 16.16: Urls.py com a tela "Fale conosco" mapeada

Rode a sua aplicação agora , acesse http://127.0.0.1:8000/fale-conosco/ e... surpresa! O formulário está vazio, como mostra a Figura 16.7.

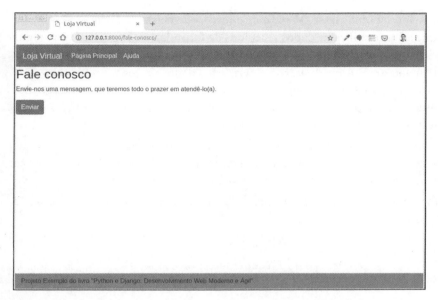

FIGURA 16.7: Tela "Fale conosco" sem os campos de entrada de dados

A causa do "erro" é que usei um objeto da classe TemplateView para renderizar a página. Esse objeto não tem a capacidade de tratar submissões de formulários, apenas de exibir respostas, logo, é preciso alterar o urls.py e usar outra classe de view que possa manipular a submissão de um formulário de entrada de dados. Para essa tarefa, usarei a classe *FormView*.

Recebendo dados com uma FormView

Para que sua aplicação receba dados digitados pelo usuário em um formulário, é preciso existir uma *view* mapeada para o URL de destino do seu formulário no *template*. A Listagem 16.17 mostra o código do arquivo views.py com essa view definida.

```
1. from django.views.generic.edit import FormView
2. from main import forms
3. class ViewFaleConosco(FormView):
4.     template_name = "fale_conosco.html"
5.     form_class = forms.FormFaleConosco
6.     success_url = "/"
```

LISTAGEM 16.17: View para receber uma requisição de um formulário (views.py)

O código da Listagem 16.17 começa importando a classe *FormView*, na linha 1.

Na linha 2, importa as classes contidas em *forms.py*, na aplicação *main*.

Na linha 4, criei uma classe, **ViewFaleConosco**, que herda de **FormView**, a classe ancestral que sabe como tratar dados recebidos de formulários. Essa classe tem algumas propriedades interessantes: na Listagem 16.17, usei *template_name*, que especifica qual template será utilizado para renderizar os dados do form; *form_class*, que define qual a classe do formulário que a view instanciará para conter os dados; e *success_url*, usada para especificar uma URL para onde a requisição será redirecionada, se não houver nenhuma exceção durante seu processamento.

É possível, ainda, sobrescrever um método da classe ancestral, `form_valid()`, que será chamado se os dados do formulário passarem pelas validações da view (a seção "Validando dados em uma view" mostra como fazer essa validação).

Finalmente, é preciso **mapear a nova view no arquivo urls.py**, como mostra a Listagem 16.18.

```
from django.contrib import admin
from django.urls import path
from django.views.generic import TemplateView
from main import views

urlpatterns = [
    path('admin/', admin.site.urls, name="admin"),
    path('ajuda/', TemplateView.as_view(template_name='ajuda.html'), name="ajuda"),
    path('fale-conosco/', views.ViewFaleConosco.as_view(), name="fale_conosco"),
    path('', TemplateView.as_view(template_name='main.html'), name="main"),
]
```

LISTAGEM 16.18: Mapeando a nova view *(urls.py)*

As partes alteradas foram destacadas em **negrito**.

Validando dados em uma view

Você pode validar dados digitados pelo usuário em um formulário, por meio de uma *view* mapeada para o URL de destino do seu formulário no *template*. A Listagem 16.8 mostra um exemplo de código para uma view assim.

AVISO

Não incluirei o código da Listagem 16.19 no projeto final, pois mostrarei uma maneira melhor de realizar essa validação, por meio do método `form_valid()`.

```
1. from django.shortcuts import render
2. from django.http import HttpResponseRedirect
3. from .forms import FormFaleConosco
4.
5. def contactar(request):
```

Formulários e Templates

```
6.          if request.method == 'POST':
7.              # POST, instancia um objeto da classe ContactForm,
8.              # populado com os dados recebidos do template
9.              formulario = FormFaleConosco(request.POST)
10.             # Validação dos dados:
11.             if formulario.is_valid():
12.                 # Chamar métodos de negócio da aplicação aqui
13.                 # Redirecionar a resposta para outra URL:
14.                 return
15.                 HttpResponseRedirect('/resultado/contato/resposta')
16.         else:
17.             # GET, retorna formulário vazio
18.             form = FormFaleConosco()
19.     return render(request,'sobre/contato.html',
20.     {'formulario':formulario})
```

LISTAGEM 16.19: View mínima para receber uma requisição de um formulário

As linhas de 1 a 3 apenas importam módulos e pacotes. Observe a maneira como importei o arquivo forms.py do nosso projeto na linha 3. Você encontrará esse tipo de código em muitos locais.

Na linha 6, testei se o método HTTP usado na chamada foi POST; em caso positivo, na linha 8 crio um objeto da classe ***FormFaleConosco*** para receber as informações digitadas pelo usuário. Observe que o construtor da classe recebe como parâmetro a requisição (FormFaleConosco(request.***POST***)). Esse tipo de inicialização faz com que o objeto FormFaleConosco criado seja populado com os dados recebidos do template, ou seja, ao final, o objeto ***formulario*** conterá uma instância de ***FormFaleConosco*** contendo os dados que o usuário digitou.

Conforme citado, uma forma mais interessante de realizar validações de um objeto form em uma view é implementando um método de nome `form_valid()`, que recebe como parâmetro o formulário a ser validado. Esse método é um ***Mixin***.

DICA

Mixin é o nome dado um caso particular de herança múltipla. É uma classe que disponibiliza métodos para serem herdados por outras classes, implementando alguma funcionalidade limitada e autocontida.

O código do arquivo views.py com o mixin ficará como na Listagem 16.20.

```
from django.views.generic.edit import FormView
from main import forms

class ViewFaleConosco(FormView):
    template_name = "fale_conosco.html"
    form_class = forms.FormFaleConosco
    success_url = "/"
```

```
def form_valid(self, form):
    form.enviar_mensagem_por_email()
    return super().form_valid(form)
```

LISTAGEM 16.20: Código do views.py usando o Mixin form _ valid()

Inicializando um objeto *Form*

Ao solicitar uma página que está associada a um objeto Form do Django, o browser do usuário faz uma requisição HTTP GET e recebe em retorno um formulário HTML sem informações; porém, associado a esse formulário, há um objeto Form que pode ter algumas informações pré-carregadas. Há duas maneiras de realizar essa operação:

1. Passar um dicionário contendo os valores iniciais do objeto Form, por meio do parâmetro *initial* do construtor, por exemplo, substituindo a linha 9 do código na Listagem 16.13 por:

   ```
   formulario = FormFaleConosco(initial = {'nome':'Fulano de Tal',
                                'email_origem':'fulano@algumlugar.com',
                                'fone': '(00)3555-1234'})
   ```

2. Os objetos dos campos também possuem a propriedade *initial*, que, nesse caso, recebe *só um valor*. Assim, a inicialização seria realizada na classe descendente de *Form* e não na *view*. Essa abordagem permite inicializar cada campo separadamente. Por exemplo, o código da Listagem 16.13 poderia ser reescrito como na Listagem 16.21:

   ```
   from django import forms

   class FormFaleConosco(forms.Form):
       nome = forms.CharField(required=True, initial='Seu nome aqui')
       email_origem = forms.EmailField(label = 'Entre com seu e-mail.',
                        initial='seu e-mail aqui')
       mensagem = forms.CharField(required=True)
   ```

LISTAGEM 16.21: Criando um formulário e inicializando os valores dos campos (forms.py)

Após todas essas alterações, você pode (finalmente) visualizar o formulário "Fale conosco", como mostrado na Figura 16.8.

Formulários e Templates

FIGURA 16.8: Tela "Fale conosco" exibindo os campos do formulário

Perceba que, pelo simples fato de colocar a tag *{{form}}* em seu template, o Django exibiu todos os campos do formulário automaticamente. Mas ainda há alguns ajustes que eu gostaria de fazer na *interface com o usuário*:

1. Colocar os campos em alinhamento vertical.
2. Aumentar o controle usado para receber a mensagem.

O item 1 pode ser realizado com uma simples chamada de método da classe *Form* do Django. Altere o seu arquivo */prj_lojavirtual/templates/fale_conosco.html* para que fique como na Listagem 16.22.

```
1.  {% extends "base.html" %}
2.  {% block conteudo %}
3.    <h2>Fale conosco</h2>
4.    <p>Envie-nos uma mensagem, que teremos todo o prazer em
      atendê-lo(a). </p>
5.    <form method="POST">
6.      {% csrf_token %}
7.      {{ form.as_p }}
8.      <button type="submit" class="btn btn-primary">Enviar</button>
9.    </form>
10. {% endblock conteudo %}
```

LISTAGEM 16.22: Template com um formulário de entrada de dados

A única mudança em relação à Listagem 16.4 está na linha 7: a propriedade *as_p* faz com que o formulário seja renderizado com várias tags <p> (parágrafo) do HTML; outra opção disponível é chamar *form.as_ul*, que exibiria os campos do formulário como uma lista não ordenada (tag <*ul*>).

Para aumentar o controle de texto da mensagem (item 2 da lista), usarei outra propriedade do objeto Form: *widget*. Essa propriedade permite definir qual o *tipo do controle* que será usado para renderizar um componente do formulário. Edite o forms.py, deixando-o como na Listagem 16.23.

```
from django import forms

class FormFaleConosco(forms.Form):
    nome = forms.CharField(required=True, initial='Seu nome aqui')
    email_origem = forms.EmailField(label = 'Entre com seu e-mail.')
    mensagem = forms.CharField(required=True, widget=forms.Textarea)
```

LISTAGEM 16.23: Forms.py alterado para usar um widget "Textarea".

A Figura 16.9 mostra a aplicação, refletindo o resultado dessas alterações.

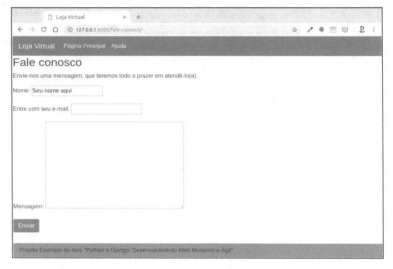

FIGURA 16.9: Tela "Fale conosco" com um controle TextArea e alinhada como parágrafo

O formulário ficou bem mais atraente, concorda?

DICA

Existem muitos tipos diferentes de controles para renderizar componentes em formulários na *Django Template Language*. Uma referência completa pode ser consultada em https://docs.djangoproject.com/en/2.2/ref/forms/fields/#built-in-field-classes.

Acessando valores de um objeto Form

Para serem úteis, os métodos das suas views devem receber valores provenientes dos formulários. Apesar de ser possível lê-los um a um, é mais eficiente receber um objeto

Form com os valores preenchidos pelo usuário na tela. Para obter os valores digitados, você pode:

1. Usar o método `get()` da requisição:

```
if request.method == 'POST':
    meu_campo = request.POST.get('meu_campo')
```

2. Usar o objeto form da requisição:

```
formulario = FormFaleConosco(request.POST)
nome = formulario['nome'].value()    # Primeira forma, acessando por
                                     # chave
nome = formulario.data['nome']       # Segunda forma, por chave
```

3. Usar o objeto form após validado:

```
if formulario.is_valid():
    nome = formulario.cleaned_data['nome']   # Primeira forma
    nome = formulario.instance.nome          # Segunda forma
```

LISTAGEM 16.24: Lendo valores digitados em um template a partir de uma view

Como você pode perceber, há várias maneiras de ler o valor de um campo de formulário. Chamo atenção para a linha:

```
if formulario.is_valid():
```

Esse código dispara a ***validação*** dos dados do formulário, assunto da próxima seção. As propriedades ***instance*** e ***cleaned_data*** do objeto Form só estarão disponíveis ***após ocorrer a validação*** (por isso o if na Listagem 16.24).

Validando dados no Form

Após "empacotar" os dados preenchidos pelo usuário em um template HTML para um objeto Form, você deve validar esse objeto para conferir se nenhuma restrição definida nos campos do Form foi violada. Por exemplo, na classe FormFaleConosco, da Listagem 16.23, defini que nome, email_origem e mensagem são informações ***obrigatórias*** (required=True); então, se o usuário clicar no botão Submit do template para enviar esses dados à view, o método `is_valid()` do objeto form retornará False, indicando que alguma validação não foi satisfeita; nesse caso, verifique a coleção ***errors*** do objeto ***form***: ela conterá as mensagens de erro relativas às regras violadas.

DICA

Sempre que ***receber dados por meio de um objeto form***, ***preenchido a partir de um template***, e que ***possua regras de validação***, teste se os dados recebidos não violam nenhuma regra, como mostrado na Listagem 16.25.

Em muitos tutoriais, você encontrará na view que recebe os dados, código parecido com:

```
if request.method == 'POST':
    form = DadosFormulario(request.POST)
    if form.is_valid():
        # Validação passou. Faça alguma coisa com os dados
    else:
        erros = form.errors
        for erro in erros:
            fazer_algo_com_erro(erro)
```

LISTAGEM 16.25: Snippet (trecho de código) que demonstra validação de dados

Validadores personalizados

Às vezes você precisa realizar uma validação mais elaborada que aquelas oferecidas pelos validadores padronizados do Django, como, por exemplo, verificar se o dígito verificador de um CPF é válido ou testar uma informação contra um valor armazenado em um banco de dados. Para isso, o Django nos oferece a possibilidade de definir validadores personalizados.

Um validador é, simplesmente, um método que pode levantar uma exceção da classe forms.ValidationError. Na Listagem 16.26, adicionei um campo *cpf* ao form da Listagem 16.23 com um validador personalizado para esse campo. Observe que, *no projeto exemplo*, a tela de contato *não possuirá esse campo*. Coloquei-o aqui apenas para demonstrar o conceito de validador personalizado.

```
from django import forms

def validar_cpf(cpf):
    resultado = False
    lista1 = [10, 9, 8, 7, 6, 5, 4, 3, 2]
    lista2 = [11, 10, 9, 8, 7, 6, 5, 4, 3, 2]
    soma1 = 0
    soma2 = 0
    if cpf not in ('00000000000', '11111111111', '22222222222',
                    '33333333333', '44444444444', '55555555555',
                    '66666666666', '77777777777', '88888888888',
                    '99999999999'):
        for i in range(9):
            soma1 += (int(cpf[i]) * lista1[i])
        digito1 = (soma1*10)/11
        resto1 = (soma1*10)%11
        for i in range(10):
            soma2 += (int(cpf[i]) * lista2[i])
        digito2 = (soma2*10)/11
        resto2 = (soma2*10)%11
        if resto1 == 10:
```

```
                resto1 = 0
        if resto2 == 10:
            resto2 = 0
        if (resto1 == int(cpf[9])) and (resto2 == int(cpf[10])):
            resultado = True
    if resultado == False:
        raise forms.ValidationError('CPF inválido.')

class FormFaleConosco(forms.Form):
    nome = forms.CharField(required=True, initial='Seu nome aqui')
    email_origem = forms.EmailField(label = 'Entre com seu e-mail.',
                initial='seu e-mail aqui')
    cpf = forms.CharField(required=True, max_length=11,
                    initial='Seu CPF, sem pontos ou traços, aqui',
                        validators = [validar_cpf])
    mensagem = forms.CharField(required=True)
```

LISTAGEM 16.26: Formulário com validador personalizado

A função `validar_cpf()` é passada para o objeto CharField dentro de uma lista, atribuída ao parâmetro *validators*. Observe que o parâmetro está no plural e recebe uma coleção, portanto, você pode passar mais de um validador para o mesmo campo.

Enviando e-mails pelo Django

Para concluir a tela *Fale conosco* falta apenas uma maneira e de receber e armazenar as mensagens enviadas. Para isso, há diversas possibilidades: você poderia salvar as mensagens em uma tabela do banco de dados, enviá-las para um sistema de chat interno etc. Escolhi uma opção de fácil implementação e que permite demonstrar mais uma capacidade do Django: enviar e-mails. Para isso, a primeira providência que tomarei será incluir mais uma constante no arquivo settings.py *do projeto*, que servirá para especificar o *endereço de e-mail* para o qual sua aplicação mandará as mensagens. Simplesmente acrescente ao arquivo citado a linha:

```
EMAIL_FALE_CONOSCO = 'seu_endereco_email@seudominio.com.br'
```

substituindo o endereço pelo que você usará. Em seguida, edite o código do seu forms.py, adicionando à classe *FormFaleConosco*, o método `enviar_mensagem_por_email()`.

Para essa técnica funcionar, você precisará, ainda:

1. Importar o módulo de funções de e-mails do Django e a constante EMAIL_FALE_CONOSCO do settings.py.
2. Configurar um *e-mail backend* no settings.py. Essa configuração especifica uma classe que será usada para gerenciar e-mails da aplicação. Para o projeto Loja Virtual, adicione ao settings.py a linha:

```
EMAIL_BACKEND = 'django.core.mail.backends.console.EmailBackend'
```

que fará o Django mostrar no console o resultado do envio de e-mails, em vez de mandá-los de verdade; isso poupa o trabalho de configurar um servidor SMTP local para o projeto atual. Em uma aplicação que precise *realmente* enviar e-mails, siga os procedimentos mostrados no próximo quadro "Dica".

3. Criar um método na classe FormFaleConosco que realize a chamada à função de envio de e-mails do Django. Esse método é mostrado na Listagem 16.27.

```
1.  from django import forms
2.  from django.core.mail import send_mail
3.  from lojavirtual import settings
4.  class FormFaleConosco(forms.Form):
5.      nome = forms.CharField(required=True,
6.                              initial='Seu nome aqui')
7.      email_origem = forms.EmailField(label =
8.                              'Entre com seu e-mail')
9.      mensagem = forms.CharField(required=True,
10.                             widget=forms.Textarea)
11.
12.     def enviar_mensagem_por_email(self):
13.         send_mail('FALE CONOSCO: Mensagem recebida.',
14.                     self.data['mensagem'],
15.                      self.data['email_origem'],
16.                     [settings.EMAIL_FALE_CONOSCO],
17.                     fail_silently=False)
```

LISTAGEM 16.27: Arquivo forms.py mostrando a função para envio de e-mails

As partes relevantes são:

- Na linha 2, a função `django.core.mail.send _ mail()` é importada.
- Na linha 3, é importado arquivo settings.py *do projeto*.
- Nas linhas de 14 a 18 é realizado o envio do e-mail. Cada linha exibe um parâmetro da função `send_mail()`:

  - Na linha 14, o primeiro parâmetro é o assunto (*subject*) da mensagem.
  - Na linha 15 é definido o corpo (texto) do e-mail.
  - Na linha 16, o e-mail de origem da mensagem.

- Na linha 17 é passada uma lista que deve conter os e-mails dos destinatários. No exemplo, há apenas um e-mail, que é definido pela constante EMAIL_FALE_CONOSCO do arquivo settings.py.
- O último parâmetro mostrado especifica se, em caso de falha, deve ser levantada uma exceção ou não. No exemplo, fail_silently=False faz com que erros sejam mostrados.

Ao rodar a aplicação e enviar uma mensagem, se você conferir seu console, verá algo parecido com:

```
Content-Type: text/plain; charset="utf-8"
MIME-Version: 1.0
Content-Transfer-Encoding: 7bit
Subject: FALE CONOSCO: Mensagem recebida.
From: francisco@teste.com
To: francisco.maciel.testes@teste.com
Date: Mon, 15 Jul 2019 01:32:18 -0000
Message-ID: <156315433845.16075.5031362758502400462@Obi-Wan>

dshflsdfjsdiljf
```

DICA

Enviando e-mails "de verdade"
Para, de fato, enviar os e-mails a partir de sua aplicação Django, basta seguir os passos mostrados até aqui e realizar um pequeno ajuste no settings.py do seu projeto. Adicione os seguintes parâmetros ao arquivo:
EMAIL_HOST = 'seu.servidor.smtp'
EMAIL_PORT = 123
EMAIL_HOST_USER = 'nome_usuario'
EMAIL_HOST_PASSWORD = 'senha'
EMAIL_USE_TLS = True
Substitua os valores mostrados pelos do seu servidor, porta, usuário e senha.
Por questões de segurança, em um ambiente de produção, não coloque informações como login e senha em locais públicos. Uma opção interessante para isso é usar a biblioteca Python Decouple (https://pypi.org/project/python-decouple/). Seu uso não faz parte do escopo deste livro, porém, a documentação da mesma é simples de acompanhar.

Testando o método de envio de e-mails

Continuando a abordagem de testar as partes da aplicação enquanto são criadas, elaborarei um teste para o método `enviar_mensagem_por_email()`. Mas antes, para manter o projeto organizado, vou separar os testes em arquivos diferentes, de acordo com o que eles testam. Dessa forma, crie uma pasta /prj_lojavirtual/main/testes/ para agrupar os testes da aplicação. Para transformá-la em um **pacote do Python**, crie um arquivo __init__.py sem conteúdo na mesma pasta.

Em seguida, *mova* o arquivo tests.py da pasta /prj_lojavirtual/main/ para /prj_lojavirtual/main/testes/ e *renomeie-o* para ***testes_das_views.py***.

Na mesma pasta, crie um arquivo chamado ***testes_dos_forms.py***. Seu conteúdo é exibido na Listagem 16.28.

```python
from django.test import TestCase
from django.core import mail
from main import forms

class TestarForms(TestCase):

    def testar_formulario_fale_conosco_corretamente_preenchido(self):
        formulario = forms.FormFaleConosco(
            {
                'nome':'Francisco Maciel',
                'email_origem': 'francisco@teste.com',
                'mensagem': 'Testando a funcionalidade do formulário Fale Conosco'
            }
        )
        self.assertTrue(formulario.is_valid())
        formulario.enviar_mensagem_por_email()
        self.assertEqual(len(mail.outbox), 1)
        self.assertEqual(mail.outbox[0].subject, 'FALE CONOSCO: Mensagem recebida.')

    def testar_formulario_fale_conosco_invalido(self):
        formulario = forms.FormFaleConosco(
            {
                'mensagem': 'Testando a funcionalidade do formulário Fale Conosco'
            }
        )
        self.assertFalse(formulario.is_valid())
```

LISTAGEM 16.28: Arquivo testes_dos_forms.py

Finalmente, abra um terminal /prompt de comandos e execute o alvo test do manage.py para conferir se sua aplicação está funcionando adequadamente:

```
manage.py test
```

O terminal deverá mostrar algo parecido com:

```
Creating test database for alias 'default'...
System check identified no issues (0 silenced).
....
----------------------------------------------------------------------
Ran 4 tests in 0.023s

OK
Destroying test database for alias 'default'...

Process finished with exit code 0
```

17

CRIANDO TELAS DE CADASTRO COM O DJANGO ADMIN

COMO CITEI NO COMEÇO do Capítulo 14, Django é conhecido por ser um framework com "pilhas inclusas" porque ele traz um monte de recursos pré-configurados, bastando que você os conecte em suas aplicações e utilize. Uma dessas aplicações, que costuma fazer bastante sucesso entre os iniciantes em Django, é o Django Admin. Originalmente projetado como um sistema de autenticação e autorização para aplicações Django, o Admin fornece muito mais que isso. Mostrarei, nesta seção, como usá-lo para criar telas do tipo CRUD de maneira rápida e fácil.

Antes de começar a utilizar o Django Admin, é recomendável atualizar o mapeamento do schema do seu banco de dados. Abra um prompt de comandos/terminal e digite:

```
./manage.py makemigrations
./manage.py migrate
```

Neste curto capítulo, mostrarei como criar telas de manutenção para as classes *Categoria* e *Produto* da aplicação *LojaVirtual*. O código dessas classes é exibido na Listagem 17.1.

```
class Categoria(models.Model):
    nome = models.CharField(max_length=150, db_index=True)
    slug = models.SlugField(max_length=150, unique=True,
db_index=True)
    data_criacao = models.DateTimeField(auto_now_add=True)
    data_ultima_atualizacao = models.DateTimeField(auto_now=True)

    class Meta:
        ordering = ('nome', )
        verbose_name = 'categoria'
        verbose_name_plural = 'categorias'
```

```
        def __str__(self):
            return self.nome

    class Produto(models.Model):
        categoria = models.ForeignKey(Categoria,
    related_name='produtos', on_delete=models.CASCADE)
        nome = models.CharField(max_length=100, db_index=True)
        slug = models.SlugField(max_length=100, db_index=True)
        descricao = models.TextField(blank=True)
        preco = models.DecimalField(max_digits=10, decimal_places=2)
        disponivel = models.BooleanField(default=True)
        estoque = models.PositiveIntegerField()
        data_criacao = models.DateTimeField(auto_now_add=True)
        data_ultima_atualizacao = models.DateTimeField
    (auto_now=True)
        imagem = models.ImageField(upload_to='produtos/%Y/%m/%d',
    blank=True)

        class Meta:
            ordering = ('nome', )
            index_together = (('id', 'slug'),)

        def __str__(self):
            return self.nome
```

LISTAGEM 17.1: Trecho de models.py, mostrando a classe models.Categoria

O primeiro passo para usar uma classe persistente no Admin é *registrá-la* nessa aplicação. Abra o arquivo admin.py, localizado na pasta main do projeto prj_LojaVirtual (ou, se você nomeou sua aplicação principal de outra maneira, procure o arquivo dentro da pasta com o mesmo nome da aplicação). Para registrar as classes, deixe o admin.py como na Listagem 17.2.

```
1.  from django.contrib import admin
2.  from .models import Categoria, Produto
3.      # Register your models here.
4.  @admin.register(Categoria)
5.  class CategoriaAdmin(admin.ModelAdmin)
6.      list_display = ['nome', 'slug']
7.      prepopulated _fields = {'slug': ('nome',)}
8.  @admin.register(Produto)
9.
10. class ProdutoAdmin(admin.ModelAdmin):
11.     list_display = ['nome', 'slug', 'preco', 'estoque',
    'disponivel', 'data_criacao', 'data_ultima_atualizacao']
12.     list_filter = ['disponivel', 'data_criacao',
    'data_ultima_atualizacao']
13.     list_editable = ['preco', 'estoque', 'disponivel']
14.     prepopulated_fields = {'slug': ('nome',)}
```

LISTAGEM 17.2: Arquivo admin.py, com as classes Produto e Categoria registradas

A primeira linha da listagem importa a classe que implementa o Admin. Em seguida, você deve criar classes de administração para os objetos do seu modelo. Isso é feito estendendo a classe **admin.ModelAdmin** e definindo propriedades que informarão como o Django Admin deve tratar os objetos dessas classes.

Nas linhas de 5 a 15, fiz a configuração para as classes Categoria e Produto. As propriedades relevantes na listagem são:

- *list_display* (linhas 7 e 12): Especifica quais campos serão mostrados na tela.
- *list_filter* (linha 14 e 15): Especifica quais campos poderão ser usados para filtrar os dados da listagem.
- *prepopulated_fields* (linhas 8 e 17): Informa ao Django Admin quais campos serão preenchidos automaticamente pelo mecanismo de persistência.
- *list_editable* (linha 16): Especifica quais campos são editáveis a partir da página de listagem do Django Admin. É *obrigatório* que os campos desta lista também estejam incluídos na propriedade *list_display* pois apenas campos que podem ser exibidos são editáveis.

Finalmente, nas linhas 5 e 10, as classes persistentes são *registradas* no Django Admin, permitindo que ele as gerencie.

Criando um superusuário

Neste momento, para prosseguir, você precisa criar um usuário com poderes de administração no seu projeto. Esse tipo de usuário é conhecido como **superusuário** e sua criação é realizada por meio do *manager.py*. Em um prompt de comandos/ *PowerShell*/terminal, acesse a pasta do projeto e digite:

```
./manage.py createsuperuser
```

Será exibida a tela da Figura 17.1. Preencha os dados solicitados e o usuário será criado.

```
(base) francisco@Obi-Wan:/mnt/dados/francisco/projetos_django/prj_lojavirtual$ ./manage.py createsuperuser
Usuário (leave blank to use 'francisco'): fulano
Endereço de email: fulano@teste.com
Password:
Password (again):
Superuser created successfully.
(base) francisco@Obi-Wan:/mnt/dados/francisco/projetos_django/prj_lojavirtual$
```

FIGURA 17.1: Criação de superusuário

Antes de executar a aplicação, confirme se você rodou os comandos *makemigrations* e *migrate* no *manage.py*, conforme mostrado no Capítulo 15; se não, faça-o agora.

Execute a aplicação para conferir o resultado:

```
./manage.py runserver
```

e acesse o endereço http://127.0.0.1/admin. Surgirá a tela de login da aplicação de administração de usuários do Django, como na Figura 17.2.

FIGURA 17.2: Tela de login do Django Admin

Preencha suas credenciais e clique em *Acessar*. Você será redirecionado ao painel de administração do Django, como mostra a Figura 17.3.

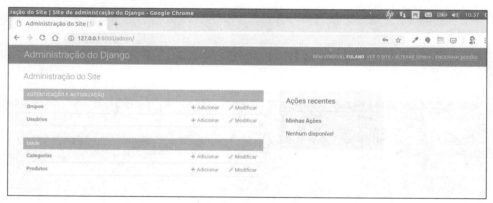

FIGURA 17.3: Painel de administração do Django

Observe que o painel apresenta dois grupos de comandos: autenticação e autorização, que permitem controlar os usuários da aplicação e seus perfis, e *MAIN*, que é o nome da aplicação em que as classes *Categoria* e *Produto* foram registradas. Clique no botão *Adicionar*, ao lado de *Categorias*. Surgirá a tela da Figura 17.4.

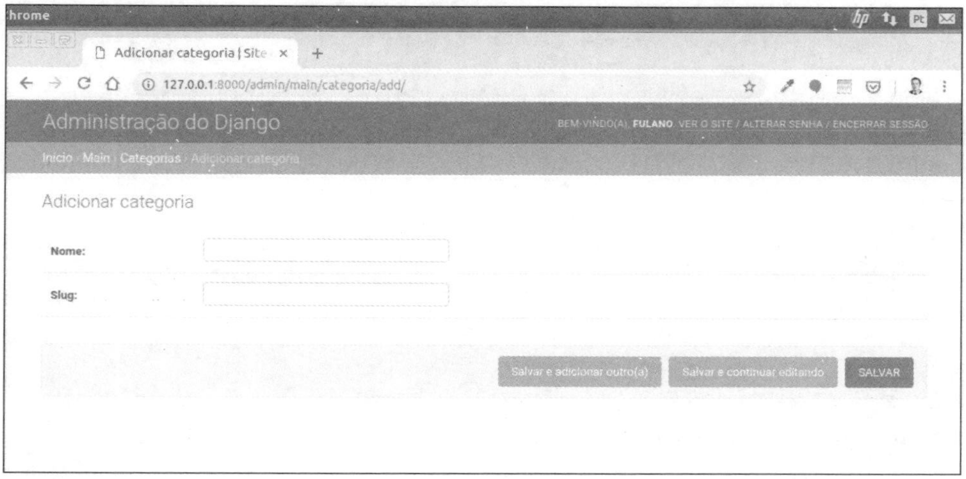

FIGURA 17.4: Criando uma categoria de produto pelo painel de administração

Observe que o campo *slug* é preenchido automaticamente quando você digita, conforme esperado (pois ele foi declarado na propriedade *prepopulated_fields*). Inclua algumas categorias no banco usando essa tela e depois clique em **Salvar**. Você será redirecionado para a tela de listagem de categorias, como mostra a Figura 17.5.

FIGURA 17.5: Listagem de categorias

Nessa tela, você pode selecionar uma categoria, escolher a ação **Remover categorias selecionadas** no menu *drop-down* **Ação**; ou clicar sobre o nome da categoria, que o levará para a tela de edição de registros, conforme mostra a Figura 17.6, na qual pode alterar os dados do registro selecionado, excluí-lo e adicionar novas categorias.

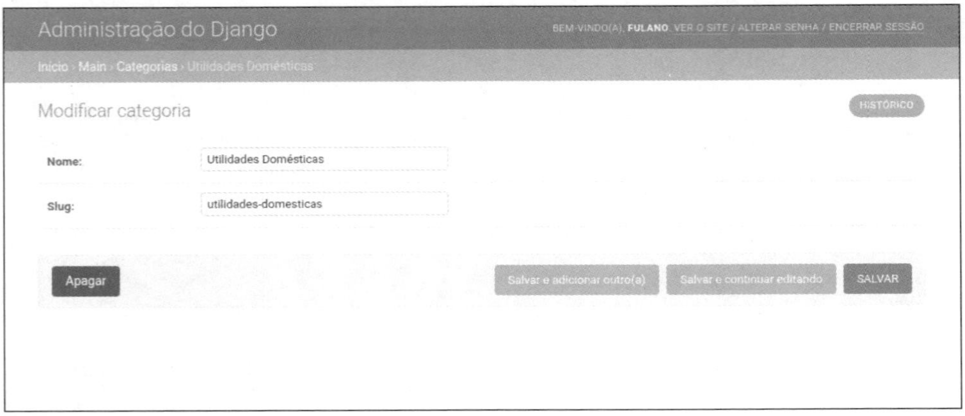

FIGURA 17.6: Editando os dados de uma categoria

Essa nova tela, por sua vez, permite a você editar dados de um registro, adicionar um novo ou apagar o que está sendo visualizado.

Clique no link Início, no canto superior esquerdo da tela, entre no cadastro de produtos e inclua também alguns produtos no banco de dados. A Figura 17.7 mostra a tela de cadastro de produtos.

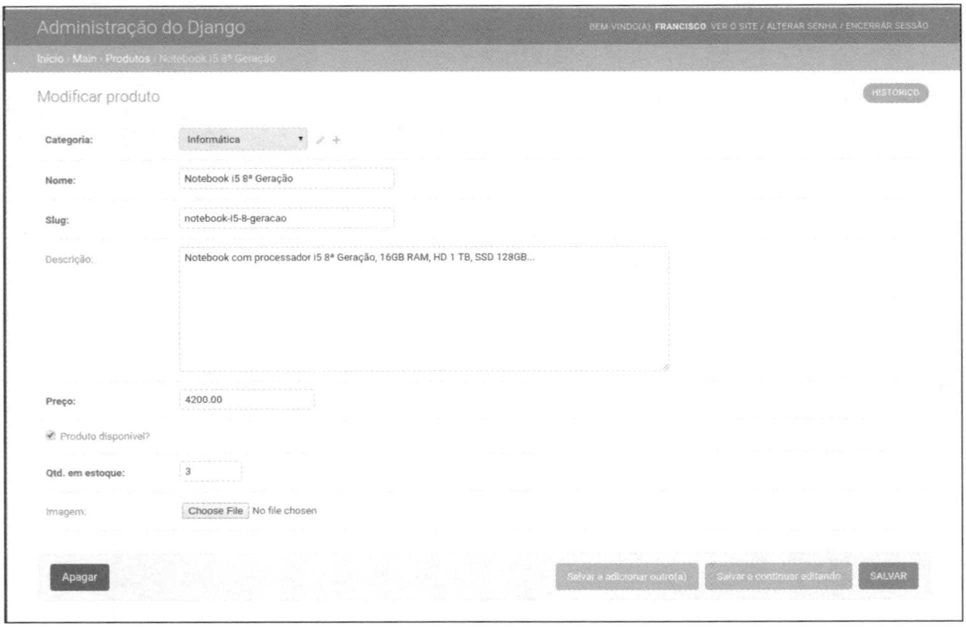

FIGURA 17.7: Tela de cadastro de produtos

18
CONCLUINDO A APLICAÇÃO DE LOJA VIRTUAL COM O DJANGO

NESTE CAPÍTULO, você utilizará tudo o que foi aprendido ao longo do livro, complementando o código da aplicação *Loja Virtual*, que foi desenvolvido até agora. Procurei seguir, ao longo do livro, um caminho que evitasse complexidades desnecessárias para os iniciantes, enquanto fornecia informações sobre as novidades das versões 3 do Python e 2.2.1 do Django. Mesmo que você utilize outras versões, o código fornecido deverá funcionar com poucas ou nenhuma alteração.

Usar um processo drop-down ou bottom-up?

Entre as diversas maneiras de começar a implementar uma aplicação, você pode adotar um processo ***drop-down*** ("de cima para baixo") ou ***bottom-up*** ("de baixo para cima").

No primeiro caso, você começa a implementar o projeto em um nível mais próximo do usuário, iniciando pela camada de apresentação, implementando as telas e, depois, passando às camadas mais próximas da infraestrutura, como views e modelos.

O processo bottom-up, por sua vez, começa implementando as camadas de mais baixo nível da aplicação, mapeando entidades no banco de dados e daí vai "subindo" até as abstrações mais próximas do usuário.

Optar por uma abordagem ou outra é mais uma questão de gosto pessoal, porém, percebi ao longo dos anos que a abordagem ***top-down*** é um pouco mais flexível: quando você começa a construir a aplicação a partir das camadas mais baixas da arquitetura, seu usuário só verá alguma tela quando a aplicação já estiver quase concluída e, nessa fase, o custo de alterações é bem maior.

Criando funções na view

No capítulo passado, os cadastros de produtos e categorias já foram implementados. Para exibir os produtos na página de vendas da aplicação é necessário criar uma *view* para fornecê-los. Já existe uma *function-based view* na aplicação, então, para mostrar uma abordagem alternativa, criarei duas funções nessa mesma view. Edite o arquivo views.py da aplicação *main* para que fique como na Listagem 18.1. As linhas adicionadas estão em *negrito*.

```
1.  from django.views.generic.edit import FormView
2.  from main import forms
3.  from django.shortcuts import render, get_object_or_404
4.  from .models import Categoria, Produto
5.
6.  class ViewFaleConosco(FormView):
7.      template_name = "fale_conosco.html"
8.      form_class = forms.FormFaleConosco
9.      success_url = "/"
10.
11.     def form_valid(self, form):
12.         form.enviar_mensagem_por_email()
13.         return super().form_valid(form)
14.
15. def listar_produtos(request, slug_categoria=None):
16.     categoria = None
17.     lista_categorias = Categoria.objects.all()
18.     lista_produtos = Produto.objects.filter(disponivel=True)
19.     if slug_categoria:
20.         categoria = get_object_or_404(Categoria,
21.                                       slug=slug_categoria)
22.         lista_produtos=
23.                 Produto.objects.filter(categoria=categoria)
24.     contexto = {
25.         'categoria': categoria,
26.         'lista_categorias': lista_categorias,
27.         'lista_produtos': lista_produtos,
28.     }
29.     return render(request, 'produto/listar.html', contexto)
30.
31. def detalhes_produto(request, id, slug_produto):
32.     produto = get_object_or_404(Produto, id=id,
33.                                 slug=slug_produto,
34.                                 disponivel=True)
35.     contexto = {
36.         'produto': produto,
37.     }
38.     return render(request, 'produto/detalhes.html', contexto)
```

LISTAGEM 18.1: Arquivo views.py com funções para listar e exibir detalhes de um produto

Explicarei apenas o código adicionado, para não ser repetitivo:

- Na linha 3, são importadas as funções render(), usada para exibir um template; e get_object_or_404(), que testa se um objeto foi fornecido como parâmetro e, em caso negativo, levanta um erro 404 (código do protocolo HTTP quando um recurso *não é encontrado*).
- Na linha 4 são importadas as classes Categoria e Produto dos modelos do projeto.
- Na linha 15, declarei uma função, chamada listar_produtos(), que será usada para exibir a lista dos produtos para o "carrinho de compras" do projeto. Ela recebe um parâmetro opcional, slug_categoria, que serve para filtrar os produtos por categoria. Escolhi o slug como chave para essa filtragem por sua simplicidade e para evitar ambiguidades, já que não há dois produtos com o mesmo **slug** (defini o atributo **slug** da classe **Categoria** com a propriedade unique=True, conforme pode ser conferido na Listagem 18.2). Observe que o parâmetro da função lista_produtos() tem o valor None por padrão. Ou seja, o comportamento normal dessa função é exibir todos os produtos se nenhuma categoria for fornecida.
- Na linha 16, inicializo uma variável local, categoria, com o valor None. Essa variável servirá para, caso nada seja passado ao parâmetro slug_categoria na função, ainda exista um valor (no caso, None) para a chave 'categoria' no dicionário na linha 25.
- Na linha 17, são carregadas todas as categorias na variável lista_categorias.
- Na linha 18, a variável lista_produtos é inicializada por meio de um filtro com os valores de todos os produtos **disponíveis**.
- Nas linhas de 19 a 23, se foi fornecido um valor para o parâmetro slug_categoria, são carregados todos os produtos da categoria selecionada na variável lista_produtos. Observe o uso do método get_object_or_404() para buscar a categoria ou levantar uma exceção, caso seja passada uma categoria inexistente. Se a categoria for encontrada, todos os produtos relacionados a ela serão retornados em lista_produtos.
- As linhas de 24 a 28 trazem uma simples inicialização de dicionário com os valores obtidos até agora. Esse dicionário será passado para o **template** que exibirá os resultados.
- Na linha 29, é realizada a exibição do template com os valores passados. Esse template ainda não foi criado. O importante a destacar aqui é o segundo parâmetro passado à função render(): **'produto/listar.html'**. Esse valor significa que será exibido o template listar.html, contido na subpasta produto, da pasta de templates do projeto. O último argumento, um dicionário de nome contexto, é fornecido como um parâmetro para a página HTML que compõe o template. Para acessá-lo dentro de um template, a Django Template Language provê a sintaxe *{{contexto}}*. O Django, então, aplicará o dicionário à formatação, definida no template, e devolverá uma página HTML.

- A função `detalhes_produto()`, nas linhas de 31 a 38, por sua vez, trabalha de modo semelhante a `listar_produtos()`, porém retornando um template chamado detalhes.html, que exibe apenas os detalhes de um dado produto. Novamente, ainda não foi criado o template.

Mapeando URLs para a view

O próximo passo na construção da loja virtual é mapear URLs para as views que foram criadas. Vou aproveitar para demonstrar uma maneira de modularizar as URLs da aplicação: deixarei as URLs mais genéricas, criadas até aqui, no pacote *lojavirtual*, no qual elas estão até agora; e aquelas específicas das aplicações do projeto, no pacote *main*. Os códigos para esses dois arquivos são mostrados nas Listagens 18.2 e 18.3.

```
from django.contrib import admin
from django.urls import path, include
from django.views.generic import TemplateView
from main import views


urlpatterns = [
    path('admin/', admin.site.urls),
    path('ajuda/', TemplateView.as_view(template_name='ajuda.html'),
        name='ajuda'),
    path('fale-conosco/', views.ViewFaleConosco.as_view(),
        name="fale_conosco"),
    path('', include('main.urls', namespace='main')),
]
```

LISTAGEM 18.2: Arquivo urls.py do PROJETO, com os mapeamentos de URLs genéricas para o pacote lojavirtual

A única linha em destaque faz com que os mapeamentos contidos no arquivo urls.py do pacote main sejam incluídos no arquivo atual. Desse modo, se você precisar refazer o mapeamento de URLs no pacote main, no qual coloquei as URLs mais específicas, nada precisará ser modificado no urls.py do pacote lojavirtual, que contém as URLs de propósito geral. Observe a necessidade de importar a função `include()` no início da Listagem 18.2.

A Listagem 18.3 mostra o urls.py do pacote main.

1. from django.urls import path
2. from . import views
3. from django.views.generic import TemplateView
4.
5. app_name='main'
6.
7. urlpatterns = [
8.   path('', TemplateView.as_view(template_name='index.html'),
9.   name='index'),

```
10.     path('produtos/', views.listar_produtos,
11.         name='listar_produtos'),
12.     path('produtos/<str:slug_categoria>/', views.listar_produtos,
13.         name='listar_produtos_por_categoria'),
14.     path('produto/ <int:id>/<str:slug_produto>', views.detalhes_produto/',
15.         name='detalhes_produto'),
16. ]
```

LISTAGEM 18.3: Arquivo urls.py da APLICAÇÃO main, com os mapeamentos de URLs genéricas para o pacote main

- Na linha 5, defini um ***namespace*** por meio da variável ***app_name***. ***Namespaces*** permitem que você tenha urls com nomes idênticos em aplicações diferentes do mesmo projeto. Se trabalhar em um projeto grande, eles podem evitar conflitos com URLs de outras aplicações no mesmo projeto. Por exemplo: não é raro duas aplicações em um projeto possuírem URLs com a propriedade ***name*** igual, como ***login*** e ***logout***, por exemplo. Com a especificação de um namespace, você evita tais conflitos de nomenclatura.
- Movi o mapeamento para a URL raiz do sistema, que estava no arquivo do projeto para o da aplicação (linha 8). Isso evita conflitos com as URLs definidas no pacote lojavirtual.
- Na linha 10, criei um mapeamento entre a URL ***<BASE_URL>/produtos*** e a função `listar_produtos()` da view para buscar todos os produtos cadastrados (por exemplo, se estiver rodando o projeto localmente, o endereço será mapeado para http://127.0.0.1:8000/produtos).
- Na linha 12, chamei a mesma função da view, porém passando, desta vez, um parâmetro ***slug_categoria*** para filtrar a lista. Observe os nomes (argumento ***name***) que dei às urls listar_produtos e listar_produtos_por_categoria para poder diferenciá-las no código.
- Na linha 14, mapeei a função `detalhes_produto()`, passando os parâmetros ***id*** e ***slug*** para localizar o produto.

Agora você deve acrescentar às suas classes do modelo um método que será usado para converter uma URL mais "amigável" a partir das que estão armazenadas nessas classes. Altere o models.py da aplicação ***main*** para que fique como na Listagem 18.4.

```
1.  from django.db import models
2.  from django.urls import reverse
3.
4.  # Create your models here.
5.  class Categoria(models.Model):
6.      nome = models.CharField(max_length=150, db_index=True)
7.      slug = models.SlugField(max_length=150, unique=True, db_index=True)
```

```
8.      data_criacao = models.DateTimeField(auto_now_add=True)
9.      data_ultima_atualizacao = models.DateTimeField(auto_now=True)
10.
11.     class Meta:
12.         ordering = ('nome', )
13.         verbose_name = 'categoria'
14.         verbose_name_plural = 'categorias'
15.
16.     def __str__(self):
17.         return self.nome
18.
19.     def get_absolute_url(self):
20.         return reverse('main:listar_produtos_por_categoria',
21.                 args=[self.slug])
22.
23. class Produto(models.Model):
24.     categoria = models.ForeignKey(Categoria,
25.             related_name='produtos', on_delete=models.CASCADE)
26.     nome = models.CharField(max_length=100, db_index=True)
27.     slug = models.SlugField(max_length=100, db_index=True)
28.     descricao = models.TextField(blank=True)
29.     preco = models.DecimalField(max_digits=10, decimal_places=2)
30.     disponivel = models.BooleanField(default=True)
31.     estoque = models.PositiveIntegerField()
32.     data_criacao = models.DateTimeField(auto_now_add=True)
33.     data_ultima_atualizacao = models.DateTimeField(auto_now=True)
34.     imagem = models.ImageField(upload_to='produtos/%Y/%m/%d',
35.             blank=True)
36.
37.     class Meta:
38.         ordering = ('nome', )
39.         index_together = (('id', 'slug'),)
40.
41.     def __str__(self):
42.         return self.nome
43.
44.     def get_absolute_url(self):
45.         return reverse('main:detalhes_produto', args=[self.slug])
```

LISTAGEM 18.4: Arquivo models.py

O código exibido entre as linhas 19 e 21, e 44 e 45, faz uso da função `reverse()`, que traduz um nome de view na url por ela mapeada; essas funções, de nome `get_absolute_url()`, são usadas por mecanismos de busca, como o Google ou o Yahoo, para ajudar a indexar páginas. Utilizei-as, neste caso, para que você possa ver um caso concreto de método personalizado em uma classe do modelo. Observe, ainda, o ***namespace main***, usado como prefixo da URL para identificar sua origem.

Criando templates para os produtos

Chegou a hora de criar os templates para os produtos. O código para esses arquivos será fornecido na próxima seção.

Criando a tela de listagem de produtos

Na pasta /prj_lojavirtual/templates/, crie uma subpasta chamada ***produto*** e, dentro dela, um arquivo de nome ***listar.html*** com o código da Listagem 18.5.

```
1.  {% extends 'base.html' %}
2.  {% load static %}
3.  {% block titulo %}
4.      {% if categoria %}
5.          {{ categoria.nome }}
6.      {% else %}
7.          Produtos
8.      {% endif %}
9.  {% endblock %}
10.
11. {% block conteudo %}
12.     <div class="container-fluid">
13.       <div class="row" style="margin-top: 6%">
14.         <div class="col-sm-8 loja-colecao">
15.           <div class="loja-item">
16.             <div class="row">
17.               {% for produto in lista_produtos %}
18.                 <div class="col-md-4">
19.                   <div class="thumbnail">
20.                     <a href="{{ produto.get_absolute_url }}">
21.                       <img src="
22.                         {% if produto.imagem %}
23.                           {{ produto.imagem.url }}
24.                         {% else %}
25.                           {% static
26.                             'img/default.jpg' %}
```

```
27.                        {% endif %}"
28.                        alt="Imagem de {{ produto.nome }}"
29.                        style="height: 130px;
30.                            width: auto">
31.                    </a>
32.                    <div class="caption">
33.                        <h3 class="text-center">
34.                        <a href=
35.                        "{{ produto.get_absolute_url }}">
36.                            {{ produto.nome }}
37.                        </a>
38.                        </h3>
39.                        <p class="text-center">
40.                            R$ {{ produto.preco }}
41.                        </p>
42.                    </div>
43.                    </div>
44.                    </div>
45.                {% endfor %}
46.                </div>
47.            </div>
48.        </div>
49.
50.        <div class="col-sm-3 col-sm-offset-1 loja-sidebar">
51.         <div class="sidebar-module">
52.          <h4>Categorias</h4>
53.          <ol class="list-unstyled">
54.           <li {% if not categoria %}
55.               class="active"
56.             {% endif %}>
57.            <a href="{% url 'main:listar_produtos' %}">
58.              Todos</a>
59.           </li>
60.           {% for c in lista_categorias %}
61.            <li {% if categoria.slug == c.slug %}
62.                class="active"
63.              {% endif %}>
64.             <a href="{{ c.get_absolute_url }}">
65.               {{ c.nome }}
66.             </a>
67.            </li>
```

68.   {% endfor %}
69.   </ol>
70.   </div>
71.   </div>
72.   </div>
73.   </div>
74. {% endblock %}

LISTAGEM 18.5: Template listar.html

Este é o maior template que defini até agora, mas não se assuste com seu tamanho:

- Na linha 1, a tag {% extends %} é usada para definir uma herança de templates: a página atual, lista.html, estende (ou, se preferir, herda de) base.html, que define o layout padrão do projeto.
- A linha 2 carrega os recursos estáticos do projeto.
- Nas linhas de 3 a 9, é realizado um teste por meio de uma outra tag nova: *{% if %}*. Ela funciona como os ifs do Python, com a diferença de que, como a linguagem HTML não considera espaços em branco e tabulações, os blocos são definidos por *{% if %}*, *{% else %}* e *{% endif %}*. No teste em questão, é verificado se a página recebeu uma chave **categoria** no dicionário de parâmetros: se sim, o que indica que foi fornecido um filtro por categoria, é exibido o nome da categoria utilizada; se não, é mostrada a string **Produtos**.
- Nas linhas de 17 a 44, é realizado um loop por meio da tag *{% for %}* em que, a cada iteração, são exibidos três produtos com uma formatação definida pelo Bootstrap.
- Nas linhas de 46 a 65, é realizado outro loop para construir uma barra lateral com os produtos listados por categoria; e o usuário pode filtrar produtos selecionando uma dada categoria.
- Perceba que, na linha 57, a chamada à URL listar_produtos é precedida por seu namespace, *main*.
- Nas linhas de 22 a 26, é realizado um teste: se o produto não tem imagem associada, é carregada a imagem **/prj_lojavirtual/static/img/default.jpg**. Essa pasta ainda não existe na aplicação; crie-a e coloque qualquer arquivo de imagem no formato jpg dentro dela. Renomeie-o para **default.jpg**.

AVISO

Ao digitar o template da Listagem 18.5, tome cuidado com as **aspas**. Como o arquivo mistura aspas simples e duplas em uma mesma tag HTML, como nas linhas de 20 a 30, é fácil se confundir e terminar com um erro um pouco difícil de diagnosticar em um template.

Para que o Django possa servir às imagens dos produtos, altere as constantes do settings.py do projeto, mostradas na Listagem 18.6; isso fará com que uma pasta de nome *imagens-produtos* seja criada na raiz do projeto, quando esse for executado. Isso só ocorrerá em ambiente de *desenvolvimento*, uma vez que, em produção, é praxe usar um servidor web para entregar conteúdos estáticos.

```
MEDIA_URL = '/media/'
MEDIA_ROOT = os.path.join(BASE_DIR, 'imagens-produtos')
```

LISTAGEM 18.6: Trecho de settings.py

A primeira linha define a URL que será concatenada ao endereço do projeto para servir as imagens dos produtos; a segunda, identifica o local em que os arquivos serão buscados (neste caso, dentro da subpasta *imagens-produtos*, na raiz do projeto).

Altere, agora, o arquivo urls.py do *projeto* para que fique como na Listagem 18.7.

```
from django.contrib import admin
from django.urls import path, include
from django.views.generic import TemplateView
from main import views
from django.conf import settings
from django.conf.urls.static import static

urlpatterns = [
    path('admin/', admin.site.urls),
    path('ajuda/', TemplateView.as_view(template_name='ajuda.html'),
        name='ajuda'),
    path('fale-conosco/', views.ViewFaleConosco.as_view(),
        name="fale_conosco"),
    path('', include('main.urls', namespace='main')),
]   + static(settings.MEDIA_URL, document_root=settings.MEDIA_ROOT)
```

LISTAGEM 18.7: Arquivo urls.py

Esses ajustes servem para importar as configurações realizadas. Em particular, a função `static()` com os parâmetros mostrados na Listagem 18.7 é usada por recomendação da documentação do framework (https://docs.djangoproject.com/pt-br/2.2/ref/urls/) para servir arquivos em modo de depuração.

AVISO

Os ajustes da Listagem 18.7 devem ser realizados **apenas em ambiente de desenvolvimento**. Em produção, eles não são necessários, pois, como já explicado, serão disponibilizados por algum servidor web, logo, em ambiente de produção, **não digite a parte em negrito** da Listagem 18.7.

Se você rodar a aplicação neste momento e acessar o endereço 127.0.0.1:8000/produtos/, verá uma tela parecida com a da Figura 18.1 (a lista dos produtos exibidos deverá ser diferente, dependendo de quais você cadastrou).

Concluindo a Aplicação de Loja Virtual com o Django 387

FIGURA 18.1: Tela de listagem de produtos

Entretanto, ainda falta uma coisa: se você clicar no link de algum produto, será mostrada uma página de erro, pois ainda não existe o template para detalhes do produto.

Crie um arquivo de nome detalhes.html em /prj_lojavirtual/templates/produto/. Seu código é mostrado na Listagem 18.8.

```
1.  {% extends 'base.html' %}
2.  {% load static %}
3.  {% block titulo %}
4.      {% if categoria %}
5.          {{ categoria.nome }}
6.      {% else %}
7.          Produtos
8.      {% endif %}
9.  {% endblock %}
10. {% block conteudo %}
11.   <div class="container">
12.      <div class="row" style="margin-top: 6%">
13.        <div class="col-sm-8 ">
14.          <div class="loja-item">
15.            <div class="row">
16.              <div class="card">
17.                <div class="card-body">
18.                  <div class="col-md-6 text-right">
19.                    <img src="{% if produto.imagem %}
20.                      {{ produto.imagem.url }}
21.                    {% else %}
```

```
22.                     {% static
23.                         'img/default.jpg' %}
24.                     {% endif %}"
25.                     alt="Imagem de {{ produto.nome }}"
26.                     style="height: 170px; width: auto" >
27.                 </div>
28.                 <div class="col-md-6"
29.                     style="padding-left: 20px">
30.                     <h3>{{ produto.nome }}</h3>
31.                     <h6>
32.             <a href="{{ produto.categoria.get_absolute_url }}">
33.                 {{ produto.categoria }}
34.             </a>
35.                     </h6>
36.                     <p class="text-muted">R$ {{ produto.preco }}</p>
37.                     <p>{{ produto.descricao|safe|linebreaksbr }}</p>
38.                 </div>
39.               </div>
40.             </div>
41.           </div>
42.         </div>
43.       </div>
44.     </div>
45.   </div>
46. {% endblock %}
```

LISTAGEM 18.8: Template /prj_lojavirtual/templates/produto/ detalhes.html

Este template é muito semelhante àquele da Listagem 18.5. A única novidade está na linha 37:

```
<p>{{ produto.descricao|safe|linebreaksbr }}</p>
```

Essas tags precedidas por um caractere | são denominadas ***filtros de templates***. Elas são usadas para simplificar a lógica de apresentação dos seus templates, transformando valores de entrada, declarados ***antes do caractere |*** e podendo ser encadeados. No exemplo citado foram aplicados dois filtros:

- **safe**: Evita injeção de código no seu HTML. Com esse filtro, se algum usuário cadastrar código JavaScript malicioso no corpo do valor filtrado (no exemplo, na descrição do produto), esse código não será executado quando a página for exibida.

- ***linebreaksbr***: Converte quebras de linha em tags HTML <br>. Isso é necessário pois a linguagem HTML não entende quebras de linha, a não ser por meio dessa tag.

Desse modo, o código na linha 37 da Listagem 18.8 cria um parágrafo contendo a descrição do produto e o exibe de maneira segura.

Agora, o sistema de loja virtual já possui um catálogo de produtos. Na tela mostrada na Figura 18.1, clique em algum produto. Serão mostrados os detalhes deste, como na Figura 18.2.

FIGURA 18.2: Tela de detalhes de um produto

Entendendo as sessões do usuário

A partir da próxima seção do texto, você começará a criar uma ***cesta de compras*** para a aplicação da loja virtual. Para essa tarefa, é preciso primeiro conhecer o conceito de ***sessão***, usado não só no Django, mas em várias bibliotecas de desenvolvimento para a web.

Sessões são a forma usada por essas bibliotecas para guardar o ***estado*** da página entre diferentes requisições ao servidor. Isso é necessário, pois o protocolo da web, o HTTP, é um protocolo ***sem estados***.[1] Isso quer dizer que, cada vez que o seu navegador faz uma requisição ao servidor (por exemplo, quando você clica em um link ou botão que faz uma chamada ao servidor), uma requisição completamente nova é enviada; até onde interessa ao protocolo HTTP, ele não "lembra" de nada que recebeu anteriormente. Não há sequer a noção de ***sequência*** de mensagens, ou seja, se sua aplicação emitir duas requisições nesta ordem:

1. GET www.seuservidor.com.br/index.html
2. GET www.seuservidor.com.br/catalogo_produtos.html

---

[1] Em alguns livros, você poderá encontrar a expressão sem tradução, ***stateless***. O significado é o mesmo.

Nada garante, *no protocolo HTTP*, que elas serão recebidas ordenadas, ou mesmo que elas provêm de um mesmo usuário. Esses controles devem ser fornecidos pela *aplicação* que roda sobre o protocolo — no caso presente, o projeto Loja Virtual.

Para enfrentar essa necessidade, o Django usa o mecanismo de sessões, como já citado. Elas servem para armazenar dados arbitrários *por usuário* e funcionam como um repositório de dados: sempre que um determinado usuário conectar-se, as informações guardadas em sua sessão estarão disponíveis. Para localizar esses dados, é atribuída uma "chave" a cada conexão à aplicação. No Django, isso é implementado por meio de um *cookie*[2] que identifica cada conexão ao site e os dados guardados na sessão ficam armazenados em um local mais seguro que no cookie. Dependendo das configurações definidas no arquivo settings.py, os cookies podem ser armazenados em diferentes locais, como na cache, em arquivos etc.

DICA

Por padrão, o mecanismo de gerenciamento de sessões já vem ativado em um projeto Django, por meio da app *django.contrib.sessions*, presente na tupla INSTALLED_APPS do settings.py da *aplicação*, e do middleware **django.contrib.sessions.middleware.SessionMiddleware**.

Configurando a duração da sessão

Há, basicamente, duas formas de configurar a duração da sessão no Django, ambas configuráveis por meio de constantes no settings.py:

- *Enquanto durar a sessão do browser*: A sessão será encerrada quando o usuário fechar o navegador. Para usar essa opção, inclua no settings.py a constante SESSION_EXPIRE_AT_BROWSER_CLOSE=*True*.
- *Por um período definido*: Se, por outro lado, você atribuir o valor False a essa constante, crie uma outra constante SESSION_COOKIE_AGE e atribua-lhe a quantidade de *segundos* que a sessão deve durar. Se a primeira constante for True e a segunda não for definida, esta assumirá o valor padrão de 1209600, que corresponde a duas semanas.

Implementando o "carrinho de compras"

Uma abstração praticamente onipresente em sites de comércio eletrônico é o que se convencionou chamar de "carrinho" ou "cesta" de compras. Trata-se de uma maneira do cliente selecionar os produtos que serão adquiridos e acumulá-los para, em uma etapa posterior, informar os dados de pagamento e envio da mercadoria.

---

[2] *Cookies* são pequenos arquivos ou pacotes de dados, enviados a um site pelo navegador. A cada nova conexão ao site, o navegador envia o cookie outra vez para identificar o usuário. Isso permite fornecer um gerenciamento básico de estados sobre o protocolo HTTP.

Concluindo a Aplicação de Loja Virtual com o Django 391

Para implementar o carrinho do projeto Loja Virtual, armazenarei dados na sessão do Django. O framework suporta tanto sessões *anônimas* (em que o usuário não é realmente identificado, mas apenas o estado da conexão ao site é mantido, permitindo que um processo em várias etapas seja implementado por meio do protocolo HTTP), quanto sessões com identificação do usuário.

A primeira coisa a ser verificada é se o ***django.contrib.sessions.middleware.SessionMiddleware*** está listado na tupla **MIDDLEWARE** do settings.py do *projeto*.

Para armazenar informações na sessão, a primeira providência que você precisa tomar é criar um ***identificador*** de sessão, ou seja, uma *chave*, como discutido na sessão "Entendendo as sessões do usuário". Para isso, acrescente ao settings.py ***do projeto*** a constante:

```
ID_CARRINHO = 'carrinho'
```

DICA

O Django cria sessões por *visitante* do site. Dessa maneira, é possível usar o mesmo identificador para o carrinho para todos os usuários — eles serão diferenciados por outras informações, presentes em cookies. Se você precisar de uma sessão que, *de fato,* salve dados do usuário, veja a documentação em: https://docs.djangoproject.com/en/2.2/topics/http/sessions/#cookie-session-backend.

Os dados guardados na sessão serão serializados no formato JSON (*JavaScript Object Notation*). Para cada item no carrinho, armazenarei:

- id (código) do produto.
- quantidade adquirida.
- preço unitário.

Adicionando uma nova app ao projeto

Vou aproveitar esta funcionalidade para demonstrar a implementação de uma nova aplicação no projeto Loja Virtual. Abra o prompt de comandos/terminal, na pasta raiz da aplicação, e digite:

```
./manage.py startapp carrinho
```

Adicione a aplicação recém-criada à tupla INSTALLED_APPS, deixando esse trecho do arquivo como na Listagem 18.9.

```
INSTALLED_APPS = [
    'django.contrib.admin',
    'django.contrib.auth',
    'django.contrib.contenttypes',
    'django.contrib.sessions',
    'django.contrib.messages',
```

```
            'django.contrib.staticfiles',
            'main.apps.MainConfig',
            'carrinho.apps.CarrinhoConfig',
    ]
```

LISTAGEM 18.9: TRECho do arquivo settings.py do projeto

Criando uma classe para representar o carrinho de compras

Agora, crie um arquivo de nome carrinho.py na pasta */prj_lojavirtual/carrinho/*. Nesse arquivo, será definida uma classe que representará a abstração "carrinho de compras".

```
1.  from decimal import Decimal
2.  from django.conf import settings
3.  from main.models import Produto
4.
5.  class Carrinho:
6.
7.      def __init__(self, request):
8.          self.__sessao = request.session
9.          carrinho = self.__sessao.get(settings.ID_CARRINHO)
10.         if not carrinho:
11.             carrinho = self.__sessao[settings.ID_CARRINHO] = {}
12.         self.__carrinho = carrinho
13.
14.     def adicionar(self, produto, quantidade=1,
15.                   atualizar_quantidade=False):
16.         id_produto = str(produto.id)
17.         if id_produto not in self.__carrinho:
18.             self.__carrinho[id_produto] = {
19.                 'quantidade': 0,
20.                 'preco': str(produto.preco),
21.             }
22.         if atualizar_quantidade:
23.             self.__carrinho['id_produto']['quantidade'] =
24.                              quantidade
25.         else:
26.             self.__carrinho['id_produto']['quantidade'] +=
27.                              quantidade
28.         self.__salvar()
29.
30.     def __salvar(self):
31.         self.__sessao[settings.ID_CARRINHO] = self.__carrinho
32.         self.__sessao.modified = True
33.
34.     def remover(self, produto):
35.         id_produto = str(produto.id)
36.         if produto.id in self.__carrinho:
37.             del self.__carrinho[id_produto]
38.             self.__salvar()
```

```
39.
40.     def __iter__(self):
41.         ids_produtos = self.__carrinho.keys()
42.         produtos = Produto.objects.filter(id__in=ids_produtos)
43.         carrinho = self.__carrinho.copy()
44.         for produto in produtos:
45.             carrinho[str(produto.id)]['produto']=produto
46.         for item in carrinho.values():
47.             item['preco']=Decimal(item['preco'])
48.             item['subtotal']=Decimal(item['preco'])*
49.                         Decimal(item['quantidade'])
50.             yield item
51.
52.     def __len__(self):
53.         resultado = 0
54.         for item in self.__carrinho.values():
55.             resultado += item['quantidade']
56.         return resultado
57.
58.     def get_total_geral(self):
59.         resultado = Decimal(0.0)
60.         for item in self.__carrinho.values():
61.             subtotal = Decimal(item['quantidade']) *
62.                        Decimal(item['preco'])
63.             resultado = resultado + subtotal
64.         return resultado
65.
66.     def limpar_carrinho(self):
67.         for key in request.session.keys():
68.             del request.session[key]
69.         request.session.modified = True
```

LISTAGEM 18.10: Classe Carrinho

A classe começa importando os recursos que utilizará, como de costume. Preciso chamar a sua atenção apenas para um detalhe: importei a classe Decimal, que será usada para representar valores monetários no carrinho, porque ela não possui problemas de arredondamento, como o tipo *float*, por exemplo.

No dunder _init_(), primeiro armazenei a sessão atual em um atributo chamado _sessao_ (linha 8). Em seguida, localizo na sessão o objeto cuja chave corresponda à constante **ID_CARRINHO**, que foi definida no settings.py e guardo-o em uma variável de nome *carrinho*.

Nas linhas de 10 e 11, verifico se a variável carrinho foi inicializada; se não, armazeno um dicionário vazio nela. Ao final desse trecho, a variável conterá o carrinho atualmente utilizado com todos os seus itens (se existir) ou um carrinho vazio, na primeira execução do método.

Finalmente, na linha 12, armazeno o carrinho atual em um atributo _carrinho_.

Após a execução de `__init__()`, o carrinho estará armazenado na sessão, permitindo que todos os métodos da classe possam acessar seu conteúdo.

Nas linhas de 14 a 28, declarei um método `adicionar()`, que recebe um produto, uma quantidade e uma flag atualizar_quantidade. Perceba que converti, na linha, o id do produto em uma string. Isso é necessário porque o Django usa o formato JSON para serializar os dados da sessão e esse formato só permite **chaves** do tipo string (os **valores** não têm essa limitação). O método testa se o produto a ser adicionado já existe no carrinho e, em caso negativo, cria o produto no carrinho com a quantidade inicial zerada. Se a flag atualizar_quantidade contiver o valor True, a linha do carrinho correspondente ao produto atual ficará com a quantidade passada como parâmetro; se não, essa quantidade será somada àquela já existente para o produto no carrinho. Finalmente, na linha 28, é chamado o método auxiliar `_salvar()` para gravar os dados do carrinho na sessão e marcar a sessão como **alterada** por meio da propriedade **modified**, que informa ao Django que a sessão sofreu alguma modificação e deve ser salva.

O método `remover()` recebe um produto e testa se esse está no carrinho, excluindo-o em caso positivo.

Nas linhas de 40 a 50, criei um dunder `__iter__()`, que permite iterar sobre os itens no carrinho e obter os objetos da classe Produto armazenados nele, encapsulando a estrutura de dados subjacente — no caso, a sessão.

Em seguida, defini um dunder `__len__()`, que serve para retornar a quantidade total de itens presentes no carrinho.

Nas linhas de 58 a 64, o método `get_total_geral()` soma os subtotais dos produtos no carrinho.

O método `limpar_carrinho()`, nas linhas de 66 a 68, como o nome indica, usa a instrução del para remover o carrinho da sessão e marca-a como alterada.

Criando um form para encapsular os dados do carrinho

Agora que o projeto já possui uma classe para representar o carrinho de compras, definirei um form para passar as informações do carrinho entre as camadas da aplicação. Crie um arquivo de nome forms.py dentro da pasta /prj_lojavirtual/carrinho. Por uma questão de simplicidade, limitarei a quantidade que pode ser pedida de cada produto a 50 unidades, para exibir um controle **drop-down** para a quantidade de cada item. Se o usuário quiser adquirir mais de 50 unidades de um dado produto, deverá incluí-lo duas ou mais vezes. O código do arquivo /prj_lojavirtual/carrinho/forms.py é mostrado na Listagem 18.11.

```
1. from django import forms
2.
3. OPCOES_QUANTIDADE_PRODUTO = []
4.
5. for i in range(1,50):
```

```
 6.         OPCOES_QUANTIDADE_PRODUTO.append((i, str(i)))
 7.
 8. class FormAdicionarProdutoAoCarrinho(forms.Form):
 9.     quantidade = forms.TypedChoiceField(
10.                 choices=OPCOES_QUANTIDADE_PRODUTO, coerce=int)
11.     atualizar = forms.BooleanField(required=False,
12.                                 widget=forms.HiddenInput)
```

LISTAGEM 18.11: Arquivo forms.py da aplicação carrinho

Nas linhas de 3 a 6, gerei uma lista com 50 números de 1 a 50, os quais usarei para fornecer opções de seleção de quantidade de produto para uma linha do carrinho de compras. Se o usuário desejar comprar mais de 50 unidades de um dado item, deverá incluí-lo mais de uma vez (criei o formulário desta maneira para que a tela não ficasse sobrecarregada com uma lista que tem mais de 50 itens). Cada item da lista será uma tupla contendo dois valores: a quantidade inteira e a mesma quantidade, em formato string. O inteiro será usado como valor do controle utilizado, enquanto as strings servirão de legendas.

Na linha 9, declarei o campo quantidade como um objeto da classe forms.TypedChoiceField, que será renderizado como um controle drop-down com as quantidades possíveis (propriedade *choices*) e cujo valor selecionado será convertido para um *inteiro* (propriedade *coerce*).

O campo atualizar, declarado na linha 11, será usado para armazenar um booleano, que indicará se a operação foi uma inclusão de item (atualizar=False) ou se a quantidade foi atualizada (atualizar=True). Observe o tipo do *widget* usado: um objeto forms.HiddenInput, que é renderizado como uma tag HTML <hidden>. Essa tag armazena um valor em um formulário, que é enviado como um parâmetro da requisição, sempre que o formulário passar por uma operação de *submit*. Isso é muito comum em sistemas web, quando se precisa submeter, junto com as informações do formulário, um parâmetro que não tem controle *visual* correspondente na tela (no exemplo atual, o controle funciona como uma variável que indica o tipo da operação que está sendo realizada).

Implementando as views para o carrinho

A próxima etapa será criar as views que expõem os métodos de negócio do carrinho de compras. Lembre-se de que, sempre que o usuário disparar uma ação do sistema, seja por meio de um clique em um botão ou em um link, será necessário um método ou uma função de uma view para tratar esse evento. Para a loja virtual, usarei funções para incluir e remover itens do carrinho, bem como uma outra função para retornar o conteúdo daquele. No arquivo views.py da aplicação *carrinho*, digite o código da Listagem 18.12.

```
1. from django.shortcuts import render, redirect, get_object_or_404
2. from django.views.decorators.http import require_POST
```

```
3.   from main.models import Produto
4.   from .carrinho import Carrinho
5.   from .forms import FormAdicionarProdutoAoCarrinho
6.
7.   @require_POST
8.   def adicionar_ao_carrinho(request, id_produto):
9.       carrinho = Carrinho(request)
10.      produto = get_object_or_404(Produto, id=id_produto)
11.      form = FormAdicionarProdutoAoCarrinho(request.POST)
12.      if form.is_valid():
13.          dados = form.cleaned_data
14.          carrinho.adicionar(produto=produto,
15.                             quantidade=dados['quantidade'],
16.                             atualizar_quantidade=
17.                             dados['atualizar'])
18.      return redirect('carrinho:detalhes_carrinho')
19.
20.  def remover_do_carrinho(request, id_produto):
21.      carrinho = Carrinho(request)
22.      produto = get_object_or_404(Produto, id=id_produto)
23.      carrinho.remover(produto)
24.      return redirect('carrinho:detalhes_carrinho')
25.
26.  def detalhes_carrinho(request):
27.      carrinho = Carrinho(request)
28.      for item in carrinho:
29.          item['formulario_adicionar_produto_ao_carrinho'] =
30.              FormAdicionarProdutoAoCarrinho(
31.                  initial={'quantidade': item['quantidade'],
32.                  'atualizar': True})
33.      return render(request, 'carrinho/detalhes.html',
34.              {'carrinho': carrinho})
```

LISTAGEM 18.12: Arquivo views.py da aplicação carrinho

As linhas de 1 a 5 importam as classes necessárias.

Na linha 7, há um decorador @require_POST. Ele informa ao Django que o método decorado, `adicionar_ao_carrinho()`, só poderá ser chamado em requisições do tipo POST, que é o método indicado para requisições que alterarão dados no servidor. Isso permite que os dados sejam enviados no corpo da requisição, em vez de no corpo da URL chamada.

AVISO

Em geral, não gosto de usar preposições em identificadores — elas costumam criar mais confusão do que ajudar. Porém, há casos em que exceções devem ser consideradas. Um exemplo são as funções da view da Listagem 18.12. Sem as preposições, sua semântica ficaria confusa: pense em `adicionar_carrinho()` no lugar de `adicionar_ao_carrinho()`: pareceria que um novo carrinho está sendo adicionado e não que um item será incluído no carrinho atual.

O método `adicionar_ao_carrinho()` (linhas de 8 a 15) começa instanciando a classe Carrinho a partir dos dados recebidos na requisição HTTP (linha 9); em seguida, na linha 10, é recuperado um objeto do tipo Produto a partir do banco de dados.

Na linha 11, os valores recebidos por meio da requisição são encapsulados em um objeto form, que, na linha 12, é testado para verificar se todas as suas validações foram satisfeitas. Se isso ocorrer, o suíte do if será executado, de modo que:

1. Os dados, agora conferidos, serão atribuídos a uma variável do tipo dicionário de nome dados (linha 13).
2. Nas linhas de 14 a 17, o produto, recebido como parâmetro, é adicionado ao carrinho de compras.

Finalmente, na linha 18, a requisição é redirecionada para a página que mostra os detalhes do carrinho, para que o usuário possa visualizar o resultado da operação. Essa linha traz duas novidades:

3. O método `redirect()`, que redireciona a requisição atual para outra view. Existe um conceito importante aqui: ao **redirecionar** a requisição, os dados desta são preservados, de maneira que todos os parâmetros recebidos inicialmente ainda estarão presentes e serão passados a outro método/função de view; se eu optasse por criar uma nova requisição, apenas os dados salvos na sessão poderiam ser recuperados: lembre-se de que o protocolo HTTP não guarda estado entre duas requisições.
4. O uso de um **namespace** (carrinho). Quando colocada seguida de dois pontos antes de um identificador para o método redirect, a palavra usada identifica um namespace. Utilizei-o para agrupar as funções de views do projeto.

O método `remover_do_carrinho()` tem um comportamento semelhante a `adicionar_ao_carrinho()`, diferindo apenas no fato de que remove um produto, em vez de acrescentá-lo ao carrinho. Para isso, ele faz uso dos serviços da classe Carrinho.

O último método da listagem, `detalhes_carrinho()`, recupera o carrinho a partir da requisição na linha 27 e, na linha 28, executa um loop sobre os itens em que, a cada iteração, um item do carrinho recebe um objeto da classe FormAdicionarProdutoAoCarrinho, que especifica a quantidade do carrinho, e uma flag atualizar, que informa ao projeto que essa linha de dados do carrinho deve ser atualizada (linhas de 29 a 32).

O método termina com a renderização do template /prj_lojavirtual/templates/carrinho/detalhes.html, usando como contexto a variável carrinho. Para esse código funcionar, falta definir as URLs para a app carrinho e criar o template para visualizar os detalhes do carrinho.

Adicionando URLs para a app do carrinho

Crie um arquivo urls.py na pasta da *aplicação* carrinho (/prj_lojavirtual/carrinho). Seu conteúdo é exibido na Listagem 18.13.

```
1.  from django.urls import path
2.  from . import views
3.
4.  app_name = 'carrinho'
5.
6.  urlpatterns = [
7.      path('', views.detalhes_carrinho, name='detalhes_carrinho'),
8.      path('adicionar/<int:id_produto>/', views.adicionar_ao_carrinho,
9.          name='adicionar_ao_carrinho'),
10.     path('remover/<int:id_produto>/', views.remover_do_carrinho,
11.         name='remover_do_carrinho'),
12. ]
```

LISTAGEM 18.13: Arquivo urls.py da aplicação carrinho

Na linha 4, defini mais um namespace para diferenciar as URLs desse arquivo daquelas da aplicação main.

Além de criar o arquivo da Listagem 18.13, você precisa referenciá-lo no urls.py do *projeto*. Edite esse arquivo, deixando-o como na Listagem 18.14.

```
1.  from django.contrib import admin
2.  from django.urls import path, include
3.  from django.views.generic import TemplateView
4.  from main import views
5.  from django.conf import settings
6.  from django.conf.urls.static import static
7.
8.  urlpatterns = [
9.      path('admin/', admin.site.urls),
10.     path('ajuda/',
11.         TemplateView.as_view(template_name='ajuda.html'),
12.         name='ajuda'),
13.     path('fale-conosco/', views.ViewFaleConosco.as_view(),
14.         name="fale_conosco"),
15.     path('carrinho/', include('carrinho.urls',
16.        namespace='carrinho')),
17. path('', include('main.urls', namespace='main'))
18. ] + static(settings.MEDIA_URL, document_root=settings.MEDIA_ROOT)
```

LISTAGEM 18.14: Arquivo urls.py do projeto prj_lojavirtual

Na linha 15, as URLs da aplicação *carrinho* são incluídas no mapeamento de URLs do *projeto*, tornando-as disponíveis em toda a extensão dele. Perceba que eu as coloquei *antes* das URLs da aplicação main. Isso é necessário, pois as URLs de main são mais genéricas e, se colocadas primeiro, sobrescreveriam o mapeamento daquelas da aplicação carrinho.

Criando o template de detalhes para exibir o carrinho

Crie o template /prj_lojavirtual/templates/carrinho/detalhes.html, conforme a Listagem 18.15.

```
1.  {% extends 'base.html' %}
2.  {% load static %}
3.  {% block titulo %}
4.      Seu carrinho de compras
5.  {% endblock %}
6.
7.  {% block conteudo %}
8.      <div class="container">
9.          <div class="row" style="margin-top: 6%">
10.         <h2>Seu carrinho de compras
11.             <span class="badge pull-right">
12.                 {% with total_de_itens=carrinho|length %}
13.                     {% if carrinho|length > 0 %}
14.                         Seu Pedido:
15.                         <a href="
16.                             {% url "carrinho:detalhes_carrinho" %}"
17.                             style="color: #ffffff">
18.                             {{ total_de_itens }} item/itens,
19.                             R$ {{ carrinho.get_total_geral }}
20.                         </a>
21.                     {% else %}
22.                         Seu carrrinho está vazio.
23.                     {% endif %}
24.                 {% endwith %}
25.             </span>
26.         </h2>
27.         <table class="table table-striped table-hover">
28.             <thead style="background-color: #5AC8FA">
29.                 <tr>
30.                     <th>Produto</th>
31.                     <th>Quantidade</th>
32.                     <th>Remover</th>
33.                     <th>Preço unitário</th>
34.                     <th>Subtotal</th>
35.                 </tr>
36.             </thead>
37.             <tbody>
38.             {% for item in carrinho %}
39.                 {% with produto=item.produto  %}
40.                     <tr>
41.                         <td>{{ produto.nome }}</td>
42.                         <td>
43.                             <form action="{% url
44.     "carrinho:adicionar_ao_carrinho" produto.id %}"
```

```
45.                                    method="post">
46.                                        {% csrf_token %}
47. {{ item.formulario_adicionar_produto_ao_carrinho.quantidade }}
48. {{ item.formulario_adicionar_produto_ao_carrinho.atualizar }}
49.                                        <input type="submit"
50.                                         value="Atualizar"
51.                                         class="btn btn-info">
52.                                    </form>
53.                                </td>
54.                                <td>
55.                                    <a href="{% url
56.                                       "carrinho:remover_do_carrinho"
57.                                            produto.id%}">
58.                                        Remover
59.                                    </a>
60.                                </td>
61.                                <td>R$ {{ item.preco }}</td>
62.                                <td>R$ {{ item.subtotal }}</td>
63.                            </tr>
64.                        {% endwith %}
65.                    {% endfor %}
66.                    <tr style="background-color: #5AC8FA">
67.                        <td><b>Total</b></td>
68.                        <td colspan="4"></td>
69.                        <td colspan="num">
70.                            <b>R$ {{ carrinho.get_total_geral }}</b>
71.                        </td>
72.                    </tr>
73.                </tbody>
74.            </table>
75.            <p class="text-right">
76.                <a href="{% url 'main:listar_produtos' %}"
77.                    class="btn btn-primary button-light">
78.                        Comprar mais produtos
79.                </a>
80.                <a href="#"
81.                    class="btn btn-secondary button">
82.                        Finalizar
83.                </a>
84.            </p>
85.        </div>
86.    </div>
87. {% endblock %}
```

LISTAGEM 18.15: Template /prj_lojavirtual/templates/carrinho/detalhes.html

---

AVISO

Cuidado para não se confundir e alterar o template /prj_lojavirtual/templates/**produto**/detalhes.html. São dois templates diferentes.

Esse template não é diferente dos anteriores, exceto pela presença, na linha 13, de um teste realizado por meio da template tag {% if %}, usada para testar se o carrinho possui itens.

Usando o template de detalhes para adicionar um item ao carrinho

A loja virtual ainda não possui uma forma para selecionar um produto e adicioná-lo ao carrinho. Para isso será necessário alterar dois arquivos:

1. A função `detalhes_produto()` no arquivo */prj_lojavirtual/main/views.py*.
2. O template */prj_lojavirtual/templates/produto/detalhes.html*.

Os códigos, com as alterações, são mostrados em negrito nas Listagens 18.16 e 18.17.

```
1.  from django.views.generic.edit import FormView
2.  from main import forms
3.  from django.shortcuts import render, get_object_or_404
4.  from .models import Categoria, Produto
5.  from carrinho.forms import FormAdicionarProdutoAoCarrinho
6.
7.  class ViewFaleConosco(FormView):
8.      template_name = "fale_conosco.html"
9.      form_class = forms.FormFaleConosco
10.     success_url = "/"
11.
12.     def form_valid(self, form):
13.         form.enviar_mensagem_por_email()
14.         return super().form_valid(form)
15.
16. def listar_produtos(request, slug_categoria=None):
17.     categoria = None
18.     lista_categorias = Categoria.objects.all()
19.     lista_produtos = Produto.objects.filter(disponivel=True)
20.     if slug_categoria:
21.         categoria = get_object_or_404(Categoria,
22.                                       slug=slug_categoria)
23.         lista_produtos = Produto
24.                         .objects.filter(categoria=categoria)
25.     contexto = {
26.         'categoria': categoria,
27.         'lista_categorias': lista_categorias,
28.         'lista_produtos': lista_produtos,
29.     }
30.     return render(request, 'produto/listar.html', contexto)
31.
32. def detalhes_produto(request, slug_produto=None):
33.     produto = get_object_or_404(Produto, slug=slug_produto,
34.                                 disponivel=True)
35.     form_adicionar_produto_ao_carrinho =
```

```
36.         FormAdicionarProdutoAoCarrinho()
37.     contexto = {
38.         'produto': produto,
39.         'form_produto_carrinho':
40.             form_adicionar_produto_ao_carrinho,
41.     }
42.     return render(request, 'produto/detalhes.html', contexto)
```
LISTAGEM 18.16: View /prj_lojavirtual/main/views.py

As linhas destacadas apenas instanciam um objeto da classe **FormAdicionarProdutoAoCarrinho**, que servirá para passar os dados do produto selecionado e da quantidade a ser adquirida à view que processará a requisição.

```
1.  {% extends 'base.html' %}
2.  {% load static %}
3.  {% block titulo %}
4.      {% if categoria %}
5.          {{ categoria.nome }}
6.      {% else %}
7.          Produtos
8.      {% endif %}
9.  {% endblock %}
10. {% block conteudo %}
11.     <div class="container">
12.         <div class="row" style="margin-top: 6%">
13.             <div class="col-sm-8 ">
14.                 <div class="loja-item">
15.                     <div class="row">
16.                         <div class="card">
17.                             <div class="card-body">
18.                                 <div class="col-md-6 text-right">
19.                                     <img src="{% if produto.imagem %}
20.                                             {{ produto.imagem.url }}
21.                                         {% else %}
22.                                             {% static
23.                                                 'img/default.jpg' %}
24.                                         {% endif %}"
25.                                         alt="Imagem de {{ produto.nome }}"
26.                                         style="height: 170px; width: auto" >
27.                                 </div>
28.                                 <div class="col-md-6"
29.                                     style="padding-left: 20px">
30.                                     <h3>{{ produto.nome }}</h3>
31.                                     <h6>
32.                                     <a href=
33.                                 "{{ produto.categoria.get_absolute_url }}">
34.                                     {{ produto.categoria }}
35.                                     </a>
36.                                     </h6>
37.                                     <p class="text-muted">
38.                                         R$ {{ produto.preco }}
39.                                     </p>
```

```
40.                         <form action="{%
41.                         url 'carrinho:adicionar_ao_carrinho'
42.                             produto.id %}" method="post">
43.                         {{ form_produto_carrinho }}
44.                         {% csrf_token %}
45.                         <input type="submit"
46.                           value="Adicionar ao carrinho">
47.                         </form>
48.                         <p>
49.                           {{ produto.descricao|safe|
50.                             linebreaksbr }}
51.                         </p>
52.                       </div>
53.                     </div>
54.                   </div>
55.                 </div>
56.               </div>
57.             </div>
58.           </div>
59.         </div>
60. {% endblock %}
```

LISTAGEM 18.17: Template /prj_lojavirtual/templates/produto/detalhes.html

Na Listagem 18.17, foi incluído um novo *form HTML* nas linhas de 40 a 47 para adicionar um produto ao carrinho atual. Quando o botão "Adicionar ao carrinho" (que é, na verdade, um controle HTML do tipo *submit*) for clicado, os dados serão enviados à view apontada pela URL mapeada por *carrinho:adicionar_ao_carrinho*. Se executar a aplicação agora, visitar a URL http://127.0.0.1:8000/produtos/ e clicar sobre um produto qualquer da listagem, surgirá uma tela parecida com a da Figura 18.3.

FIGURA 18.3: Tela de detalhes de um produto permitindo adicioná-lo ao carrinho

Para visualizar o conteúdo do carrinho neste momento, acesse http://127.0.0.1:8000/carrinho. Você verá uma tela parecida com a da Figura 18.4.

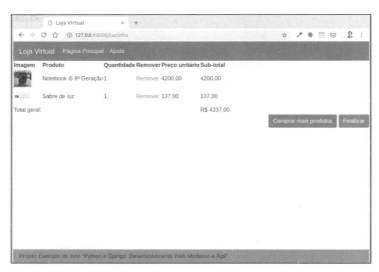

FIGURA 18.4: Carrinho de compras

Processadores de contexto

Um outro recurso presente em qualquer loja virtual é a possibilidade de visualizar os itens do seu carrinho de compras a partir de qualquer página do site. Para isso, é necessária uma maneira de disponibilizar o carrinho para todos os templates do projeto. Essa necessidade é atendida, no Django, pelos **processadores de contexto**. Trata-se de funções em Python que recebem um objeto request e devolvem um dicionário, que é acrescido à requisição. Utilizando um processador de contexto, você pode salvar variáveis, de modo que estas fiquem disponíveis em toda a aplicação.

Quando você cria um projeto Django, automaticamente são adicionados quatro processadores de contexto, que podem ser configurados por meio da opção **context_processors** na constante **TEMPLATES** do **settings.py**:

1. **django.template.context_processors.debug**: Guarda as variáveis booleana **debug** e a variável **sql_queries**, que contêm uma lista com as consultas SQL executadas na requisição.
2. **django.template.context_processors.request**: Armazena a requisição no contexto — isso é que permite que o objeto **request** seja acessado de qualquer lugar da aplicação.
3. **django.contrib.auth.context_processors.auth**: Guarda a variável **user** no contexto. Com ela, você pode verificar o usuário atualmente conectado no projeto.

4. *django.contrib.messages.context_processors.messages*: Guarda uma variável de nome *messages* no contexto, usada pelo Django para gerenciar mensagens ao usuário.

Existe ainda um quinto processador de contexto, **django.template.context_processors.csrf**, que não é declarado no settings.py mas não pode ser desativado por razões de segurança — ele é usado para proteger as aplicações Django contra ataques de CSRF.

Dentro da pasta /prj_lojavirtual/carrinho, crie um arquivo de nome context_processors.py com o conteúdo da Listagem 18.18.

```
from .carrinho import Carrinho

def carrinho(request):
    resultado = {
        'carrinho': Carrinho(request)
    }
    return resultado
```

LISTAGEM 18.18: Processador de contexto /prj_lojavirtual/carrinho/context_processors.py

É fácil observar que o único método desse arquivo devolve um dicionário contendo o carrinho de compras da aplicação. Com isso, todos os templates terão, agora, acesso a uma variável chamada **carrinho** (a chave do dicionário criado), cujo valor é o objeto carrinho de compras atual.

O próximo passo é adicionar o processador de contexto criado ao settings.py do projeto. Localize a constante *TEMPLATES* nesse arquivo e deixe seu valor como na Listagem 18.19.

```
TEMPLATES = [
    {
        'BACKEND': 'django.template.backends.django.DjangoTemplates',
        'DIRS': ['templates'],
        'APP_DIRS': True,
        'OPTIONS': {
            'context_processors': [
                'django.template.context_processors.debug',
                'django.template.context_processors.request',
                'django.contrib.auth.context_processors.auth',
                'django.contrib.messages.context_processors.messages',
                'carrinho.context_processors.carrinho',
            ],
        },
    },
]
```

LISTAGEM 18.19: Trecho do settings.py do projeto prj_lojavirtual

Agora, vou alterar o template /prj_lojavirtual/templates/snippets/barra_navegacao.html, que é incluído no layout ancestral, base.html, para exibir o carrinho em todas as páginas da aplicação. Deixe-o como na Listagem 18.20.

```
1.  <nav class="navbar navbar-expand-lg navbar-light bg-primary">
2.      <a class="navbar-brand text-light" href="/">
3.          Loja Virtual
4.      </a>
5.      <button class="navbar-toggler"
6.          type="button"
7.          data-toggle="collapse"
8.          data-target="#navbarSupportedContent" >
9.          <span class="navbar-toggler-icon"></span>
10.     </button>
11.     <div class="collapse navbar-collapse"
12.             id="navbarSupportedContent">
13.         <ul class="navbar-nav mr-auto">
14.             <li class="nav-item">
15.                 <a class="nav-link text-light" href="/">
16.                     Página Principal
17.                 </a>
18.             </li>
19.             <li class="nav-item">
20.                 <a class="nav-link text-light"
21.                     href="/ajuda/">Ajuda</a>
22.             </li>
23.             <li class="nav-item">
24.                 {% with quantidade_itens=carrinho|length %}
25.                     {% if carrinho|length > 0 %}
26.                         Seu carrinho de compras:
27.                         <a class="nav-link text-light"
28.                             href="
29.                             {% url "carrinho:detalhes_carrinho" %}">
30.                             {{ quantidade_itens }} produto
31.                             {{ quantidade_itens|pluralize }} -
32.                             R${{ carrinho.get_total_geral }}
33.                         </a>
34.                     {% else %}
35.                         Seu carrinho está vazio.
36.                     {% endif %}
37.                 {% endwith %}
38.             </li>
39.         </ul>
40.     </div>
41. </nav>
```

LISTAGEM 18.20: Template barra_navegacao.html

(/prj_lojavirtual/templates/snippets/barra_navegacao.html)

Concluindo a Aplicação de Loja Virtual com o Django 407

Há apenas uma novidade, na linha 31: o filtro **pluralize** — com ele, se a variável quantidade_itens for maior que 1, ele acrescentará um **s** para colocar a palavra **produto** no plural, fazendo com que seja exibido 1 produto, 2 produtos etc. no texto do carrinho.

Após as alterações, execute o projeto, acesse a página de produtos (http://127.0.0.1:8000/produtos/), adicione alguns ao carrinho e navegue pelo projeto. Você perceberá que agora sempre aparecerá o link para o carrinho, como mostra a Figura 18.5.

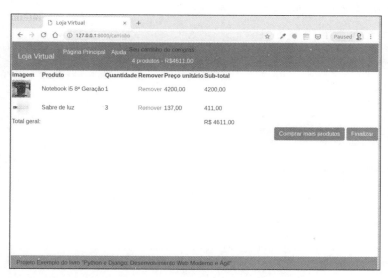

FIGURA 18.5: Página mostrando o link para o carrinho de compras

Persistindo pedidos em um SGBD

Por enquanto, os pedidos da loja virtual podem ser criados na memória principal, mas é necessário gravá-los em um banco de dados. Para tal, criarei uma nova classe de domínio no projeto: pedido. Mas antes, para deixar o projeto o mais desacoplado possível, crie mais uma aplicação:

```
./manage.py startapp pedidos
```

Altere o settings.py do **projeto**, adicionando a app pedidos à lista INSTALLED_APPS, deixando-a como na Listagem 18.21.

```
INSTALLED_APPS = [
    'django.contrib.admin',
    'django.contrib.auth',
    'django.contrib.contenttypes',
    'django.contrib.sessions',
    'django.contrib.messages',
    'django.contrib.staticfiles',
```

```
            'main.apps.MainConfig',
            'carrinho.apps.CarrinhoConfig',
            'pedidos.apps.PedidosConfig',
    ]
```

LISTAGEM 18.21: Trecho do settings.py do projeto mostrando as aplicações instaladas

Dentro da pasta recém-criada, /prj_lojavirtual/pedidos/, adicione uma nova classe ao arquivo models.py, deixando-o como na Listagem 18.22.

```
1.  from django.db import models
2.  from decimal import Decimal
3.  from main.models import Produto
4.
5.  class Pedido(models.Model):
6.      # Dados do comprador:
7.      nome = models.CharField(max_length=50)
8.      email = models.EmailField()
9.      logradouro = models.CharField(max_length=50)
10.     numero = models.CharField(max_length=5)
11.     complemento = models.CharField(max_length=20)
12.     bairro = models.CharField(max_length=30)
13.     cidade = models.CharField(max_length=50)
14.     uf = models.CharField(max_length=2)
15.     cep = models.CharField(max_length=9)
16.     # Dados específicos do pedido:
17.     data_criacao = models.DateField(auto_now=True)
18.     pago = models.BooleanField(default=False)
19.
20.     class Meta:
21.         ordering = ('-data_criacao',)
22.
23.     def __str__(self):
24.         return 'Pedido # ' + str(self.id)
25.
26.     def get_total_geral(self):
27.         resultado = Decimal(0.0)
28.         for item in self.itens.all():
29.             subtotal = Decimal(item['quantidade']) *
30.                 Decimal(item['preco'])
31.             resultado = resultado + subtotal
32.         return resultado
33.
34. class ItemPedido(models.Model):
35.     pedido = models.ForeignKey(Pedido, related_name='itens',
36.                                on_delete=models.CASCADE)
37.     produto = models.ForeignKey(Produto,
38.                                 related_name='itens_pedido',
39.                                 on_delete=models.CASCADE)
40.     preco = models.DecimalField(max_digits=10, decimal_places=2)
41.     quantidade = models.PositiveIntegerField(default=1)
42.
43.     def __str__(self):
```

```
44.            return 'Pedido # ' + str(self.id)
45.
46.    def get_subtotal(self):
47.        return self.preco * self.quantidade
```
LISTAGEM 18.22: Arquivo models.py da aplicação pedidos

A Listagem 18.22 não traz nenhuma novidade: ela começa com a importação das classes necessárias, nas linhas de 1 a 3; em seguida, nas linhas de 5 a 32, declarei uma classe de modelo Pedido, que representa um pedido de cliente. Seus atributos estão nas linhas de 7 a 18. Na classe aninhada Meta, especifiquei que os pedidos devem ser ordenados na interface da aplicação Admin por data de criação de modo ***decrescente***.

Declarei, ainda, um dunder `__str__()`, nas linhas 23 e 24, que retorna uma representação em string do pedido e, nas linhas de 26 a 32, um método `get_total_geral()`, que soma o valor dos itens do pedido e retorna o valor total.

Na sequência, declarei outra classe de modelo, ItemPedido, que representa uma linha do pedido do cliente composta por um produto, um preço unitário e uma quantidade comprada. Observe a existência do método `get_subtotal()`, que devolve o subtotal da linha atual do pedido.

Perceba a semelhança dessas classes com aquelas do carrinho de compras. Alguns leitores poderiam pensar em reaproveitar a classe Carrinho com adaptações para representar esse conceito, porém, essa não é, em geral, uma boa ideia. Apesar de muito parecidos, o carrinho e o pedido têm ciclos de vida diferentes (o carrinho só faz sentido enquanto o cliente está comprando, enquanto o pedido deve existir por bem mais tempo) e propósitos diferentes. Logo, devem ser modelados como classes separadas.

Agora que as classes do modelo foram alteradas, é necessário atualizar o schema do SGBD novamente. Digite no prompt de comandos/terminal:

./manage.py makemigrations

Serão gerados os scripts de migração. Você verá mensagens parecidas com:

```
Migrations for 'pedidos':
  pedidos/migrations/0001_initial.py
    - Create model Pedido
    - Create model ItemPedido

Process finished with exit code 0
```

Agora, execute a migração digitando:

./manage.py migrate

Novamente, surgirão mensagens informando a conclusão da operação:

```
Operations to perform:
  Apply all migrations: admin, auth, contenttypes, main, pedidos, sessions
Running migrations:
```

```
Applying pedidos.0001_initial... OK

Process finished with exit code 0
```

Agora o schema do banco foi atualizado.

A próxima etapa será registrar as classes que criei no admin.py da aplicação *pedidos*. Edite o arquivo citado (/prj_lojavirtual/pedidos/admin.py) e deixe-o como na Listagem 18.23.

```
1.  from django.contrib import admin
2.  from .models import Pedido, ItemPedido
3.
4.  class ItemPedidoInline(admin.TabularInline):
5.      model = ItemPedido
6.      raw_id_fields = ['produto']
7.
8.  class PedidoAdmin(admin.ModelAdmin):
9.      list_display = ['id', 'nome', 'email', 'logradouro', 'numero',
10.                     'complemento', 'bairro', 'cidade',
11.                     'uf', 'cep', 'data_criacao', 'pago']
12.     list_filter = ['pago', 'data_criacao', 'nome']
13.     inlines = [ItemPedidoInline]
14.
15. admin.site.register(Pedido, PedidoAdmin)
```

LISTAGEM 18.23: Arquivo admin.py da aplicação pedidos

Como de costume, o arquivo começa com a importação das classes que serão utilizadas, nas linhas 1 e 2.

Nas linhas de 4 a 6 aparece uma novidade: uma classe que herda de admin.TabularInline, de nome ItemPedidoInline. Essas classes *"InLine"* servem para apresentar dados de classes relacionadas em uma mesma tela que uma classe principal no Admin, provendo um modo simples de construir cadastros CRUD do tipo "Mestre-Detalhe". A propriedade **model**, atribuída na linha 5, é autoexplicativa: ela define qual classe do modelo será editada na linha detalhe do Admin.

A propriedade raw_id_fields (linha 6), por sua vez, é usada para alterar a maneira como alguns atributos serão renderizados em um template. O comportamento padrão do Django é criar uma caixa de seleção (tag HTML *<select>*) para campos que são **chaves estrangeiras**[3] na entidade atual. Porém, esse comportamento tem um custo: se a tabela relacionada tiver muitos registros, não seria viável usar tal caixa de seleção (pense em procurar um registro em uma lista com 100, 1.000 ou 10.000 valores! Além de não ser prático, geraria muito tráfego de rede inutilmente). Para remediar isso, de-

---

[3] Por exemplo, um item de pedido deve conhecer o pedido ao qual está associado; esse relacionamento é realizado, comumente, por meio de um campo na tabela de itens de pedido, com o código do registro associado na tabela de pedidos. Diz-se que o campo é uma **chave estrangeira** dentro da tabela de itens de pedido.

clare os campos que você prefere que sejam renderizados como tags HTML <input>, na propriedade raw_id_fields, que eles aparecerão como uma caixa de texto com um botão de "lupa" para localizar e selecionar um valor.

As propriedades *list_display* (linhas 6 e 12) e *list_filter* (linha 13) foram explicadas no começo do capítulo anterior:

- *list_display* (linhas 9 a 11): Especifica quais campos serão mostrados na tela.
- *list_filter* (linha 12): Especifica quais campos poderão ser usados para filtrar os dados da listagem.

Outra propriedade ainda não explicada aparece na linha 13, inlines, ela contém uma lista de classes que será exibida em uma seção detalhe do formulário de edição do Django Admin.

Por fim, na linha 15, a classe *PedidoAdmin* é registrada como responsável por manter objetos da classe *Pedido*.

Execute o projeto agora:

```
./manage.py runserver
```

Se acessar http://127.0.0.1:8000/admin/pedidos/, verá a tela da Figura 18.6.

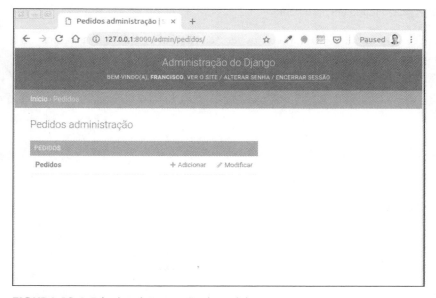

FIGURA 18.6: Tela de administração de pedidos

Clique no botão Adicionar. Você será redirecionado para a tela da Figura 18.7, na qual você poderá adicionar novos pedidos.

FIGURA 18.7: Adicionando um novo pedido

Observe como é fácil acrescentar e remover itens de um pedido, salvá-los etc. Essa é uma das grandes vantagens do Django Admin. Experimente "brincar" com a tela. As Figuras 18.8 e 18.9 mostram dados de teste que inseri a partir da tela da Figura 18.7.

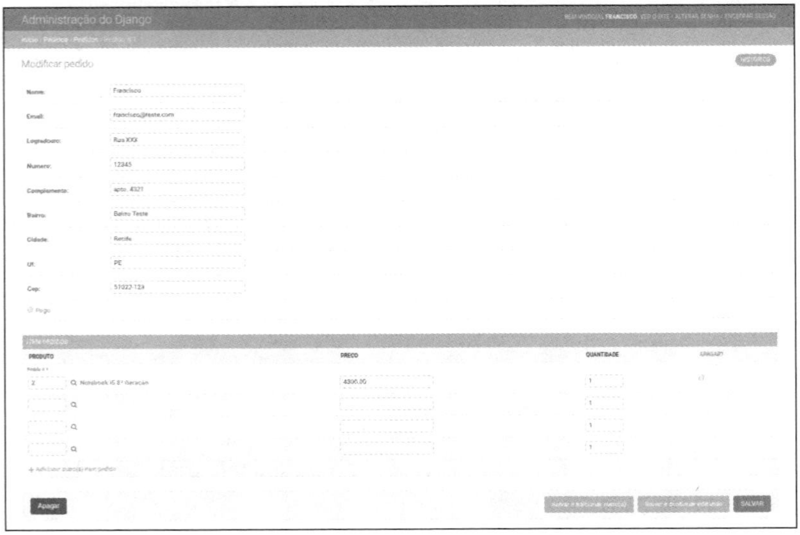

FIGURA 18.8: Alterando um pedido

FIGURA 18.9: Manutenção de pedidos

Criando pedidos dos clientes

Usarei as classes de modelo da aplicação pedidos para gravar os itens do carrinho de compras quando o usuário finalizar seu pedido. Primeiro, definirei um form para receber os detalhes dos pedidos. Crie um arquivo forms.py na pasta /prj_lojavirtual/pedidos com o código da Listagem 18.24.

```
from django import forms
from .models import Pedido


class FormCriarPedido(forms.ModelForm):
    class Meta:
        model = Pedido
        fields = ['nome', 'logradouro', 'numero', 'complemento',
                  'bairro', 'cidade', 'uf', 'cep']
```

LISTAGEM 18.24: Arquivo forms.py da aplicação pedidos

Esse form será usado para encapsular os dados dos pedidos. Agora, definirei uma view para receber e tratar tais informações. Edite o arquivo /prj_lojavirtual/pedidos/views.py para que fique como na Listagem 18.25.

```
1.  from django.shortcuts import render
2.  from .models import ItemPedido
3.  from .forms import FormCriarPedido
4.  from carrinho.carrinho import Carrinho
5.
6.  def criar_pedido(request):
7.      carrinho = Carrinho(request)
8.      if request.method == 'POST':
9.          form = FormCriarPedido(request.POST)
10.         if form.is_valid():
11.             pedido = form.save()
12.             for item in carrinho:
13.                 ItemPedido.objects.create(pedido = pedido,
```

```
14.                                     produto = item['produto'],
15.                                     preco = item['preco'],
16.                                     quantidade =
17.                                     item['quantidade'])
18.             carrinho.limpar_carrinho()
19.             return render(request,
20.                     'pedidos/pedido/concluir.html',
21.                     {'pedido' : pedido})
22.     else:
23.         form = FormCriarPedido()
24.     return render(request,
25.             'pedidos/pedido/criar.html',
26.             {'carrinho' : carrinho, 'form' : form})
```

LISTAGEM 18.25: Views da aplicação pedidos (/prj_lojavirtual/pedidos/views.py)

A view da Listagem 18.25 possui apenas um método, criar _ pedido(). Na linha 7, ele instancia um carrinho de compras a partir da requisição HTTP recebida. Em seguida, ele cria o objeto form que será passado a um template:

1. Se a requisição foi realizada com o método HTTP POST, o carrinho é instanciado a partir do dicionário que contém os parâmetros enviados com a requisição HTTP (linha 9) e, em seguida, conferido para ver se não possui nenhum erro de validação (por exemplo, um e-mail inválido). Se a validação passar, o pedido é gravado no banco de dados, na linha 11 e, nas linhas de 12 a 17, são criados objetos da classe ItemPedido para cada item no carrinho. Em seguida, o carrinho é limpo e o template /prj_lojavirtual/templates/pedidos/pedido/concluir.html é exibido com os dados do pedido recém-gravado.

2. Se, por outro lado, a requisição for feita com o método HTTP GET, simplesmente é criado um objeto vazio da classe FormCriarPedido, na linha 23, e, em seguida, o template /prj_lojavirtual/templates/pedidos/pedido/criar.html é exibido com um formulário vazio.

Falta ainda criar os templates citados. Eles serão explicados adiante, na seção "Implementando a funcionalidade do botão Finalizar do carrinho".

Adicionando urls à aplicação pedidos

Crie um novo urls.py na pasta da aplicação pedidos (/prj_lojavirtual/pedidos) e digite nele o código da Listagem 18.26.

```
from django.urls import path
from . import views

app_name = 'pedidos'

urlpatterns = [
    path('criar/', views.criar_pedido, name='criar_pedido')
]
```

LISTAGEM 18.26: URLs da aplicação pedidos (/prj_lojavirtual/pedidos/urls.py)

Concluindo a Aplicação de Loja Virtual com o Django   415

Esse arquivo cria um mapeamento entre a URL <endereço do seu site>:8000/pedidos/criar/ e o método `criar_pedido()`, declarado na Listagem 18.25. Em sua máquina local, o endereço será http://127.0.0.1:8000/pedidos/criar/.

Inclua esse mapeamento no urls.py do *projeto*, deixando-o como na Listagem 18.27.

```
from django.contrib import admin
from django.urls import path, include
from django.views.generic import TemplateView
from main import views
from django.conf import settings
from django.conf.urls.static import static

urlpatterns = [
    path('admin/', admin.site.urls),
    path('ajuda/', TemplateView.as_view(template_name='ajuda.html'),
                                                    name='ajuda'),
    path('fale-conosco/', views.ViewFaleConosco.as_view(),
                          name="fale_conosco"),
    path('carrinho/', include('carrinho.urls', namespace='carrinho')),
    path('pedidos/', include('pedidos.urls', namespace='pedidos')),
    path('', include('main.urls', namespace='main')),
] + static(settings.MEDIA_URL, document_root=settings.MEDIA_ROOT)
```

LISTAGEM 18.27: Mapeamento de URLs do PROJETO (/prj_lojavirtual/lojavirtual/urls.py)

AVISO

Ao digitar o conteúdo da Listagem 18.27, muito cuidado para colocar o mapeamento da aplicação *pedidos* ANTES da aplicação *main*, do contrário, eles serão sobrescritos, pois main redefine o URL vazio ('') interceptando todas as chamadas recebidas pelo projeto. Por esse motivo, todos os URLs mais específicos devem ser declarados ANTES dos mais genéricos.

Implementando a funcionalidade do botão Finalizar do carrinho

Altere o arquivo /prj_lojavirtual/templates/carrinho/detalhes.html mudando a linha:

```
<a href="#" class="btn btn-secondary button">Finalizar</a>
```

para:

```
<a href="{% url 'pedidos:criar_pedido' %}"
   class="btn btn-secondary button">
   Finalizar
</a>
```

Com essa alteração, se o comprador clicar no botão *Finalizar* no carrinho de compras, será executado método `criar_pedido()` da view. Como pode ser conferido na Listagem 18.25, esse método pressupõe a existência do template prj_lojavirtual/ templates/pedidos/pedido/criar.html. Digite-o conforme a Listagem 18.28.

```
1.  {% extends 'base.html' %}
2.  {% load static %}
3.  {% block titulo %}
4.      Finalizar compra
5.  {% endblock %}
6.
7.  {% block conteudo %}
8.      <h1>Finalizar compra</h1>
9.      <div>
10.         <h3>Seu pedido:</h3>
11.         <ul>
12.             {% for item in carrinho %}
13.                 <li>
14.                     {{ item.produto.nome }} - R$ {{ item.preco }} x qtd.: {{ item.quantidade }}
15.                     <span>R$ {{ item.subtotal }}</span>
16.                 </li>
17.             {% endfor %}
18.         </ul>
19.         <p>Total geral: R$ {{ carrinho.get_total_geral }}</p>
20.     </div>
21.     <form action="." method="post" >
22.         {% csrf_token %}
23.         {{ form.as_p }}
24.         <p> <input type="submit" value="Enviar pedido"
25.                 class="btn btn-primary button-light" > </p>
26.     </form>
27. {% endblock %}
```

LISTAGEM 18.28: Template criar.html (/prj_lojavirtual/templates/pedidos/pedido/criar.html)

A essa altura, você já deve ser capaz de compreender todo o código dessa listagem.

Esse template será usado para mostrar ao usuário o resumo do pedido após a solicitação. É comum, ainda, em sites de comércio eletrônico, que haja uma mensagem de agradecimento ao final da compra. Crie outro template, na mesma pasta do anterior, com o nome de concluir.html e digite nele o conteúdo da Listagem 18.29.

```
{% extends 'base.html' %}
{% load static %}
{% block titulo %}
    Obrigado pela compra!
{% endblock %}
{% block conteudo %}
    <h1> Obrigado pela compra!</h1>
    <p>
        Seu pedido foi concluído com sucesso.
        O número do pedido é <strong>{{ pedido.id }}</strong>.
    </p>
    <p class="text-left">
```

```
            <a href="{% url 'main:listar_produtos' %}" class="btn
            btn-primary button-light">Retornar à loja</a>
        </p>
    {% endblock %}
```

LISTAGEM 18.29: Template concluir.html (/prj_lojavirtual/templates/pedidos/pedido/concluir.html)

Agora, execute novamente o projeto, adicione alguns produtos ao carrinho de compras e clique no botão "Finalizar". Você será direcionado à tela da Figura 18.10. Preencha os dados de um cliente qualquer e clique no botão "Enviar pedido".

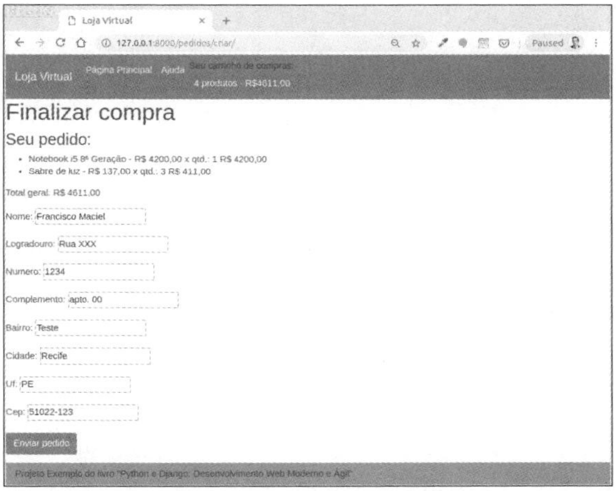

FIGURA 18.10: Conclusão do pedido

Clique no botão "Enviar pedido". O pedido será enviado e surgirá uma tela com a mensagem indicativa de sucesso da operação.

Atualizando o menu da aplicação

O projeto está quase concluído, porém, o menu inicial da aplicação ainda não possui links para todas as telas criadas. Altere o template /prj_lojavirtual/templates/snippets/barra_navegacao.html para que fique como na Listagem 18.30.

```
1.   <nav class="navbar navbar-expand-lg navbar-light bg-primary">
2.       <a class="navbar-brand text-light" href="/">
3.           Loja Virtual
4.       </a>
5.       <button class="navbar-toggler"
6.           type="button"
7.           data-toggle="collapse"
8.           data-target="#navbarSupportedContent" >
9.           <span class="navbar-toggler-icon"></span>
10.      </button>
11.      <div    class="collapse navbar-collapse"
12.              id="navbarSupportedContent">
```

```html
13.         <ul class="navbar-nav mr-auto">
14.             <li class="nav-item">
15.                 <a class="nav-link text-light"
16.                     href="/admin/main/categoria/">
17.                     Manutenção de categorias
18.                 </a>
19.             </li>
20.             <li class="nav-item">
21.                 <a class="nav-link text-light"
22.                     href="/admin/main/produto/">
23.                     Manutenção de Produtos
24.                 </a>
25.             </li>
26.             <li class="nav-item">
27.                 <a class="nav-link text-light" href="/produtos/">
28.                     COMPRAR
29.                 </a>
30.             </li>
31.             <li class="nav-item">
32.                 <a class="nav-link text-light"
33.                     href="/fale-conosco/">Fale conosco</a>
34.             </li>
35.             <li class="nav-item">
36.                 <a class="nav-link text-light"
37.                     href="/ajuda/">Ajuda</a>
38.             </li>
39.             <li class="nav-item">
40.                 {% with quantidade_itens=carrinho|length %}
41.                     {% if carrinho|length > 0 %}
42.                         Seu carrinho de compras:
43.                         <a class="nav-link text-light"
44.                             href="{% url
45.                               "carrinho:detalhes_carrinho" %}">
46.                             {{ quantidade_itens }}
47.                     produto{{ quantidade_itens|pluralize }} -
48.                     R${{ carrinho.get_total_geral }}
49.                         </a>
50.                     {% else %}
51.                         Seu carrinho está vazio.
52.                     {% endif %}
53.                 {% endwith %}
54.             </li>
55.         </ul>
56.     </div>
57. </nav>
```

LISTAGEM 18.30: Template barra_navegacao.html com links para todas as telas

A alteração realizada duplicou código da página de detalhes do carrinho de compra nas linhas de 39 a 54. Isso pode ser facilmente corrigido ao remover o código duplicado do arquivo prj_lojavirtualtemplates/carrinho/detalhes.html, que ficará como na Listagem 18.30.

```
1.   {% extends 'base.html' %}
2.   {% load static %}
3.   {% block titulo %}
4.       Seu carrinho de compras
5.   {% endblock %}
6.
7.   {% block conteudo %}
8.       <table>
9.           <thead>
10.              <tr>
11.                  <th>Imagem</th>
12.                  <th>Produto</th>
13.                  <th>Quantidade</th>
14.                  <th>Remover</th>
15.                  <th>Preço unitário</th>
16.                  <th>Sub-total</th>
17.              </tr>
18.          </thead>
19.          <tbody>
20.              {% for item in carrinho %}
21.                  {% with produto=item.produto %}
22.                      <tr>
23.                          <td>
24.                              <a href="{{ produto.get_absolute_url }}">
25.                                  <img src="
26.                                  {% if produto.imagem %}
27.                                      {{ produto.imagem.url }}
28.                                  {% else %}
29.                                      {% static 'img/default.jpg' %}
30.                                  {% endif %}"
31.                                  width="50px" height="50px">
32.                              </a>
33.                          </td>
34.                          <td>{{ produto.nome }}</td>
35.                          <td>{{ item.quantidade }}</td>
36.                          <td><a href="{% url
37.                              'carrinho:remover_do_carrinho'
38.                                  produto.id %}">
39.                              Remover</a></td>
40.                          <td>{{ item.preco }}</td>
41.                          <td>{{ item.subtotal}}</td>
42.                      </tr>
43.                  {% endwith %}
44.              {% endfor %}
45.              <tr>
46.                  <td>Total geral:</td>
47.                  <td colspan="4"></td>
48.                  <td>R$ {{ carrinho.get_total_geral }}</td>
49.              </tr>
50.          </tbody>
51.      </table>
52.      <p class="text-right">
53.          <a href="{% url 'main:listar_produtos' %}"
54.           class="btn btn-primary button-light">
55.              Comprar mais produtos</a>
56. .        <a href="{% url 'pedidos:criar_pedido' %}"
```

```
57.              class="btn btn-secondary button">Finalizar</a>
58.          </p>
59. {% endblock %}
```

A Figura 18.11 mostra a tela inicial com todos os links.

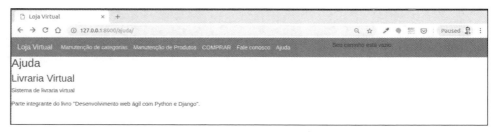

FIGURA 18.11: Tela inicial do sistema concluída

Clique no botão "Enviar pedido". O pedido será enviado e surgirá uma tela com a mensagem indicativa de sucesso da operação.

Controle de acesso: autenticação e autorização

Qualquer sistema de comércio eletrônico emprega algum tipo de tecnologia de controle de acesso. Tal controle possui, grosso modo, duas características:

- *Autenticação*: Permite que a aplicação possa confirmar que o usuário atualmente conectado é quem se espera. Isso é feito, em geral, por uma identificação (e-mail, CPF, login etc.) e uma senha.
- *Autorização*: Permite dividir os usuários em grupos que têm acesso a partes distintas do sistema. Por exemplo: no sistema de loja virtual, não seria desejável que usuários comuns acessem as telas de administração, restritas aos funcionários da loja.

Usarei, mais uma vez, o Django Admin para construir o mecanismo de segurança.

Lembra de quando criei um usuário administrador com o comando ***manage.py createsuperuser***? Ele tem permissão para criar outros usuários e grupos. De fato, se você acessar http://127.0.0.1:8000/admin/, verá a tela da Figura 18.12, na qual é possível criar usuários e grupos para o sistema.

Concluindo a Aplicação de Loja Virtual com o Django 421

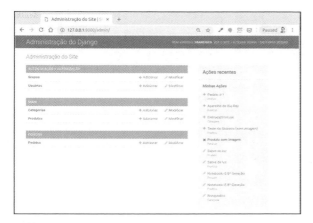

FIGURA 18.12: Tela de administração de usuários e grupos

Clique no botão "Adicionar" ao lado do item "Usuários" para cadastrar novos usuários no sistema. O mesmo vale para os grupos. A Figura 18.13 mostra a tela de inclusão de usuários. Perceba que ela só pede um login, uma senha e uma confirmação. Cadastre outro usuário para testá-la.

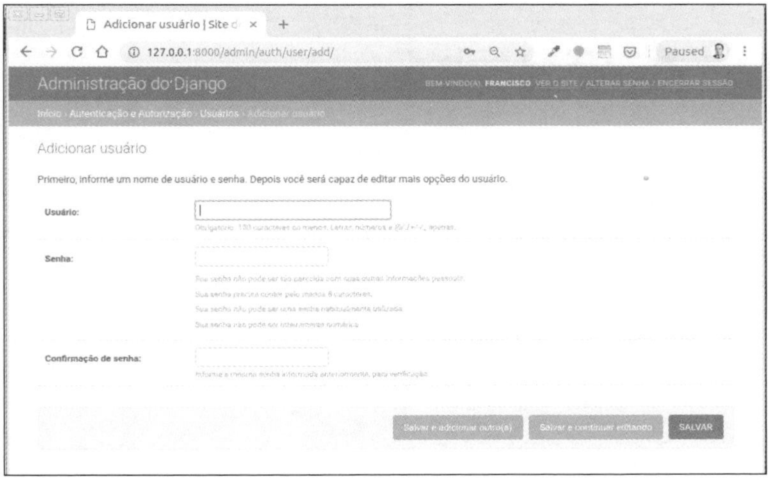

FIGURA 18.13: Tela de inclusão de usuários

Se quiser editar os dados de um usuário, basta voltar à página de administração, mostrada na Figura 18.12, clicar no link "Usuários" e, na tela que surgirá (Figura 18.14), clicar sobre o usuário que se deseja alterar.

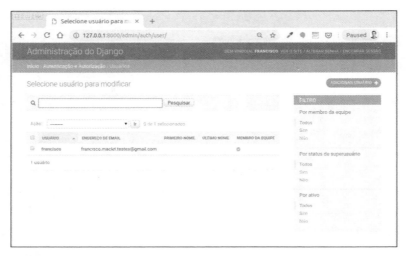

FIGURA 18.14: Tela de listagem de usuários

Se quiser editar os dados de um usuário, basta voltar à página de administração, mostrada na Figura 18.12 e clicar no link do nome de usuário. Surgirá a tela da Figura 18.15.

FIGURA 18.15: Editando os dados de um usuário

Os controles "Membro da equipe" e "Status de superusuário" significam, respectivamente:

- **Membro da equipe**: O usuário é um funcionário da empresa (e, portanto, tem acesso a algumas áreas do sistema a que os compradores não têm). Para poder acessar as telas do Admin, o usuário **DEVE** possuir esta permissão, do contrário, não conseguirá sequer fazer login na ferramenta.
- **Status de superusuário**: O usuário pode acessar todas as telas e realizar todas as operações oferecidas no sistema.

Crie um usuário *que seja membro da equipe* e *não seja superusuário*. Com essas características, ele não possui, inicialmente, acesso algum. Se você editar esse usuário e rolar a tela da Figura 18.15 até o final, verá a seção de permissões desse usuário, mostrada na Figura 18.16.

FIGURA 18.16: Permissões de um usuário

Existem quatro permissões em qualquer objeto editável pelo Django Admin: criar (*can add*), visualizar (*can view*), atualizar (*can change*) e excluir (*can delete*) registros. Atribuí-las a um dado usuário concede a este o acesso descrito pela propriedade. Conecte-se como administrador e acrescente ao usuário que você criou as permissões:

- main|categoria|Can add categoria
- main|categoria|Can change categoria
- main|categoria|Can view categoria

Com essas permissões, ele não poderá excluir categorias no sistema. Clique no link ENCERRAR SESSÃO, no alto à direita da tela do Django Admin, acesse novamente o endereço http://127.0.0.1:8000/admin/ e conecte-se, desta vez com o usuário criado. Clique no link **VER O SITE**, no alto à direita. Você será redirecionado à tela principal da aplicação. Clique em algum dos links de telas de manutenção — a tela será carregada, mas sem a permissão de exclusão, como esperado.

Outro recurso interessante do Django Admin é criar **grupos de usuários**. Eles permitem reunir permissões comuns a um mesmo perfil de usuário. Para criar um grupo de usuários, acesse o Admin mais uma vez como administrador e use o botão **Adicionar**, na seção **Grupos**. Surgirá a tela da Figura 18.17, que é muito parecida com a de usuários. Nela, você pode entrar com um nome para o grupo, selecionar as permissões que este terá na lista "permissões disponíveis" e adicioná-las ao conjunto "permissões escolhida(s)".

FIGURA 18.17: Criando grupos de usuários

Uma última palavra

O sistema loja virtual está concluído. Perceba que, em um projeto real, haveria muito mais recursos, tal como integração com administradoras de cartão de crédito, relatórios gerenciais, emissão de nota fiscal eletrônica etc.

Para abordar todos esses temas, seria necessário um livro a parte, por isso, optei por uma abordagem mais simples. Acredito que, ao chegar a este ponto, você consiga:

- Utilizar a linguagem Python de maneira satisfatória para construir programas úteis.
- Entender o processo de modelagem ágil para projetar sistemas.
- Ter um conhecimento das noções de orientação a objetos e como elas são implementadas na linguagem Python.
- Conhecer os fundamentos de frameworks de desenvolvimento para a web e, em particular, do Django.

Há um longo caminho a percorrer para aqueles que estão começando agora nessa área apaixonante que é a programação. Espero que minha contribuição tenha sido suficiente para, ao menos, aguçar sua curiosidade.

As referências bibliográficas fornecidas trazem um rico material complementar: consulte-as. Teste os códigos mostrados no livro, estenda-os com novas funcionalidades, implemente sistemas semelhantes e não tenha medo de errar: todos cometemos erros e eles são nossos melhores professores (se encontrar algum erro no livro, por favor, escreva para a editora, terei o maior prazer em corrigi-lo).

Espero que você tenha tanta satisfação em ler esta obra quanto eu tive em escrevê-la.

UM FORTE ABRAÇO!

APÊNDICE 1: INSTALANDO AS FERRAMENTAS NO WINDOWS

PARA ACOMPANHAR OS capítulos do livro, seu computador precisará de:

1. Uma instalação do Python.
2. PIP.
3. Criar um ambiente virtual no Python para isolar seu código de configurações externas.
4. Django.

Verificando se o Python já está instalado

Como muitas aplicações Windows utilizam o Python, é possível que ele já venha instalado em seu sistema. Para conferir, abra o prompt de comandos ou o Power Shell e digite:

```
python
```

Se houver uma versão do Python em seu sistema, será mostrada uma mensagem semelhante a:

```
Python 3.7.2 (tags/v3.7.2:9a3ffc0492, Dec 23 2018, 22:20:52) [MSC
v.1916 32 bit (Intel)] on win32
Type "help", "copyright", "credits" or "license" for more information.
>>>
```

Caso contrário, surgirá uma mensagem de erro, dizendo que o Windows não pôde encontrar o Python. Se for esse o caso, acesse www.python.org/downloads/ e baixe o instalador. Escolha a verão 3.8.1. A Figura A1.1 mostra a tela em que você pode realizar o download.

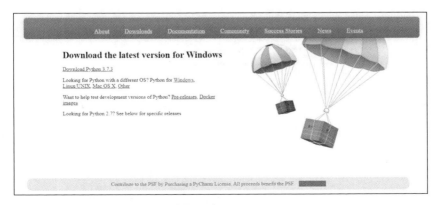

FIGURA A1.1: Tela de download do Python

Instalação do Python

Após realizar o download, vá até a pasta em que o instalador foi salvo e execute-o. Surgirá uma tela de saudação. Se você já instalou programas no Windows antes, não deverá ter problemas com a instalação. Deixe marcadas todas as opções na caixa de diálogo "Optional Features" e avance para a próxima tela clicando em Next.

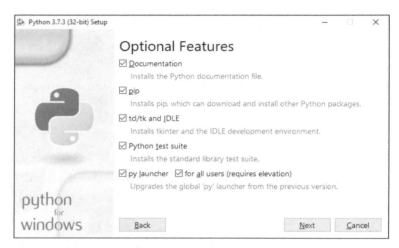

FIGURA A1.2: Caixa de diálogo Optional Features

Surgirá a tela da Figura A1.3. Certifique-se de que a opção "*Add Python to environment variables*" está **selecionada**. Sem isso, o Python teria que ser adicionado às variáveis de sistema manualmente. Clique em Install. Após a instalação, reinicie o Windows e digite "python" no prompt de comando para verificar se tudo correu como esperado.

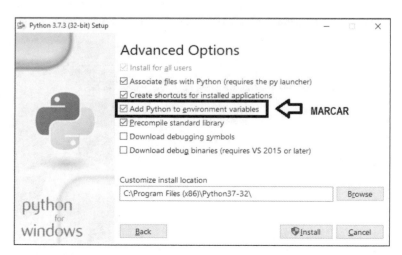

FIGURA A1.3: Caixa de diálogo Advanced Options

Apêndice 1: Instalando as Ferramentas no Windows

Instalação do PIP

PIP é um *gerenciador de pacotes* para o Python. Com ele, é muito mais simples instalar e remover módulos de terceiros. Para instalá-lo no Windows, após a instalação do Python, entre no prompt de comandos ou no Power Shell e digite:

```
python -m pip install -U pip
```

Serão exibidas algumas mensagens mostrando o andamento da instalação e, ao final:

```
Successfully installed pip-versão
```

AVISO

Se você receber alguma mensagem de erro relacionada com permissões durante a instalação, experimente executar o prompt de comandos ou o Power Shell como Administrador e repetir o processo todo.

Criando um ambiente virtual com o virtualenv

Um ambiente virtual permite isolar seu desenvolvimento de problemas com dependências externas. É como se você tivesse uma máquina virtual só para o Python e suas bibliotecas. Alguns programadores não gostam de utilizá-los, mas recomendo muito seu uso, principalmente se você for um iniciante. A capacidade de isolar seu ambiente de trabalho de influências de outros softwares instalados na mesma máquina poupa muita dor de cabeça.

Para instalar esse recurso no prompt de comandos ou no Power Shell digite:

```
pip install virtualenv
```

A instalação prossegue sem detalhes. Crie uma pasta para o seu projeto em um local em que você possua permissões de leitura e escrita, acesse-a no prompt de comandos ou no Power Shell e use o comando virtualenv. Por exemplo, para criar um ambiente chamado env_pydweb, digite:

```
virtualenv env_pydweb
```

1. Serão mostradas várias mensagens e, ao final, surgirá em seu terminal:

```
Installing setuptools, pip, wheel...
done.
```

Foi criada uma pasta com o nome do seu ambiente virtual (no meu exemplo, *env_pydweb*). Se você acessá-la, verá que ela contém vários arquivos e subpastas. No momento, interessa-nos o conteúdo da subpasta Scripts. Acesse-a e digite no terminal:

```
.\activate
```

Nesse momento, pode acontecer um erro semelhante a:

```
.\activate : O arquivo C:\Users\franc\projetos_django\env_pydweb\
Scripts\activate.ps1 não pode ser carregado porque a
execução de scripts foi desabilitada neste sistema. Para obter
mais informações, consulte about_Execution_Policies em
https://go.microsoft.com/fwlink/?LinkID=135170.
No linha:1 caractere:1
+ .\activate
+ ~~~~~~~~~~
    + CategoryInfo          : ErrodeSegurança: (:) [],
PSSecurityException
+ FullyQualifiedErrorId : UnauthorizedAccess
```

Se isso acontecer com você, abra o prompt de comandos ou o Power Shell como administrador e entre com o comando:

```
Set-ExecutionPolicy remoteSigned
```

Quando surgir uma tela de confirmação com a mensagem:

```
Alteração da Política de Execução
A política de execução ajuda a proteger contra scripts não
confiáveis. A alteração da política de execução pode implicar
exposição aos riscos de segurança descritos no tópico da
ajuda about_Execution_Policies em https://go.microsoft.com/
fwlink/?LinkID=135170. Deseja alterar a política de execução?
[S] Sim   [A] Sim para Todos   [N] Não   [T] Não para Todos   [U]
Suspender   [?] Ajuda (o padrão é "N"):
```

Escolha "A" e tecle **enter**. Após essa providência, seu virtualenv deverá funcionar normalmente. Agora você pode trabalhar no ambiente virtual criado. É possível instalar o Django, criar e testar seus projetos sem medo de prejudicar o código de outras aplicações. Qualquer módulo que você instalar ou remover, afetará apenas o que estiver contido no ambiente virtual. Ao final, quando decidir sair do ambiente virtual, digite:

```
deactivate
```

Instalando o Django

Com o PIP em seu sistema, a instalação do Django é simples. Em seu terminal, digite:

```
pip3 install Django==versão
```

Por exemplo, para instalar a versão 3.0.2:

```
pip3 install Django==3.0.2
```

Apêndice 1: Instalando as Ferramentas no Windows

Para testar se está tudo funcionando, crie uma pasta para seus projetos, acesse-a e crie um projeto vazio com o Django:

```
mkdir projetos
cd projetos
django-admin startproject testando
```

Acesse a pasta do novo projeto e execute o servidor web interno do Django:

```
cd testando
python manage.py runserver
```

Para testar se a instalação foi bem-sucedida, acesse o endereço http://localhost:8000/. Você deverá visualizar a tela da Figura A1.4. Para encerrar o servidor, simplesmente tecle *<ctrl>* + *<break>*.

FIGURA A1.4: Tela inicial de uma aplicação do Django

APÊNDICE 2: INSTALANDO AS FERRAMENTAS NO LINUX

NESTE APÊNDICE você verá como instalar as ferramentas necessárias para seguir os capítulos do livro, caso utilize um sistema operacional Linux. Mostrarei como instalar:

1. Python.
2. PIP.
3. Criar um ambiente virtual no Python para isolar seu código de configurações externas.
4. Django.

Verificando se o Python já está instalado

Se você usa Linux, é bem provável que já tenha o Python instalado. Para conferir, abra um terminal e digite:

```
$ which python
```

Se já houver uma versão do Python em seu sistema, será mostrado o caminho em que ele se localiza; caso contrário, você verá uma mensagem parecida com "which: no python in (/usr/local/sbin:/usr/local/bin:/usr/bin:/usr...)". Se esse for o caso, siga o procedimento mostrado na próxima seção. Se não, simplesmente verifique a versão instalada digitando:

```
$ python3 -V
```

Confirme se a versão é, pelo menos, a 3.5.7.

Instalação do Python

Se você não tiver o Python instalado, ainda no terminal, entre com o comando:

1. **Com apt-get:**

   ```
   $ sudo apt-get install python3.8
   ```

2. **Com yum:**

   ```
   $ sudo yum install python38
   ```

Instalação do PIP

PIP é um *gerenciador de pacotes* para o Python. Com ele, é muito mais simples instalar e remover módulos de terceiros. Instalá-lo no Linux é bastante simples. Abra um terminal e digite:

1. **Com apt-get:**

   ```
   $ sudo apt-get install python3-pip
   ```

2. **Com yum:**

   ```
   $ sudo yum -y install python3-pip
   ```

Criando um ambiente virtual com o virtualenv

Um ambiente virtual permite isolar seu desenvolvimento de problemas com dependências externas. É como se você tivesse uma máquina virtual só para o Python e suas bibliotecas. Alguns programadores não gostam de utilizá-los, mas recomendo muito seu uso, principalmente, se você for um iniciante. A capacidade de isolar seu ambiente de trabalho de influências de outros softwares instalados na mesma máquina poupa muito "choro e ranger de dentes".

Para instalar esse recurso novamente no terminal, digite:

```
$ python3 -m pip install virtualenv
```

Isso lhe permitirá criar ambientes virtuais. Agora mostrarei como criar um ambiente virtual para um novo projeto.

1. Crie uma pasta para o seu projeto com permissões de leitura, gravação e execução para o grupo *others*. Por exemplo, para criar um ambiente chamado env_pydweb, digite:

   ```
   $ virtualenv env_pydweb
   ```

2. Serão mostradas várias mensagens e, ao final, surgirá em seu terminal:

   ```
   Installing setuptools, pip, wheel...
   done.
   ```

Foi criada uma pasta com o nome do seu ambiente virtual (no meu exemplo, *env_pydweb*). Se você acessá-la, verá que ela contém vários arquivos e subpastas. No momento, interessa-nos o conteúdo da subpasta bin. Acesse-a e digite no terminal:

```
source activate
```

Agora está trabalhando no ambiente virtual criado. Você pode instalar o Django, criar e testar seus projetos sem medo de prejudicar o código de outras aplicações. Qualquer módulo que instalar ou remover afetará apenas o que estiver contido no ambiente virtual. Ao final, quando decidir sair do ambiente virtual, digite:

```
source deactivate
```

Instalando o Django

Com o PIP em seu sistema, a instalação do Django é uma "brisa suave". Em seu terminal, digite:

```
python3 -m pip install Django==versão
```

Por exemplo, para instalar a versão 3.0.2:

```
python3 -m pip install Django==3.0.2
```

Para testar se está tudo funcionando, crie uma pasta para seus projetos, acesse-a e crie um projeto vazio com o Django:

```
mkdir projetos
cd projetos
django-admin startproject testando
```

Acesse a pasta do novo projeto e execute o servidor web interno do Django:

```
cd testando
python3 manage.py runserver
```

Para testar se a instalação foi bem-sucedida, acesse o endereço http://localhost:8000/. Você deverá visualizar a tela da Figura A2.1.

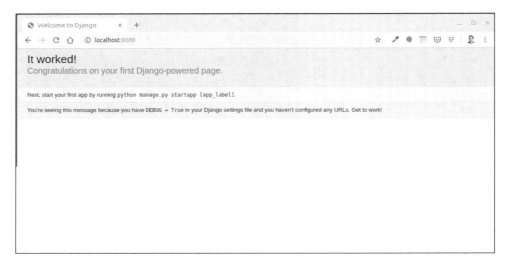

FIGURA A2.1: Tela inicial de uma aplicação do Django

REFERÊNCIAS BIBLIOGRÁFICAS

BARRY, Paul. **Use a cabeça Python: o guia amigo do seu cérebro.** Rio de Janeiro: Alta Books, 2018.

ELMAN, Julia; LAVIN, Mark. **Lightweight Django**. Sebastopol, CA, USA: O'Reilly Media, Inc., 2015.

HEMRAJANI, Anil. **Agile Java Development with Spring, Hibernate and Eclipse (Developer's Library).** Indianapolis, IN, USA: Sams Publishing, 2006.

KEEN, Debby. **Debbugging under IDLE.** 2011. Disponível em: <https://www.cs.uky.edu/~keen/help/debug-tutorial/debug.html>. Acesso em: 14 jan. 2019.

LENO, Magnum. **A História do Python**. 2014. Disponível em: <http://mindbending.org/pt/a-historia-do-python>. Acesso em: 03 dez. 2018.

LIN, Kimberly. **Top 5 reasons why Python is so popular**. 2018. Disponível em: <https://www.skillsoft.com/blog/2018/06/top-5-reasons-why-python-is-so-popular/>. Acesso em: 26 dez. 2018.

MARTIN, Robert C. **Código limpo: habilidades práticas do Agile Software.** Rio de Janeiro, RJ: Alta Books, 2011.

MELÉ, Antonio. **Django 2 by Example**. Birmingham, UK: Packt Publishing, 2018.

MBUGUA, Henry. **Building an E-Commerce Shopping Cart Using Django 2.0 and Python 3.6**. 2018. Disponível em: <https://academy.muva.tech/blog/lesson-1-building-e-commerce-shopping-cart-using-django-2-0-python-3-6/>. Acesso em: 02 jul. 2019.

MONTEIRO, Leandro Pinho. **Linguagens de Programação: Classificações**. 2018. Disponível em: <https://universidadedatecnologia.com.br/linguagem-de-programacao-classificacoes>. Acesso em: 20 dez. 2018.

PILONE, Dan; MILES, Russ. **Use a Cabeça: Desenvolvimento de Software.** Rio de Janeiro, RJ: Alta Books, 2008.

RUBIO, Daniel. **Beginning Django Web Application Development and Deployment with Python.** CA, USA: Apress Media, LLC, 2017.

SAMUEL, Nicholas. **How to format dates in Python**. 2018. Disponível em: <https://stackabuse.com/how-to-format-dates-in-python/>. Acesso em: 12 mai. 2019.

STARNER, Daniel. **Using Python's Type Annotations**. 2018, Disponível em: <https://dev.to/dstarner/using-pythons-type-annotations-4cfe>. Acesso em: 15 mai. 2019.

VANDERHEYDEN, Théo. **Pickle in Python: Object Serialization**. 2018. Disponível em: <https://www.datacamp.com/community/tutorials/pickle-python-tutorial#what>. Acesso em: 29 mai. 2019.

Documentação do Bootstrap CSS Framework. Disponível em: <https://getbootstrap.com/docs/4.3/getting-started/introduction/>. Acesso em: 18 jun. 2019.

Documentação do Django Framework 2.2. Disponível em: <https://docs.djangoproject.com/pt-br/2.2/>. Acesso em: 20 jun. 2019.

ÍNDICE

Símbolos

__init__.py, 292

A

ABC, 3
abstract, 332
acoplamento fraco, 283
admin, 280
algoritmos, 4
AMDD, 263–278
análise, 267
  de dados, 75
anotação de tipo, 155–156
aplicações, 296
argumentos múltiplos, 148
array
  estático, 101
  homogêneo, 102
ASCII Art, 29
associatividade, 25–26
atributos, 76
  estáticos
    classe, 214–216
auth, 280
automação de tarefas, 4
autorrelacionamento, 319

B

bancos de dados
  relacionais, 314
BaseException, 257
bibliotecas, 75–76
  cmath, 81
  math, 81
  NumPy, 4
  Pandas, 4
  Scikit-learn, 4
  Tensorflow, 4
blocos de código, 57
bottom-up, 377
Brackets, 9
breakpoint, 13
bugs, 16
built-in errors, 258–260
bytecode, 1

C

C++, 4
caching, 70
cadeias de caracteres, 87
camadas, 242
caminho do arquivo, 175
caractere
  \
    barra invertida, 18–19
  não numérico, 49
cartões CRC, 275
cascata, 284
case sensitive, 27
chamada, 148
chave
  id, 47
classe, 197–203
  abstrata, 228
  date, 134
  filha, 216
  List, 107
  Meta, 330
  método, 202
  modelo, 310
  models.Model, 320

nomear, 199
pai, 216
time, 138
código
  reutilização, 159
coesão, 242
coleção, 101–132
comentário, 7
comportamento, 202
Comunicação Interna, 230
condição de parada, 67
conjuntos, 118–120
constante
  middleware, 298–299
contenttypes, 280
contrib packages, 280
CRUD, 242
CSS, 284
  Bootstrap, 338

D

dados ordenados, 44
Dan Pilone, 242
debugging
  depuração
    debugar, 11–16
declaração do problema, 264
decomposição funcional, 172
default, 144–145
definição de padrões, 267
definição do escopo, 267
desenvolvedor, 285
designer, 285
desserializar, 189
dicionário, 119–132
  acessórios, 121
  dict, 123

Django
    ORM, 283
    templates, 337-340
        herança, 342
        mensagens, 356
docstrings, 144
documentação, 7
drop-down, 377
DRY, 281
DTL, 284
Duck Typing, 194
dunder
    __getitem__(), 246
    init, 201
    __iter__(), 241
    __name__, 240-241

E

Eclipse, 9
editor de textos
    programação, 9
E lógico, 27
else, 260
encadear, 61
encapsulamento, 193
end, 21
endereço de memória, 152
erro, 254-257
erros de compilação, 2
escopo de variável, 165
estrutura de dados
    bidimensional, 42
    invariáveis
        tuplas, 43
estrutura de repetição
    do...while, 70-71
etiquetas
    labels, 47
exceções, 253-262
except, 260
exponenciação, 25
Expressão, 20
expressão aritmética, 23

F

fator de carga, 272
Fila
    Queue, 106
flag, 137
flatpages, 280
fluxo do programa, 57
fontes não confiáveis, 188
formulários HTML, 337-370
    forms, 354
função, 7
    abs(), 80-86
    bool(), 50
    capitalize(), 90-91
    ceil, 81
    center(), 91-92
    choice(), 82
    complex(), 49
    count(), 92-93
    find(), 93-94
    float(), 48-49
    floor, 81
    get(), 126
    int(), 48
    isdigit(), 95
    islower(), 89-90
    isupper(), 89-90
    items(), 127
    iterativa, 154
    join(), 95-96
    len(), 96-97
    lower(), 88-89
    open(), 175
    pow(), 81-82
    randrange(), 83
    range(), 111
    read(), 181
    recursiva, 154
    sample(), 84
    set(), 50
    split(), 97-98
    upper(), 88-89
    write(), 181
funções de processamento de strings, 87-100
function-based views, 288

G

garbage collection, 201
gis, 280
Guido Van Rossum, 3

H

hashcode, 35
herança, 194
    múltipla, 223-225
    simples, 216-218
    templates, 285
histórias do usuário, 267
homologação, 267
humanize, 280

I

IDEs
    Integrated Development Enviroments
        Ambientes de Desenvolvimento Integrado, 9-10
IDLE
    Integrated Development and Learning Enviroment, 5-6
indentação, 58
informações persistentes, 309
inicialização, 10
inspecionar, 12
instrução
    break, 72-73
    continue, 72-73
    del, 44
    elif, 60
    if, 58-59
    raise, 261
    return, 143
    with, 190
integridade dos dados, 315
inteligência artificial, 4
interface, 241
interpolar valores, 19
isalpha(), 94-95
iteração, 66

Índice

J
Java, 3
JSON, 287

K
kwargs, 150

L
lazy-loading, 317
linguagem
    dinamicamente tipada, 33–34
    fortemente tipada, 34–35
    templates, 284
linguagens estaticamente tipadas, 2
lista, 41–43
    dinâmica, 101
logging, 300–301
Loja Virtual, 268
lookup, 325
loops, 65–74
    aninhados, 71–72
    for, 67–69
    infinitos, 66
    while, 65–67
LTS, 281

M
machine learning, 4
magic methods, 240–242
mainframes, 175
manipulador, 175
mecanismos de extensão, 75
messages, 280
método, 76
    acesso, 207
    construtor, 118
    inicializador, 213
    negócio, 202
    ordenação, 213
    particionamento, 213
    pop(), 104–106
    POST, 358
    privado, 212
    remove(), 104–106

strftime(), 134
today(), 134
metodologias ágeis de análise, 263–278
Mixin, 361
modelo de domínio, 266
models.py, 310
modularidade, 159
módulo, 75–76
    datetime, 133
    random, 82
MRO, 227
MTV, 283
MVC, 283

N
name mangling, 205
namespace, 76–80
nil, 204
nível de abstração, 198
null, 204
número
    inteiro, 23
    real, 23
números complexos, 38
números ordenados, 213

O
objeto, 76
    Q, 326
    timedelta, 141
objeto-relacional, 283
ocultação de informações, 193
operação, 23–25
operador
    atribuição, 29
    comparação, 26–27
        desigualdade, 27
        igualdade, 26–27
    de NEGAÇÃO, 27
    de potenciação, 26–32
    especial
        in, 45
        not in, 45
    in, 108
    lógico, 27–32
    ternário, 63

ORM, 309
OU lógico, 27
O Zen do Python, 31

P
pacote, 160–161
parâmetro, 151
    validators, 367
passagem
    por referência, 151
    por valor, 151
PEP
    Python Enhancement Proposal, 4–5
PEP8, 4
pequenos programas
    scripts, 2
Pickle, 188
Pilha
    Stack, 106
Pillow, 303–304
PIP, 304
pivô, 212
plano de distribuição, 267
plano de iteração, 267
plugin
    navbar, 346
polimorfismo, 194
    interface, 242
ponto flutuante, 23
POO, 193–252
portabilidade de código, 1
postgres, 280
Princípio da Responsabilidade Única, 242
Princípio de Pareto, 87
print(), 17–18
privado por convenção, 222
projeto, 293
    de sistemas, 263–278
propriedade
    db_index, 313
protótipo, 266
PyCharm, 9
Python
    características, 1–2
        alto nível, 1
        case sensitive, 2
        de script, 2

interpretada, 1
multiparadigma, 2
tipagem dinâmica, 2
tipagem forte, 2
imperativa e funcional, 2
popularidade, 4
Python Package Index
PyPI, 4
pytônico, 28

Q

QuerySet, 324
QuickSort, 212

R

recursão, 154
redirects, 280
refactoring
refatoração, 125
registros órfãos, 315
regras de negócio, 202
relacionamento
muitos-para-muitos, 317
um-para-muitos, 316
um-para-um, 318
relações de pertinência, 45
representação interna, 195
Russ Miles, 242

S

schema do banco, 335
script, 52-53
sep, 22
Sequência de Fibonacci, 65
serializar, 187
sessão, 389
settings.py, 292
SGBD, 196
shell script, 3
shift right, 107
Síndrome da Bala de Prata, 281

sistemas de distribuição de processos, 83
sistemas de processamento em lote, 175
sitemaps, 280
site-packages, 162-165
setuptools, 162-174
sites, 280
sites de notícias, 281
slug, 312
small release, 268
snake_case, 33
software, 264
Spyder, 9
SQLite, 284
staticfiles, 281
storyboard, 267
string
concatenação, 38
formatação, 19-20
Formatted String Literals, 20-21
Sublime Text, 9
sub-rotina, 52
substring, 37
suíte
finally, 260
suítes de código, 57-58
superusuário, 373
syndication, 281

T

tabelas de dados, 126
Tabelas-verdade, 28
TDD, 353
teclado, 51-52
templates, 284
tempo de execução, 1
Teoria dos Conjuntos, 42
testes de aceitação, 277
Tim Peters, 31
Tipo Abstrato de Dados, 105

tipo de dados
Dicionário, 44-48
Set, 44
variável
lista, 43
transação, 333
try...except, 259
tupla, 43-44
time, 136
typecast, 47-50

U

UltraEdit, 9
UML, 223
urls.py, 292

V

ValueError, 104
variável, 33-56
global, 167-174
identificador, 33
numéricas
complex, 38
float, 38
int, 38
tipo de dados, 10
View, 286

W

wsgi.py, 292

X

XP, 263-278
exploração, 266
iterações para versões, 267
manutenção, 268
planejamento, 267
produção, 268

Z

ZeroDivisionError, 260